Die Reihe Funk-Kolleg
im Fischer Taschenbuch Verlag
wird herausgegeben von
Prof. Dr. Gerd Kadelbach

Über dieses Buch

Ethische Fragen sind wieder aktuell geworden und mit ihnen der Diskurs: die Zusammenarbeit, aber auch die Auseinandersetzung zwischen Philosophie und Einzelwissenschaften. Denn für die ethischen Aufgaben unserer Zeit sind Grundsätze und Strategien der Humanität und Gerechtigkeit gesucht, die weder die Philosophie noch die Einzelwissenschaften für sich allein bestimmen können. Dieser Band versucht die vielfältige Bedeutung der Einzelwissenschaften für die philosophische Ethik und die der philosophischen Ethik für die Fachwissenschaften exemplarisch vorzuführen.

Die Herausgeber

Otfried Höffe, geb. 1943, Dr. phil., Professor für Ethik, Sozialphilosophie und Rechtsphilosophie sowie Direktor des Internationalen Instituts für Sozialphilosophie und Politik in Freiburg (Schweiz).

Gerd Kadelbach, geb. 1919, Dr. phil., Professor für Mediendidaktik an der Johann Wolfgang Goethe-Universität in Frankfurt am Main sowie Leiter der Hauptabteilung »Bildung und Erziehung« beim Hessischen Rundfunk.

Gerhard Plumpe, geb. 1946, Dr. phil., Wissenschaftlicher Angestellter an der Ruhr-Universität Bochum.

Funk-Kolleg Praktische Philosophie/Ethik

Reader zum Funk-Kolleg

Das Funk-Kolleg Praktische Philosophie/Ethik ist eine Veranstaltung im Medienverbund, die

- vom Hessischen Rundfunk (federführende Anstalt), von Radio Bremen, vom Saarländischen Rundfunk, Süddeutschen Rundfunk, Südwestfunk sowie dem Westdeutschen Rundfunk,
- dem Deutschen Institut für Fernstudien an der Universität Tübingen,
- den Volkshochschul-Landesverbänden Baden-Württemberg, Bremen, Hessen, Rheinland-Pfalz, Saarland und Nordrhein-Westfalen,
- den Kultus- und Wissenschaftsverwaltungen der genannten Länder,
- den Wissenschaftlichen Hochschulen der beteiligten Länder

durchgeführt wird.

Wissenschaftliche Leitung:
Professor Dr. Karl-Otto Apel
Professor Dr. Dietrich Böhler

Fischer
Taschenbuch
Verlag

Praktische Philosophie/Ethik

Reader zum Funk-Kolleg
Band 2

Herausgegeben von
Otfried Höffe, Gerd Kadelbach,
Gerhard Plumpe

Fischer
Taschenbuch
Verlag

Originalausgabe
Fischer Taschenbuch Verlag
Juni 1981
Umschlagentwurf: Rainer Winter
Fischer Taschenbuch Verlag GmbH, Frankfurt am Main

Gesamtherstellung: Hanseatische Druckanstalt GmbH, Hamburg
Printed in Germany
1280-ISBN-3-596-26855-9

Inhalt

Vorwort

Otfried Höffe
Ethik im Diskurs von Philosophie und Einzelwissenschaften

Die Fragen nach dem guten und gerechten Leben, Fragen der Ethik also, sind wieder aktuell geworden und mit ihnen der Diskurs: die Zusammenarbeit, aber auch die Auseinandersetzung zwischen der Philosophie und den Einzelwissenschaften.

Ohne ethische Prinzipien, ohne Grundsätze der Humanität und Gerechtigkeit, lassen sich die großen Aufgaben unserer Zeit nicht zufriedenstellend lösen: Angesichts der Kriege in vielen Teilen der Welt brauchen wir eine Sicherung des Friedens, die zugleich das Selbstbestimmungsrecht aller Völker anerkennt; um den zahllosen Grundrechtsverletzungen, den willkürlichen Verhaftungen und Folterungen sowie der Unterdrückung religiöser und sprachlicher Minderheiten Einhalt zu gebieten, ist es notwendig, überall die Menschenrechte zu verwirklichen: die persönlichen Freiheitsrechte nicht weniger als die politischen Mitwirkungsrechte und die Sozial- und Kulturrechte. Ethische Probleme stellen sich aber auch bei der Reform des Strafrechts und des Strafvollzuges, bei den Fragen des Lebens- und des Umweltschutzes, bei der Überwindung des Hungers und bei der Neuordnung der Weltwirtschaftsordnung. Nicht zuletzt geht es dort um ethische Fragen, wo wir unsere persönliche Identität und ein sinnvolles Leben suchen, was durch die Überfülle von Wahlmöglichkeiten, die uns die Industriegesellschaften bieten, und angesichts des Zerfalls traditioneller Lebensformen und Bindungen zunehmend schwieriger wird.

Wenn die Ethik also eine erneute Bedeutung gewonnen hat, dann nicht in einem zu engen Verständnis, das den Wirkungsraum der Ethik auf den Bereich personaler Moral beschränkt. Gewiß darf man auch diese Probleme nicht unterschlagen und die Ethik auf soziale und politische Aufgaben festlegen; denn letztlich kommt es auf die persönliche Verantwortung jedes einzelnen, kommt es auf die individuelle Existenz und persönliche Wahl an. Andererseits zeigt die Sinn- und Orientierungskrise, die wir heute durchmachen, wie die Probleme einer persönlichen Moral sich »natürlicherweise« zu Schwierigkeiten des gesellschaftlichen und politischen Lebens auswachsen. Und andere Fragen lassen sich von vornherein nicht mit den Mitteln der persönlichen Moral einzelner Individuen beantworten. Die Friedenssicherung, die Verwirklichung der Menschenrechte oder die Überwindung des Hungers, auch die Frage, ob es sittlich vertretbar ist, die Atomenergie zu nutzen oder die Medizin zur Lebensverlängerung um jeden Preis einzusetzen, sind Probleme, die sich nicht individuell und privat, sondern nur gesellschaftlich und politisch lösen lassen. Selbst die wissenschaftliche Forschung bleibt von sittlichen Fragen nicht verschont. Die Humanexperimente zum Beispiel, die in der Psychologie, der Arzneimittelforschung und der Medizin unternommen werden, sind keineswegs Forschungsarbeiten unterhalb jeder sittlichen Bedeutung. Dann aber ist es offensichtlich, daß die Ethik in jenem weiteren Verständnis gesucht ist, das nicht bloß die personale Ethik, die Moralphilosophie als Theorie des sittlich Richtigen und Guten im persönlichen Handeln, meint. Es geht ebenso um die soziale und politische Ethik: um die normative Gesellschaft-, Rechts- und Staatsphilosophie, schließlich auch um die Ethik der Natur- und Humanwissenschaften.

Daß wir heute ohne die Ethik nicht auskommen, mag einleuchten. Doch wieso braucht es für die ethischen Aufgaben unserer Zeit den Diskurs der Philosophie mit den Einzelwissenschaften?

Die Philosophie leistet vor allem ethische Grundlagenarbeit. Ihre Aufgabe besteht erstens in einer Klärung der Kernbegriffe personaler, sozialer und politischer Sittlichkeit, ohne die wir unsere sittlichen Probleme gar nicht verständlich und genau formulieren können. Daher untersucht die Philosophie den Begriff des Guten in seiner sittlichen und seiner nichtsittlichen (technischen, strategischen und pragmatischen) Bedeutung; sie untersucht Begriffe wie Handeln, Verantwortung, Gewissen und Freiheit, wie Sittlichkeit, Gerechtigkeit und Humanität; sie erörtert die verschiedenen Bedeutungen dieser Begriffe, beim Freiheitsbegriff beispielsweise seine persönliche und seine politische Bedeutung, die Handlungs- und die Willensfreiheit, die Freiheit als Abwesenheit von Zwang, als rationales Entscheidenkönnen und als Selbstgesetzgebung; die Philosophie klärt diese Begriffe für sich und im Verhältnis zueinander und bereitet so die notwendige Verständigungsgrundlage für den Diskurs über die sittlichen Fragen der Gegenwart.

Nun ist es keineswegs selbstverständlich, daß man das menschliche Leben und Zusammenleben unter sittlichen Gesichtspunkten betrachtet. Ganz im Gegenteil wird eine solche Sicht oft in Frage gestellt, und dies nicht selten auf radikale Weise. So bestreitet der ethische Determinismus, daß der Mensch frei sei und die Rede von einem sittlich verantwortlichen Handeln überhaupt Sinn mache; der ethische Relativismus, der die Kulturabhängigkeit aller Sittlichkeit behauptet, stellt damit ihre allgemeine Verbindlichkeit in Frage; eine demaskierende Moralkritik sucht nach Gründen, die nicht bloß eine gegebene, sondern jede Moral bloßstellen; und der ethische Nihilismus erkennt grundsätzlich keine Prinzipien der Humanität und Gerechtigkeit als verbindlich an. So sieht sich die philosophische Ethik vielfältigen Provokationen ausgesetzt, die die Möglichkeit und das Recht einer sittlichen Betrachtungsweise von Grund auf in Frage stellen. Daher gehört zur philosophischen Grundlagenarbeit als zweites die Aufgabe, sich den Provokationen von Determinismus und Relativismus, von Moralkritik und Nihilismus zu stellen, das Für und Wider dieser Positionen zu erörtern und auf diese Weise das Vorfeld einer philosophischen Begründung von Humanität und Gerechtigkeit zu klären. Dabei ist es keineswegs ausgemacht, daß die normative Ethik gegenüber ihren Provokationen immer im Recht ist.

Sofern sich eine sittliche Betrachtungsweise als prinzipiell möglich und sinnvoll erweisen läßt, kommt es darauf an, die Art einer solchen Betrachtungsweise näher zu bestimmen. Daher besteht eine dritte Aufgabe philosophischer Grundlagenarbeit darin, das Wesen des sittlichen (moralischen) Standpunktes festzulegen, die allgemeine Logik und Methodik normativer Argumente und Diskurse zu erörtern sowie die besondere Argumentationsstruktur eines sittlichen (moralischen) Diskurses. Die Philosophie untersucht die erfahrungsunabhängigen Bedingungen, ohne die ein Subjekt nicht sittlich handeln kann, und bemüht sich, einen letzten Maßstab für die Sittlichkeit persönlichen, gesellschaftlichen und politischen Lebens aufzustellen.

Eine weitere Aufgabe philosophischer Ethik besteht in der Integration und Interpretation einzelwissenschaftlicher Forschungsergebnisse. So hat beispielsweise Arnold Gehlen biologische, kulturanthropologische und sozialwissenschaftliche Forschungen unter übergreifenden Kategorien geordnet, zu-

sammengefaßt und in ihrer Bedeutung für die persönliche und politische Moral diskutiert.
Gemeinsam ist dieser vierfachen Grundlagenarbeit, daß durch sie die Möglichkeiten und Chancen der Idee der Humanität und Gerechtigkeit in methodischer Weise ausgelotet werden. Dabei besteht der Beitrag der Philosophie nicht bloß in der konstruktiven Aufgabe von Begriffsklärungen und der Kritik provozierender Positionen, von Prinzipienbegründung und der Deutung einzelwissenschaftlicher Untersuchungen. Die philosophische Ethik realisiert sich ebenso als Skepsis und Kritik, so daß Determinismus und Relativismus, Moralkritik und Nihilismus nicht bloß Gegenstände philosophischer Auseinandersetzung, sondern selbst legitime Positionen philosophischer Ethik sind. Ob sie auch die richtigen Positionen sind, das wird im philosophisch-ethischen Diskurs der Geschichte und Gegenwart immer wieder neu erörtert.
Die vierfache Grundlagenarbeit philosophischer Ethik ist gerade in einer Zeit wie der unserigen, sie ist vor allem in der Situation von Kritik und Krise gefragt. Dort, wo persönliche, gesellschaftliche, politische und religiöse Autoritäten in Frage gestellt werden, dort, wo überkommene Lebensweisen und Institutionen ihre selbstverständliche Geltung verlieren, dort, wo die leitenden Begriffe, aber auch Bilder der Orientierung in der Welt und der Legitimation sozialer Verhältnisse ihre Überzeugungskraft verlieren – überall dort braucht es die philosophische Begriffsklärung, Methodendiskussion und Prinzipienbegründung, um die Schwierigkeiten produktiv zu bewältigen.
Freilich ist die philosophische Ethik zwar eine notwendige, aber keine zureichende Instanz, um die ethischen Fragen der Gegenwart zu beantworten. Denn die Grundlagenarbeit allein löst noch keine konkreten Probleme. Selbst wenn es der Philosophie gelingt, ein höchstes Prinzip persönlicher und politischer Sittlichkeit zu begründen, so ist dieses Prinzip doch viel zu allgemein, um das Handeln in den mannigfachen Bereichen und Situationen unseres Lebens wirksam zu leiten; es ist viel zu allgemein, um die Rechtsordnung, die Wirtschaftswelt oder das Bildungswesen, unsere Beziehung zur Umwelt und die zur Dritten Welt näher zu bestimmen. Für alle diese Probleme braucht es mittlere Prinzipien persönlicher und politischer Sittlichkeit, Prinzipien, in denen schon die Eigengesetzlichkeit des jeweiligen Lebensbereiches und seiner gegenwärtigen Situation verarbeitet ist. Die philosophische Ethik begründet Prinzipien der Sittlichkeit im Sinne von Fundamentalnormen

oder Normen zweiten Grades, Verbindlichkeiten also, die noch mit den entsprechenden wirtschaftlichen, gesellschaftlichen, kulturellen und politischen Verhältnissen vermittelt werden müssen, um zu bereichsspezifischen und situationsgemäßen Grundsätzen sittlicher Praxis zu werden. Dazu braucht es aber eine Kenntnis der entsprechenden Lebensverhältnisse: des Bildungswesens, der Rechtspflege, der Wirtschafts- und der Arbeitswelt, eine Kenntnis, die sich sowohl auf die allgemeinen Gesetzlichkeiten des jeweiligen Lebensbereiches als auch auf die besonderen Randbedingungen erstreckt. In unserer zunehmend komplexen Welt lassen sich diese Kenntnisse nicht ohne die methodische Erforschung der Wirklichkeit gewinnen, so daß die philosophische Ethik aus sich heraus auf die Zusammenarbeit mit den relevanten Einzelwissenschaften angewiesen ist, mit den Rechts- und Wirtschaftswissenschaften, den Sozialwissenschaften, der Psychologie, der Pädagogik und den Naturwissenschaften. Unter welchen Umständen und Bedingungen der natürlichen und sozialen Welt die Verwirklichung der Sittlichkeit gefordert ist, dies der Philosophie zu zeigen, ist eine erste Aufgabe der Realwissenschaften.
Zudem ist selbst die ethische Grundlagenarbeit auf den Diskurs mit den Einzelwissenschaften angewiesen. So haben viele Einzelwissenschaften die Tendenz, moralische Probleme einzuklammern, sie zu unterlaufen oder sie gar rundum zu bestreiten, womit der Sinn und die Existenzberechtigung einer Ethik grundsätzlich in Frage gestellt wird. Die schon erwähnten Provokationen einer normativen Ethik gehen heute oft genug von den Einzelwissenschaften aus. Man braucht nur an die vielfältigen Formen des Determinismus in den Natur- und Sozialwissenschaften zu denken, etwa an den Behaviorismus der Individual- und Sozialpsychologie, der durch seine Forschungseinstellung ethische Grundkategorien wie Verantwortung und Freiheit für sinnlos erklärt. In der Jurisprudenz und den Staatswissenschaften wiederum halten ein Dezisionismus und Rechtspositivismus öffentliche Entscheidungen nicht bloß in diesem oder jenem Fall, sondern grundsätzlich für nicht wahrheitsfähig, womit die Idee der Sittlichkeit und Gerechtigkeit als normativ-kritischer Maßstab der Rechts- und Staatsordnung abgelehnt wird. Sich mit solchen Provokationen auseinanderzusetzen, gehört zu den genannten Grundaufgaben der philosophischen Ethik.
Auf der anderen Seite sind es die Einzelwissenschaften, die selbst ethische Grundlagenarbeit leisten. Beispielsweise untersuchen die Psychologie, die Sozial- und Rechtswissenschaften

den Begriff der Verantwortung und Zurechnungsfähigkeit; um die menschliche, gerade auch die sittliche Praxis besser zu verstehen, bietet die Verhaltensforschung Analogien aus der tierischen Welt an; die Sozial- und Kulturgeschichte, die Biologie und Kulturanthropologie erörtern, aus welchen empirischen Gründen der Mensch überhaupt eine Moral braucht, für welche Lebensbereiche sie Bedeutung hat und ob wegen einer grundsätzlichen Verschiedenheit der Lebensbereiche ein Pluralismus ethischer Prinzipien zu erwarten, ja sogar zu fordern ist; die Soziologie zeigt, wie das Phänomen der Moral mit nichtmoralischen Begriffen beschrieben und erklärt werden kann. Solche Untersuchungen muß die philosophische Ethik zur Kenntnis nehmen und sich mit ihnen sachlich auseinandersetzen. Überdies sind es die Wissenschaften, zunächst die Naturwissenschaften, zunehmend auch die Sozialwissenschaften, die unsere Lebenswelt nachhaltig bestimmen. Der Disput der Philosophie mit den Einzelwissenschaften ist daher zugleich ein Stück ethischer Diskussion der zeitgenössischen Lebenswelt.

Ein notwendiges, aber keineswegs zureichendes Element zur Lösung der ethischen Probleme der Gegenwart zu sein: diese Feststellung gilt nicht bloß für die Philosophie, sondern ebenso für die Einzelwissenschaften. So ist der die Fachgrenzen übersteigende Diskurs nicht nur für die philosophische Ethik, sondern auch für die Einzelwissenschaften notwendig. In der vielfältigen Krisensituation unserer Zeit wachsen besonders den Human- und Sozialwissenschaften neue Aufgaben zu. In Wirtschaftskrisen ist der Rat der Ökonomen, bei Schwierigkeiten im Bildungswesen der Rat von Pädagogen, Psychologen und Bildungsökonomen gefragt, bei ethischen Problemen medizinischer und psychologischer Forschung wendet man sich an Juristen und Theologen. Die Beratung, um die die Vertreter der Einzelwissenschaften gebeten werden, können diese aber nicht allein in methodisch vertretbarer Weise leisten.

Für das Ungenügen der einzelnen Fachwissenschaften spricht geradezu eine Palette von Gründen. Sie beginnt damit, daß es sich in der Regel um Probleme handelt, für die – wie beispielsweise die Neuordnung des Bildungswesens oder der Umweltbeziehungen – eine einzelne Wissenschaft allein nicht kompetent ist. Mehr noch: die Gestaltung eines gerechten Bildungswesens, einer verantwortlichen Umweltbeziehung, einer humanen Wirtschafts- und Arbeitswelt oder eines gerechten Strafsystems ist eine methodisch komplexe Aufgabe, für die normative Überlegungen mit entscheidend sind. Schon die Pro-

blemanalyse, die Diagnose einer Situation als kritisch: als unbefriedigend und verbesserungsbedürftig, setzt die Anerkennung von Ziel- und Wertvorstellungen voraus, ohne die die gegenwärtige Lage gar nicht als defizient beurteilt werden kann. In noch stärkerem Maß setzt die »Therapie«, der konstruktive Entwurf eines gerechten Bildungswesens oder einer humanen Wirtschaftsordnung voraus, daß man sich über die notwendigen Ziel- und Wertvorstellungen klargeworden ist. Ohne die Klärung und Anerkennung von Ziel- und Wertvorstellungen läßt sich nicht die Richtung bestimmen, in der die Lösung der gegenwärtigen Schwierigkeiten zu suchen ist. Die Einzelwissenschaften, insbesondere die Sozialwissenschaften, verstehen sich aber als empirische Wissenschaften, die Tatsachen feststellen und in Gesetzeszusammenhänge bringen wollen. Die Tatsachenfeststellungen unterscheiden sich in ihrer logischen Struktur jedoch grundsätzlich von normativen Aussagen, von Bewertungen, so daß die empirischen Wissenschaften allein nicht einmal die Problemdiagnose, geschweige denn den konstruktiven Entwurf sittlich angemessener Gesellschaftsverhältnisse leisten können.
Sicherlich finden wir auch im Umkreis der Einzelwissenschaften eine gewisse Kompetenz, um Ziel- und Wertvorstellungen zu bestimmen. So werden von den Rechtswissenschaften die normativen Voraussetzungen einer Rechtsordnung interpretiert, wie sie etwa in den grundlegenden Teilen der Verfassung formuliert werden; die Theologie kann sich auf die Offenbarungstexte sowie auf die Traditionen und Erfahrungen kirchlichen Lebens berufen; die Sozialwissenschaften orientieren sich an Überlebens- und Erhaltungsbedingungen. Aber in den beiden ersten Fällen werden nur schon grundsätzlich anerkannte Ziel- und Wertvorstellungen interpretiert, und im Fall der Sozialwissenschaften geht es lediglich um strategische und funktionale Verbindlichkeiten. Das Bedrängende zeitgenössischer Krisenerfahrungen liegt jedoch darin, daß der Verweis auf eine gegebene Rechts- und Staatsordnung ebensowenig überall als überzeugendes Argument anerkannt wird wie die Berufung auf die religiösen Texte und Vorstellungen einer Kirche oder die Berufung auf strategische und funktionale, also vorsittliche Zwecke. Es ist die philosophische Ethik, die hinter solche Gegebenheiten und vorsittliche Zwecke zurückfragt, um die Grundbegriffe, die erfahrungsunabhängigen Bedingungen und die höchsten Maßstäbe sittlicher Praxis zu bestimmen. Die Kompetenz philosophischer Ethik ist also darum gesucht, damit die Fachwissenschaftler nicht das hochentwickelte metho-

dische Instrumentarium der eigenen Wissenschaft unkritisch mit ihren bloß subjektiven Überzeugungen von Humanität und Gerechtigkeit vermischen und gewisse Therapievorschläge für aktuelle Probleme als streng wissenschaftlich anbieten, obwohl sie sich der unkontrollierten Verbindung methodischen Wissens mit einem persönlichen Engagement, obwohl sie sich der subjektiven Aufpfropfung von normativen Aussagen auf Tatsachenfeststellungen verdanken.

Da für eine zeitgemäße Ethik ebenso die Philosophie wie die Einzelwissenschaften gebraucht sind, beide Seiten aber die Aufgabe nicht allein bewältigen können, ist die Zusammenarbeit, aber auch die produktive Auseinandersetzung, ist der Diskurs zwischen der Philosophie und den Einzelwissenschaften vonnöten.

Mit der Forderung nach einem Diskurs zwischen Philosophie und Einzelwissenschaften wird die Vorstellung zurückgewiesen, die Lösung der ethischen Probleme unseres persönlichen, gesellschaftlichen und politischen Lebens ließe sich relativ rasch und leicht, nämlich durch die Bildung sogenannter Ethikkommissionen bewerkstelligen. Unter Ethikkommissionen sind Beratungsgremien zu verstehen, die auf lokaler, regionaler, nationaler oder internationaler Ebene eingerichtet werden, namentlich um konkrete ethische Probleme zu lösen oder doch zumindest Lösungsvorschläge dafür auszuarbeiten. Solche Ethikkommissionen sind zum Beispiel an Kliniken oder medizinisch-psychologischen Forschungsstätten sowie auf übergeordneter nationaler Ebene eingerichtet worden. Sie sind beauftragt, überall dort, wo Forschungen an Menschen durchgeführt werden, die Grundlagen der Forschungen zu überprüfen, Empfehlungen im Sinne von Richtlinien abzugeben und einzelne Forschungsprojekte auf ihre sittliche Unbedenklichkeit zu überprüfen. Da bei vielen medizinischen und psychologischen Experimenten der Wissenschaftler in der Doppelrolle von Arzt (Therapeut) und Forscher steckt und weil diese Doppelrolle zu Konflikten führen kann, die der forschende Arzt nicht immer zum Wohle des Patienten, sondern auch zugunsten seiner wissenschaftlichen Karriere entscheiden mag, ist es zum Schutz des Patienten sinnvoll, wenn das Forschungsvorhaben von unabhängigen Dritten auf seine medizinische (psychologische) Notwendigkeit und sittliche Unbedenklichkeit überprüft wird. Gleichwohl können solche Ethikkommissionen nur einen kleinen Teil der ethischen Probleme unserer Zeit lösen. Zunächst einmal sind sie von gesellschaftlichen und wissenschaftlichen Rahmenbedingungen abhängig; sie sind auf die philosophische und auf die gesellschaftlich-politische Diskussion angewiesen. Ferner können sie zwar spezifische Kriterien entwickeln und die Anwendung solcher Kriterien in Einzelfällen überprüfen; sie können aber nicht die Grundbegriffe klären und die Fundamentalmaßstäbe von Humanität und Gerechtigkeit bestimmen, jene Maßstäbe also, nach deren Maßgabe die spezifischen Kriterien gewonnen werden.

Da Ethikkommissionen vor allem zur Lösung konkreter Fälle der Praxis bestimmt sind, empfiehlt es sich, als Mitglieder Praktiker zu berufen: praktizierende Ärzte und Psychologen; Juristen und nicht unbedingt Rechtsprofessoren; Seelsorger und nicht gerade akademische Theologen; ferner Pflegepersonal und Patienten. Es ist auch sinnvoll, Vertreter nichtbeteiligter Fächer und Lebensbereiche zu berücksichtigen, um fachspezifische Beschränktheiten zu überwinden. Zu dieser Gruppe einer nicht fachspezifischen Kompetenz kann man auch die Philosophen rechnen, sofern sie nicht nur über philosophiegeschichtliche oder systematische Sach- und Methodenkenntnisse, sondern auch über eine allgemeine Methoden- und Beurteilungskompetenz verfügen. In der Regel sind aber die Philosophen und die Fachwissenschaftler weniger für die Lösung konkreter Fälle als für die Bestimmung der Grundsätze, der methodischen Kenntnisse und der Argumentationsstrukturen kompetent, für jene Aufgaben also, auf deren Lösung die Ethikkommissionen und, allgemeiner gesprochen, die gesellschaftlich-politischen Beratungsgremien zurückgebunden sind, ohne sie selbst leisten zu können. Es hieße daher, die Komplexität der ethischen Probleme zu verkürzen, wollte man ihre Lösung allein aus der Arbeit von Ethikkommissionen erwarten. Die Hinweise auf einen notwendigen Diskurs zwischen Philosophie und Einzelwissenschaften zeigen vielmehr die größere Komplexität an.

Etwas vergröbernd läßt sich sagen, daß die Einzelwissenschaften für die Tatsachenfeststellungen, die philosophische Ethik aber für die normativen Aussagen, für die sittlichen Bewertungen: deren allgemeine Begriffe, Methoden und Prinzipien, kompetent sind. Eine Ethik, die sich allein auf die Philosophie abstützt, ist zu allgemein, um rein spezifisches und situationsangemessenes Handeln anzuleiten. Eine Ethik nur auf der Grundlage der Einzelwissenschaften ist aber noch weniger möglich, da die Einzelwissenschaften zu sehr mit dem Ist-Zustand befaßt sind. So macht die Sache der Ethik eine Vermittlung und damit den Diskurs von Philosophie und Einzelwissenschaften notwendig. In einem solchen Diskurs ist die relative Autonomie

beider Seiten zu wahren. Die Ethik hat nur dann einen Gewinn, wenn die Philosophen ihre spezifische Kompetenz einbringen und das heißt auch: ihren eigenen Erfahrungen und Qualitätsmaßstäben folgen. Zugleich muß sich die Philosophie dem Sachverstand der Einzelwissenschaften und müssen sich die Einzelwissenschaften der normativ-kritischen Kompetenz der Philosophie öffnen. Der ethische Diskurs kann nur dort gelingen, wo Philosophie und Einzelwissenschaften aufeinander zugehen, ohne sich einander zu bemächtigen. Sowohl die Herrschaftsanmaßung der Philosophie als auch die entgegengesetzte Anmaßung der Einzelwissenschaften gegenüber der Ethik würde die Vermittlungsaufgabe und damit die Lösung einer zeitgemäßen Ethik unmöglich machen.
Zur Lösung der gegenwärtigen Probleme sind also philosophische Ethik und Fachwissenschaften aufeinander angewiesen, mehr noch: sie sind zur Zusammenarbeit aufgerufen. Doch können sie – und wollen sie auch das, was sie sollten? Ist die Arbeit der Philosophie überhaupt mit der der Einzelwissenschaften vereinbar; sind darüber hinaus beide Seiten an einer Zusammenarbeit und Auseinandersetzung tatsächlich interessiert?
Die Schwierigkeiten und Widerstände einer solchen Zusammenarbeit darf man nicht zu gering veranschlagen. Nachdem früher beispielswiese in der Pädagogik und der Psychologie, in der Gesellschaftstheorie, der Ökonomie und lange Zeit selbst in den Naturwissenschaften ein enger Zusammenhang zwischen der Philosophie und den Einzelwissenschaften bestanden hat, haben sich beide Seiten mittlerweile voneinander gelöst. Seitdem sie aber einmal getrennt sind, haben sie ihre eigenen Denk- und Sprachmuster entwickelt, deren Verschiedenheit schon Verständigungsschwierigkeiten hervorruft. Überdies hat die zunehmende Ausgrenzung der Einzelwissenschaften aus der Philosophie und die Ausgrenzung neuer Teilwissenschaften aus den umgreifenden Einzelwissenschaften zu eigenen Lehr- und Forschungszusammenhängen geführt, zu fachspezialisierten Tagungen, Fachzeitschriften und Publikationen, die die Arbeit der Wissenschaftler »natürlicherweise« auf die Auseinandersetzung mit den unmittlebaren Fachkollegen konzentrieren. Die Wissenschaftler neigen deshalb dazu, ihre Problemstellungen, Argumentationsformen und Lösungsmuster nur der eigenen Wissenschaftsentwicklung zu entnehmen und sich gegenüber interdisziplinären Aufgaben zu verschließen. Sie versuchen sogar, den Anwendungsbereich der eigenen Wissenschaft soweit wie möglich auszudehnen und alle anfallenden

Probleme nur juristisch, nur ökonomisch oder nur soziologisch zu behandeln. Allerdings gibt es auch gegenläufige Tendenzen. Vor allem in Situationen von Grundlagenstreitigkeiten, von Gesellschaftskritik und Krisen werfen die Wissenschaftler den Blick über ihren eigenen Fachzaun, um bei den Nachbarwissenschaften Anregungen zur Lösung ihrer eigenen Probleme zu finden.

Dieser Band sammelt Beiträge, die die vielfältige Bedeutung der Einzelwissenschaften für die philosophische Ethik und die der philosophischen Ethik für die Fachwissenschaften exemplarisch vorführen. In acht Wissenschaftsgruppen gegliedert: (1) Rechts- und Staatswissenschaften, (2) Wirtschaftswissenschaften, (3) Sozial- und Politikwissenschaften, (4) Ethologie (Verhaltensforschung), Anthropologie und Evolutionstheorie, (5) Pädagogik und Psychologie, (6) Kommunikationswissenschaften und Sprachphilosophie, (7) Medizin, Naturwissenschaft und Technik und (8) Theologie, sind wichtige Beispiele dafür ausgewählt worden, wie einzelwissenschaftliche Forschungen für die Ethik erheblich und sinnvoll werden. Dabei nimmt der Diskurs von Philosophie und Einzelwissenschaften vielfältige Formen an. Keineswegs findet der Diskurs nur als direkte Zusammenarbeit oder unmittelbare Konfrontation statt. Gelegentlich sind einzelwissenschaftliche Resultate von seiten der philosophischen Ethik bloß zur Kenntnis zu nehmen; andere Forschungsergebnisse fordern die weiterführende Reflexion der Philosophie heraus; nur ein Teil macht den direkten Disput vonnöten.

So unterschiedlich die Einzelbeiträge nach ihrem Thema, nach ihrer Methode und ihren Aussagen sind, so finden sich doch einige formale Gemeinsamkeiten. In der Regel vermitteln die Einzelwissenschaften die notwendigen Sach- und Methodenkenntnisse, ohne die sich die aktuellen Ethikprobleme gar nicht angemessen wahrnehmen, strukturieren und lösen lassen; die Fachwissenschaften konkretisieren die zeitgenössische Provokation der Ethik und ihrer philosophischen Reflexion; sie vermitteln den neuesten Stand wissenschaftlicher Forschung zu den Grundlagen der Ethik, also zu den Fragen, warum der Mensch überhaupt Ethik braucht, wie sie sich beim Menschen herausgebildet hat und in welche Krisen sie im Laufe der Geschichte geführt hat. Auf der anderen Seite sind Beiträge von seiten der Philosophie aufgenommen worden, die den Einzelwissenschaften zeigen können, welche ethische Kompetenz die Philosophie hat, und zwar gerade gegenüber solchen Problemen, denen sich die Einzelwissenschaften selbst stellen.

Denn auch der Philosoph befaßt sich mit den Grundbegriffen und -prinzipien einer angemessenen Rechts- und Staatsordnung; auch der Philosoph untersucht die Institution einer vernünftigen Wirtschaftswelt; auch der Philosoph befaßt sich mit der Verhaltensforschung, der Medizin, den Humanexperimenten oder der Entwicklung und Bedeutung der Technik.
Die Herausgeber hoffen, daß der Band nicht bloß die Zusammenarbeit und Konfrontation zwischen Philosophie und Einzelwissenschaften dokumentiert, sondern auch den Disput verstärkt. Die ethischen Aufgaben unserer Zeit können davon nur profitieren.

I. Rechts- und Staatswissenschaften

Otfried Höffe
Einführung

Gegenüber den Rechts- und Staatswissenschaften hat die philosophische Ethik die Chance eines besonders engen Wechselverhältnisses. Doch nur dort, wo sich die Rechts- und Staatswissenschaften nicht auf die Beschreibung positiver Staatsstrukturen und Gesetzeswerke und die philosophische Ethik auf die Begründung personaler Moral beschränken, wird die Chance der gegenseitigen Befruchtung tatsächlich genützt.
Die philosophische Ethik im weiteren Sinne, einschließlich der politischen Ethik als der normativen Rechts- und Staatsphilosophie, hilft die Begriffe von Recht und Staat zu klären; sie untersucht, warum es überhaupt einer Rechts- und Staatsordnung bedarf, und begründet jene Institutionen und normativen Leitprinzipien, die (wie Demokratie, Rechts- und Sozialstaat, wie Menschen- und Grundrechte, vielleicht auch Ehe und Familie, Eigentum oder staatliche Kriminalstrafe) zu einer sittlich richtigen, einer gerechten Rechts- und Staatsordnung. Die Rechts- und Staatswissenschaft dagegen vermitteln aus ihrer Kenntnis bestehender und vergangener Rechts- und Staatsverhältnisse, aus dem Wissen um deren Möglichkeiten, Voraussetzungen, aber auch Grenzen der politischen Ethik eine reichhaltige Erfahrungsgrundlage. Sie bewahren die philosophische Ethik vor rein abstrakten Konstruktionen, weisen ihr den Weg zur notwendigen Institutionalisierung und Positivierung von Gerechtigkeitsprinzipien und normativen Staatszielen. Schließlich machen sie auch auf die Fallstricke aufmerksam, die die Gerechtigkeit auf dem Weg ihrer näheren Ausgestaltung und geschichtlichen Verwirklichung bedrohen.
Seit den Anfängen abendländischen Rechtsdenkens, seit Antigones Widerstand gegen Kreons Verbot, den Bruder zu bestatten, und seit der sophistisch-platonischen Kontroverse um das Wesen von Recht und Gerechtigkeit stellt sich immer wieder neu die Frage, ob das positive Recht auch überpositiven

Rechtsgrundsätzen, vor allem Grundsätzen der Sittlichkeit (der politischen Gerechtigkeit) verpflichtet sei. Für diese Frage gibt es zwei Grundpositionen, den Rechtspositivismus, der die Notwendigkeit einer Bindung an überpositive Rechtsgrundsätze bestreitet, und das Naturrechtsdenken, das diese Bindung als unverzichtbar behauptet.

Der im britischen Empirismus und Utilitarismus verwurzelte Jurist und Rechtsphilosoph *Herbert Hart* vertritt einen gemäßigten Rechtspositivismus, der das Naturrechtsdenken nicht völlig verwirft. Ganz im Gegenteil begründet Hart selbst rational erkennbare Maßstäbe einer sittlich richtigen Rechts- und Staatsordnung. Im Unterschied jedoch zu einem anspruchsvolleren Naturrechtsdenken bescheidet sich Hart auf Maßstäbe, die vom menschlichen Überleben als dem Mindestzweck gesellschaftlicher Zusammenschlüsse ausgehen und zugleich einige grundlegende empirische Bedingungen menschlichen Lebens berücksichtigen. Angesichts der vielfachen Zerstörungs- und Selbstzerstörungsimpulse der Menschen ist das (individuelle und kollektive) Überleben jedoch kein selbstverständliches Ziel. Oft wird erst durch die Aussicht auf ein sinnvolles, ein humanes Leben das Überlebensinteresse (wieder) geweckt. Deshalb ist Harts Haltung nicht einfach die »bescheidenere«.

Der Staatsrechtler und Rechtsphilosoph *Martin Kriele* kritisiert den Rechtspositivismus, dabei gerade auch Hart, weil die strenge Trennung von Rechtspflicht und Moralpflicht dem Problem des Widerstandsrechtes, und zwar gerade in seiner juristischen Dimension, nicht gerecht werde. Vor allem das Beispiel der Naziverbrechen und ihrer rechtlichen Verfolgung in der Bundesrepublik Deutschland zeige, daß man der ethischen Dimension in der Legitimität einer Rechtsordnung unmöglich entrinnen könne. Die Pflicht, dem Recht Folge zu leisten, lasse sich aus dem Gesetz allein nicht begründen. Letztlich sei es eine sittliche Pflicht, die nur unter der Voraussetzung gültig ist, daß das Recht im großen und ganzen der Sittlichkeit Rechnung trage.

Da man den Bereich sittlicher Verbindlichkeiten häufig mit der Moral gleichsetzt, wird der Streit zwischen dem Rechtspositivismus und dem Naturrechtsdenken auch unter dem Stichwort »Recht und Moral« geführt. Die Untersuchung von *Otfried Höffe* zeigt jedoch, daß sich unter diesem Stichwort drei verschiedene Diskussionsfelder verbergen: (1) konventionelle Moral und Recht, (2) Sittlichkeit und Recht sowie (3) Moral und Recht. Ohne eine Unterscheidung dieser drei Diskussionsfelder läßt sich der Streit um Recht und Moral nicht klären, geschweige denn lösen. Höffe entwickelt ein höchstes normatives Prinzip, ein Gerechtigkeitskriterium, für jede Rechts- und Staatsordnung und verwirft ebenso eine Moralisierung des Rechts wie eine Mißachtung der Bedeutung persönlicher Gerechtigkeit für gerechte Rechts- und Staatsverhältnisse.

1. Herbert Hart
Der Minimalgehalt des Naturrechts

[...] Die Naturrechtsdoktrin ist Teil eines älteren Naturverständnisses, demzufolge die beobachtbare Welt nicht nur ein Schauplatz von Regelmäßigkeiten und die Erkenntnis der Natur nicht auf die Erkenntnis solcher Regelmäßigkeiten beschränkt ist. Für diese ältere Auffassung strebt jedes existierende Ding – sei es ein Mensch oder irgendein Teil der belebten oder der unbelebten Natur – nicht nur nach Selbsterhaltung; es entwickelt sich auf einen artspezifischen Zustand der Vollkommenheit hin, der sein höchstes Gut oder Ziel (telos, finis) ist.
Dies ist die teleologische Konzeption der Natur, die davon ausgeht, daß es für alle Dinge in der Natur selbst Verwirklichungsgrade der Vollkommenheit gibt. Die Entwicklungsstadien, die jedes Ding einer bestimmten Art durchlaufen muß, um zu seinem spezifischen oder arteigenen Ziel zu gelangen, folgen einander in einer bestimmten Ordnung, über die sich allgemeine Aussagen gewinnen lassen, welche die jeweils typische Weise von Veränderung, Verhalten oder Entwicklung des Dinges beschreiben. Insoweit bestehen Gemeinsamkeiten zwischen der teleologischen und der modernen Naturauffassung. Sie unterscheiden sich jedoch darin, daß im Rahmen der teleologischen Auffassung das, was mit den Dingen regelmäßig geschieht, nicht *nur* als regelmäßiges Geschehen angesehen wird, und daß die Frage, ob bestimmte Ereignisse *faktisch* regelmäßig eintreten, nicht von der Frage getrennt wird, ob diese Ereignisse eintreten *sollen* oder ob es *gut* ist, daß sie eintreten. Abgesehen von einigen seltenen Extremfällen, für die der »Zufall« verantwortlich gemacht wird, kann für die Anhänger der teleologischen Auffassung das, was regelmäßig geschieht, *dadurch* zugleich erklärt und – als etwas, das gut ist oder geschehen sollte – bewertet werden, daß man es als Schritt

des betreffenden Dinges auf dem Weg zu seiner eigentlichen Bestimmung oder Zielsetzung interpretiert. Von den Entwicklungsgesetzen eines Dinges wird also erwartet, daß sie zweierlei zeigen: wie sich das Ding regelmäßig verhält und entwickelt und wie es sich verhalten und entwickeln soll.

In der Theorie wirkt diese Art der Naturbetrachtung befremdlich. Dieser Eindruck dürfte jedoch abnehmen, wenn wir uns vergegenwärtigen, wie wir auch heute noch in bestimmten Kontexten zumindest über die belebte Natur sprechen; denn in der Art, wie wir umgangssprachlich die Entwicklung der betreffenden Dinge beschreiben, kommt immer noch eine teleologische Sichtweise zum Vorschein. Das läßt sich etwa am Beispiel einer Eiche zeigen. Wir betrachten nämlich das Heranwachsen einer Eiche im Gegensatz zu ihrem Absterben nicht als einen bloß naturgesetzlichen Prozeß. Wenn eine Eichel zu einer Eiche herangewachsen ist, hat sie für uns ihre höchste Entwicklungsstufe und damit ihr »Ziel« erreicht. Im Hinblick auf diesen Zustand der Vollkommenheit wird die Entwicklung heranwachsender Eichen von uns erklärt und als gut oder schlecht beurteilt. Und von diesem Ziel her bestimmen wir auch, welche »Funktion« den verschiedenen Bestandteilen und Wachstumsphasen der Eiche zukommt. So ist das normale Wachstum der Blätter erforderlich, um die zu einer »vollständigen« oder »rechten« Entwicklung benötigte Feuchtigkeit zu sichern; darin liegt die »Funktion« der Blätter. Wir betrachten daher das Wachstum der Blätter als etwas, das »natürlicherweise geschehen sollte«. Bezüglich des Verhaltens oder der Veränderungen unbelebter Dinge ist diese Art zu sprechen weit weniger einleuchtend – es sei denn, es handelt sich um Gegenstände, die von Menschen zu einem bestimmten Zweck geschaffen wurden. Die Vorstellung, ein zu Boden fallender Stein verhalte sich seiner »Bestimmung« gemäß oder kehre an seinen »eigentlichen Ort« zurück, so wie ein Pferd in seinen Stall zurückgaloppiert, wirkt heute eher erheiternd.

In der Tat wird das Verständnis der teleologischen Naturauffassung auch dadurch erschwert, daß sie außer dem Unterschied zwischen deskriptiven und präskriptiven Aussagen auch den für das moderne Denken so wichtigen Unterschied verwischt zwischen Menschen, die selbstgesetzte Zwecke bewußt verfolgen, und anderen belebten oder unbelebten Dingen. Denn in der teleologischen Weltsicht strebt der Mensch, wie alle anderen Dinge auch, einem bestimmten arteigenen Vollendungszustand oder Ziel zu, und die Tatsache, daß er dies im Gegensatz zu anderen Dingen bewußt zu tun vermag, wird nicht als grundsätzlicher Unterschied zwischen ihm und der übrigen Natur aufgefaßt. Dieser spezifisch menschliche Ziel- oder Vollendungszustand ist zum einen – wie bei anderen Lebewesen auch – ein Zustand biologischer Reife und vollentwickelter physischer Kräfte; doch er umfaßt auch, als das spezifisch menschliche Element, eine in Denken und Handeln zum Ausdruck kommende Entwicklung und Vollkommenheit von Intellekt und Charakter. Im Gegensatz zu anderen Dingen vermag der Mensch durch Überlegung und Reflexion herauszufinden, was zur Vervollkommnung von Intellekt und Charakter beiträgt, und danach zu streben. Trotzdem ist nach dieser teleologischen Sichtweise der Zustand der Vollkommenheit nicht deshalb als Ziel oder Wert für den Menschen anzusehen, weil er ihn erstrebt; der Mensch erstrebt diesen Zustand vielmehr, weil er ihm bereits als natürliches Ziel vorgegeben ist.

In unserer Vorstellungs- und Redeweise vom Menschen hat sich viel von der teleologischen Naturauffassung erhalten. Wenn wir bestimmte Motive als menschliche *Bedürfnisse* und ihre Befriedigung als *gut* bezeichnen, oder wenn wir etwas, das einem Menschen angetan oder von ihm erlitten wird, als *Schädigung* oder *Verletzung* ansehen, so ist das eine verschlüsselte Form der teleologischen Sichtweise. So halten wir das menschliche Verlangen nach Nahrung und Schlaf trotz der Tatsache, daß einige Menschen Nahrung und Schlaf verweigern, um zu sterben, nicht bloß für einen regelmäßig auftretenden Umstand, der auch anders sein könnte. Es handelt sich bei Nahrung und Schlaf um menschliche Bedürfnisse, selbst wenn einige Menschen diese Bedürfnisse, wenn sie auftreten, nicht befriedigen. Wir beschränken uns also nicht darauf zu sagen, es sei natürlich, zu essen und zu schlafen, sondern wir sagen auch, daß jedermann von Zeit zu Zeit essen und schlafen sollte, oder daß es von Natur aus gut sei, dies zu tun. In solchen Urteilen dient der Ausdruck »von Natur aus« dazu, eine Abgrenzung von anderen Urteilen über menschliches Verhalten vorzunehmen: zum einen von Urteilen über reine Konventionen oder von Menschen gesetzte Verhaltensvorschriften, deren Inhalt sich nicht durch Reflexion ermitteln läßt (etwa »du solltest deinen Hut abnehmen«); zum anderen von Urteilen, die lediglich feststellen, was zur Erreichung irgendeines Zieles zu tun ist, das irgend jemand irgendwann zufällig haben mag. Die teleologische Sichtweise zeigt sich auch in unserer Auffassung von den *Funktionen* körperlicher Organe und darin, daß wir zwischen Funktionen und bloßen Kausalzusammenhängen unterscheiden. Wir sagen, es sei die Funktion des Herzens, den Kreislauf in Gang zu halten, aber wir sagen nicht, krebsartige Wucherungen hätten die Funktion, den Tod herbeizuführen.

Diese einfachen Beispiele wurden ausgewählt, um teleologische Einflüsse, die in unserem alltäglichen Denken über menschliches Verhalten immer noch vorhanden sind, zu veranschaulichen; sie wurden der biologischen Sphäre entnommen, die Mensch und Tier gemeinsam ist. Man wird mit Recht sagen, daß diese Art zu denken und zu reden offensichtlich unter einer stillschweigenden Voraussetzung steht: daß das rechte Ziel menschlicher Aktivität das Überleben ist. Und dies wiederum läßt sich auf die einfache und kontingente Tatsache zurückführen, daß die meisten Menschen die meiste Zeit den Wunsch haben, weiterzuleben. Die Handlungen, die wir als »von Natur aus gut« bezeichnen, sind die zum Überleben notwendigen. Auch die Vorstellungen von menschlichen Bedürfnissen, von Schäden und von der Funktion körperlicher Organe oder Veränderungen beruht auf derselben einfachen Voraussetzung. Wenn man über sie nicht hinausgeht, gelangt man selbstverständlich nur zu einer sehr bescheidenen Version von Naturrecht. Denn die klassischen Vertreter der naturrechtlichen Sichtweise begriffen das Überleben (perseverare in esse suo) im Rahmen ihres weitaus komplexeren und sehr viel problematischeren Ansatzes nur als unterste Ebene dessen, was der Zweck oder das höchste Gut des Menschen sei. Aristoteles etwa bezog die als Selbstzweck betriebene Ausbildung des menschlichen Geistes mit ein und Thomas von Aquin die Erkenntnis Gottes – beides Werte, deren Berechtigung man in Zweifel ziehen kann und auch tatsächlich in Zweifel gezogen hat. Andere Denker wie Hobbes und Hume waren weniger ambitioniert. Sie sahen in dem bescheidenen Ziel des Überlebens den zentralen und unbestreitbaren Faktor, der die Naturrechtsterminologie empirisch sinnvoll erscheinen läßt. »Es liegt in der Natur des Menschen, daß er nur im Zusammenschluß mit anderen Menschen überleben kann. Und ein solcher Zusammenschluß wäre unmöglich, wenn die Gesetze der Billigkeit und Gerechtigkeit keine Beachtung fänden.« (Hume)

Dieser einfache Gedanke, der in der Tat mit den wesentlichen Merkmalen von Recht und Moral eng zusammenhängt, läßt sich von den problematischeren Bestandteilen der allgemeinen teleologischen Sichtweise trennen, die als Zweck oder höchstes Gut für den Menschen eine ganz bestimmte Art der Lebensführung ansieht, über die man in Wirklichkeit jedoch höchst unterschiedlicher Meinung sein kann. Außerdem benötigen wir im Fall des Überlebens nicht die dem modernen Denken zu metaphysisch erscheinende Annahme, daß der Mensch das Überleben notwendig anstrebt, weil es ihm als eigentliches Ziel oder als wahrer Zweck gesetzt sei. Statt dessen können wir den Überlebenswillen des Menschen als bloß kontingente Tatsache ansehen, mit der es sich auch anders verhalten könnte; und mit der Rede vom Überleben als einer menschlichen Ziel- oder Zwecksetzung brauchen wir nur zu meinen, daß die Menschen faktisch überleben wollen.

Doch selbst wenn wir das Überlebensziel in dieser theoretisch unbelasteten Weise verstehen, so spielt es doch immer noch eine besondere Rolle für das menschliche Verhalten und unsere Vorstellungen darüber. Diese Sonderstellung entspricht der großen Bedeutung und der Notwendigkeit, die dem Überlebensziel in den überkommenen Naturrechtslehren zugeschrieben werden. Denn es ist nicht nur so, daß eine überwältigende Mehrheit der Menschen überleben will, selbst um den Preis größten Elends. Diese Tatsache kommt auch in ganzen Bereichen unseres Denkens und Redens über die Welt und uns selbst deutlich zum Ausdruck. Ohne die Voraussetzung eines allgemeinen Willens zum Überleben würden Begriffe wie Gefahr und Sicherheit, Schaden und Nutzen, Bedürfnis und Funktion, Krankheit und Heilung einen Teil ihrer Bedeutung einbüßen. Denn mit diesen Begriffen werden Dinge zugleich beschrieben und – im Hinblick auf ihren Beitrag zu dem anerkannten Ziel des Überlebens – bewertet.

Es gibt jedoch einfachere und weniger philosophische Überlegungen, die zeigen, daß das Überleben notwendig als Ziel anerkannt werden muß, und zwar im Sinne einer unmittelbaren Relevanz für die Diskussion menschlicher Rechts- und Moralordnungen. Das Überlebensziel ergibt sich aus den Voraussetzungen, unter denen wir diskutieren; denn unser Interesse gilt den sozialen Bedingungen für eine gesicherte Existenz, nicht denen für einen Verein von Selbstmördern. Wir möchten wissen, ob es unter diesen Bedingungen solche gibt, die sinnvoll als durch die Vernunft erkennbare Naturrechtsnormen charakterisiert werden können, und in welcher Beziehung sie zur menschlichen Rechts- und Moralordnung stehen. Um diese oder irgendeine andere Frage danach, *wie* Menschen miteinander leben sollen, stellen zu können, müssen wir voraussetzen, *daß* sie – allgemein gesprochen – leben wollen. Von diesem Punkt aus sind die weiteren Überlegungen einfach. Die Reflexion über einige offenkundige allgemeine Wahrheiten, ja Selbstverständlichkeiten über Natur und Umwelt des Menschen zeigt, daß jede Form sozialer Organisation, um lebensfähig zu sein, bestimmte Verhaltensregeln vorsehen muß, solange jene Wahrheiten gelten. Derartige Regeln bilden tatsächlich einen gemeinsamen Bestandteil in den Rechts- und Moralvorstellungen aller Gesellschaften, die eine Entwicklungsstufe erreicht haben, auf der Recht und Moral als unterschiedliche Arten sozialer Kontrolle anerkannt sind. Daneben gibt es in Recht und Moral dieser Gesellschaften viele Normen, die für die jeweilige Gesellschaft charakteristisch sind, sowie viele, die als willkürlich oder beliebig erscheinen können. Jene universal anerkannten Verhaltensnormen, die in grundlegenden Wahrheiten über den Menschen, seine natürliche Umwelt und seine Ziele verankert sind, kann man als den *Minimalgehalt* des Naturrechts betrachten, im Unterschied zu den anspruchsvolleren und auch anfechtbareren Systemen, die in der Vergangenheit häufig als Naturrecht auftraten. Im folgenden sollen anhand von fünf selbstverständlichen Wahrheiten jene typischen Eigenschaften der menschlichen Natur untersucht werden, auf denen dieser bescheidene, aber bedeutsame Minimalgehalt beruht.

Für das Verständnis der im folgenden genannten selbstverständlichen Wahrheiten und ihrer Beziehungen zu Recht und Moral ist die Feststellung wichtig, daß die betreffenden Tatsachen, sofern man das Überleben als Ziel unterstellt, jeweils einen *Vernunftgrund* dafür darstellen, daß Recht und Moral bestimmte Verhaltensnormen enthalten müssen. Die Argumentation läuft stets darauf hinaus, daß Recht und Moral ohne solche Verhaltensnormen menschliches Überleben, das den Mindestzweck aller sozialen Zusammenschlüsse bildet, nicht sichern könnten. Wo diese Mindesterfordernisse nicht erfüllt sind, gibt es für den Menschen, so wie er ist, keinen guten Grund, *irgendwelchen* Normen freiwillig zu gehorchen. Ein Mindestmaß an freiwilliger Normbefolgung seitens derjenigen, die erkennen, daß es in ihrem Interesse liegt, die Normenordnung aufrechtzuerhalten und sich ihr zu unterwerfen, ist aber Voraussetzung dafür, daß gegenüber jenen, die die Normen nicht freiwillig befolgen, Zwang ausgeübt werden kann. Es muß betont werden, daß es in diesem Ansatz um eine rein vernunftmäßige Beziehung zwischen natürlichen Tatsachen und gewissen Inhalten von Recht und Moral geht; denn es ist möglich und wichtig, auch Untersuchungen über ganz andere Arten der Beziehung zwischen Recht und Moral einerseits und natürlichen Tatsachen andererseits anzustellen. So mag es sein, daß die noch jungen Wissenschaften der Soziologie und Psychologie die Entdeckung machen werden oder sogar schon gemacht haben, daß nur unter bestimmten physikalischen, psychologischen oder ökonomischen Bedingungen (zum Beispiel nur dann, wenn Kleinkinder in bestimmter Weise in der Familie ernährt und erzogen werden) ein Rechtssystem oder ein Moralkodex errichtet werden kann, oder daß nur Rechtsnormen eines bestimmten Typs die gewünschte Wirkung haben können. Solche soziologischen oder psychologischen Einflüsse auf Normensysteme beruhen nicht auf Vernunftgründen. Denn sie wirken unabhängig von den bewußten Zielen oder Zwecken jener Menschen, für die sie gelten. Daß Kinder in bestimmter Weise ernährt werden, kann sich durchaus als notwendige Bedingung oder gar als *Ursache*, nicht jedoch als Rechtfertigung oder *Vernunftgrund* dafür erweisen, daß eine Bevölkerung ein Rechts- oder Moralsystem entwickelt oder aufrechterhält. Solche Kausalbeziehungen sind selbstverständlich nicht unvereinbar mit Beziehungen, die auf Zwecken oder bewußten Zielsetzungen beruhen. Man mag jene Beziehungen sogar für wichtiger oder grundlegender halten als diese, da sie möglicherweise die Erklärung bieten, warum die Menschen die bewußten Zielsetzungen oder Zwecke überhaupt haben, welche die Naturrechtsargumentation zum Ausgangspunkt nimmt. Kausalerklärungen jener Art beruhen weder auf selbstverständlichen Wahrheiten noch auf bewußten Zielsetzungen oder Zwecken: Sie müssen in der Soziologie oder Psychologie ähnlich wie sonst in der Wissenschaft mit den Methoden der Verallgemeinerung und Theoriebildung, durch Beobachtung und (soweit möglich) Experiment aufgestellt werden. Kausalbeziehungen sind somit von anderer Art als jene Vernunftgründe, die den Inhalt bestimmter Rechts- und Moralnormen durch die nun folgenden selbstverständlichen Tatsachen zu rechtfertigen suchen.

1. Der Mensch ist verwundbar.

Die Recht und Moral gemeinsamen Verhaltensanforderungen verlangen in der Regel keine Handlungen, sondern Unterlassungen und werden gewöhnlich in negativer Form, als Verbote formuliert. Für das soziale Leben sind jene Verbote die wichtigsten, die den Gebrauch von Gewalt zum Zwecke der Tötung oder Körperverletzung untersagen. Man kann sich den grundlegenden Charakter solcher Normen durch eine Frage klarmachen. Angenommen, es gäbe diese Normen nicht: Welchen Sinn könnte es dann für Wesen unserer Beschaffenheit besitzen, überhaupt irgendwelche Normen zu haben? Die Überzeugungskraft dieser rhetorischen Frage beruht auf der Tatsache, daß Menschen einerseits gelegentlich zur Gewalttätigkeit neigen und andererseits im Normalfall durch Gewalttätigkeit verwundbar sind. Aber obwohl dies eine Selbstverständlichkeit ist, hat es doch nicht den Rang einer notwendigen Wahrheit; denn die Verhältnisse könnten anders sein oder, eines Tages, anders werden. Es gibt Tierarten, die auf Grund ihres Körperbaus (etwa weil sie einen Panzer oder Schild haben) gegenüber Angriffen von ihresgleichen oder anderen Tieren, die nicht über geeignete Angriffswerkzeuge verfügen, praktisch unverwundbar sind. Wenn die Menschen nicht durch ihresgleichen verwundbar wären, entfiele ein offensichtlicher Grund für die typischste aller rechtlichen Normen: Du sollst nicht töten.

2. Die Menschen sind annähernd gleich.

Die Menschen unterscheiden sich voneinander in ihren physischen Kräften, in ihrer körperlichen Gewandtheit und besonders in ihren geistigen Fähigkeiten. Das ändert jedoch nichts an einer für das Verständnis unterschiedlicher Formen von Recht und Moral sehr bedeutsamen Tatsache: Kein Individuum ist soviel stärker als die anderen, daß es diese ohne Unterstützung längere Zeit beherrschen oder unterdrücken könnte. Selbst der Stärkste muß zeitweilig schlafen und verliert dadurch vorübergehend seine Überlegenheit. Diese Tatsache annähernder Gleichheit verdeutlicht mehr als irgendeine andere die Notwendigkeit eines Systems wechselseitiger Selbstbeschränkungen und Kompromisse, das jeder rechtlichen und moralischen Verpflichtung als Grundlage dient. Das Zusammenleben unter Normen, die derartige Selbstbeschränkungen auferlegen, ist zeitweilig unbequem; aber es ist jedenfalls weniger unangenehm, brutal und kurz, als es bei uneingeschränkter gegenseitiger Gewaltanwendung unter so weitgehend gleichstarken Individuen wäre. Natürlich ist damit folgende Erkenntnis – ebenfalls eine selbstverständliche Wahrheit – ohne weiteres vereinbar: In einem System gegenseitiger Selbstbeschränkung wird es immer einige Individuen geben, die das System dadurch auszunutzen versuchen, daß sie gleichzeitig seinen Schutz in Anspruch nehmen und seine Normen brechen. Wie wir noch sehen werden, ist dies eine jener natürlichen Tatsachen, die den Schritt von ausschließlich moralischen zu organisierten, rechtlichen Formen der Verhaltenskontrolle erforderlich machen. Auch in diesem Punkte könnten die Verhältnisse anders sein. Es könnte einige Menschen geben, die weitaus stärker als die meisten anderen Menschen sind und leichter ohne Ruhezeiten auskommen können, sei es daß sie selbst weit über dem gegenwärtigen Durchschnitt oder daß die anderen Menschen weit unter diesem lägen. Solche Ausnahmemenschen könnten vermutlich durch Gewalt weit mehr erreichen als durch ein System wechselseitiger Selbstbeschränkung oder durch Kompromisse mit anderen. Doch wir brauchen uns nicht Riesen vorzustellen, die unter Pygmäen leben, um uns die grundsätzliche Bedeutung der Tatsache annähernder Gleichheit zu veranschaulichen. Diese Bedeutung wird besser illustriert durch die Realitäten des zwischenstaatlichen Zusammenlebens, das durch enorme Unterschiede hinsichtlich Macht und Verwundbarkeit gekennzeichnet ist (oder war). Es sind unter anderem diese Ungleichheiten zwischen den Staaten, die dem Völkerrecht einen vom innerstaatlichen Recht ganz verschiedenen Charakter verliehen und das Maß seiner Wirkungsmöglichkeit als organisiertes Zwangssystem eingeschränkt haben.

3. Der Altruismus des Menschen ist begrenzt.

Menschen sind keine Teufel. Ihr oberstes Ziel ist nicht, einander umzubringen. Und der Nachweis, daß die Grundregeln von Recht und Moral zur Sicherung des Minimalzieles des Überlebens notwendig sind, darf nicht mit der falschen Ansicht gleichgesetzt werden, die Menschen seien vor allem selbstsüchtig und hätten kein uneigennütziges Interesse am Überleben und an der Wohlfahrt ihrer Mitmenschen. Aber sowenig wie die Menschen Teufel sind, so wenig sind sie Engel. Gerade die Tatsache, daß sie sich zwischen diesen beiden Extremen bewegen, läßt ein System wechselseitiger Selbstbeschränkung notwendig und möglich werden. Für Engel, die niemals versucht sind, andere zu verletzen, wären Normen, die Beschränkung fordern, nicht notwendig. Für Teufel, die ohne Rücksicht auf eigene Verluste nur auf Zerstörung aus sind, wären sie nicht möglich. Wie die Dinge beim Menschen liegen, angesichts eines beschränkten und zeitweise aussetzenden Altruismus, ist die Neigung zu Gewalttätigkeiten verbreitet genug, um ein geordnetes Zusammenleben ohne Kontrolle unmöglich zu machen.

4. Die Menge der Güter ist begrenzt.

Es ist eine bloß kontingente Tatsache, daß die Menschen Nahrung, Kleidung und Unterkunft benötigen, und daß diese Güter nicht in grenzenlosem Überfluß verfügbar, sondern knapp sind und auf natürliche oder künstliche Weise erzeugt werden müssen. Diese Tatsache allein macht eine Minimalform institutionalisierten Eigentums (obgleich nicht unbedingt des Privateigentums) einschließlich der spezifischen Normen zu seinem Schutz notwendig. Als einfachste Form des Eigentums sind solche Normen anzusehen, die grundsätzlich jeden mit Ausnahme eben des »Eigentümers« daran hindern, ein Grundstück zu betreten oder zu nutzen, beziehungsweise bewegliche Dinge an sich zu nehmen oder zu gebrauchen. Wenn die Ernte gedeihen soll, muß das Land vor unbeschränktem Zutritt geschützt sein; und zwischen Reife beziehungsweise Ernte und Verzehr muß die Nahrung vor fremder Wegnahme gesichert sein. Zu allen Zeiten und überall hängt das Überleben davon ab, daß diese Mindestbeschränkungen eingehalten werden. Auch in diesem Punkt könnten die Verhältnisse anders sein. Der menschliche Organismus könnte wie der pflanzliche in der Lage sein, Nahrung aus der Luft zu gewinnen; oder es könnte alles, was er braucht, ohne menschliches Zutun in grenzenlosem Überfluß in der Natur gedeihen.

Die Normen, die wir bislang untersucht haben, sind insofern *statisch*, als die Individuen selbst keinen Einfluß darauf haben, ob aus diesen Normen für sie Pflichten entstehen und welchen Inhalt diese haben. Die Arbeitsteilung jedoch, die jede Gemeinschaft mit Ausnahme kleinster Gruppen zur angemessenen Bedarfsdeckung entwickeln muß, erfordert Normen, die insofern *dynamisch* sind, als sie Individuen in die Lage versetzen, durch eigene Initiative Verpflichtungen entstehen zu lassen und zu verändern. Dazu gehören Normen, die es uns ermöglichen, die Produkte unserer Arbeit zu übertragen, zu tauschen oder zu verkaufen; denn diese Transaktionen setzen voraus, daß der Träger jener ursprünglichen Rechte und Pflichten, die die einfachste Form des Eigentums ausmachen, wechseln kann.

Die Notwendigkeit der Arbeitsteilung und das zeitlose Bedürfnis nach Zusammenarbeit machen noch andere Arten dynamischer oder verpflichtungserzeugender Normen für das Zusammenleben erforderlich. Durch sie wird erreicht, daß ein Versprechen auch zu einer Verpflichtung führt. Die Institution des Versprechens ermöglicht es den Individuen, sich schriftlich oder mündlich für *den* Fall einer Sanktion zu unterwerfen, daß sie sich nicht in der vereinbarten Weise verhalten. Angesichts des beschränkten Altruismus muß es ein feststehendes Verfahren für solche Selbstverpflichtungen geben, da nur so ein Mindestmaß an Vertrauen in das zukünftige Verhalten anderer Menschen geschaffen und das für eine Zusammenarbeit notwendige Maß an Voraussehbarkeit fremden Verhaltens gesichert werden kann. Die Notwendigkeit solcher Verfahren tritt immer dort besonders deutlich hervor, wo es um den Austausch oder die gemeinsame Absprache von Dienstleistungen geht, oder wo die Güter beim Tausch oder Kauf nicht gleichzeitig oder nicht sofort verfügbar sind.

5. Einsichtsfähigkeit und Willensstärke des Menschen sind begrenzt.

Die Tatsachen, die im menschlichen Zusammenleben Regelungen über Personenschutz, Eigentum und Versprechen erforderlich machen, sind einfach; und der von ihnen ausgehende allseitige Nutzen liegt auf der Hand. Die meisten Menschen sind klug genug, dies einzusehen und ihre unmittelbaren, kurzfristigen Interessen zu opfern, wenn die Befolgung jener Normen es verlangt. Es gibt für die Normbefolgung des Individuums ganz verschiedene Motive: Bei einigen ist es die rationale Erwägung, daß sich die Opfer um der Vorteile willen lohnen; bei anderen ist es ein selbstloses Interesse an der Wohlfahrt der Mitmenschen; und wiederum andere halten die Normen als solche für respektheischend und sehen ihr Ideal darin, ihnen zu dienen.
Allerdings entwickeln nicht alle Menschen den gleichen Grad an Einsicht in ihre langfristigen Interessen, und Willensstärke und Wohlwollen, von denen die Wirksamkeit jener Motive ebenfalls abhängt, sind nicht bei allen Menschen in gleicher Weise vorhanden. Jedermann ist zeitweilig versucht, seinen eigenen unmittelbaren Interessen den Vorzug zu geben, und viele würden dieser Versuchung erliegen, wenn es keine spezielle Organisation zur Entdeckung und Bestrafung von Normverstößen gäbe. Zweifellos sind die Vorteile gegenseitiger Selbstbeschränkung so greifbar, daß diejenigen, die freiwillig im Rahmen einer Zwangsordnung zusammenarbeiten würden, im Normalfall jeder möglichen Vereinigung von Übeltätern an Zahl und Stärke überlegen sein werden. Doch außer in sehr kleinen, in sich geschlossenen Gesellschaften wäre es töricht, sich einem System von Beschränkungen zu unterwerfen, wenn es keine Organisation mit Zwangsbefugnissen gegenüber denjenigen gäbe, die unter dieser Voraussetzung versuchen würden, die Vorteile des Systems zu genießen, ohne seine Pflichten auf sich zu nehmen. Sanktionen sind daher nicht deshalb erforderlich, weil es ohne sie im allgemeinen kein Motiv zum Rechtsgehorsam gäbe, sondern als *Garantie* dafür, daß die

Interessen derer geopfert werden, die die Normen ohne Zwang *nicht* befolgen würden. Ohne ein Sanktionssystem wäre Normgehorsam mit dem Risiko verbunden, übervorteilt zu werden. Angesichts dieser Gefahr verlangt die Vernunft die *freiwillige* Zusammenarbeit im Rahmen einer *Zwangs*ordnung. –
Es verdient Beachtung, daß die natürliche Tatsache annähernder Gleichheit der Menschen auch entscheidende Bedeutung für die Wirksamkeit eines Systems von Sanktionen besitzt. Wären einige Menschen weitaus stärker als andere und daher nicht darauf angewiesen, daß diese sich Beschränkungen auferlegen, so könnten die Rechtsbrecher unter Umständen den Verteidigern von Recht und Ordnung an Macht überlegen sein. Wenn solche Ungleichheiten bestünden, würde die Vollstrekkung von Sanktionen scheitern und Gefahren mit sich bringen, die zumindest ebenso groß wären wie jene, denen die Sanktionen eigentlich begegnen sollen.
Unter solchen Umständen würde das soziale Leben nicht auf einem System wechselseitiger Selbstbeschränkung, in dem Gewalt nur ab und zu gegenüber einer Minderheit von Rechtsbrechern angewendet wird, beruhen. Einzig gangbar wäre vielmehr eine Lösung, bei der die Schwachen sich zu möglichst günstigen Bedingungen den Starken unterwerfen und unter ihrem »Schutz« leben. Infolge der Güterknappheit entstünden dann verschiedene miteinander konkurrierende Machtzentren, die sich jeweils um ihren »starken Mann« gruppieren würden: Es wäre denkbar, daß diese sich von Zeit zu Zeit bekämpften, aber auch, daß die natürliche und nicht zu unterschätzende Sanktion einer möglichen Niederlage zur Grundlage eines unsicheren Friedens würde. In dieser Lage könnten dann die verschiedenen Machtzentren gewisse Normen zur Regelung jener Fragen vereinbaren, um derentwillen sie sich nicht bekämpfen wollen.
Um die einfache Logik annähernder Gleichheit und ihre Bedeutung für das Recht zu erfassen, brauchen wir uns auch hier nicht der Phantasievorstellung einer Welt von Pygmäen und Riesen zu bedienen. Das internationale Zusammenleben, in dem es seit jeher große Machtunterschiede zwischen den Staaten gibt, bietet genügend Anschauungsmaterial. Über Jahrhunderte hinweg hat das Ungleichgewicht zwischen den Nationen einen Zustand aufrechterhalten, in dem ein rechtlich organisiertes Sanktionssystem unmöglich und das Recht auf die Regelung solcher Fragen beschränkt war, die keine »lebenswichtigen« Interessen berühren. Inwieweit Nuklearwaffen, sollten sie einmal allen zugänglich sein, das Übergewicht einzel-

ner Mächte aufheben können und neue Formen der Kontrolle, die stärker dem innerstaatlichen Strafrecht ähneln, mit sich bringen werden, bleibt abzuwarten.

Die einfachen, selbstverständlichen Wahrheiten, die wir diskutiert haben, enthalten nicht nur den sinnvollen Kern der Naturrechtsdoktrin, sondern sind auch von entscheidender Bedeutung für das Verständnis von Recht und Moral und erklären, warum sich eine rein formale Definition von Recht und Moral, die nicht bestimmte Inhalte oder soziale Bedürfnisse berücksichtigt, als so unbefriedigend erwiesen hat. Für die Rechtsphilosophie besteht vielleicht der bedeutsamste Nutzen dieser Betrachtungsweise darin, daß sie gewissen irreführenden Dichotomien entgehen kann, die häufig Unklarheit in die Diskussion der Wesensmerkmale des Rechts bringen. So läßt sich zum Beispiel die traditionelle Frage, ob jede Rechtsordnung Sanktionen vorsehen *muß*, in einem neuen und klareren Licht darstellen, wenn man die Probleme aus der Perspektive unserer weniger anspruchsvollen Naturrechtstheorie sieht. Wir brauchen nicht mehr zwischen den beiden folgenden unangemessenen Alternativen zu wählen, die häufig für erschöpfend gehalten werden: einerseits der Behauptung, die Begriffe »Recht« oder »Rechtssystem« enthielten den Begriff der »Sanktion« als Bedeutungskomponente und andererseits der These, es sei ein »bloßes Faktum«, daß die meisten Rechtssysteme Sanktionen vorsehen. Beide Alternativen sind unbefriedigend. Es gibt keine anerkannten Kriterien, die es verbieten, das Wort »Recht« auf Systeme anzuwenden, die kein zentral organisiertes Sanktionssystem kennen, und es gibt gute Gründe (wenngleich keine zwingenden), den Ausdruck »Völkerrecht« in der Tat auf ein solches System anzuwenden. Andererseits ist es unbedingt erforderlich, daß wir deutlich sehen, welchen Stellenwert Sanktionen im innerstaatlichen Recht haben müssen, wenn dieses den Mindestzielen von Wesen unserer Beschaffenheit dienen soll.

Man darf durchaus behaupten, daß im Rahmen der (oben aufgeführten) natürlichen Tatsachen und Ziele, auf Grund derer Sanktionen im innerstaatlichen Recht möglich und auch erforderlich sind, eine *natürliche Notwendigkeit* für ein Sanktionssystem besteht. Und man wird eine ähnliche Formulierung gebrauchen müssen, wenn man den Stellenwert anderer ebenso unverzichtbarer Elemente des staatlichen Rechts, nämlich bestimmter Grundformen des Schutzes von Personen, Eigentum und Versprechen, angemessen zum Ausdruck bringen will. Dies ist die Form, in der man auf die positivistische Behauptung, eine Rechtsordnung könne jeden beliebigen Inhalt haben, antworten sollte. Denn es ist eine ziemlich wichtige Erkenntnis, daß zur angemessenen Beschreibung nicht nur des Rechts, sondern auch vieler anderer sozialer Institutionen neben Definitionen und gewöhnlichen Tatsachenbehauptungen noch eine dritte Kategorie von Aussagen herangezogen werden muß: Aussagen, deren Wahrheit davon abhängt, daß Natur und Umwelt des Menschen die sie charakterisierenden Eigenschaften behalten.

2. Martin Kriele
Legitimität und Widerstand

Der historische Hintergrund

Der Rechtspositivismus richtete sich stets mit besonderer Schärfe gegen ein Widerstandsrecht, sei dieses nun auf Naturrecht, auf die Bibel, auf das Gewissen, auf altüberlieferte Rechte oder revolutionäre Ideen gegründet. Er stellte dem Widerstandsrecht den Grundsatz »Recht ist Recht« gegenüber. Gegenüber dem positiven Recht könne es kein Gegenrecht geben, ganz unabhängig davon, wie das Recht moralisch, politisch oder theologisch zu beurteilen sei. Insofern ist der Rechtspositivismus ein Ausdruck der Idee der *Souveränität* des neuzeitlichen Staates, wie sie im 16. Jh. unter dem Eindruck des konfessionellen *Bürgerkrieges* formuliert worden ist. Er wandte sich damals polemisch gegen Rebellion und Ungehorsam des Volkes oder der Stände, gegen Anarchie, Tyrannentötung, Bürgerkrieg, und plädierte für Ordnung, Gehorsam, innerstaatlichen Frieden. Es gebe, so sagte der Positivismus, zu diesem Zweck keine Rechtsquellen außer den von der staatlichen Autorität anerkannten: »Auctoritas non veritas facit legem« (Hobbes). [...]

Naziverbrechen und Widerstand
im Spiegel der bundesdeutschen Rechtsprechung

In der Hobbesschen Linie des Grundsatzes »Recht ist Recht« liegt der angelsächsische Rechtspositivismus von Bentham und Austin bis zu Herbert Hart. Hart z. B. erörtert das Problem, ob

es unter besonderen Umständen ein Widerstandsrecht gegen das Gesetz geben könne oder ob das Gesetz immer eine Rechtspflicht begründe. Er beantwortet diese Alternative im Sinne einer strikten Trennung von Rechtspflicht und Moralpflicht. [...]
Sie (die Trennung; O. Höffe) hat u. a. die praktische Folge, daß die positivistischen Rechtstheoretiker die Bedingungen, unter denen Widerstand zu billigen ist, als »rein moralphilosophische« Fragen aus der Jurisprudenz verweisen. Denn das Fundament aller positivistischen Rechtstheorie ist die Annahme, daß eine Arbeitsteilung zwischen Rechtstheorie und Moralphilosophie in folgender Weise möglich sei: Man strebt an, aus dem gesamten Kreis der Probleme, die man in früheren Jahrhunderten in der »Rechtsphilosophie« abhandelte, diejenigen Probleme als »rechtstheoretische« herauszusortieren, die sich auf die vorgegebenen Rechtsnormen und Gerichtsurteile *nach getroffener Entscheidung* beziehen. Den Rest – also alle Fragen, die *vor* der Entscheidung zu erörtern sind – weist man der Moralphilosophie zu.
Dieser Arbeitsteilung zufolge gehört die Frage, wann Rechtsgehorsam und wann Widerstand am Platze ist, zu den moralphilosophischen Fragen. In einem »Concept of Law« ist folgerichtig nicht mehr darüber zu sagen als eben dies, daß es eine moralische und keine rechtliche Frage sei, d. h. eine Frage, die den Juristen nichts angeht oder angehen sollte. Ist es aber wirklich möglich, daß das juristische Denken dieser Frage ausweichen kann?
Dieses Problem haben Hart und andere Rechtspositivisten noch nicht gründlich genug ausdiskutiert. Der einzige Fall, den z. B. Hart ins Auge gefaßt hat, ist der der Bestrafung von Naziverbrechern, die das Hitlerregime seinerzeit legalisiert hatte. Sollen solche »legalen Verbrecher« in der Bundesrepublik bestraft werden? Hart antwortet: Nein, jedenfalls nicht, solange nicht *rückwirkende Strafgesetze* erlassen sind. Das verlange der Grundsatz »nulla poena sine lege«. Folgerichtig wären auch *Widerstandskämpfer*, z. B. die Männer des 20. Juli, soweit das Strafgesetzbuch von 1871 fortgilt und einschlägig ist, in der Bundesrepublik gleichzeitig moralisch zu ehren und gerichtlich zu verurteilen. Nur ein Amnestiegesetz könne sie retten. Denn das Strafgesetzbuch von 1871 galt im »Dritten Reich« und in der Bundesrepublik fort und war und ist einschlägig. Widerstandskämpfer könnten sich auf ihre sittlichen Motive dann nur moralisch, nicht aber mit juristischem Erfolg berufen.
Gesetzt indessen, der Grundsatz »Recht ist Recht« mache, wie

Hart annimmt, die deutsche Rechtspraxis gegenüber Naziverbrechern und Widerstandskämpfern illegal, dann wäre Hart dem Problem der Verflochtenheit von Recht und Ethik keineswegs, wie er hofft, entronnen. Es würden sich neue Fragen aufdrängen, die ethischen Charakter haben, aber juristisch entschieden werden müßten.
Einige Beispiele: Wie wären die *Richter*, die Naziverbrecher unter Verletzung des Grundsatzes »nulla poena sine lege« verurteilt haben, juristisch richtig zu behandeln? Sind sie wegen Rechtsbeugung, Tötung und Freiheitsberaubung anzuklagen und zu verurteilen? Welchen Rechtfertigungs- oder Entschuldigungsgrund könnte man ihnen zubilligen? Ist übergesetzlicher Notstand einschlägig? Konnte der konsequente Rechtspositivist diesen Grundsatz überhaupt anerkennen, solange er nicht vom Gesetz anerkannt war? Wie sind die verurteilten Naziverbrecher zu behandeln: Sind sie ohne weiteres zu entlassen? Sind sie in einem Wiederaufnahmeverfahren freizusprechen? Sind sie zu entschädigen? Sind die gegen sie erlassenen Urteile bis zu ihrer Aufhebung »Recht«? Wenn ja, ist der Grundsatz »nulla poena sine lege«, den sie – gemäß Harts Hypothese – verletzen, infolge der einschränkenden Auslegung durch die Gerichtspraxis nur noch in eingeschränkter Weise Recht?
Wie sollten sich Staatsanwaltschaft und Gerichte in der Bundesrepublik den *Widerstandskämpfern* gegen Hitler gegenüber verhalten? Hätten sie wirklich und ernstlich angeklagt und verurteilt werden sollen? Der Sexualmörder oder der Bankräuber von 1944 wurde ja in der Bundesrepublik auch nach dem Strafgesetzbuch von 1871 verurteilt. Ist die Verweigerung der Anwendung dieses Gesetzbuches auf Widerstandskämpfer eine – moralisch zu billigende, juristisch zu verurteilende – Rechtsbeugung?
Wie sind jene Widerstandskämpfer vom Standpunkt der positivistischen Trennung von Rechtspflicht und Moral aus zu beurteilen, die sich die Hände schmutzig machten, die sich z. B. nachweislich an der Euthanasie Geisteskranker nur deshalb beteiligten, um dadurch in der Lage zu sein, möglichst viele Opfer zu retten? Probleme solcher Art stellten sich den Gerichten der Bundesrepublik in vielen Varianten. Das Gesetz sah keine einzige von ihnen vor, aber sie mußten dennoch gerichtlich entschieden werden. Und weiter:
Wie sollten vom Standpunkt des Positivismus aus jene Fälle entschieden werden, in denen jemand eine *Rente* einklagt, die ihm als *Opfer des Faschismus* zusteht, wenn er ein Opfer des

Faschismus nur dadurch geworden ist, daß er ein Widerstandskämpfer war? Wenn er, juristisch gesehen, Verbrechen beging, so war es im Hitler-Reich, juristisch gesehen, gerechtfertigt, ihn ins Gefängnis zu sperren. Muß ihm also, juristisch gesehen, in der Bundesrepublik die Rente verweigert werden? Oder ist der scheinbar nur moralische Anspruch in Wirklichkeit ein juristisch relevanter Anspruch?

Falls man diese Frage bejaht, stellen sich weitere Fragen: Wo beginnt und was ist eine juristisch anzuerkennende *Widerstandshandlung*? Gehört z. B. die Wehrdienstverweigerung im Kriege dazu? Kommt es aufs Motiv an? Kommt es auf die Erfolgschancen der Widerstandshandlung an? Da die Antwort auf diese Frage darüber entscheidet, ob eine Rechtspflicht zur Zahlung der Rente besteht oder nicht – sind diese Fragen juristische oder bloß moralische?

Alle diese Fragen sollen sichtbar machen, daß die Probleme des »legalen Verbrechers« und des Widerstandes gegen das Gesetz keineswegs nur »außerrechtlich«, »rein moralische« Fragen sein können. Der Hinweis auf den Grundsatz »Recht ist Recht« kann nicht genügen, um sie aus der Jurisprudenz zu verweisen.

Da die Rechtsordnung der Bundesrepublik erstens Naziverbrechen bestraft und zweitens Widerstand im Dritten Reich nicht verfolgt, steht der Rechtspositivismus vor einem *ausweglosen Dilemma*: Erklärt er dies für Unrecht, so ist also Unrecht, was hier als positives Recht gilt und praktiziert wird. Der Rechtspositivismus mißt dann also unser positives Recht an Prinzipien, die nicht als positives Recht anerkannt sind. Er gerät insofern zu seinem Grundprinzip »Recht ist Recht« in Selbstwiderspruch. Anerkennt er aber unser positives Recht, so muß er folglich zugestehen, daß das positive Recht des »Dritten Reiches« rückblickend nicht mehr durchgängig als Recht anerkannt wird, sondern im Hinblick auf die Extremsituationen der Naziverbrechen und des Widerstands aus unseren Legitimitätsprinzipien heraus juristisch – nicht nur moralisch – beurteilt wird. Auch in diesem Fall gerät er zu seinem Grundprinzip »Recht ist Recht« in Selbstwiderspruch.

Er kann sich angesichts dieses Dilemmas nur auf eine dritte moralisch-fordernde Position zurückziehen: Die Relativierung des positiven Rechts des »Dritten Reiches« in der Rechtsprechung der Bundesrepublik gelte hier zwar als positives Recht, *sollte* das aber nicht tun. Damit aber gibt der Rechtspositivismus seinen Anspruch auf, bloße Analyse des geltenden Rechts zu sein und politisch-moralische Fragen gesondert zu erörtern.

Schon der geistige Vater des Rechtspositivismus, Hobbes, ist der Paradoxie verfallen, daß in England seinerzeit geltende Recht zu verwerfen und durch einen eigenen Naturrechtsentwurf ersetzen zu wollen. Diese Paradoxie taucht in der Geschichte des Rechtspositivismus unausweichlich immer wieder auf, weil Recht und praktische Vernunft in der Wirklichkeit nun einmal zusammengehören und der theoretische Versuch, sie gedanklich zu trennen, die Wirklichkeit des positiven Rechts immer verfehlen muß.

Legitimität

Die Lösung des Dilemmas besteht in der Einsicht, daß die Pflicht, dem Recht Folge zu leisten, durch das Gesetz allein und aus sich heraus nicht begründet wird. Vielmehr muß die Legitimität der Rechtsordnung im ganzen hinzutreten. Insofern ist die *Rechtspflicht letztlich eine sittliche Pflicht.* Sie besteht, wenn die Anerkennung der Verbindlichkeit des »Rechts im ganzen« eine sittliche Pflicht ist. Herbert Hart, Kelsen und andere Rechtspositivisten wollen Rechtspflicht und Moralpflicht getrennt denken: Rechtspflicht ist Rechtspflicht, Moralpflicht ist Moralpflicht. Beide können zufällig miteinander übereinstimmen. Stünden sie aber in Widerspruch zueinander, so sei es Rechtspflicht, der moralischen Pflicht nicht Folge zu leisten. Dieser Gedanke gilt dann freilich auch umgekehrt: Es ist dann Moralpflicht, der Rechtspflicht nicht Folge zu leisten. In diesem Dilemma muß der Bürger wählen: Die Entscheidung bleibt seiner Subjektivität überlassen. Das Recht könne jedenfalls einen Vorrang der Moralpflicht unter keinen Umständen gelten lassen. Umgekehrt werden moralische Pflichten unabhängig vom Recht begründet oder verworfen: Der Zusammenhang von Recht und Sittlichkeit wird durch diese Trennung von Recht und Moralphilosophie aufgelöst.

In Wirklichkeit ist es eine sittliche Pflicht, dem Recht Folge zu leisten, vorausgesetzt, daß das *Recht »im großen und ganzen«* der Sittlichkeit Rechnung trägt. Die Rechtspflicht wird dann auch durch Gesetze begründet, die im einzelnen sittlich zu mißbilligen sind, weil sich die Verpflichtungskraft des einzelnen Gesetzes aus der Legitimität der Rechtsordnung im Ganzen ableitet.

Legitimität ist unter den Bedingungen neuzeitlicher Rationalität, die die traditionale und charismatische Legitimität zersetzt hat, nur denkbar als eine *material-rationale.* Sie ist kein Problem des Staatsrechts, sondern der Staatslehre, kein juristisches Problem, sondern ein Problem der praktischen Vernunft. Die Legitimität unserer Rechtsordnung beruht auf der Einsicht, daß sie allen bisher vorgeschlagenen Alternativen vorzuziehen ist, weil sie in verhältnismäßig höherem Maße als diese Frieden, Freiheit und Gerechtigkeit gewährleistet. Das schließt nicht aus, daß unsere Rechtsordnung in mancher Hinsicht ungerecht und verbesserungsbedürftig ist. Aber sie ist den Alternativkonzepten auch darin überlegen, daß sie in sich selbst die Verfahren bereithält, in denen Ungerechtigkeiten geltend gemacht und überwunden werden können. Da sie »im großen und ganzen«, an aufklärerischen Maßstäben gemessen, sittlich zu rechtfertigen ist, ist es besser, auch einzelne Ungerechtigkeiten vorübergehend in Kauf zu nehmen, als den inneren Frieden und die Geltung des Rechts in Frage zu stellen.

Der demokratische Verfassungsstaat der Neuzeit beruht auf der doppelten Einsicht, daß souveräne Macht latenter Terror, und daß souveräne Subjektivität latenter Bürgerkrieg (und dann ebenfalls Terror, nämlich Revolutionsdiktatur) bedeuten. Er ist der Versuch, Macht und Subjektivität so in ein ausgewogenes Verhältnis zueinander zu bringen, daß beide Gefahren gebannt bleiben. Die zugrunde liegende Überlegung ist die: So illusorisch das Beharren auf einem *Rechtsetzungsmonopol* des Gesetzgebers gegenüber der judiziellen Rechtsfortbildung zwar ist, so unentbehrlich ist es jedoch, auf der *Rechtsetzungsprärogative* des Gesetzgebers zu bestehen. Das heißt: wenn und soweit er eine rechtliche Frage an sich zieht und entscheidet, muß seine Entscheidung verbindlich sein: gegenüber abweichendem judiziellen Recht, und erst recht natürlich gegenüber bloß philosophischen oder theologischen Meinungen, denen noch nicht einmal die Entscheidungsautorität zukommt, die der Richter hat. Denn die Gerechtigkeit der Ordnung setzt voraus, daß es überhaupt eine Ordnung gibt. Eine Ordnung gibt es nur, wo politische Kontroversen nicht von verschiedenen Instanzen unterschiedlich entschieden werden können, sondern wo eine Autorität über sie verbindlich entscheidet. In dieser Einsicht wurzelt die sittliche Verpflichtung des Rechts.

Das gilt zwar für den demokratischen Verfassungsstaat, und evtl. auch für andere Ordnungen, soweit sie die Grundsätze der Sittlichkeit, insbesondere der Menschenwürde, der Freiheit und der Gleichheit nicht verletzen. Aber es gilt nicht bedingungslos. Nach *Auschwitz* und dem *Archipel Gulag* sollte heute niemand mehr bestreiten, daß unter gewissen Voraussetzungen selbst der Bürgerkrieg noch ein kleineres Übel als die »Ordnung« sein kann, erst recht natürlich ein Bürgerkrieg, der die Chance hat, in eine neue, gerechtere Ordnung hinüberzuführen. Widerstand verdient dann nicht nur moralische, sondern auch rechtliche Anerkennung. Diese kann er praktisch erst nach dem Umsturz der »Ordnung« finden. Er fand sie in der gerichtlichen Praxis der Bundesrepublik ebenso, wie auch andere zunächst nur sittlich erwogene Rechtfertigungs- und Entschuldigungsgründe strafrichterliche Anerkennung gefunden haben.

Die Verpflichtungskraft des Rechts wurzelt also in einem vernünftigen sittlichen Grund: Die Anerkennung des Rechts ist Revolution und Bürgerkrieg vorzuziehen. Sie entfällt jedoch, wenn das Recht so bedrückend ist, daß Bürgerkrieg und Revolution als kleinere Übel erscheinen. Daß auch hinter Kelsens Rechtspositivismus letztlich diese politische Vernunfterwägung steht, hat er in einer beiläufigen Bemerkung offengelegt: Wenn Rechtspflichten nur als sittliche Pflichten gälten, sagt er gegen Welzel, könne »jedes rechtsunterworfene Subjekt die Geltung des Rechts für sich mit der Begründung aufheben, daß die ihm vom Recht auferlegte Pflicht nicht sittlich sei«. Dies aber ist offenkundig eine ethische, keine juristische Begründung. Als solche ist sie so nicht schlüssig: Denn auch wenn man Rechtspflicht und sittliche Pflicht getrennt denkt, entsteht das Problem des Vorrangs. Jedes rechtsunterworfene Subjekt kann dann zwar nicht die juristische Geltung, aber die sittliche Verpflichtungskraft des Rechts mit dem Argument aufheben, daß die ihm vom Recht auferlegte Pflicht nicht sittlich sei. Die praktisch politische Folge ist dieselbe, wie wenn es die »juristische Geltung« aufheben würde: Das Recht wird vom Bürger nicht befolgt oder von den Staatsorganen nicht angewendet. Diesem Problem entrinnt man nicht durch die positivistische Trennung von Recht und Sittlichkeit, ganz im Gegenteil: man provoziert es damit erst. Man entgeht ihm nur durch die Einsicht, daß die Verpflichtungskraft des Rechts eine sittliche Verpflichtung ist, die besteht, wenn das Recht im großen und ganzen mit der Sittlichkeit in Einklang steht.

Moralphilosophie als Legitimitätsproblem

Die Legitimitätsgrundlage unseres Rechts wird von zwei Extrempositionen herausgefordert. Für die eine kommt es nur auf die *moralische Qualität des Gesetzes*, für die andere nur auf das formale verfassungsmäßige *Verfahren der Gesetzgebung* an: die

moralphilosophische und die rechtspositivistische Herausforderung.
Die moralphilosophische besteht in der Annahme, es komme nicht nur auf die Legitimität des Rechts »im großen und ganzen« an. Auch *einzelne* Rechtsnormen verpflichteten nur, wenn sie je für sich als ethisch begründet anerkannt werden könnten. Der Staat könne zwar mittels Sanktionsandrohung und polizeilicher Durchsetzung zu ihrer Befolgung nötigen. Nötigung wäre freilich etwas anderes als Verpflichtung. Man dürfe versuchen, sich der Nötigung zu entziehen oder ihr wirksamen Widerstand entgegenzusetzen. Es gebe keine Verpflichtung, von diesen Möglichkeiten keinen Gebrauch zu machen. Es könne im Gegenteil eine moralische Pflicht zum Widerstand bestehen. Begründungspflicht und Beweislast trüge nicht, wer den Widerstand, sondern wer die Geltung des Gesetzes rechtfertige: Dieser müsse den zum Widerstand bereiten Bürger von der moralischen Berechtigung des Gesetzes überzeugen. [...]
Auf solche Weise wird das Entscheidungsmonopol über Geltung von Rechtsnormen vom demokratisch gewählten Gesetzgeber auf Theologen, Sozialwissenschaftler und Parteiagitatoren übertragen, die den Schüler darüber belehren, welche Herrschaftsverhältnisse akzeptierbar seien. Da hierüber verschiedene Meinungen bestehen, gibt es also eine Pluralität von Entscheidungsinstanzen. Der Streit kann nicht autoritativ verbindlich entschieden, sondern er muß mit undemokratischen Mitteln ausgekämpft werden. Die Utopie der Herrschaftsfreiheit, das marxistische Dogma von Basis und Überbau oder die Theorie, der zufolge unsere Rechtsordnung »strukturelle Gewalt« sei, genügt dann, um die Legitimität unserer Rechtsordnung im ganzen und im einzelnen aufzuheben und statt dessen Widerstand gegen sie zu legitimieren.
Die Annahme der Voraussetzungen des Widerstandsrechts erfolgt in den Ländern des freiheitlich-demokratischen Verfassungsstaates aufgrund illusorischer Hoffnung, unzureichenden Wissens, mangelhafter Erfahrung, doktrinärer Theorie, Kampfeifer, Machterwartung und Vorauskonformismus. Provokateure von beiden extremen Seiten versuchen, die »latenten Gefahren manifest« zu machen und so durch eskalierende Destruktion des Verfassungsstaates den politischen Naturzustand zwischen Macht und Widerstand, zwischen Souveränität und Subjektivität wiederherzustellen, aus dem sie als diktatorische Sieger hervorzugehen hoffen. Es gibt also einen Mißbrauch des Widerstandsrechts, der die Bedingungen, unter

denen die Inanspruchnahme dieses Rechts vernünftig wäre, erst künstlich zu erzeugen versucht. Im aktuellen Jargon heißt das z. B.: den »latenten Faschismus manifest machen« – während doch die Aufgabe einer postfaschistischen Politik sein müßte, den einstmals so manifesten Faschismus immer latenter zu machen und die Bedingungen seines Aussterbens zu begünstigen. Der Widerstand gegen einzelne Gesetze wird dann zum Vehikel des Widerstands gegen die Verfassungsordnung im ganzen.

Der *Widerstand gegen die Verfassung* läßt sich in einem gewaltenteilenden und an den Menschenrechten orientierten demokratischen Verfassungsstaat überhaupt nicht ethisch begründen, sondern nur mittels Ideologien, die entweder gegenaufklärerisch sind oder die die Prinzipien der Aufklärung verraten und ins Gegenteil pervertieren. Unter den hier und heute gegebenen Umständen ist es deshalb gerechtfertigt, daß Art. 20 Abs. IV GG (Grundgesetz; O. Höffe) ein Widerstandsrecht nur zur Verteidigung der freiheitlich-demokratischen Grundordnung anerkennt, und zwar gegen Putschisten und Revolutionäre, nicht aber ein Widerstandsrecht potentieller Diktatoren gegen diese Grundordnung selbst.

Widerstand gegen *einzelne Rechtsinstitutionen* im demokratischen Verfassungsstaat läßt sich nicht rechtlich, sondern nur moralisch begründen, und auch dies nur unter zwei Voraussetzungen: Es muß sich erstens um extreme, ganz besonders grobe Ungerechtigkeiten handeln. Aber auch dann trifft zweitens die Begründungspflicht und Beweislast denjenigen, der den Widerstand moralisch zu rechtfertigen versucht. Der Test für das Vorliegen dieser Voraussetzungen liegt darin, daß derjenige, der den Widerstand übt oder dazu auffordert, bereit ist, die juristischen Sanktionen, die auf dem Widerstand liegen, mit Würde auf sich zu nehmen. Wer das tut, beweist mit seinem persönlichen Einsatz den Ernst des von ihm behaupteten Legitimitätsproblems. Diese Zivilcourage ist in einem demokratischen Verfassungsstaat auch zumutbar, da die Sanktionen rechtsstaatlich angemessen sind und gerichtlicher Kontrolle unterliegen, einschließlich der an den Grundrechten und dem Verhältnismäßigkeitsprinzip orientierten verfassungsrechtlichen Kontrolle.

Widerstand gegen totalitäre Staaten dagegen erfordert nicht nur Zivilcourage, sondern die Bereitschaft zum Martyrium, zum Erdulden von Terrorstrafen, Folter und Tod. Für die moralphilosophischen Legitimationstheorien ist charakteristisch, daß sie gleichzeitig die Zivilcourage, die der Gewissens-

test des Widerstands gegen rechtsstaatliche Verfassungen erfordert, als unzumutbar abweisen, andererseits aber die Bereitschaft zum Martyrium in den totalitären Systemen (von anderen) »fordern«.
Nach dem Zweiten Weltkrieg blühte in der Bundesrepublik einige Jahre lang eine *abstrakte Naturrechtsphilosophie*, die sich als Variante dieser moralisierenden Legitimationstheorie erwies. [...] Die abstrakte Naturrechtsphilosophie berief sich häufig auf die *Menschenrechte*. Diese wollte sie durch unmittelbar naturrechtliche Normenkontrolle verwirklichen. Menschenrechte haben aber Wirklichkeit nur, wenn sie sich im positiven Recht als verbindliche Rechte niederschlagen. Dazu ist erste Voraussetzung, daß der Machthaber überhaupt an Normen gebunden ist und nicht souverän über das Recht verfügen, es durchbrechen und es selbst beliebig interpretieren kann – also nur unter den Bedingungen der *Gewaltenteilung*. Naturrecht und Rechtspositivismus versöhnen sich in der juristischen Positivierung der Menschenrechte und ihrer institutionellen Grundlagen. Das war die Quintessenz der politischen Aufklärung des 18. Jhs., deren fortdauernde Wahrheit die Erfahrung immer von neuem bestätigt. Die *Versöhnung von Naturrecht und Rechtspositivismus im gewaltenteilenden Verfassungsstaat* bedeutete zugleich die Versöhnung von Subjektivität und staatlicher Souveränität. An die Stelle des Widerstandsrechts traten Menschenrechte als subjektiv-öffentliche Rechte, an die Stelle des gewaltsamen Widerstandskampfes traten die demokratische Wahl und die richterliche Kontrolle aller drei Gewalten auf die Beachtung der Menschenrechte hin. Die naturrechtliche Kritik am Rechtspositivismus geht also fehl, wenn sie gegen die gesetzanwendenden Juristen des »Dritten Reiches« polemisiert, weil sie dabei die staatsrechtlichen Bedingungen juristischer Geltung der Menschenrechte aus dem Auge verliert.
Kritik am Rechtspositivismus ist dennoch berechtigt. Der Rechtspositivismus ist in der Tat für alle Schrecken des »Dritten Reiches« mitverantwortlich, aber nicht, weil er für Gesetzesgehorsam plädierte, sondern weil er während der Weimarer Zeit dazu beitrug, die Bereitschaft zur Legitimitätsverteidigung der Verfassung zu zerstören.

Legalität und Legitimität

Diese moralphilosophische Herausforderung der Legitimität hat ihr Gegenstück in einer rechtspositivistischen Herausforderung: Das Recht verpflichte ganz unabhängig davon, ob es ethisch zu rechtfertigen sei oder nicht. Die Rechtspflicht sei eine Pflicht eigener Art. Sie werde durch den bloßen Umstand begründet, daß das Gesetz auf verfassungsmäßige Weise zustande gekommen oder von der Verfassung als geltendes Recht anerkannt sei. Die letzte juristische *Grundnorm* sei: Der jeweiligen Verfassung sei Folge zu leisten. Legitimität scheint danach restlos in Legalität aufzugehen.

Damit verschiebt sich das Problem von der Verpflichtungskraft des Rechts auf die Verpflichtungskraft der Grundnorm. Aber diese Frage ist letztlich keine juristische, sondern eine ethische. Die Grundnorm – der Verfassung sei Folge zu leisten – kann nur als juristische Hypothese gelten. Ihre Wirksamkeit in der sozialen Wirklichkeit gewinnt sie aus Gründen der praktischen Vernunft. Nur wenn die Verfassung als legitim anerkannt ist, vermag sie, die abgeleiteten Gesetze zu legitimieren. Ob die Verfassung selbst als legitim anerkannt ist, hängt seinerseits von Sittlichkeit der Rechtsordnung ab. Die Legitimität der demokratischen Verfassung hat ihren Grund darin, daß ihre Institutionen im großen und ganzen den Einklang von Recht und Sittlichkeit gewährleisten.

Die bloße Orientierung an der Grundnorm »der Verfassung ist Folge zu leisten«, vermag das Recht nicht schon von sich aus zu legitimieren. Das erkennt man daran, daß diktatorische Staatsordnungen bei ihren Bürgern nicht als legitim anerkannt werden, sondern passiven oder, wenn möglich, aktiven Widerstand herausfordern, der nur durch totalitäre Methoden gebrochen werden kann. Wird das unsittliche Recht befolgt, so aus Angst, wie z. B. in den Staaten Osteuropas, deren Ordnung mit der Anwesenheit der sowjetischen Panzerarmee und mit der Allgegenwart der Geheimpolizei steht und fällt.

Man erkennt es aber auch daran, daß es auch *in totalitären Staaten unmittelbare Gesetzeslegitimität* gibt, nämlich bei Gesetzen, die nicht systemtypisch sind und ausnahmsweise mit der Sittlichkeit in Einklang stehen. Gesetze über Vertragseinhaltung, Eheschließung, Mordverbot oder Regeln des Straßenverkehrs sind auch in solchen Staaten als legitim anerkannt, weil sie auch an aufklärerischen Maßstäben gemessen gerechtfertigt wären. Die Legitimität solcher Gesetze besteht dann nicht wegen, sondern trotz ihrer Herkunft aus dem totalitären System, mit dem sie nur im äußeren, aber nicht im inneren Zusammenhang stehen. Umgekehrt kann es unter westlichen Verfassungen, deren Legitimität bei den Bürgern unbestritten ist, einzelne Gesetze geben, die evidentermaßen absolut unsittlich sind, so daß sich gegen sie begründeter Widerstand erheben kann (z. B. gegen die *Rassendiskriminierung* auch unter der Verfassung der USA). Kurz, es gibt keine Möglichkeit, der ethischen Dimension des Legitimitätsproblems zu entrinnen.

Der grundsätzliche Ausschluß jeglichen Widerstandsrechts, wie ihn der Rechtspositivismus behauptet, entstand historisch angesichts der konfessionellen Bürgerkriege. Lieber wollte man von der Macht ungeteilter und unbeschränkter Souveräne Ungerechtigkeit ertragen, als der unberechenbaren Subjektivität der Bürgerkriegsparteien ausgeliefert zu sein. Deshalb behauptete der Rechtspositivismus, daß die Legalität für sich ausreiche, um Legitimität zu begründen, daß mit anderen Worten Legitimität restlos in Legalität aufgehe. Das Legitimitätsproblem läßt sich aber nicht hinwegräsonieren. Der Mensch ist nicht so, daß er der »Ordnung« unter allen Umständen, wie immer sie beschaffen sein mag, den Vorzug vor dem Bürgerkrieg geben würde.

Die Identifizierung von Legitimität mit Legalität bedeutet nicht nur Ausschluß jeglichen Widerstandsrechts, sondern auch Ausschluß jeglicher Legitimitätsverteidigung des demokratischen Verfassungsstaates, wenn sich der *Verfassungsumsturz legal* vollzieht. So hat der Rechtspositivismus die Zerstörung der Weimarer Republik theoretisch rechtfertigen und vorbereiten können. Denn der fundamentale Verfassungsumsturz von 1933, die völlig neuartige Begründung der Legitimität auf den Führerwillen, konnte sich auf der Grundlage der Weimarer Reichsverfassung in legalen verfassungsmäßigen Formen vollziehen. [...]

Der legale Verfassungsumsturz wäre nur zu verhindern gewesen, wenn die Vorstellung anerkannt gewesen wäre, daß die Verfassungslegitimität die Legalität begrenzt, daß m. a. W. der Weimarer Republik ein Staatsnotwehrrecht gegen legale Verfassungszerstörung zugestanden hätte. Daß diese Vorstellung nicht aufkommen konnte, lag im wesentlichen mit an der im Staatsrecht weitverbreiteten rechtspositivistischen Auffassung, daß sich das Recht aus sich selbst heraus legitimiere.

Rechtspositivismus als Legitimitätsproblem

Ist Legitimität in Wirklichkeit aber ein ethisches und kein juristisches Problem, so ist es auch ein politisches. Die rechtspositivistische Verkennung des Legitimitätsproblems wird dann selbst zu einem politischen Legitimitätsproblem. In einer Welt, in der die ethischen Prinzipien der Aufklärung offene und

getarnte Feinde haben, hat auch die Legitimität der aufgeklärten Verfassung Feinde. Der Versuch, Legitimität in Legalität aufgehen zu lassen, ist der Versuch, die Augen vor der Realität zu verschließen. Dieser Versuch wurzelt in einer Haltung prinzipieller moralisch-politischer Verantwortungslosigkeit. Es sind Situationen denkbar, in denen es gegenüber Parteien und Gruppen, die nicht nur Verfassungsänderung, sondern einen grundsätzlichen Umsturz der freiheitlichen Ordnung anstreben, nur noch Gewalt oder Kapitulation gibt. Vor dieser Situation kann man sich nur angesichts des konkreten Gegners in der konkreten Situation entscheiden. Wer bereit ist, die Prinzipien der Verfassung zu verteidigen, muß die theoretische Konsequenz ziehen, zu sagen: Jene Parteien und Gruppen sind illegitim und blieben es selbst dann, wenn die Art. 79 III, 21 II und 9 II GG aufgehoben würden. Nur wer vor ihnen kapitulieren will, kann aus ihrer Legalität auf ihre Legitimität schließen. Umgekehrt: Wer aus ihrer Legalität auf ihre Legitimität schließt, ist bereit, die freiheitlich-demokratische Ordnung in die Kapitulation zu führen.
Darauf lief der Rechtspositivismus der Weimarer Epoche hinaus, der Hitlers Verfassungsumsturz für legitim erklärte, weil er im verfassungsrechtlich legalen Verfahren zustande kam. Er wollte die Legitimität der Verfassung nicht verteidigen. Er leugnete das moralisch-politische Problem, das sich aus dem Unterschied von Legalität und Legitimität ergibt. Insofern wurde der Rechtpositivismus zur Theorie des Verrats an der politischen Aufklärung. Das lag gewiß nicht in seiner Absicht. Aber eben deshalb ist es wichtig, den Mechanismus zu durchschauen, kraft dessen er bewirkte, was er nicht wollte.
Daß die Reduktion des Wissenschaftsbegriffs, die im logischen Positivismus der Wiener Schule der zwanziger und dreißiger Jahre und im Rechtspositivismus etwa Kelsens und Radbruchs ihren Höhepunkt erreichte, auch ein politisches Motiv hatte, ist keine Unterstellung, sondern wurde von den Positivisten selbst oft genug ausgesprochen. Es ging nämlich um die theoretische Begründung einer Verfassungsordnung der *Toleranz*. Je enger man den Wissenschaftsbegriff faßt, so meint man, desto mehr persönliche Meinungen und Ansichten werden als subjektiv und damit als relativ entlarvt, und von dieser Entlarvung erhoffte man sich ihre politische Neutralisierung: Wer die Relativität seiner Ansicht einsehe, verzichte auf ihre gewaltsame politische Durchsetzung und werde toleranzbereit.
So spiegelte sich das Legitimitätsdefizit der Weimarer Republik, das zu ihrer legalen Selbstpreisgabe im nationalsozialisti-

schen Totalitarismus führte, in den Rechtsphilosophien jener Epoche. Diese unterboten die Vernunft der Rechtswirklichkeit, insbesondere der Weimarer Reichsverfassung, nahmen sie nicht in sich auf, vermochten sie nicht schlüssig zu begründen. Ihr Grundgedanke war der *Relativismus*: Die Fragen der Gerechtigkeit seien vernünftig nicht zu beantworten, infolgedessen seien alle politischen Meinungen prinzipiell gleichwertig und insofern relativ; aus der Einsicht in diese Relativität ergebe sich die Bereitschaft zur Anerkennung von Toleranz, geistiger Pluralität und Demokratie. Diese Schlußfolgerung ergab sich jedoch keineswegs: Weder logisch noch psychologisch noch machtpolitisch; vielmehr kann man durchaus gleichzeitig relativistisch und totalitär denken. Hitler hätte sich nur abwenden lassen aus einem öffentlichen Bewußtsein, das ihn als Feind der Verfassung erkannt und der nationalsozialistischen Bewegung die Chancen der Machtübernahme zwar rechtsstaatlich und maßvoll, aber wirksam verbaut, mit anderen Worten die Legitimität der Demokratie verteidigt hätte. Das hätte vorausgesetzt, daß man sich bewußt gewesen wäre, warum die Demokratie ihm gegenüber der Verteidigung wert gewesen wäre. Seinem gegenaufklärerischen Irrationalismus stand jedoch kein aufgeklärtes Bewußtsein, sondern nur ein Relativismus gegenüber, der, seiner eigenen Logik folgend und konsequent zu Ende gedacht, sich selbst aufhebt: Wenn alles relativ ist, warum nicht auch der Relativismus? Auf den Vorwurf der Intoleranz antwortete Hitler: In der Tat, er sei intolerant und werde das auch beweisen. Der Relativismus vermochte darauf nur sich selbst zu postulieren, aber nicht zu begründen und deshalb auch keinen genügend breiten Konsens und Selbstbehauptungswillen zu wecken. Dies hätte vorausgesetzt, daß man sich der, wie Hegel es nannte, »Vernunft in der Wirklichkeit«, nämlich in der Weimarer Reichsverfassung bewußt gewesen wäre. Die Tatsache, daß man dies nicht war, spiegelte sich in der Rechtsphilosophie wider.

Gewiß hätte auch eine Rechtsphilosophie, die wirklich politische Aufklärung gewesen wäre – hätte es sie über Ansätze hinaus gegeben –, die Katastrophe nicht abwenden können. Denn die Rechtsphilosophie »spiegelt« ihre Zeit nur, sie hat nur geringe Chancen, sie mitzuprägen, wenn sie nicht Ausdruck einer politisch lebendigen Sittlichkeit ist. Aber selbst wenn sie überhaupt vernommen wird, kann sie nicht überzeugen, wenn der politische Wahn erst einmal die Dämme gebrochen und eine ganze Generation überschwemmt hat. Sie hat ihre Chancen nur, wenn zwei Mindestbedingungen schon gegeben sind:

Einmal wenn die Zeiten verhältnismäßig *friedlich* sind und die Polarisierung die Aufklärungsbereitschaft noch nicht gänzlich verschüttet hat, zum anderen, wenn die politische Ordnung verhältnismäßig *freiheitlich* ist und nicht der Despotismus die Aufklärung gewaltsam unterdrückt. Die Frage nach den Minimalbedingungen des Friedens und der Freiheit gehört deshalb zu den Gegenständen der politischen Aufklärung schon um ihrer eigenen Selbsterhaltung willen. Wenn die Rechtsphilosophie ihrer Aufgabe nicht gerecht wird und dazu beiträgt, daß die Menschheit in Barbarei versinkt, so verschwindet sie selbst mit den zivilisierten Verhältnissen, an deren Untergang sie sich mitschuldig gemacht hat.
Die demokratischen Verfassungsstaaten sind zerbrechliche Gebilde, weil es ihr Wesen ist, die Freiheit zu gewährleisten und weil sie deshalb die Tendenzen zu ihrer eigenen Zerstörung in sich dulden, es sei denn, sie geben sich selbst als demokratische Verfassungsstaaten auf. Ihre Überlebenschance besteht nur darin, daß sie in sich selbst regenerieren, wie es nach der Epoche des europäischen Faschismus zunächst der Fall gewesen ist, daß also die geistigen Gegenkräfte, ehe sie sich durchzusetzen vermögen, eine Besinnung provozieren, die die Legitimität der demokratischen Verfassungsstaaten erneuert und festigt. Das ist schon deshalb nicht mehr als eine Chance, weil die aufklärerische Besinnung nur unter günstigen politischen und ökonomischen Bedingungen öffentlich werden kann. Rückblickend gab es Phasen der Aufklärung, aber auch Phasen des Rausches, der Begeisterung, der Wut und des Protests, in denen dem Aufklärer nichts blieb als unwirksamer Widerspruch und der Versuch, die Tradition der Aufklärung in bessere Zeiten hinüberzuretten.
Das Grundgesetz hat versucht, der legalen Zerstörung der demokratischen Verfassung ein legales Hindernis in den Weg zu legen, indem es in Art. 79 III die föderalistische Struktur und die in Art. 1 und 20 GG niedergelegten Grundsätze – Bindung an Menschenrechte, Demokratie, Gewaltenteilung, Rechts- und Sozialstaatsprinzip – für unabänderbar erklärte. Vom Standpunkt eines konsequenten Rechtspositivismus aus ist diese Hürde leicht zu nehmen: Sie ist selbst mit verfassungsändernder Mehrheit abänderbar. Alsdann können alle anderen Verfassungsprinzipien auf legale Weise beseitigt werden. Die rechtspositivistische Annahme, Legitimität sei legalisierbar und könne in Legalität aufgehen, ist eine Illusion, die für das wirkliche Legitimitätsproblem blind macht und selbst legitimitätsgefährdend wirkt. [...]

3. Otfried Höffe
Moral und Recht: eine philosophische Perspektive

Zu den Grundproblemen der ethisch-politischen Diskussion gehört die Frage, ob sich das Recht sinnvollerweise ohne jeden Bezug auf überpositive Rechtsgrundsätze, näherhin: auf Moral, definieren läßt oder nicht. Seit den Anfängen abendländischen Rechtsdenkens gibt es dazu zwei konkurrierende Grundpositionen, den Rechtspositivismus sowie das Natur- und Vernunftrechtsdenken. Nun gibt es einige gute Gründe, die jeweils für die eine und gegen die andere Partei sprechen. Diese Gleichzeitigkeit von Begründbarkeit und Kritikwürdigkeit beider Positionen gründet in einer häufig übersehenen oder doch vernachlässigten Mehrdeutigkeit der zur Diskussion stehenden Begriffe. Vor allem beim Begriff der *Moral* müssen wir mindestens *drei Bedeutungen* unterscheiden, die ebenso viele Bedeutungsfelder von »Moral und Recht« definieren:

Erstens meint »Moral« den Inbegriff der in einer Gruppe tatsächlich existierenden Verbindlichkeiten, und zwar jener Verbindlichkeiten, die sich in ihrer Gültigkeit und Beachtung nicht öffentlichen Gewalten verdanken. Das Verhältnis dieses deskriptiven Begriffs zum Recht soll nur einige Hinweise erhalten. – *Zweitens* ist die Moral der Inbegriff aller praktischen Grundsätze, die sich dem Anspruch an die menschliche Praxis verdanken, schlechthin gut zu sein. Unter Voraussetzung dieser normativen Bedeutung ist das Stichwort »Moral und Recht« als die Frage zu lesen, ob es auch für den Bereich des Rechts Prinzipien und Kriterien gibt, die schlechthin gut sind. – *Drittens* verstehen wir unter »Moral« den Inbegriff aller Grundsätze, die die Qualität des schlechthin Guten verdienen, sich aber nicht auf den gesamten Bereich der menschlichen Praxis erstrecken, vielmehr nur auf den vom Recht zu unterscheidenden Bereich personaler Praxis. Unter dieser Perspektive gilt es zu untersuchen, wie sich die personale Moral zum Recht verhält.

Um die verschiedenen Bedeutungen auch sprachlich voneinander abzuheben, spreche ich beim ersten Begriff der Moral von »positiver« oder »konventioneller Moral«, beim zweiten Begriff von »Sittlichkeit« und »sittlich«, beim dritten Begriff von »Moralität« und »moralisch«. Moralität ist also die Sittlichkeit, bezogen auf personale Praxis; während die Sittlichkeit, bezogen auf institutionelle, vor allem rechtlich-staatliche Praxis objektive oder politsche Gerechtigkeit heißen soll (zu der Freiheit, auch Solidarität hinzugehören).

Konventionelle Moral und Recht

In Übereinstimmung mit dem Rechtspositivismus kann man von einer begrifflichen Trennung zwischen konventioneller Moral und positivem Recht ausgehen. Das positive Recht stammt zum wesentlichen Teil aus formellen Akten staatlicher Gewalt; seine Auslegung und Durchsetzung geschieht ebenfalls mittels staatlicher Gewalt, die sich bei der Durchsetzung der Androhung, notfalls auch der Verhängung von Strafen bedient, die unmittelbar den Handlungsraum (Freiheitsstrafe) und/oder das Eigentum (Geldstrafe) betreffen. Die konventionelle Moral dagegen bedeutet eine geschichtlich gewachsene normative Lebenswelt (Brauch und Sitte). Ihre Übertretung zieht zwar auch Sanktionen nach sich, diese bestehen aber im Tadeln, im Vermeiden sozialer Beziehungen, in der sozialen Ächtung usw.

Trotz dieser – hier noch vorläufigen – Unterscheidung liegt aber keine reine Dissoziation vor. Für eine wechselseitige Beziehung spricht nicht bloß das Gewohnheitsrecht, das teilweise aus der konventionellen Moral entsteht, gleichwohl Rechtscharakter hat. Insbesondere tauchen Begriffe konventioneller Moral direkt in Rechtstexten auf, so die Generalklauseln »Treu und Glauben«, »Arglist«, »gute Sitten« bzw. »Sittenwidrigkeit«. Daraus folgt, daß man gerade dann, wenn man die Rechtsordnung ausschließlich als eine empirische Gegebenheit versteht, es ernst nehmen muß, daß es im positiven Recht seit dem römischen Recht Begriffe konventioneller Moral gibt, und zwar um es möglich zu machen, »auf die Billigkeitsaspekte des Einzelfalles einzugehen« (Deutsch).

Sittlichkeit und Recht

Begriff und Kriterium der Sittlichkeit

Unter Handeln in einem emphatischen Sinn verstehen wir nicht jedes Verhalten des Menschen, sondern allein ein Tun oder Lassen, das wissentlich-willentlich geschieht, für das der Mensch daher Verantwortung trägt und zur Rechenschaft gezogen werden kann. Für ein Handeln Rechenschaft zu geben bedeutet aber, dafür gegebenenfalls Rede und Antwort zu stehen: das heißt Gründe anzugeben, durch die das Tun oder Lassen als gelungen (gut) oder aber als mißlungen (schlecht, falsch oder böse) erscheint.

Nun kann sich die Frage nach dem Gutsein auf verschiedene Aspekte richten. Sie bezieht sich *erstens* auf die sachliche Angemessenheit gegenüber beliebigen, aber jeweils vorausgesetzten Absichten. In diesen Fällen technischen oder strategischen Gutseins geht es um begrenzte oder bedingte Verbindlichkeiten. Die Frage kann sich aber auch auf die Dimension der Absichten selbst richten, zunächst und *zweitens* auf die Angemessenheit konkreter Absichten gegenüber einer Absicht zweiter Ordnung, dem Interesse jedes Menschen am eigenen Wohlergehen, oder auf die Angemessenheit gegenüber der geltenden Moral bzw. dem geltenden Recht. Auch hier handelt es sich noch um begrenzte und bedingte Verbindlichkeiten, da das Tun oder Lassen nur unter Voraussetzung von etwas anderem als gut gilt. Davon unterscheidet sich *drittens* die sittliche Verbindlichkeit durch die Aufhebung des Begrenzten und Bedingten: Die Sittlichkeit ist das in keiner Weise relativ, sondern schlechthin oder absolut Gute; sie ist das, was nicht erst im Hinblick auf etwas anderes, sondern als solches und durch sich selbst gut ist.
Da es willkürlich, vor allem sinnlos wäre, zwar die Frage nach dem Gutsein aufzuwerfen, sie aber grundsätzlich auf begrenzte Aspekte einzuschränken, bezeichnet die Sittlichkeit den unabweisbaren Anspruch, das in den Begriffen von Verantwortung und humanem Leben enthaltene Moment des Guten sowie der Begründung zu Ende zu denken. In diesem Sinn ist die Sittlichkeit ein dem menschlichen Handeln als solchem immanenter Anspruch und zugleich die gemeinsame Wurzel von Recht und Moral.
Die Bestimmung der Sittlichkeit als des schlechthin Guten ergibt sich aus meta-ethischen, nicht aus normativ-ethischen Überlegungen. Allerdings haben diese Überlegungen auch normativ-ethische Konsequenzen: Das schlechthin Gute steht im Gegensatz zum relativen Gutsein, das von subjektiven (Bedürfnissen und Interessen) oder sozialen Gegebenheiten (Sitten und Gesetzen) abhängt. Während die Konfiguration der Bedürfnisse und Interessen bei jedem Menschen je anders ist, auch Gesetze und Sitten von der einen Gesellschaft zur anderen variieren, ist das Sittliche als solches von allen partikularen Bedingungen unabhängig. Das bedeutet – positiv gewendet –, daß zur Sittlichkeit als ein notwendiges, wenn auch vielleicht nicht zureichendes Kriterium die Verallgemeinerbarkeit (Universalisierbarkeit) der Praxis gehört.

Zwei Grundformen: personale und institutionelle Praxis (Recht und Staat)

An der menschlichen Praxis läßt sich eine personale (subjektive) und eine institutionelle (objektive) Seite unterscheiden. Zur ersten gehören all die Aspekte, die einem einzelnen als einzelnem zugerechnet werden können, also die Überlegungen und Entscheidungen des Handelnden, seine Motive und Absichten, seine Einstellungen, letztlich sein Charakter und seine Lebensstrategie. So wichtig aber die personale Seite ist, so wenig darf man das Handeln auf sie verkürzen. Persönliche Entscheidungen stehen immer auch unter geschichtlich-gesellschaftlichen Bedingungen, die zwar dem einzelnen entzogen, insofern überpersönlich sind, die gleichwohl nicht von den Menschen gänzlich unabhängig sind. Zu diesen Bedingungen gehören insbesondere die Institutionen, durch die der Rahmen des sozial zulässigen Verhaltens der Individuen definiert, zugleich das davon abweichende Verhalten sanktioniert wird. Aufgrund ihrer Mängelhaftigkeit, Instinktentbundenheit und ihres unspezialisierten Antriebsüberschusses, verbunden mit Weltoffenheit und Intelligenz, sind die Menschen schon zum Überleben, dann zum angenehmen, zum guten und gerechten Leben auf solche Institutionen angewiesen.

Beide Aspekte menschlichen Handelns stehen in Wechselwirkung. Einerseits wird der Mensch nur in Institutionen handlungsfähig; andererseits erhalten soziale Beziehungsformen erst dann die Dauerhaftigkeit von Institutionen, wenn sie in die Persönlichkeitsstruktur der betroffenen Individuen eingegangen sind. So sind die Institutionen ebenso Voraussetzung wie Gegenstand menschlicher Überlegungen und Entscheidungen.

Die sittliche Idee von Recht und Staat: politische Gerechtigkeit

Die im Begriff der Sittlichkeit radikal zu Ende geführte Frage nach dem Guten gilt nicht bloß für die subjektive, sondern ebenso für die institutionelle Seite menschlichen Handelns. Denn auch an sie, insbesondere an Recht und Staat, läßt sich die Frage stellen, ob das Gegebene auch schlechthin gut ist. Auch gegenüber Recht und Staat ist der Anspruch auf sittliche Richtigkeit zu reklamieren, gleich wie dieser Anspruch noch des Näheren zu bestimmen ist.

Die Begründung dieser sittlichen Idee von Recht und Staat, der politischen Gerechtigkeit, stützt sich auf den allgemeinen Begriff von Sittlichkeit, nicht auf den besonderen Begriff persona-

ler Sittlichkeit. Vielmehr sind die personale (Moralität) und die institutionelle Sittlichkeit (politische Gerechtigkeit) deutlich voneinander zu unterscheiden, womit ebenso eine Subjektivierung und Privatisierung von Sittlichkeit wie eine Moralisierung des Rechts und des Staats kritisiert werden.
Die erste Kritik betrifft vor allem den *Rechtspositivismus*, nach dem jeder beliebige Inhalt Recht sein darf (Kelsen). Gewiß läßt sich das positive Recht in erster Annäherung als Inbegriff jener Normen definieren, hinter denen – im Unterschied zur konventionellen Moral – eine öffentliche Zwangsgewalt steht. Insoweit ist die entsprechende Trennungsthese des Rechtspositivismus anzuerkennen. Aus dieser begrifflichen Trennung folgt aber keineswegs die Trennung von Recht und politischer Gerechtigkeit sowie die Befugnis der öffentlichen Zwangsgewalt, beliebige Normen zu erlassen. Im Gegenteil: In Anerkennung der letztlich sittlichen Orientierung positiven Rechts enthalten die Verfassungen moderner Gemeinwesen nicht bloß höchste Verfahrensvorschriften für die Entstehung und Veränderung positiver Gesetze, sondern auch und primär substantielle Leitprinzipien wie den Schutz der Menschenrechte als Grundrechte sowie das Rechts-, das Demokratie- und das Sozialstaatsgebot.

Ein Kriterium politischer Gerechtigkeit

Es ist die Aufgabe des Rechts, die Grundstruktur menschlichen Zusammenlebens zu bestimmen, und zwar sowohl Situationen der gegenseitigen Angewiesenheit als auch solche des Konflikts; es ist die Aufgabe der Gerechtigkeit, diese Grundstruktur so zu bestimmen, daß sie dem Kriterium der Sittlichkeit genügt. Nun hatte sich als Merkmal des Sittlichen die Universalisierbarkeit ergeben. Die Verbindung dieses Merkmals mit der Rechtsaufgabe, die Struktur des Zusammenlebens zu gestalten, ergibt ein grundlegendes Kriterium politischer Gerechtigkeit, nämlich das Prinzip wechselseitiger Einschränkung und Sicherung der Handlungsfreiheit (unter Berücksichtigung der gegenseitigen Angewiesenheit der Menschen) nach Maßgabe allgemeiner und somit für alle Personen und Situationen streng gleicher Grundsätze. Zugleich begründet dieser normativ-kritische Maßstab objektiven Rechts auch ein höchstes subjektives Recht, nämlich den Anspruch jedes frei handelnden Wesens gegenüber jedem anderen, mit ihm in einer Beziehung gemäß dem objektiven Rechtsprinzip zu leben.

Philosophische Überlegungen zum Begriff und zur Begründung von Recht zeigen *erstens*, unter welchen Bedingungen es überhaupt Recht braucht und daß diese Bedingungen – gegenseitige Angewiesenheit und stete Konfliktgefahr – im Gegensatz zur Utopie der Herrschaftsfreiheit für die Menschen grundsätzlich gegeben sind. Die Frage, ob es überhaupt Recht zwischen den Menschen braucht, stellt sich übrigens auch dann, wenn man das Recht bloß rechtspositivistisch als Inbegriff der Gesetze definiert, die aus dem Willen eines staatlichen Gesetzgebers hervorgegangen sind. Denn auch wenn alle Gesetze bloß positive Gesetze sind, erhebt sich die Frage, worauf die Autorität des Gesetzgebers beruht, jemanden auf gewisse Gebote und Verbote zu verpflichten. Es ist nun der sittliche Begriff von Recht, der den prinzipiellen Sinn und Zweck einer Rechtsordnung klärt: Indem das Recht nicht bloß als Einschränkung, sondern gleichzeitig als Ermöglichung von Handlungsfreiheit erkannt wird, wird es als sinnvoll begriffen. Eine entsprechende Rechtsordnung ist nicht bloß die nackte Gewalt einer überlegenen staatlichen Macht, sondern auch die Bedingung der Möglichkeit von Freiheit einer Mehrzahl bedürftiger Freiheitswesen.

Zweitens begründet der sittliche Begriff von Recht im Unterschied zum Ahnherrn des neuzeitlichen Rechtspositivismus, Thomas Hobbes, nicht staatliche Rechtsordnung überhaupt und schon gar nicht einen absolutistischen Staat. Vielmehr hat er, zugleich im Gegensatz zum Relativismus des Rechtspositivismus (Kelsen), die Bedeutung eines höchsten Kriteriums für sittlich richtiges Recht.

Drittens läßt sich das allgemeine Rechtskriterium in eine Mehrzahl allgemein gültiger Bedingungen menschlichen Zusammenlebens spezifizieren, die als allgemein gültige Bedingungen dem Menschen vor und unabhängig von jeder individuellen oder öffentlichen Handlung zukommen. Mit anderen Worten: Es handelt sich um *Menschenrechte*, um unveräußerliche und unverletzliche Rechte jedes Menschen als Menschen. Das Prinzip dieser ursprünglichen Rechte ist nichts anderes als der sittliche Begriff objektiven Rechts, nur formuliert als ein subjektives Recht, das jedem Mitglied einer staatlichen Rechtsordnung zukommt. Danach hat jeder Mensch ein Recht auf jenes Höchstmaß an Handlungsfreiheit, das zugleich mit der Handlungsfreiheit jedes anderen nach allgemeinen Grundsätzen vereinbar ist. Dieses *eine* Menschenrecht läßt sich gemäß den verschiedenen Grundaspekten der Handlungsfreiheit im politisch-sozialen Zusammenhang in eine Vielzahl von spezifischen Menschenrechten auffächern, was etwa zu den persönlichen Freiheitsrechten (freiheitlicher Rechtsstaat), den politischen Mitwirkungsrechten (Demokratie), dann auch den sozialen und kulturellen Grundrechten (Sozialstaat) führt.

Viertens fordert der sittliche Begriff von Recht die tatsächliche Realisierung der Menschenrechte in der politisch-sozialen Welt; er fordert ihre Positivierung in der Form von *Grundrechten.* Dort, wo deren Gewährleistung vorherrscht, muß eine Rechtsordnung als im Prinzip gerecht anerkannt, dort, wo die Verweigerung vorherrscht, muß sie als ungerecht verworfen werden. Das trifft auch für eine kirchliche Rechtsordnung zu. Sie ist erst dann sittlich legitim, wenn sie die Menschenrechte (Grundrechte) tatsächlich zum Maßstab ihrer politisch-rechtlichen Verfassung gemacht hat; dies gilt um so mehr, als sich die Kirche als »speculum iustitiae« versteht.

Fünftens ist es eine Grundaufgabe jeder Rechtsordnung, daß die Ansprüche menschenrechtlicher Würde nicht bloß in der Dimension bloßen Wünschens verbleiben, sondern tatsächlich jedem gesichert werden. Daher müssen sie vor möglichen Übergriffen geschützt und notfalls gegen den erklärten Willen einzelner Menschen, Gruppen oder Staatsorgane mit Zwang durchgesetzt werden können, so daß das Recht gerade auch in seinem sittlichen Begriff mit der Befugnis zu zwingen verbunden ist. Ein wesentliches Element dieses Zwangsaspekts jeder Rechtsordnung ist die Institution der *(staatlichen) Kriminalstrafe*, nach der Tötungsdelikte, Vergewaltigungen, Eigentumsverletzungen usw. durch die Androhung von Strafen möglichst verhindert und dort, wo sie trotzdem vorkommen, wirklich bestraft werden. Deshalb handelt es sich bei der Kriminalstrafe um eine sittlich grundsätzlich legitime Rechtsinstitution – insofern und insoweit sie dem Schutz gleicher Freiheit aller Mitglieder der Rechtsordnung dient.

Moralität und Recht

Zum Begriff und Kriterium der Moralität

In ihrer dritten Bedeutung meint »Moral« die Sittlichkeit einer Person, die Moralität im Unterschied zur Sittlichkeit von Recht und Staat, der politischen Gerechtigkeit. Da es um die Sittlichkeit einer Person geht, betrifft die Moralität das, was einer

Person überhaupt zugerechnet werden kann. Nun spielt sich das menschliche Tun und Lassen in einem Kräftefeld ab, das – soweit überhaupt – nicht durch das handelnde Subjekt allein konstituiert ist, von ihm nicht einmal voll überschaut wird. Weil sich die Moralität aber nur auf den Verantwortungsraum der Person bezieht, kann nicht das objektiv beobachtbare Handeln der direkte Maßstab für Moralität sein. Die personale Sittlichkeit läßt sich nicht an der Handlung als solcher, sondern erst am subjektiven Grund des Handelns, das heißt dem Willen, ausmachen. Da sich die Moralität auf den Willen bezieht, besteht das schlechthin Gute einer Person in ihrem guten Wollen. Von welchem Wollen darf man aber sagen, daß es gut ist? Als ein allgemeines Kriterium der Sittlichkeit hatte sich die Verallgemeinerbarkeit ergeben. Folglich besteht die personale Sittlichkeit in der Verallgemeinerbarkeit von Willensbestimmungen.

Da die Moralität im guten Wollen besteht, liegt sie nicht schon in der Übereinstimmung einer Handlung mit den sittlichen Pflichten. Moralität besteht nicht schon in einem pflichtmäßigen Handeln, das Kant legal genannt hat. Sie findet sich erst dort, wo die sittliche Pflicht selbst gewollt ist, das heißt dort, wo die Pflicht zugleich den Bestimmungsgrund des Handelns abgibt; Moralität qualifiziert ein Handeln aus Pflicht. Sie besteht zum Beispiel darin, daß man nicht bloß deshalb ehrlich oder hilfsbereit ist, weil man dann besser dasteht, sondern weil man die Ehrlichkeit und die Hilfsbereitschaft als solche will (vgl. nicht bloß Kant, sondern auch Thomas v. Aquin, S. Th. I–II q. 10 und 19).

Mit der *Unterscheidung von Moralität und Legalität* erschließt die Philosophie einen Aspekt im Problemfeld »Recht und Moral«, den die zeitgenössische philosophische Diskussion gar nicht kennt. Für Subjekte vom Typ bedürftiger Freiheitswesen gibt es nicht bloß zwei Gruppen von Verbindlichkeiten, nämlich rechtliche und moralische. Es gibt ebenso zwei Arten des Verhältnisses, das die Person zur moralischen Verbindlichkeit einnimmt: die Legalität und die Moralität. Von diesen beiden Verhältnissen stellt allein die Moralität das wirklich sittliche Verhältnis dar. Da die Moralität aber nicht in der bloßen Übereinstimmung mit dem moralisch Gebotenen und Verbotenen steht, folgt daraus, daß das Moralische nicht schon auf der Ebene beobachtbaren Verhaltens angesiedelt ist.

All jene Moraltheorien, die – wie die Wertethik, der Utilitarismus, das Erlanger Modell vernünftiger Konfliktbewältigung oder auch wie verhaltenstheoretische und soziologische Modelle (vgl. Bischof, Durkheim, Luhmann) – die Moral bloß vom

Inhalt der Praxis her definieren, nämlich in Begriffen von Pflichten, Normen, Werten oder von Verfahrensvorschriften zur Konfliktlösung, stellen daher nicht bloß eine möglicherweise unzureichende Moralphilosophie dar (unzureichend nämlich, insofern sie eine sittliche Verbindlichkeit nur gegenüber den Mitmenschen, nicht auch gegenüber dem Subjekt selbst kennen). Die genannten Moraltheorien enthalten strenggenommen überhaupt keine *Moral*philosophie, keine Philosophie der Moralität.

Um gegenüber dem Verhältnis von Moralität und Legalität ein Mißverständnis auszuräumen: Das moralische Handeln steht nicht in Konkurrenz zum legalen Handeln, bedeutet vielmehr dessen Verschärfung. Als Handeln aus Pflicht ist moralisches Handeln erstens ein Handeln gemäß der Pflicht, das zweitens eben diese Pflicht zum Bestimmungsgrund hat. Auch besteht die Moralität nicht in einer maßstablosen Innerlichkeit des guten Gewissens, vielmehr in einem Handeln gemäß verallgemeinerungsfähigen Willensgrundsätzen. Schließlich kann die Moralität durch fortgesetztes Einüben eines entsprechenden Wollens zu einer sittlichen Grundhaltung (Tugend) werden, zur festen Einstellung der emotionalen Fähigkeiten und Kräfte einer Person auf eine sittliche Lebensführung. Die Moralität ist also keinesfalls ein wirklichkeitsloses Sollen.

Kritik einer Moralisierung des Rechts

Aus der Unterscheidung von Moralität und politischer Gerechtigkeit folgt, daß die Gebote und Verbote personaler Sittlichkeit als solche nicht schon Bestandteil einer gerechten Rechtsordnung sind, ebenso wie umgekehrt die rechtliche Erlaubtheit keineswegs auf eine sittliche Erlaubtheit schließen läßt. Daher ist eine Aufhebung strafrechtlicher Bestimmungen nicht – wie es manche kirchenamtliche Verlautbarungen unterstellen – gleichbedeutend mit einer anpasserischen Permissivität oder gar einer Leugnung moralischer Werte. Diese Einsicht hat eine deutliche normativ-kritische Relevanz. Zwar kann man mit ihrer Hilfe nicht unmittelbar konkrete Rechtsbestimmungen kritisieren, wohl aber gewisse Argumentationstypen: Verfassungsbestimmungen, Gesetze oder Gerichtsurteile, die sich unmittelbar auf moralische Gebote oder Verbote berufen, sind in dieser Hinsicht zu verwerfen. (Das schließt nicht aus, daß gewisse moralische Güter zugleich auch Rechtsgüter sind.)

Sofern man es bloß moralisch, nicht auch rechtlich interpretiert, ist das Sittengesetz ebensowenig ein legitimer Grund für eine

Rechtsbestimmung (gegen Art. 2,1 GG und verschiedene Urteile des deutschen Bundesgerichtshofs der fünfziger Jahre) wie es sittliche Pflichten sind, die der Mensch gegenüber sich selbst hat oder die sich aus der Idee der eigenen sittlichen Vollkommenheit ergeben. Eine staatliche Rechtsordnung hat weder die Aufgabe noch die Befugnis, mit rechtlichen Mitteln die Bürger zur eigenen Vollkommenheit anzuhalten, und schon gar nicht die Befugnis, sich dabei strafrechtlicher Mittel zu bedienen. Im Gegensatz etwa zur strafrechtlichen Verfolgung von Selbstmordversuchen in Großbritanien bis in die Zeit nach dem Zweiten Weltkrieg, ebenso andernorts, auch im Gegensatz zum Alkohol- oder Pornographieverbot für Erwachsene in islamischen Ländern, dem Verbot empfängnisverhütender Mittel im Spanien Francos oder dem Verbot »einfacher Homosexualität« mögen die entsprechenden Handlungen als solche zwar sittlich verwerflich sein (etwa weil sie Pflichten gegenüber sich selbst verletzen), gleichwohl sind sie nicht eo ipso politisch ungerecht und insoweit keine zulässigen Gegenstände strafrechtlicher Bestimmungen. Umgekehrt: Auch wenn sie strafrechtlich freigestellt werden, sind sie nicht deshalb schon moralisch erlaubt.

Die Kritik einer Moralisierung des Rechts gilt nicht nur gegenüber manchen Argumentationsformen konkreter oder prinzipieller Rechtsbestimmungen. Sie gilt gerade auch für die Begründung von Recht überhaupt. Eine Rechtsordnung als Zwangsordnung braucht es nur deshalb, weil die Menschen nicht reine Vernunft-(Moral-)Wesen sind. Da zur Moralität die Sittlichkeit des subjektiven Begehrungsvermögens (Autonomie des Willens) gehört, diese für die Begründung von Recht aber gerade nicht vorausgesetzt wird, ist jeder Rechtsmoralismus zu kritisieren, der das Recht nicht bloß allgemein sittlich, sondern spezifisch moralisch begründet. Überdies: Da die Moralität an die freie Zustimmung der Subjekte gebunden ist, kann sie durch keine auch noch so paternalistische Rechtsordnung besorgt werden. Wer ein Rechtssystem auf Moralität verpflichtet, kann zwar die Bürger tyrannisieren, doch das Ziel, die Moralität, ist ihm prinzipiell verwehrt.

Die Kritik an einer Moralisierung des Rechts wendet sich auch gegen die Versuche, Recht und Gerechtigkeit als »Grenzmoral« oder als »Minimum an sittlichen Forderungen« zu definieren. Eine erste Kritik kann sich schon gegen die Ausdrücke selbst richten. Denn die »Grenzmoral« und das »Minimum an sittlichen Forderungen« tendieren vom Begriff her gegen Null: Das Minimum an sittlichen Forderungen ist erst in der Abwesenheit solcher Forderungen, die Grenzmoral erst an der Grenze, das heißt im vollständigen Fehlen von Moral erreicht. Darüber hinaus gilt, daß dort, wo Recht und Gerechtigkeit in moralischen Begriffen statt in Rechtsbegriffen bestimmt werden, eine »Metabasis eis allo genos« stattfindet.

Personale und politische Gerechtigkeit

Die Tatsache, daß Recht und Gerechtigkeit nicht Moralität und daß Moralität nicht Recht und Gerechtigkeit voraussetzen, begründet keine bloße Trennung beider Bereiche. Dazu nur eine Überlegungsreihe: Neben dem bisher verwendeten Begriff der politischen Gerechtigkeit gibt es noch einen, den der personalen Gerechtigkeit, womit eine persönliche Lebenshaltung im Verhältnis zu den Mitmenschen bezeichnet wird, die – im Unterschied zu Freundschaft und Liebe – weder auf freier Zuneigung beruht noch beim Handeln über das hinausgeht, was man einem anderen schuldet. Die Gerechtigkeit als personale Tugend bedeutet nicht bloß, das Gerechte zu tun, sondern es aus einer bestimmten Gesinnung heraus, nämlich deshalb zu tun, weil es gerecht ist, und nicht etwa deshalb, weil man andernfalls bestraft oder sozial gemieden würde.

Diese personale Gerechtigkeit ist nun keineswegs folgenlos für die politische Gerechtigkeit. Die Gerechtigkeit als Tugend zeigt sich nämlich dort, wo man trotz größerer Macht und Intelligenz andere nicht zu übervorteilen sucht oder wo man sein Tun – als Gesetzgeber, Richter, Lehrer, Eltern, Mitbürger – auch dann an der Idee politischer Gerechtigkeit ausrichtet, wenn das tatsächlich geltende Recht hinter der politischen Gerechtigkeit zurückbleibt, wenn es Lücken und Ermessensspielräume läßt oder wenn die Durchsetzung der positiven Rechtsvorschriften höchst unwahrscheinlich ist. Überdies fällt die politische Gerechtigkeit nicht vom Himmel, muß vielmehr durch die Menschen selbst erkannt, anerkannt und – oft genug in langwierigen, verlustreichen und keineswegs von Rückschlägen freien Prozessen – tatsächlich realisiert werden. Es ist die personale Gerechtigkeit, die zwar keine zureichende, nicht einmal eine notwendige, wohl aber eine in entscheidender Hinsicht förderliche subjektive Voraussetzung dafür darstellt, daß die Menschen dann, wenn sie von der Ungerechtigkeit betroffen sind, aber auch dann, wenn sie von ihr »profitieren«, sich tatsächlich für die Entwicklung gerechter Rechtsordnungen einsetzen. Auch ist die personale Gerechtigkeit eine wichtige Schranke der Bürger gegen das

Abgleiten einer politischen Gemeinschaft in eklatante Unrechtsverhältnisse.
Ferner schwindet ohne die subjektive Überzeugung von der Gerechtigkeit gewisser Gebote und Verbote die Wahrscheinlichkeit ihres öffentlich-rechtlichen Schutzes. Daher empfiehlt es sich für diejenigen, die zum Beispiel Homosexualität, Empfängnisverhütung, Schwangerschaftsabbruch, Konkubinat, Ehescheidung usw. für grundsätzlich sittlich verwerflich halten, nicht sosehr Appelle an die Parlamentarier zur Wahrung oder Wiederherstellung der »alten Legalität« zu richten als eine entsprechende Gewissensbildung bei allen Bürgern zu fördern, so daß das Richtige aus freier Zustimmung seinen öffentlich-rechtlichen Schutz erhält, vor allem auch, daß aus freier Zustimmung das sittlich Gebotene getan und das Verbotene unterlassen wird. Im übrigen: Im Gegensatz zu einem Kultur- und Moralpessimismus, der gerade auch unter kirchlichen Amtsträgern verbreitet ist, kann man für unsere Zeit nicht einfach ein Schwinden des moralischen Bewußtseins, sondern weit eher seine Veränderung behaupten: Während manche Verbote immer weniger auf Anerkennung stoßen, entwickelt sich in anderen Bereichen (so zum Beispiel in Fragen wirtschaftlich-gesellschaftlich-politischer Mitbestimmung, in Fragen von Sozial- und Kulturrechten und des Umweltschutzes) ein neues oder verschärftes Moralbewußtsein.
Die personale Gerechtigkeit ist nicht nur für die Realisierung politischer Gerechtigkeit von entscheidender Bedeutung. Die Beziehung gilt auch in der anderen Richtung. Der mit Intelligenz begabte, aber auch instinktentbundene und mit einem unspezialisierten Antriebsüberschuß versehene Mensch ist im gewissen Sinn zu allem fähig; denn er *kann* (fast) alles lernen. In gewissem Sinn ist er aber zu nichts fähig; denn er *muß* (fast) alles erst lernen. Wie lernt er aber sich zu orientieren, seine Antriebe zu kanalisieren; wie lernt er, die höheren, aber auch gefährdeteren Verhaltensweisen auszubilden; wie lernt er, weit gespannte, anspruchsvolle Ziele zu setzen und an ihnen festzuhalten; wie lernt er, trotz entgegenstehender egoistischer Tendenzen die Haltung personaler Gerechtigkeit auszubilden?
Für ein so umfassendes und tiefgehendes Lernen reichen gelegentliche Maßnahmen erzieherisch gemeinten Handelns nicht aus. Es braucht Institutionen. In ihrem Rahmen wird die vielseitig verwendbare psychische Energie des Menschen in stabile Bahnen gelenkt. Dadurch wird die Überfülle möglicher Handlungen auf relativ wenige Grundfiguren eingegrenzt, was den Menschen vor der Zersplitterung seiner psychischen Ener-

gie bewahrt. Allgemein leisten die Institutionen Wahrnehmungs- und Verhaltensorientierung, Entlastung von der dauernden Beanspruchung des Bewußtseins, vom Zwang zu immer neuen Entscheidungen sowie eine Stabilisierung der andernfalls chaotischen Fülle von Motivationen. Institutionen setzen Zeit- und Energiereserven frei für nicht so elementare »Bedürfnisse«. So wird der Mensch nur durch Institutionen frei zur Realisierung von Freiheitsfähigkeit, damit auch frei zur Ausbildung der über die Kompetenz des nackten Überlebens hinausreichenden personalen Gerechtigkeit.
Überdies entbinden Institutionen vom Drang, sich immer neu gegen einen sich tendenziell absolut setzenden Egoismus zu entscheiden. So führt der Mensch schon viele Handlungen aus, die mit den Grundsätzen der politischen Gerechtigkeit übereinstimmen, ohne sich je die Gerechtigkeit seines Tuns und Lassens zu überlegen und für sie zu votieren. Etwa unterläßt es der Mensch in der Regel schon deshalb zu töten, zu stehlen oder Vereinbarungen zu brechen, weil dies von der konventionellen Moral und dem positiven Recht gefordert ist, und nicht erst deshalb, weil er es als gerecht erkannt und anerkannt hat. So entlasten die Institutionen, insbesondere gerechte Institutionen, den Menschen davon, sich permanent für die subjektive Gerechtigkeit entscheiden zu müssen, was ohne Zweifel eine Überforderung endlicher Vernunftwesen bedeuten würde.

Literatur

Bloch, E.: Naturrecht und menschliche Würde, Frankfurt/M. 1977.
Böckenförde, E. W.: Staat, Gesellschaft, Freiheit, Frankfurt/M. 1976.
Ders. (Hg.): Staat und Gesellschaft, Darmstadt 1976.
Böckle, E./Böckenförde E. W. (Hg.): Naturrecht in der Kritik, Mainz 1973.
Denninger, E.: Staatsrecht, 2 Bde., Reinbek 1973, 1979.
Engisch, K.: Die Lehre von der Willensfreiheit in der strafrechtsphilosophischen Doktrin der Gegenwart, Berlin ²1965.
Fleiner-Gerster, T.: Allgemeine Staatslehre, Berlin – Heidelberg – New York 1980.
Forthoff, E. (Hg.): Rechtsstaatlichkeit und Sozialstaatlichkeit, Darmstadt 1968.
Görlitz, A. (Hg.): Handlexikon zur Rechtswissenschaft, München 1972.
Hart, H. L. A.: Recht und Moral, Göttingen 1971.
Höffe, O.: Entscheidungstheoretische Denkfiguren und die Begründung von Recht. In: Argumentation und Recht, Wiesbaden 1980, S. 21–57.
Ders.: Naturrecht (Vernunftrecht) ohne naturalistischen Fehlschluß: ein rechtsphilosophisches Programm, Wien 1980.
Ders. (Hg.): Über John Rawls' Theorie der Gerechtigkeit, Frankfurt/M. 1977.

Kaufmann, A. / Hassemer, W. (Hg.): Einführung in Rechtsphilosophie und Rechtstheorie der Gegenwart, Frankfurt/M. 1977.
Kriele, M.: Einführung in die Staatslehre, Reinbek 1975.
Neue Hefte für Philosophie, H. 17: Recht und Moral, Göttingen 1979.
Nozick, R.: Anarchie, Staat, Utopie, München o. J. (1975).
Rawls, J.: Eine Theorie der Gerechtigkeit, Frankfurt/M. 1975.
Rittsteig, H.: Eigentum als Verfassungsproblem. Zur Geschichte und Gegenwart des bürgerlichen Verfassungsstaates, Darmstadt 1975.
Schmitt, C.: Verfassungslehre, Berlin [5]1970.
Tohidipur, M. (Hg.): Der bürgerliche Rechtsstaat, 2 Bde., Frankfurt/M. 1978.

II. Wirtschaftswissenschaften

Otfried Höffe
Einführung

Ursprünglich mit der philosophischen Ethik und Politik eng verbunden, hat sich die Ökonomie aus diesem Zusammenhang nachdrücklich gelöst. Bei Aristoteles bildet die Ökonomie noch einen Teil der philosophischen Politik; der wichtigste Klassiker der neuzeitlichen Wirtschaftswissenschaften, Adam Smith, ist zugleich ein bedeutender Moralphilosoph; aus der utilitaristischen Ethik stammt eine eigene wirtschaftswissenschaftliche Richtung, die sogenannte Wohlfahrtsökonomie. Doch spätestens seit Max Weber streben die Wirtschaftswissenschaften ebenso wie die Sozialwissenschaften nach Wertfreiheit. Die Feststellung von empirischen Tatsachen wird von der Bewertung dieser Tatsachen als erfreulich oder unerfreulich streng getrennt und die Wissenschaften werden auf Tatsachenfeststellungen, auf empirische Aussagen sowie auf analytische Erkenntnisse, am liebsten in der Form mathematischer Modellanalysen, festgelegt. Die Ökonomie hat sich ganz dem Muster der Naturwissenschaften und hier mehr der mathematischen Physik als einer klassifizierenden Biologie verschrieben. Nach dem Aussterben ihrer verstehenden Richtung sucht sie ihre Grundaufgabe, die Bewältigung von Mangelsituationen durch eine rationelle Verteilung von Produktionsmitteln und Gebrauchsgütern, rein empirisch-quantitativ zu lösen. In jüngster Zeit besinnt man sich freilich wieder auf den größeren Zusammenhang mit Ethik und Politik.

Für den Ökonomen *Kenneth E. Boulding* ist das Postulat der Wertfreiheit fragwürdig geworden. Mehr noch: Er vertritt die These, die Ökonomie sei direkt eine Moralwissenschaft. Boulding stützt sich dabei auf den wirtschaftswissenschaftlichen Grundbegriff der Präferenz (Geschmack, Vorliebe), die nicht einfach gegeben sei, vielmehr gelernt werde und ein Werturteil darstelle. Boulding geht sogar so weit zu behaupten, daß jede Wissenschaft von ethischen Interessen beeinflußt sei. Eine

Moralwissenschaft ist die Ökonomie aber auch in einem anderen Sinne. Sie hat nicht nur eine sittliche Grundlage; sie übt auch einen spezifischen Einfluß auf die Ethik aus. Diesen Einfluß sieht Boulding nicht so sehr in der Wohlfahrtsökonomie verwirklicht, der er kritisch gegenübersteht. Eine ethische Bedeutung haben die Wirtschaftswissenschaften vielmehr in der Entwicklung von Konzepten allgemeiner Wohlfahrt, die einer Quantifizierung zugänglich sind. Der Versuch, ethische Probleme mit Hilfe ökonomischer Denkweisen zu lösen, ist jedoch nicht unbestritten; Boulding erörtert daher auch zwei Kritikpunkte an einer »ökonomischen Ethik«.

Der gegenwärtig wichtigste, weltweit diskutierte Gerechtigkeitstheoretiker ist der Philosoph *John Rawls.* Bei seiner Begründung von zwei Gerechtigkeitsprinzipien und der Untersuchung ihrer Bedeutung für die Grundverfassung und die Grundinstitutionen einer Gesellschaft greift Rawls sowohl auf wirtschaftswissenschaftliche Denk- und Argumentationsmuster, insbesondere auf das präzise Instrumentarium der modernen Entscheidungs- und Spieltheorie, als auch auf wirtschaftswissenschaftliche Grundeinsichten zurück. Mit deren Hilfe erörtert er die Gerechtigkeit von Wirtschaftssystemen und entwickelt dann ein Modell von Institutionen einer gerechten Wirtschaftsordnung.

Für viele Wirtschaftswissenschaftler gilt der Markt als Garant wirtschaftlicher Gerechtigkeit. Das schließt jedoch nicht aus, daß auch diese Institution mannigfache Unvollkommenheiten und Fehler kennt. Schon Rawls hat darauf hingewiesen. Durch den Ökonomen *Gérard Gäfgen* wird dieses Problem im einzelnen untersucht. Aus seiner kritischen Analyse zieht er allerdings nicht den Schluß, daß man auf Märkte verzichten sollte oder auch nur könnte.

1. Kenneth E. Boulding
Ökonomie als eine Moralwissenschaft

Adam Smith, der wie kein anderer Anspruch darauf hat, sowohl der Adam als auch der »Schmied« der systematischen Ökonomie zu sein, war Professor für Moralphilosophie, und in eben dieser Schmiede entstand die Ökonomie. Die Ökonomie war sogar zu meiner Studienzeit noch Teil des moralwissenschaftlichen Examens an der Universität Cambridge. Schon allein von ihrem Ursprung her kann sie deshalb für sich beanspruchen eine Moralwissenschaft zu sein. Trotzdem wird für viele Ökonomen der Terminus »Moralwissenschaft« wie ein Widerspruch erscheinen. Wir sind heute völlig erfüllt von der Vorstellung, daß Wissenschaft *wertfrei* sein sollte, und wir glauben, daß die Wissenschaft ihren Triumph genau deswegen erreicht hat, weil sie den Windeln der Moralität entwachsen ist, und daß sie nur deshalb in der Lage war, in die unendliche Weite des »Seienden« vorzudringen, weil sie die trügerische Startbahn des »Sein-Sollens« verließ. Aus der Ideengeschichte lernen wir, daß sogar die Ökonomie nur durch das Hintersichlassen der Kasuistik und Moralität mittelalterlichen Denkens zur Wissenschaft wurde. Wer möchte in der Tat die feine Rationalität der Theorie des Gleichgewichts gegen die unoperationalen Nebel einer Kontroverse des »gerechten Preises« austauschen? In der Auseinandersetzung zwischen Mechanismus und Moralismus hat im allgemeinen der Mechanismus die Überhand gewonnen, und es würde mich nicht überraschen, wenn der Titel meiner Ansprache bei vielen meiner Zuhörer längst vergessene Befürchtungen vor einer Predigt hat aufkommen lassen.

Lassen Sie mich deshalb zunächst erklären, was ich mit Moral und Moralwissenschaften meine. Ein moralischer oder ethischer Satz ist eine Feststellung über eine Rangordnung der Präferenz zwischen Alternativen, die für mehr als eine Person gelten soll. Eine Präferenz, die nur auf eine Person zutrifft, ist »Geschmack«. Feststellungen dieser Art werden oft als »Werturteile« bezeichnet. Wenn jemand sagt »Ich ziehe A gegenüber B vor« ist dies ein persönliches Werturteil oder Geschmacksurteil. Wenn er sagt »A ist besser als B«, dann beinhaltet dies, daß er von anderen erwartet, daß sie ebenso wie er A gegenüber B vorziehen. Ein moralischer Satz ist dann eine »Norm« (»common value«).

Jede Kultur oder Subkultur ist durch eine Menge von Normen, d. h. von allgemein anerkannten Präferenzen, definiert. Eine Kultur kann ohne einen Kern von Normen nicht existieren, und wir klassifizieren eine Gesellschaft genau deswegen in Kulturen und Subkulturen, weil man Gruppen identifizieren kann, die Normen besitzen.

Die meisten Geschmacksurteile sind eigentlich ebenfalls Normen. Sie sind durch den Prozeß, durch den jedes Lernen geschieht, durch Mutation und Selektion, erlernt worden. Die absurdeste antike Weisheit ist sicherlich die lateinische Redensart *de gustibus non disputandum.* In Wirklichkeit verbringen wir den größten Teil unseres Lebens mit Diskussionen über Geschmack. Bei einiger Pedanterie Definitionen gegenüber könnten wir das alte Sprichwort umdrehen und sagen, wo diskutiert wird, wird nicht über Geschmack gesprochen. Trotzdem sind sogar persönliche Geschmacksurteile in der Matrix einer Kultur oder einer Subkultur, in der wir aufwachsen, gelernt, auf die gleiche Weise, durch die wir unsere Normen lernen. Ganz individueller Geschmack kann in der Tat nur in einer Kultur überleben, die ihn toleriert, das heißt, die eine Norm mit dem Inhalt besitzt, daß persönlicher Geschmack bestimmter Art erlaubt sein soll.

Eine der befremdlichsten Illusionen der Ökonomen ist eine Doktrin, die als »Unbefleckte Empfängnis der Indifferenzkurve« bezeichnet werden könnte. Sie besagt, daß Geschmack einfach gegeben ist und wir den Prozeß, durch den er gebildet wird, nicht untersuchen können. Diese Doktrin ist buchstäblich »für die Katz«, deren Geschmacksurteile größtenteils aus ihren genetischen Strukturen entstehen und deshalb in der Dynamik von Katzengesellschaften als Konstante behandelt werden können. In der menschlichen Gesellschaft ist jedoch in der Tat die genetische Komponente des Geschmacks sehr klein. Wir beginnen mit einer Vorliebe für Milch, Wärme und Trockenheit und einer Abneigung gegen Hunger, Kälte und Nässe, und wir haben bestimmte latente Triebe, die die Herausbildung späterer Präferenzen in bezug auf Sexualität, Besitz oder Politik lenken, aber der bei weitem größte Teil menschlicher Präferenzen ist angelernt, abermals durch einen Mutations-Selektions-Prozeß. Es war, nebenbei bemerkt, Veblens prinzipieller und noch immer weithin unbekannter Beitrag zur formalen ökonomischen Theorie zu zeigen, daß wir Geschmacksurteile in keiner dynamischen Theorie als gegeben annehmen können, in dem Sinn, daß wir es uns in der dynamischen Theorie nicht leisten können, die Prozesse zu vernachlässigen, durch die Kulturen geschaffen und Präferenzen gelernt werden.

Ich will sogar viel weiter gehen und sagen, daß keine Wissenschaft, welcher Art auch immer, von ethischen Betrachtungen in obigem Sinne losgelöst werden kann. Die Lehrsätze der Wissenschaft sind nicht unbefleckter empfangen als die Präferenzen von Individuen. Wissenschaft ist ein menschlicher Lernprozeß, der in bestimmten Subkulturen der menschlichen Gesellschaft stattfindet und in anderen nicht, und eine Subkultur ist, wie wir gesehen haben, eine Gruppe von Menschen, die durch die Annahme bestimmter Normen definiert ist, das heißt durch eine Ethik, die ausgedehnte Kommunikation unter ihnen

erlaubt. Die wissenschaftliche Subkultur ist keine Ausnahme von dieser Regel. Sie ist durch ein strenges Wertesystem charakterisiert. Ein hoher Wert wird z. B. der Wahrheit, Neugierde, Messung, Quantifizierung, Sorgfalt bei Beobachtung und Experiment, sowie der Objektivität zugeordnet. Ohne diese Normen-Struktur wäre der erkenntnistheoretische Prozeß der Wissenschaft nicht entstanden. Er ist in der Tat in bestimmten Gesellschaften nicht entstanden, in denen die Bedingungen sonst günstig gewesen sein mögen, wo jedoch einige wesentliche Normen der wissenschaftlichen Subkulturen nicht existierten. Die Frage nach den genauen Werten und ethischen Sätzen, welche für die wissenschaftliche Subkultur wesentlich sind, mag umstritten sein, die Tatsache, daß es solche Werte gibt, kann jedoch nicht bestritten werden. [. . .]
Der Mythos, daß Wissenschaft nur Erkenntnis über eine objektiv unwandelbare Welt erlangt, mag in den frühen Stadien der Wissenschaft bis zu einem gewissen Grad gültig gewesen sein, aber mit der Entwicklung der Wissenschaft verliert dieser Mythos zunehmend seine Gültigkeit. Der Lernprozeß der Wissenschaft steht heute vor zwei ernsten Schwierigkeiten. Die erste mag als das verallgemeinerte Heisenberg-Prinzip bezeichnet werden. Wenn wir versuchen, Erkenntnis über ein System zu erlangen, indem wir seine Inputs und Outputs an Information verändern, dann werden diese Inputs und Outputs das System selbst und unter bestimmten Umständen sogar radikal verändern. Mein beliebtestes Beispiel für das Heisenberg-Prinzip ist das eines Mannes, der durch die Türe des Schlafzimmers seinen kranken Freud fragt: »Wie geht es dir?« worauf der Freund antwortet: »Gut« und diese Anstrengung ihm das Leben kostet. In den Sozialwissenschaften ist das verallgemeinerte Heisenberg-Prinzip natürlich vorherrschend, weil die Erkenntnis der Sozialwissenschaften ein wesentlicher Bestandteil des sozialen Systems selbst ist; von da her wird Objektivität in dem Sinne, daß sich das Untersuchungsfeld durch die Ergebnisse der Untersuchung nicht verändert, zur Absurdität. Die zweite Schwierigkeit besteht darin, daß mit der Entwicklung der Wissenschaft diese nicht mehr nur die Welt untersucht; sie schafft die Welt, welche sie untersucht. Wir erkennen dies sogar in den physikalischen Wissenschaften, wo die Evolution der Elemente in diesem Teil des Universums nach ungefähr sechs Milliarden Jahren erneut in die Hand genommen wird. Wir erkennen dies zunehmend in den biologischen Wissenschaften, die nur dadurch in der Lage sind, den Evolutionsprozeß zu ergründen, daß sie aktiv in ihn eingreifen und seinen

Verlauf ändern. In den Sozialwissenschaften kann man die Behauptung verteidigen, daß wir das, was wir wirklich wissen können, großenteils selbst erzeugen, und daß Vorhersagen in sozialen Systemen nur durch die Erstellung bewußt geschaffener Systeme erreicht werden können, die die Vorhersagen verifizieren werden. Kenntnis über Zufallssysteme kann man nur durch ihre Zerstörung erlangen, d. h. indem man ihnen den Zufallscharakter nimmt. Es ist z. B. ziemlich offensichtlich, daß die Preisfluktuationen in organisierten Güter- oder Effektenmärkten im wesentlichen zufällig sind. Alles, was wir bei der Untersuchung dieser Fluktuationen höchstens entdecken können, ist deshalb eine etwaige Tendenz (bias) des Zufalls. Wenn wir in einem derartigen Markt die Preisentwicklung vorherbestimmen wollen, dann müssen wir ihn kontrollieren, d. h. wir müssen ein System der Gegenspekulation errichten, das eine gegebene zukünftige Entwicklung der Preise gewährleistet. Der Goldstandard ist ein primitives Beispiel eines derartigen Systems, in dem man vorhersagen kann, daß der Preis des Goldes innerhalb der Goldpunkte liegen wird, solange das System funktioniert. Auf ähnliche Art kann man die Innentemperatur eines Hauses mit ausreichender Heizung und Wärmeregelung viel besser vorhersagen als die Außentemperatur, einfach deshalb, weil wir die eine kontrollieren können und die andere nicht.

Wissenschaft entwickelt sich vom reinen Wissen zur Kontrolle hin, d. h. sie schafft ihr eigenes Wissen. Daher können wir der Behauptung nicht ausweichen, daß das, was sie schafft, das Problem einer ethischen Wahl aufwirft und sowohl von den Normen der wissenschaftlichen Subkultur als auch von den Normen der Gesamtgesellschaft abhängt. Unter diesen Umständen kann sich Wissenschaft ohne eine wenigstens implizite Ethik, d. h. ohne eine Subkultur mit geeigneten Normen, nicht weiterentwickeln. Dieses Problem existiert in der Theorie sogar in den Phasen der Wissenschaft, die als objektiv bezeichnet werden könnten, d. h. in Phasen, in welchen sie nur untersucht »was ist«, denn die Frage nach den Bedingungen, unter denen Unwissenheit »Bliss« ist[1], ist keine leere Frage. Die Annahme, die in akademischen Zirkeln nahezu universell gilt, daß Unwissenheit unmöglich »Bliss« sein kann, könnte sich unter bestimmten Umständen gerade durch die Methoden der Wissenschaft selbst als falsch erweisen. Solange Wissenschaft eine sich nicht verändernde Welt untersucht, wird dieses Problem nicht akut, denn wenn Erkenntnis die Welt nicht verändert, dann besteht die Funktion der Unwissenheit für uns nur darin, daß sie uns daran hindert, unsere Neugier zu befriedigen. Wenn jedoch Wissen die Welt verändert, dann erlangt die Frage des Inhaltes der Normen sowohl der Subkultur, welche Wissen produziert, als auch der Gesamtgesellschaft, in welche jene Subkultur eingebettet ist, akute Bedeutung. Unter diesen Umständen ist das Konzept einer wertfreien Wissenschaft absurd, denn die gesamte Zukunft der Wissenschaft mag sehr wohl in unserer Fähigkeit liegen, die Normenkonflikte zu lösen, die das zunehmende Wissen jetzt produziert. Wissenschaft *könnte* eine ethische Dynamik entwickeln, die diese zerstört.

Kehren wir nun zurück zur Ökonomie als einer Moralwissenschaft, jedoch nicht lediglich in dem Sinne, in welchem jede Wissenschaft »von ethischen Interessen beeinflußt ist«, sondern in dem ganz spezifischen Sinne der Frage, ob Ökonomie selbst bei der Entscheidung ethischer Streitfragen von Nutzen sein kann, besonders solcher Streitfragen, die aus der kontinuierlichen Zunahme des Wissens entstehen.

Die Ökonomie spezialisiert sich auf die Untersuchung jenes Teils des gesamten Sozialsystems, der durch Austausch charakterisiert ist und von Austauschbarem handelt. Dies ist meiner Meinung nach eine bessere Definition der Ökonomie als jene, die sie durch Knappheit oder Allokation definiert, da die Allokation knapper Ressourcen ein allgemeines Problem ist, das auf politische Entscheidungen und politische Strukturen, die von Zwang und Androhung von Gewalt bestimmt sind, ebenso zutrifft, wie sogar auf Liebe und Gemeinschaft und eben auf Austausch. Ich habe anderswo drei gesellschaftliche Organisationssysteme unterschieden, die ich als Drohsystem, Austauschsystem und Integrationssystem bezeichnete. Die Ökonomie bezieht sich natürlich auf die zweite Gruppe. Sie überschneidet sich insofern mit dem integrierenden System, als sie eine bestimmte Zuständigkeit für die Untersuchung des Systems von einseitigen Transfers austauschbarer Güter beanspruchen kann. Dieses System habe ich als »grants economy« bezeichnet, da die Unterstützung (grant) bzw. der einseitige Transfer einen ziemlichen Anteil an integrierenden Beziehungen hat. Andererseits deckt sich die Ökonomie mit einem Bereich zwischen Droh- und Austauschsystem, der als Untersuchung von Strategien oder Verhandlungen bezeichnet werden könnte.

Es gibt auch – um den Kreis zu schließen – zwischen Droh- und Integrationssystem einen Bereich, nämlich den der legitimen Drohung, die der wichtigste Organisator der Politik und der Hauptgegenstand der politischen Wissenschaft ist. All diese

Systeme sind dynamisch miteinander verbunden durch den Prozeß des menschlichen Lernens, der der bestimmende dynamische Faktor in allen sozialen Systemen ist. Ein Teil dieses Lernens besteht in der Aneignung von Normen und Wertentscheidungen, ohne die keine Kultur und kein soziales System möglich ist. Der Prozeß, durch den wir unsere Präferenzstrukturen lernen, ist tatsächlich ein fundamentaler Schlüssel zur Gesamtdynamik der Gesellschaft.

Die Ökonomie als solche trägt nicht sehr viel bei zur formalen Untersuchung des menschlichen Lernens, obwohl einige philosophische Ökonomen wie F. Hajek Interessantes zu diesem Problem beigesteuert haben. Unser Hauptbeitrag als Ökonomen liegt in der Beschreibung dessen, was gelernt wird; die Präferenzfunktionen, die angelernte Normen verkörpern und die Produktionsfunktionen, die die Ergebnisse des Lernens von Technologie beschreiben. Wir mögen nicht viel über die Entstehung von Wissen nachgedacht haben, aber wir haben über seine Beschreibung nachgedacht, und dies ist ein nicht zu verachtender Beitrag.

So vermuten die Ökonomen etwa, daß tatsächliche Wahl nicht nur von Präferenzen, sondern auch von Wahlmöglichkeiten abhängt und daß unter bestimmten Umständen sehr geringe Veränderungen entweder der Präferenzen oder der Wahlmöglichkeiten große Veränderungen der tatsächlich getroffenen Wahl nach sich ziehen können. Diese Behauptung gilt genauso für Wertentscheidungen und Normen wie für persönlichen Geschmack. Sie wirft auch einiges Licht auf das, was man als evolutionäre Ökologie ethischer Systeme bezeichnen könnte. Erfolgreiche ethische Systeme tendieren dazu, Subkulturen zu schaffen, und diese Subkulturen wiederum neigen dazu, die ethischen Systeme, die sie erschufen, zu perpetuieren und auszubreiten. Dieses Prinzip trägt dazu bei, die beständige Teilung der Menschheit in Sekten, Nationen und ideologische Gruppen zu erklären. Wenn wir die ethischen Präferenzsysteme der Individuen, die die Menschheit ausmachen, auf einer Karte aufzeichnen, werden wir keine einheitliche Verteilung finden, sondern eine sehr deutliche Verdichtung in Kulturen und Subkulturen mit relativ leeren Räumen zwischen den Verdichtungszonen. Sämtliche Mitglieder einer einzelnen Sekte zum Beispiel neigen dazu, über ethische Urteile ähnlich zu denken und sich scharf von den ethischen Urteilen anderer Sekten zu unterscheiden. Individuen werden tendenziell von der einen oder anderen dieser Verdichtungszonen angezogen, wobei sie den sozialen Raum zwischen diesen Zonen relativ leer lassen, wie Raum zwischen den Sternen. Die Ursachen für dieses Phänomen liegen tief in der Dynamik des menschlichen Lernprozesses, denn unsere Präferenzen werden in der Hauptsache von denjenigen gelernt, mit denen wir am meisten kommunizieren. Dieses Prinzip erklärt die Perpetuierung solcher Verdichtungsprozesse, obwohl es nicht unbedingt den Ursprung ihrer Entstehung erklärt, der viele rätselhafte Phänomene zeigt. Das wichtige Phänomen der Aufsplitterung dieser Verdichtungszonen in einer Art Zellteilung ist ebenfalls ein wichtiges und sehr rätselhaftes Phänomen. Wenn wir jedoch einmal erkennen, daß diese Systeme außerordentlich sensibel sind, wie man auf Grund der ökonomischen Analyse vermuten kann, dann erkennen wir auch, auf welche Weise große Abweichungen entstehen können. So können zum Beispiel die tatsächlichen Unterschiede der Präferenzen und sogar der Wahlmöglichkeiten zwischen sogenannten sozialistischen und kapitalistischen Ländern eigentlich sehr gering sein, aber sie reichen aus, um einen sehr großen Unterschied bei den getroffenen Entscheidungen zu bewirken.

In der Wohlfahrtsökonomie hat die Ökonomie einen eigenen Versuch der Lösung einiger der Probleme unternommen, die mit moralischen Urteilen verbunden sind. Ich glaube, daß dieser Versuch ein Fehlschlag war, wenn auch ein recht glorreicher. Wir sollten einen kurzen Blick darauf werfen. Die Wohlfahrtsökonomie unternimmt es die Frage zu stellen: »Was bedeutet es in streng ökonomischer Terminologie, wenn wir sagen, daß ein Zustand eines sozialen Systems besser ist als ein anderer?« Die berühmteste Antwort ist das Pareto-Optimum, das im wesentlichen besagt, daß der Zustand A eines sozialen Systems den Zustand B ökonomisch übertrifft, wenn sich bei A niemand schlechter fühlt als bei B und wenn sich wenigstens eine Person besser fühlt. »Besser« oder »schlechter« wird natürlich durch Präferenzen gemessen, so daß wir die Bedingung so umformulieren können, daß der Zustand A dem Zustand B überlegen ist, wenn eine oder mehr Personen A vorziehen und niemand B vorzieht. Wenn wir interne Redistributionen innerhalb des Systems, d. h. Kompensation, zulassen, dann wird der Bereich möglicher überlegener Zustände beträchtlich erweitert. Von diesem einfachen Prinzip her wird ein großer Anwendungsbereich in einem aufregenden intellektuellen Drama möglich, das man gut mit dem Untertitel »Schneeweißchen (das weißeste von allen) und die sieben Marginalbedingungen« versehen könnte.

Viele, wenn nicht die meisten Ökonomen akzeptieren das

Pareto-Optimum als nahezu selbst-evident. Trotzdem ruht es auf einem außerordentlich wackeligen Fundament ethischer Vorstellungen. Je länger man es zum Beispiel kritisch betrachtet, desto klarer wird, daß Ökonomen außerordentlich liebenswürdige Menschen sein müssen, wenn sie überhaupt an so etwas gedacht haben, denn das Pareto-Optimum impliziert, daß nirgendwo in dem System Mißgunst (malevolence) vorhanden ist. Es impliziert gleichfalls, daß es kein Wohlwollen (benevolence) gibt, d. h. daß die Liebenswürdigkeit der Ökonomen nicht ganz bis zum Wohlwollen reicht. Es unterstellt Egoismus, d. h. die Unabhängigkeit der individuellen Präferenzfunktionen, so daß es für mich keinen Unterschied macht, ob es meinem Mitmenschen in meinen Augen besser oder schlechter geht. Man kann sich kaum eine unzulänglichere Beschreibung der menschlichen Natur vorstellen. Es liegt offen zutage, daß unser Leben durch genau diese Interdependenz der Nutzenfunktionen bestimmt wird, die das Pareto-Optimum verleugnet. Egoismus oder Indifferenz gegenüber dem Wohlergehen anderer liegt auf dem schmalen Grat zwischen Wohlwollen auf der einen und Mißgunst auf der anderen Seite. Dies ist etwas sehr Seltenes. Wir verhalten uns möglicherweise indifferent gegenüber jenen, die wir nicht kennen und zu denen wir überhaupt keine Beziehung haben, aber gegenüber denjenigen, zu denen wir Beziehungen haben, auch wenn es nur die frigiden Beziehungen des Tausches sind, sind wir entweder wohlwollend oder mißgünstig. Entweder freuen wir uns, wenn sie sich freuen, oder wir freuen uns, wenn sie trauern.
Die nahezu vollständige Vernachlässigung der Konzepte der Mißgunst oder des Wohlwollens durch die Ökonomen kann nicht durch ihre Unfähigkeit erklärt werden, diese Konzepte mit ihren üblichen Instrumenten zu erfassen. Es gibt keine mathematischen oder konzeptuellen Schwierigkeiten bei der Verbindung von Nutzenfunktionen, wenn wir nur beachten, daß es auf Empfindungen ankommt. Die herkömmlichen Instrumente unseres Fachs, die Indifferenzkurve, die Edgeworthbox und so weiter können leicht derart erweitert werden, daß sie Wohlwollen und Mißgunst einschließen, und es können in der Tat ohne diese Erweiterung viele Phänomene wie z. B. einseitige Transfers nicht erklärt werden. Die Vernachlässigung dieser Konzepte läßt sich vielleicht am besten dadurch erklären, daß wir uns zu stark auf den Tausch als Gegenstand unserer Untersuchungen konzentriert haben, und daß Austausch häufig unter Bedingungen wenigstens relativer Indifferenz oder Selbstsucht stattfindet, obwohl ich behaupte, daß

sogar im Austausch ein Mindestmaß an Wohlwollen vorhanden ist, ohne das er weder legitimiert werden noch als Organisationsform der Gesellschaft wirken kann. Wir tauschen mit dem Angestellten des Kaufhauses ebenso Höflichkeiten, Lächeln, die Tageszeit und so weiter aus, wie wir Geld gegen Güter austauschen. Das Wohlwollen, das Tauschende füreinander empfinden, muß nicht groß sein, aber ein bestimmtes Minimum ist notwendig. Wenn die Tauschparteien anfangen, sich mißgünstig gegenüberzustehen, dann tendiert der Austausch zum Zusammenbruch oder er kann nur unter den Bedingungen eines besonderen Ritualas, wie wortloser Handel oder kollektive Verhandlungen, legitimiert werden.

Trotzdem können die Ökonomen vielleicht für die Vernachlässigung von Wohlwollen und Mißgunst einfach deshalb entschuldigt werden, weil ihr charakteristisches Baby, der Austausch, der Tendenz nach jenes soziale Organisationsprinzip ist, welches zwischen diesen beiden Extremen liegt und das, wenn nicht Egoismus, so doch höchstens niedrige Werte von Wohlwollen und Mißgunst produziert. Das Drohsystem produziert ständig Mißgunst, und zwar einfach durch den Lernprozeß, den es hervorruft. Zu Beginn verspürt der Drohende gegenüber dem Bedrohten vielleicht sogar Wohlwollen – ich tue dies zu deinem eigenen Vorteil –, aber die Drohung erzeugt beim Bedrohten praktisch immer Abneigung gegenüber dem Drohenden, und dies wird wahrscheinlich ein Verhalten hervorrufen, das nun umgekehrt beim Drohenden Abneigung gegenüber dem Bedrohten erzeugt. Dies kann leicht in einem kumulierenden Prozeß zunehmender Abneigung enden, der irgendein Gleichgewichtsstadium erreichen kann oder auch nicht. Die Auflösung von Gesellschaften in Parteien und innere Kämpfe geht oft auf diese Art vonstatten. Am anderen Ende der Skala produziert das Integrationssystem tendenziell Wohlwollen, und diejenigen Institutionen, die speziell im integrierenden System tätig sind, wie z. B. die Familie, die Kirche, die Loge, der Klub, die Vereinigung ehemaliger Studenten und so weiter, tendieren ebenfalls dazu, Zuneigung zu schaffen und zu organisieren, sogar jenseits der Grenze ihrer Mitglieder. Dies rührt teilweise daher, daß Wohlwollen ein wichtiges Element für die Bildung einer annehmbaren persönlichen Identität zu sein scheint, besonders nachdem das Drohsystem durch die Entwicklung des Austausches entschärft wurde. Diejenigen, die unter Drohung leben, und die im allgemeinen am unteren Ende der sozialen Skala rangieren, versuchen ebenso wie jene, die durch Drohung am oberen Ende leben, ihre persönliche

Identität durch Mißgunst und durch die Entwicklung von Gegendrohung oder durch die Verlagerung von Haß auf Schwächere, wie z. B. Kinder und Tiere zu finden. Wenn jedoch dieses Stadium einmal vorbei ist und die Gesellschaft im wesentlichen durch Austausch organisiert wird, dann scheint es eine starke Tendenz zum integrierenden System und zu integrierenden Institutionen zu geben. Der Rotary Club ist eine logische Verlängerung einer ökonomisch orientierten Gesellschaft, aber er ist kein Club, auf den notwendigerweise die Ökonomen gekommen wären.
Seltsamerweise ist es nicht die Wohlfahrtsökonomie mit ihrer eleganten Kasuistik, ihren subtilen Unterscheidungen und ihren letztlich ziemlich unplausiblen Empfehlungen, die den größten Einfluß auf die Entwicklung von Normen und ethischen Vorstellungen ausgeübt hat. Der Haupteinfluß der Ökonomie auf die Ethik, so könnte man sagen, hat sich aus ihren umfassenden, aggregierten Konzepten allgemeiner Wohlfahrt entwickelt, die einer Quantifizierung zugänglich sind. Wir können erkennen, daß dieser Prozeß direkt auf Adam Smith zurückgeht, dessen Idee von dem, was wir heute als Realeinkommen pro Kopf bezeichnen, als prinzipielles Maß für nationalen Wohlstand starken Einfluß auf das nachfolgende Denken und politische Handeln ausgeübt hat. Die Entwicklung des Konzeptes eines Bruttosozialprodukts und seiner Variationen und Komponenten als statistische Maßeinheiten ökonomischen Erfolges hat auf die Erzeugung von Normen für die Ziele der Wirtschaftspolitik ebenfalls tiefen Einfluß ausgeübt. Ein anderes, weniger glückliches Beispiel einer Maßeinheit, welche die Wirtschaftspolitik tief beeinflußt hat, war die Entwicklung des Paritätsindexes durch das Bureau of Agricultural Economics im US-Landwirtschaftsministerium. Er gewann als Maß für die Austauschverhältnisse im Landwirtschaftssektor geradezu symbolische Bedeutung. »Völlige Parität« wurde ein anerkanntes Ziel der Landwirtschaftspolitik, obwohl sehr wenig Gründe für die Annahme sprechen, daß die Austauschverhältnisse eines bestimmten Zeitraumes, in diesem Fall der Periode von 1909–14, als ein Ideal irgendeine letzte Gültigkeit besitzen. Wegen unterschiedlicher Veränderungsraten der Produktivität in verschiedenen Sektoren der Volkswirtschaft müssen wir annehmen, daß sich die Austauschverhältnisse unterschiedlicher Sektoren verändern. Wenn zum Beispiel die Produktivität in der Landwirtschaft schneller wächst als in den übrigen Sektoren der Volkswirtschaft, wie dies in den letzten dreißig Jahren geschehen ist, erwarten wir, daß sich die Austauschver-

hältnisse für die Landwirtschaft »verschlechtern« ohne eine Verschlechterung der Einkommen der Landwirte und ohne irgendein Gefühl sozialer Ungerechtigkeit.

Obwohl ökonomische Meßmethoden mißbraucht werden können, ist doch ihre Auswirkung auf die Bildung moralischer Urteile beträchtlich und im großen und ganzen glaube ich auch nützlich. Die gesamte Idee der in Geldeinheiten (etwa realer Dollars mit konstanter Kaufkraft) ausgedrückten Kosten-Nutzen-Analyse ist z.B. bei der Beurteilung sozialer Entscheidungen und sogar sozialer Institutionen von enormer Bedeutung. Wir können natürlich einräumen, daß der »reale« Dollar, der seltsamerweise ein streng imaginärer ist, ein gefährlich unvollkommener Maßstab für die Lebensqualität und die menschlichen Werte ist. Trotzdem ist er eine nützliche erste Annäherung, und bei derartigen Beurteilungen schwieriger Entscheidungen ist es außerordentlich nützlich, irgendeine erste Annäherung zu haben, die wir dann modifizieren können. Ohne dies ist jede Entscheidung eine äußerst willkürliche Zufallsauswahl. Natürlich können Kosten-Nutzen- Analysen aller Arten, ob für Wasserprojekte, andere Wahlgeschenke, oder neuerdings für Waffensysteme, so manipuliert werden, daß sie den Vorurteilen von Personen entsprechen, die die Entscheidungen zu beeinflussen suchen. Trotzdem stammt das fundamentale Prinzip, daß wir alle Kosten berechnen und alle Erträge bewerten sollen, ob das jeweils leicht ist oder nicht, eindeutig aus dem Bereich der Ökonomie, und es ist dies zumindest eine provisorische Leitlinie für die Ausprägung moralischer Urteile, für das, was man als eine »ökonomische Ethik« bezeichnen könnte.

Trotzdem ist die ökonomische Ethik oder das gesamte Kosten-Nutzen-Prinzip Gegenstand einer harten Herausforderung. Es wurden zwei prinzipielle Kritikpunkte geäußert, von denen der erste meiner Meinung nach wahrscheinlich nicht stichhaltig ist, während der zweite unter bestimmten Bedingungen zutreffen kann. Die Kritik, die ich für unzutreffend halte, lautet, daß ökonomische Prinzipien im allgemeinen und Kosten-Nutzen-Analysen im besonderen egoistische Beweggründe und Gefühllosigkeit gegenüber den größeren Problemen des Wohlwollens, der Mißgunst, des Gemeinschaftsgefühls und so weiter implizieren. Es ist ganz richtig, wie oben gezeigt wurde, daß Ökonomen das Problem der Mißgunst und des Wohlwollens vernachlässigt haben. Trotzdem können unsere Einstellungen anderen gegenüber zumindest genauso gut gemessen werden wie unsere Präferenzen, entweder durch irgendein Prinzip

»enthüllter Präferenzen« oder durch direkte Befragung. Die Entwicklung eines Konzeptes einer »Rate des Wohlwollens« als der Menge an austauschbaren Gütern – in realen Dollars gemessen –, die eine Person bereit ist zu opfern, um die Zunahme der Wohlfahrt eines anderen Menschen um einen Dollar in Erwägung zu ziehen, liegt zum Beispiel völlig innerhalb der Kompetenz der Ökonomie. Wenn die Rate des Wohlwollens bei Null liegt, dann haben wir natürlich entweder Indifferenz oder reinen Egoismus vor uns; wenn die Rate des Wohlwollens negativ ist, dann haben wir es mit Mißgunst zu tun. In diesem Fall brauchen die Leute einen Ausgleich, um die gestiegene Wohlfahrt eines Feindes ohne Schaden betrachten zu können, oder sie sind umgekehrt bereit, sich selbst zu schaden, um einem anderen zu schaden. Die Rate der Mißgunst wäre dann derjenige Betrag in realen Dollars, um den jemand bereit wäre, sich selbst zu schaden, um einem anderen einen Schaden von einem Dollar zuzufügen. Diese Raten der Mißgunst sind übrigens häufig ziemlich hoch. Um in Vietnam einen Schaden von einem Dollar anzurichten, müssen die Vereinigten Staaten ungefähr vier Dollar ausgeben, d. h. in diesem Fall ist unsere Rate des Wohlwollens gegenüber Nord-Vietnam mindestens minus vier. Bei der Durchführung von Kosten-Nutzen-Analysen können wir ohne Schwierigkeiten Raten des Wohlwollens und der Mißgunst mit einschließen. Wir brauchen nur bei unseren Freunden die Nutzen addieren und die Kosten subtrahieren – natürlich multipliziert mit der Rate des Wohlwollens – und bei unseren Feinden die analog modifizierten Kosten addieren und die Nutzen subtrahieren.
Das Konzept der Rate des Wohlwollens ist nebenbei bemerkt zumindest eine Teillösung der komplizierten Frage des interpersonellen Vergleichs des Nutzens, um welche die Ökonomen mindestens drei Generationen lang einen rituellen Tanz aufgeführt haben. Jede Entscheidung, die andere Menschen betrifft, betrifft offensichtlich diese interpersonellen Vergleiche. Diese Vergleiche finden natürlich im Gehirn des Entscheidungsträgers statt. Wie seine Raten des Wohlwollens oder der Mißgunst wahrscheinlich aussehen werden, hängt vom gesamten sozialen Prozeß ab, in den er eingebettet ist. Darüber kann sicherlich einiges ausgesagt werden. Wir sind zum Beispiel gegen Menschen, die für uns stimmen, wahrscheinlich eher wohlwollend und gegenüber jenen, die gegen uns stimmen, eher abgeneigt. In der Tat ist die ökonomische Theorie der Demokratie, wie sie von Anthony Downs und anderen entwickelt wurde, ein sehr gutes Beispiel für das, was ich manchmal als »ökonomischen

Imperialismus« bezeichnet habe, als einen Versuch der Ökonomie, alle anderen sozialwissenschaftlichen Disziplinen zu vereinnahmen.
Der zweite Angriff auf die »ökonomische Ethik« ist grundlegender und schwieriger zu widerlegen. Es ist der Angriff von derjenigen Seite, die ich anderswo »heroische Ethik« genannt habe. Wenn wir Entscheidungen betrachten, besonders solche, die andere Menschen betreffen, was praktisch für alle zutrifft, dann sind wir mit zwei vollkommen verschiedenen Systemen der Beurteilung konfrontiert. Das erste ist die ökonomische Ethik einer totalen Kosten-Nutzen-Analyse. Sie ist eine Ethik der Vernunft, der Rationalität, wie immer wir das bezeichnen mögen. Sie ist eine Ethik der Berechnung. Wir können in der Tat die Kosten nicht ohne Berechnung berechnen. Sie ist daher eine Ethik, die von der Entwicklung des Messens und des Zählens abhängt, sogar wenn es sich nur um ordinales Zählen handelt. Dieser Entscheidungstyp wird jedoch der immensen Komplexität des menschlichen Organismus nicht erschöpfend gerecht. Wir müssen erkennen, daß in der Welt ein anderer Entscheidungsprozeß existiert, bei dem der Entscheidungsträger etwas auswählt nicht wegen der Auswirkungen seiner Entscheidung, sondern wegen seiner eigenen Persönlichkeitsstruktur, d. h. wie er seine eigene Identität sieht.
Diese »heroische« Ethik nimmt drei Hauptformen an – die militärische, die religiöse und die sportliche. Die heroische Ethik »Frag' nicht warum, tu' deine Pflicht und stirb« ist derart grundlegend für das Militär, daß Versuche, sie mit ökonomischer Ethik in Form einer Kosten-Nutzen-Analyse oder Budgetprogrammierung oder sogar strategischer Wissenschaft zu verbinden, wie dies von Herman Kahn, T. C. Schelling oder sogar Robert McNamara getan wurde, die Moral und die Legitimation des ganzen militärischen Systems tief bedrohen. Religion ist ebenfalls ein in hohem Maße heroisches Unternehmen, auch wenn ein gutes Stück geistiger Kosten-Nutzen-Analyse in ihr steckt. Die außerordentlich bedeutsame Rolle der Religion in der Geschichte der Menschheit – im Guten oder im Schlechten – basiert auf der Anziehungskraft, die sie auf das Gefühl der Identität und auf das Gefühl des Heroischen sogar bei einfachen Menschen ausübt. »Hier stehe ich, ich kann nicht anders«, sagte Luther; »Geben und nicht nach den Kosten fragen, arbeiten und nicht nach Belohnung verlangen« heißt das Gebet des Heiligen Franziskus. »Gehe deinen eigenen Weg« ist das Motto unserer neuen weltlichen Franziskaner, der

Hippies. Was unsere nationale Religion betrifft, so sagte Präsident Kennedy: »Frage nicht, was dein Land für dich tun kann, frage nur, was du für dein Land tun kannst.« Wir finden das gleiche Prinzip in der Dichtung, in der Kunst, in der Architektur, die dauernd bestrebt sind, sich aus der eisigen Umklammerung der Kosten-Nutzen-Analyse zu befreien. [...]

Ein großer Teil der Kritik an der Ökonomie von links und rechts kommt von der Unzufriedenheit mit ihrer impliziten Vernachlässigung des Heroischen. Es gibt ein weit verbreitetes Gefühl, daß Handel irgendwie schmutzig sei und daß Kaufleute doch etwas unangenehme Charaktere wären, und daß besonders der Arbeitsmarkt äußerst verachtenswert sei, weil er das Prinzip der Prostitution auf eigentlich alle menschlichen Lebensbereiche anwendet. Dieses Gefühl können die Ökonomen nicht vernachlässigen. Wir haben in der Ökonomie nur allzugern angenommen, daß eine Sache automatisch eine Daseinsberechtigung hat, wenn sie rentabel ist. Leider ist die Dynamik der Legitimation komplexer. Häufig machen gerade negative Gewinne, d. h. Opfer, die Legitimation aus und nicht positive Gewinne. Es war die klare Schwäche der von uns hauptsächlich als ökonomisch empfundenen, d. h. mit Austausch befaßten Institutionen (z. B. die Börse, das Bankensystem, organisierte Gütermärkte und so weiter), daß sie, wie Schumpeter gezeigt hat, sehr leicht ihre Legitimation verlieren, wenn sie nicht von anderen Elementen und Institutionen der Gesellschaft unterstützt werden, die sie als integrale Bestandteile einer größeren Gemeinschaft aufrechterhalten können. Unter den rechten Kritikern finden wir Nationalisten, Faschisten und das Militär, die den ökonomischen Menschen und die ökonomische Motivation vom Standpunkt der heroischen Ethik aus attackieren. Es ist in der Tat ein Wunder, daß ökonomische Institutionen bei der allgemeinen Unbeliebtheit des ökonomischen Menschen überhaupt überleben können. Niemand im Vollbesitz seiner geistigen Kräfte möchte seine Tochter mit einem ökonomischen Menschen verheiratet sehen, mit jemandem, der sämtliche Kosten nachrechnet und nach jedem Gegenwert fragt, der nie von verrückter Großzügigkeit oder nicht berechnender Liebe heimgesucht ist, der nie aus einem Gefühl innerer Identität handelt und der in der Tat keine innere Identität besitzt, auch wenn er gelegentlich von sorgfältig kalkulierten Erwägungen über Wohlwollen oder Mißgunst bewegt ist. Der Angriff auf die Ökonomie ist ein Angriff auf die Rechenhaftigkeit, und die simple Tatsache, daß wir die Kalkulation für etwas Kaltes halten, vermittelt eine Vorstellung, wie sehr die Wirt-

schaftswissenschaftler einer romantischen und heroischen Kritik ausgesetzt sind.
Nach meiner persönlichen Meinung benötigt der Mensch besonders in seiner gegenwärtigen Lage und Entwicklung sowohl heroische als auch ökonomische Elemente in seinen Institutionen, sowie bei seinen Lern- und Entscheidungsprozessen. Das Problem beide im rechten Gleichgewicht und der richtigen Spannung zu halten ist eines der Hauptprobleme der Reifung von Individuen und Gesellschaften. Der ökonomische Mensch ist ein gefühlloser Klumpen, der heroische Mensch ist ein Narr, aber irgendwo zwischen dem gefühllosen Klumpen und dem Narr sucht sich der menschliche Mensch, man verzeihe den Ausdruck, seinen schwankenden Weg.
Abschließend möchte ich der Ökonomie einen weiteren Gedanken entwenden und ihn auf die allgemeinen Moralwissenschaften anwenden. Es handelt sich um das Konzept einer Produktionsfunktion, einer Art begrenzter Beziehung zwischen Inputs und Outputs wie sie in dem großen biblischen Prinzip formuliert wurde, daß Weintrauben nicht von Dornen oder Feigen nicht von Disteln geerntet werden können (Matthäus 7, 16). Es gibt Produktionsfunktionen nicht nur für Weintrauben und Feigen, sondern auch für das Gute und Schlechte und sogar auch für das Gute schlechthin. Wir führen Streitgespräche darüber, was gut ist, darüber, welche Outputs wir als Ergebnisse der Inputs wünschen. Wir haben jedoch auch Kontroversen über die Natur der Produktionsfunktionen selbst, welche Inputs überhaupt welche Outputs erzeugen werden. Im Falle physischer Produktionsfunktionen können die Probleme relativ einfach durch Experimentieren gelöst werden, obwohl es einige ziemlich zweifelhafte Fälle gibt, wie z. B. im Fall der künstlichen Regenerzeugung, die genauso wirkungsvoll zu sein scheint wie Regentänze. Im Falle der moralischen Produktionsfunktionen sind jedoch die Funktionen selbst sehr umstritten, und es wird möglicherweise mehr über die Produktionsfunktionen selbst gestritten als über die Natur der gewünschten Produktionsergebnisse. Ich war vor einigen Jahren sehr beeindruckt, als ich in einem langen anstrengenden Seminar mit jungen Russen und jungen Amerikanern feststellte, wie leicht man sich über letzte Ziele einigen konnte, sogar bei unterschiedlichen Ideologien, und wie außerordentlich schwierig es war, sich über die Inputs zu einigen, mit denen man diese Ziele wahrscheinlich erreichen könnte.
Beim menschlichen Lernen gibt es eben das Problem, auf welche Art und Weise wir in dem komplexen Gemenge sozia-

len, politischen und ökonomischen Lebens moralische Produktionsfunktionen erkennen können, wenn dieses vollkommen durchdrungen zu sein scheint von einer fast kosmischen Ironie, bei der nahezu alles, was wir tun, wegen unserer Ignoranz anders endet als wir erwarten, so daß unsere guten und unsere schlechten Taten nur allzu oft unbeabsichtigt sind. Ich kann dieses erkenntnistheoretische Problem nicht in einem einzigen kurzen Aufsatz lösen, aber ich empfehle es als eine wesentliche intellektuelle Herausforderung für die Moralwissenschaften. Was ich hier sagen will, ist, daß die Ökonomie einen Input für die moralischen Produktionsfunktionen bedeutet. Macht die Ökonomie, wie George Stigler vermutet hat, die Leute konservativ? Wenn ja, vielleicht deshalb, weil sie die Schwierigkeiten und Gefahren des Heroismus ganz einfach aufzeigt und die Leute dazu bringt, die Produktivität des Alltags zu schätzen, nämlich die Produktivität des Austausches und der Finanzierung, der Bankiers und Geschäftsleute und sogar des Mittelstandes, den unsere heroische Jugend so ehrlich verachtet. Vielleicht haben heute deshalb so viele junge Radikale die Ökonomie als einen vergifteten Apfel der Rationalität verworfen, der den reinen und heroischen Menschen ihrer Identitäten und Sympathien verdirbt. Die Ökonomie ist eine versöhnende Wissenschaft, sie bringt die Ideologien von Ost und West zusammen, sie zeigt die vielen gemeinsamen Probleme auf, die diese haben, sie zersetzt Ideologien und Kontroversen, die ihre Kosten nicht wert sind. Aber auch wenn sie eine versöhnende Wissenschaft ist, unterminiert sie nicht die heroische Nachfrage nach sozialer Veränderung, die in den Stimmen unserer jungen Radikalen nicht zum Schweigen gebracht werden wird?
Ich gestehe, daß ich selbst durch diese Fragen tief beunruhigt bin und daß ich keine einfachen Antworten parat habe. Ich bedauere jedoch nicht, ein Ökonom geworden zu sein, denn in unseren Tagen und in diesem Zeitalter ist es doch irgendwie erfreulich, zu einer Gruppe von Menschen zu gehören, die niemals auch nur daran gedacht haben, Mißgunst in ihre Gesellschaftstheorie einzuführen. [...]

Anmerkung

1 Der Ausdruck »Bliss« (»Seligkeit«) wird in der ökonomischen Nutzentheorie zur Charakterisierung eines Sättigungszustandes verwendet (d. Hg.).

2. John Rawls
Wirtschaftssysteme und Verteilungsgerechtigkeit

Einige Bemerkungen über Wirtschaftssysteme

[...] Die politische Ökonomie beschäftigt sich an wichtiger Stelle mit dem öffentlichen Sektor und der richtigen Form der grundlegenden Institutionen, die die wirtschaftliche Tätigkeit regeln, mit der Besteuerung, der Eigentumsordnung, der Struktur von Märkten usw. Ein Wirtschaftssystem bestimmt, was mit welchen Mitteln erzeugt wird, wer es im Austausch gegen welche Leistungen bekommt und ein wie großer Teil der Wirtschaftskraft aufs Sparen und auf die Bereitstellung öffentlicher Güter verwendet wird. Idealerweise sollten diese ganzen Dinge in Übereinstimmung mit den beiden Gerechtigkeitsgrundsätzen geregelt sein. Doch wir müssen uns fragen, ob das möglich ist, und was diese Grundsätze im einzelnen verlangen.

Zunächst einmal ist es nützlich, zwei Seiten des öffentlichen Sektors zu unterscheiden, sonst bleibt der Unterschied zwischen einer auf Privateigentum beruhenden Wirtschaft und dem Sozialismus unklar. Die erste Seite hat mit dem Eigentum an den Produktionsmitteln zu tun. Nach der klassischen Auffassung ist der öffentliche Sektor im Sozialismus wesentlich größer (gemessen am Produktionsanteil der staatlichen Firmen, die entweder von Staatsbeamten oder Arbeiterräten verwaltet werden). In einer Wirtschaft mit Privateigentum ist die Zahl der in öffentlichem Besitz befindlichen Firmen wahrscheinlich klein und jedenfalls auf bestimmte Gebiete wie öffentliche Dienste und Verkehrswesen beschränkt.

Eine zweite, ganz andere Seite des öffentlichen Sektors ist der Anteil der gesamten Wirtschaftskraft, der auf öffentliche Güter verwendet wird. Die Unterscheidung zwischen öffentlichen und privaten Gütern wirft eine Reihe schwieriger Fragen auf, doch der Grundgedanke ist, daß ein öffentliches Gut zwei kennzeichnende Eigenschaften hat, Unteilbarkeit und Öffentlichkeit. Das heißt, es gibt viele Menschen, sozusagen eine Öffentlichkeit, die mehr oder weniger von diesem Gut haben möchten, aber alle nur die gleiche Menge haben können. Die hergestellte Menge läßt sich nicht wie bei privaten Gütern aufteilen und kann nicht von den einzelnen je nach ihrem Bedarf in größerer oder geringerer Menge gekauft werden. Es gibt verschiedene Arten von öffentlichen Gütern je nach dem

Grade ihrer Unteilbarkeit und der Größe der zugehörigen Öffentlichkeit. Im Extremfall ist ein öffentliches Gut über die gesamte Gesellschaft hinweg völlig unteilbar. Ein Standardbeispiel ist die Verteidigung der Nation gegen (ungerechtfertigte) fremde Angriffe. Alle Bürger müssen dieses Gut im gleichen Maße erhalten; man kann ihnen nicht je nach ihren Wünschen verschiedenen Schutz gewähren. Die Unteilbarkeit und Öffentlichkeit hat in diesen Fällen zur Folge, daß die Versorgung mit öffentlichen Gütern politisch und nicht durch den Markt geregelt werden muß. Sowohl die herzustellende Menge als auch ihre Finanzierung müssen durch die Gesetzgebung festgelegt werden. Da es kein Verteilungsproblem gibt, entstehen keine Verteilungskosten.
Aus diesen beiden Eigenschaften der öffentlichen Güter ergeben sich verschiedene weitere. Zunächst einmal gibt es das »Schwarzfahrerproblem«. Besteht die Öffentlichkeit aus vielen Menschen, so gibt es für jeden die Versuchung, sich um seinen Beitrag herumzudrücken, denn die hergestellte Menge wird durch das Verhalten des einzelnen nicht merklich beeinflußt. Er betrachtet das kollektive Verhalten der anderen als so oder so bereits gegeben. Wenn das öffentliche Gut hergestellt wird, so hat er nicht weniger davon, wenn er nichts beiträgt; wenn es nicht hergestellt wird, so hätte sein Verhalten daran auch nichts geändert. Ein Bürger erhält den gleichen Schutz vor ausländischen Angriffen, ob er seine Steuern bezahlt hat oder nicht. Daher können sich Handel und freiwillige Vereinbarungen nicht entwickeln, wenn der Extremfall eines öffentlichen Gutes vorliegt.
Es folgt, daß die Bereitstellung und Finanzierung vom Staat übernommen und die Bezahlung durchgesetzt werden muß. Auch wenn alle Bürger zur Zahlung ihres Anteils bereit wären, würden sie es vermutlich nur tun, wenn sie sicher sind, daß es die anderen auch tun. Wenn also die Bürger bereit sind, gemeinschaftlich zu handeln und nicht als isolierte einzelne, die die Handlungen der anderen als gegeben annehmen, so muß doch noch die Vereinbarung festgelegt werden. Der Gerechtigkeitssinn veranlaßt uns zu Unterstützung gerechter Regelungen und zur Übernahme unserer Aufgaben in ihnen, wenn wir glauben, daß die anderen, oder doch hinreichend viele von ihnen, dasselbe tun. Doch unter gewöhnlichen Umständen kann man dessen nur dann hinreichend sicher sein, wenn eine bindende Regelung tatsächlich durchgesetzt wird. Wenn man annimmt, das öffentliche Gut sei für jeden von Vorteil, und alle würden sich darauf einigen, daß es beschafft werden soll, dann

ist die Anwendung von Zwang von jedermanns Standpunkt aus völlig vernünftig. Viele der herkömmlichen Tätigkeiten der Regierung lassen sich so rechtfertigen. Auch wenn jeder den gleichen Gerechtigkeitssinn hat, müssen noch die Regeln vom Staat durchgesetzt werden. Die besonderen Eigenschaften der wesentlichen öffentlichen Güter machen gemeinsame Vereinbarungen notwendig, und alle müssen die Sicherheit haben, daß sie eingehalten werden.

Eine weitere Eigenschaft der öffentlichen Güter sind ihre externen Wirkungen. Öffentliche und unteilbare Güter bringen auch solchen Leuten Vorteile oder Nachteile, an die bei der Entscheidung zur Bereitstellung dieser Güter nicht unbedingt gedacht worden ist. Im reinen Fall des öffentlichen Gutes wird die gesamte Gesellschaft betroffen, auch wenn nur ein Teil der Bürger die Steuern für seine Finanzierung bezahlt. Doch diejenigen, die diesen Ausgaben zustimmen, beachten diese Wirkungen vielleicht nicht, und der öffentliche Aufwand ist möglicherweise verschieden von dem, der bei Beachtung aller Vor- und Nachteile beschlossen worden wäre. Im gewöhnlichen Fall ist die Unteilbarkeit nicht vollständig, und es ist nur ein Teil der gesamten Öffentlichkeit betroffen. Wer sich gegen eine ansteckende Krankheit impfen läßt, hilft anderen ebenso wie sich selbst; vielleicht wäre ihm selbst die Impfung den Aufwand nicht wert, wohl aber der Gemeinschaft, wenn sie alle Vorteile in Betracht zieht. Und natürlich gibt es eindrucksvolle Beispiele für öffentlichen Schaden, etwa wenn die Industrie die natürliche Umwelt verschmutzt und zerstört. Diese Kosten treten gewöhnlich auf dem Markt nicht auf, so daß die Waren viel billiger verkauft werden, als es ihren gesellschaftlichen Grenzkosten entspräche. Es gibt einen Unterschied zwischen privater und gesellschaftlicher Kostenrechnung, der sich im Markt nicht niederschlägt. Eine wesentliche Aufgabe der Gesetzgebung und der Regierung ist die Schaffung des nötigen Ausgleichs. [...]

Ein letzter Punkt im Zusammenhang mit den öffentlichen Gütern. Der auf sie verwandte Anteil der Wirtschaftskraft hängt nicht eindeutig mit der Frage des öffentlichen Eigentums an den Produktionsmitteln zusammen. Eine auf Privateigentum beruhende Wirtschaft kann einen großen Teil des Volkseinkommens darauf verwenden, eine sozialistische einen kleinen, und umgekehrt. Es gibt sehr verschiedenartige öffentliche Güter, von der Kriegsausrüstung bis zum Gesundheitsdienst. Hat die Regierung der Bereitstellung und Finanzierung dieser Güter politisch zugestimmt, so kann sie sie vom privaten Sektor oder von Firmen kaufen, die öffentliches Eigentum sind. Die spezielle Liste der hergestellten öffentlichen Güter und der Vorkehrungen zur Begrenzung öffentlicher Nachteile hängt von der jeweiligen Gesellschaft ab. Es ist nicht eine Frage der Logik der Institutionen, sondern der politischen Soziologie, zu der auch die Wirkung der Institutionen auf das Gefüge der politischen Vorteile gehört.

Nach der kurzen Betrachtung zweier Seiten des öffentlichen Sektors möchte ich mit einigen Bemerkungen darüber schließen, in welchem Ausmaß sich wirtschaftliche Regelungen auf ein System von Märkten stützen können, auf denen sich die Preise frei gemäß Angebot und Nachfrage bilden. Man muß mehrere Fälle unterscheiden. Alle Systeme werden gewöhnlich den Markt zur Verteilung der tatsächlich hergestellten Verbrauchsgüter verwenden. Jedes andere Verfahren wäre schwerfällig in der Verwaltung, und nur in besonderen Fällen wird man zur Rationierung und anderen Maßnahmen Zuflucht nehmen. Doch in einem System der freien Märkte wird die Güterproduktion nach Art und Umfang auch von den Bedürfnissen der Haushalte geleitet, die sich in ihrem Kaufverhalten auf dem Markt zeigen. Güter, die einen übernormalen Gewinn einbringen, werden in größerer Menge hergestellt, bis der Übergewinn verschwunden ist. In einem sozialistischen System haben die Vorstellungen der Planer oder kollektive Entscheidungen oft größeren Einfluß auf die Ausrichtung der Produktion. Sowohl privatwirtschaftliche als auch sozialistische Systeme gestatten gewöhnlich freie Wahl des Berufs und des Arbeitsplatzes. Nur unter Zwangssystemen von beiderlei Art wird diese Freiheit ausdrücklich eingeschränkt.

Eine Grundeigenschaft ist schließlich das Ausmaß, in dem der Markt über die Sparrate und die Art der Investitionen entscheidet, ebenso über den Anteil des Volkseinkommens, der auf Erhaltungsmaßnahmen und die Verhinderung nicht wiedergutzumachender Schäden für das Wohl der späteren Generationen gerichtet ist. Hier gibt es eine Reihe von Möglichkeiten. Die Sparrate kann durch eine kollektive Entscheidung festgelegt werden, während die Art der Investitionen weitgehend den einzelnen Firmen überlassen ist, die um Kredite konkurrieren. Sowohl in einer privatwirtschaftlichen als auch in einer sozialistischen Wirtschaft kann große Mühe auf die Verhinderung nicht wiedergutzumachender Schäden und die Erhaltung der natürlichen Hilfsquellen und der Umwelt verwendet werden. Beide können aber auf diesem Gebiet auch große Fehler machen.

Es liegt also auf der Hand, daß es keine notwendige Verknüpfung zwischen dem Privateigentum an den Produktionsmitteln und der Verwendung freier Märkte gibt. Der Gedanke, Konkurrenzpreise unter normalen Bedingungen seien gerecht oder fair, geht mindestens bis ins Mittelalter zurück. Die Vorstellung, eine Marktwirtschaft sei in gewissem Sinne die beste Ordnung, wurde am sorgfältigsten von sogenannten bürgerlichen Wirtschaftswissenschaftlern untersucht, doch das ist insofern ein geschichtlicher Zufall, als wenigstens theoretisch ein sozialistisches System sich ihre Vorteile ebenfalls zunutze machen kann. Einer dieser Vorteile ist die Pareto-Optimalität. Unter bestimmten Bedingungen lenken Konkurrenzpreise die Produktion und die für sie eingesetzten Mittel so, daß sich weder die Produktionsmethoden der Firmen noch die durch die Käufe der Haushaltungen erfolgende Verteilung noch irgendwie verbessern lassen. Durch keine wirtschaftliche Veränderung könnte ein Haushalt (im Sinne seiner eigenen Präferenzen) besser gestellt werden, ohne daß ein anderer schlechter gestellt würde. Es gibt keine beiderseitig vorteilhaften Tauschmöglichkeiten mehr; ebensowenig kann von irgendeinem Gut mehr hergestellt werden, ohne daß von einem anderen weniger hergestellt würde. Denn wenn das nicht so wäre, dann könnte die Lage einiger verbessert werden, ohne daß irgend jemand etwas verlieren würde. Die Theorie des allgemeinen Gleichgewichts erklärt, wie unter den entsprechenden Bedingungen die durch die Preise gelieferte Information die Wirtschaftssubjekte zu einem Verhalten veranlaßt, das insgesamt zu diesem Ergebnis führt. Die vollkommene Konkurrenz ist im Sinne der Pareto-Optimalität nicht mehr zu übertreffen.
Natürlich sind die dazu notwendigen Bedingungen sehr stark und in der Wirklichkeit kaum einmal vollständig erfüllt. Außerdem sind die Unvollkommenheiten und Fehler der Märkte oft schwerwiegend, und es sind ausgleichende Maßnahmen seitens der Allokationsabteilung nötig. Monopolistische Beschränkungen, Informationsmangel, externe Vor- und Nachteile und ähnliches müssen erkannt und berichtigt werden. Und bei öffentlichen Gütern versagt der Markt überhaupt. Doch diese Fragen brauchen uns hier nicht zu beschäftigen. Diese idealisierten Verhältnisse werden nur zur Klärung des damit zusammenhängenden Begriffs der reinen Verfahrensgerechtigkeit erwähnt. Die Idealvorstellung kann dann zur Beurteilung bestehender Verhältnisse und als Orientierungsrahmen für die notwendigen Veränderungen herangezogen werden.
Ein weiterer und gewichtigerer Vorteil des Marktsystems ist

seine Verträglichkeit mit den gleichen Freiheiten für alle und der fairen Chancengleichheit, falls die nötigen Rahmeninstitutionen vorhanden sind. Die Bürger können ihren Beruf frei wählen. Es gibt gar keinen Grund für eine zentrale Zwangsplanung der Arbeitskräfte. Überhaupt ist kaum einzusehen, wie sich ohne gewisse Einkommensunterschiede, wie sie sich unter Konkurrenzbedingungen ausbilden, jedenfalls unter gewöhnlichen Umständen gewisse mit der Freiheit unverträgliche Züge einer Befehlsgesellschaft vermeiden lassen sollten. Außerdem dezentralisiert ein Marktsystem die wirtschaftliche Macht. Wie auch die innere Verfassung der Firmen aussehen mag – Privat- oder Staatseigentum, Verwaltung durch Unternehmer oder durch gewählte Vertreter der Arbeiter –, sie nehmen die Preise der eingekauften und der verkauften Güter als gegeben hin und planen entsprechend. Auf einem Markt mit wirklicher Konkurrenz liefern sich die Firmen keine Preiskämpfe oder andere Kämpfe um Marktmacht. Gemäß der demokratisch zustande gekommenen politischen Entscheidung steuert die Regierung das wirtschaftliche Klima mittels gewisser ihr zur Verfügung stehender Hebel, etwa des Gesamtumfangs der Investitionen, des Zinssatzes, der Geldmenge usw. Eine umfassende direkte Planung ist unnötig. Die einzelnen Haushalte und Firmen können im Rahmen der allgemeinen Bedingungen der Wirtschaft ihre Entscheidungen unabhängig treffen.
Wenn man von der Verträglichkeit des Marktsystems mit sozialistischen Institutionen spricht, so muß man zwischen der Allokations- und der Verteilungsfunktion der Preise unterscheiden. Erstere hängt mit der Erzielung wirtschaftlicher Optimalität zusammen, letztere mit der Festlegung des Einkommens der einzelnen als Entgelt für ihre Leistungen. Ein sozialistisches System kann ohne weiteres einen Zinssatz einführen, um die Investitionsmittel auf die Projekte zu verteilen und die Verwendung von Kapital und knappen natürlichen Hilfsquellen wie Boden und Wald mit Kosten zu belasten. Das ist notwendig, wenn diese Investitionsmittel auf die beste Art eingesetzt werden sollen. Denn selbst wenn diese Güter ohne menschliches Zutun vom Himmel fallen würden, so sind sie doch produktiv in dem Sinne, daß sie im Zusammenwirken mit anderen Produktionsfaktoren zu einem größeren Produktionsergebnis führen. Es folgt aber nicht, daß es private Eigentümer dieser Güter geben muß, denen ein dieser Bewertung entsprechendes Geldeinkommen zufließt. Vielmehr sind diese Verrechnungspreise Indikatoren für eine optimale Gestaltung des Wirtschaftsablaufs. Außer im Falle der Arbeit – jeder Art –

entsprechen die Preise im Sozialismus keinem Einkommen von Privatpersonen, sondern das von natürlichen und gesellschaftlichen Gütern erzielte Einkommen fließt dem Staat zu, so daß die entsprechenden Preise keine Verteilungsfunktion haben.
Man darf also nicht verkennen, daß Marktinstitutionen privatwirtschaftlichen und sozialistischen Systemen gemeinsam sind, und man muß zwischen der Allokations- und der Verteilungsfunktion der Preise unterscheiden. Da unter dem Sozialismus die Produktionsmittel und natürlichen Hilfsquellen öffentliches Eigentum sind, hat die Verteilungsfunktion sehr viel weniger Bedeutung, während in einem privatwirtschaftlichen System beide Funktionen in wechselndem Ausmaß vorhanden sind. Welches der beiden Systeme und der vielen Zwischenformen am gerechtesten ist, läßt sich nach meiner Auffassung nicht im voraus entscheiden. Vermutlich gibt es keine allgemeine Antwort auf diese Frage, denn sie hängt stark von den Traditionen, Institutionen und gesellschaftlichen Kräften jedes Landes und seinen besonderen geschichtlichen Umständen ab. Diese Fragen gehören nicht zur Gerechtigkeitstheorie. Diese kann aber schematisch ein gerechtes Wirtschaftssystem skizzieren, das verschiedene Abwandlungen zuläßt. Bei der politischen Entscheidung geht es dann jeweils darum, welche Abwandlung in der Praxis zu den besten Ergebnissen führen wird. Eine Gerechtigkeitsvorstellung ist notwendiger Bestandteil jeder solchen politischen Beurteilung, doch sie ist nicht hinreichend. [...]

Die Rahmen-Institutionen für die Verteilungsgerechtigkeit

Das Hauptproblem der Verteilungsgerechtigkeit ist die Wahl eines Gesellschaftssystems. Die Gerechtigkeitsgrundsätze beziehen sich auf die Grundstruktur, auf das System ihrer wichtigsten Institutionen. Der Gedanke der Gerechtigkeit als Fairneß ist nun, wie wir sahen, der, die Besonderheiten der einzelnen Situationen mit dem Begriff der Verfahrensgerechtigkeit zu behandeln. Das Gesellschaftssystem ist so zu gestalten, daß die sich ergebende Verteilung unter allen Umständen gerecht ist. Dazu muß sich das gesellschaftliche und wirtschaftliche Leben im Rahmen passender politischer und juristischer Institutionen abspielen, sonst kommt keine gerechte Verteilung zustande, keine Fairneß des Rahmens. Ich beschreibe kurz diese Institutionen in einem wohlorganisierten demokratischen Staat mit Privateigentum an den (erzeugten und natürlichen) Produktionsmitteln. Diese Verhältnisse sind wohlbekannt, doch man sollte sich davon überzeugen, wie sie den beiden Gerechtigkeitsgrundsätzen entsprechen. Die Änderungen, die einem sozialistischen System entsprechen, werden kurz danach betrachtet.

Zunächst nehme ich an, daß die Grundstruktur von einer gerechten Verfassung bestimmt ist, die die gleichen bürgerrechtlichen Freiheiten schützt. Gewissens- und Gedankenfreiheit sind selbstverständlich, und der faire Wert der politischen Freiheit ist gesichert. Das politische Geschehen ist, soweit möglich, ein gerechtes Verfahren zur Entscheidung über eine Regierung und zur gerechten Gesetzgebung. Ich setze auch faire (im Unterschied zur formalen) Chancengleichheit voraus. Das bedeutet, daß die Regierung nicht nur die üblichen Arten von Gemeinschaftseinrichtungen aufrechterhält, sondern auch gleich Begabten und Motivierten gleiche Bildungschancen und kulturelle Möglichkeiten zu verschaffen sucht, indem sie entweder private Schulen unterstützt oder ein öffentliches Schulsystem errichtet. Sie sorgt auch für wirtschaftliche Chancengleichheit und die Möglichkeit freier Berufswahl, indem sie dem Verhalten der Firmen und privaten Vereinigungen gewisse Bedingungen auferlegt und die Errichtung von Monopolen und Zugangsbeschränkungen zu den begehrten Positionen verhindert. Schließlich gewährleistet die Regierung ein Existenzminimum entweder in Form von Familienbeihilfen und besonderen Zahlungen bei Krankheit und Arbeitslosigkeit oder systematischer etwa durch abgestufte Zuschüsse zum Einkommen (eine sogenannte negative Einkommenssteuer).

Bei der Errichtung dieser Rahmeninstitutionen kann man sich die Regierung in vier Abteilungen gegliedert denken. Jede besteht aus verschiedenen Behörden oder deren Tätigkeiten, die bestimmte soziale und wirtschaftliche Bedingungen aufrechterhalten sollen. Diese Abteilungen decken sich nicht mit der üblichen Organisation einer Regierung; sie entsprechen anderen Funktionen. Die Allokationsabteilung zum Beispiel soll im Preissystem eine angemessene Konkurrenz aufrechterhalten und die Bildung übermäßiger wirtschaftlicher Macht verhindern. Eine solche ist nicht vorhanden, solange auf dem Markt keine stärkere Konkurrenz hergestellt werden kann, ohne gegen die Optimalität, die geographischen Tatsachen und die Wünsche der Haushalte zu verstoßen. Die Allokationsabteilung soll ferner die gröberen Abweichungen von der Optimalität aufspüren und berichtigen, die dadurch entstehen, daß die Preise den gesellschaftlichen Nutzen und Aufwand nicht genau widerspiegeln; sie tut das etwa mittels zweckdienlicher

Steuern und Subventionen und Veränderungen des Besitzrechts. Die Stabilisierungsabteilung dagegen strebt nach hinreichender Vollbeschäftigung in dem Sinne, daß die Arbeitswilligen Arbeit finden können, und daß die freie Berufswahl und die Verdienstmöglichkeiten durch eine starke wirksame Nachfrage gefördert werden. Diese beiden Abteilungen zusammen sollen die Optimalität der Marktwirtschaft im allgemeinen aufrechterhalten.
Das Existenzminimum ist Sache der Umverteilungsabteilung. Später gehe ich auf die Frage ein, wie hoch das Existenzminimum angesetzt werden sollte; im Augenblick genügen ein paar allgemeine Bemerkungen. Der Grundgedanke ist der, daß diese Abteilung die Bedürfnisse berücksichtigt und ihnen gegenüber anderen Ansprüchen das richtige Gewicht gibt. Ein Konkurrenz-Preissystem berücksichtigt keine Bedürfnisse, daher kann sich die Verteilung nicht ausschließlich auf es stützen. Es muß eine Arbeitsteilung zwischen den Teilen des Gesellschaftssystems bei der Berücksichtigung der Gerechtigkeitsforderungen des gemeinen Verstandes geben. Verschiedene Institutionen kümmern sich um verschiedene Ansprüche. Richtig gesteuerte Konkurrenz-Märkte sichern die freie Berufswahl und bewirken den optimalen Einsatz der Mittel und die optimale Verteilung der Güter auf die Haushalte. Sie bringen die herkömmlichen Vorstellungen bezüglich der Löhne und Einkommen zur Geltung, wogegen die Umverteilungsabteilung ein bestimmtes Wohlfahrtsniveau gewährleistet und auf die Bedürfnisse eingeht. Am Ende werde ich diese Vorstellungen des gemeinen Verstandes und ihre Entstehung im Rahmen verschiedener Institutionen diskutieren. Hier ist wesentlich, daß bestimmte Vorstellungen oft in Verbindung mit bestimmten Institutionen auftreten. Ihr Ausgleich obliegt dem Rahmensystem als ganzem. Da die Gerechtigkeitsgrundsätze das gesamte System regulieren, regulieren sie auch das Verhältnis dieser Vorstellungen zueinander, das also im allgemeinen von der politischen Rahmenvorstellung abhängt.
Offenbar hängt die Verteilungsgerechtigkeit ab von der durch die Rahmeninstitutionen erzeugten Verteilung des Gesamteinkommens, der Löhne, des sonstigen Einkommens und der Umverteilungen. Es bestehen gut begründete starke Einwände gegen die Bestimmung des Gesamteinkommens durch Konkurrenz, da sie die Bedürfnisse und einen angemessenen Lebensstandard nicht berücksichtigt. Unter dem Gesichtspunkt der Gesetzgebung ist es vernünftig, sich und seine Nachkommen gegen diese Marktschwankungen zu sichern. Das fordert auch

das Unterschiedsprinzip. Doch wenn einmal ein angemessenes Existenzminimum durch Umverteilung gesichert ist, kann es völlig fair sein, daß der übrige Teil des Gesamteinkommens durch das Preissystem bestimmt wird, falls es einigermaßen optimal und frei von monopolistischen Einschränkungen sowie von unangemessenen externen Wirkungen ist. Diese Art der Berücksichtigung der Bedürfnisse dürfte auch wirksamer sein als der Versuch, das Einkommen durch Mindestlöhne und ähnliches zu beeinflussen. Es ist besser, jeder Abteilung nur Aufgaben zuzuweisen, die miteinander verträglich sind. Da der Markt keine Rücksicht auf die Bedürfnisse nimmt, müssen diese anders berücksichtigt werden. Ob also die Gerechtigkeitsgrundsätze erfüllt sind, hängt ab vom Gesamteinkommen der am wenigsten Bevorzugten (Lohn und Umverteilung): es muß ihre Aussichten auf lange Sicht maximieren (unter den Bedingungen der gleichen Freiheit für alle und der fairen Chancengleichheit).

Schließlich gibt es noch die Verteilungsabteilung. Ihre Aufgabe ist die Herstellung einer gewissen Verteilungsgerechtigkeit mittels Besteuerung und Änderung des Besitzrechts. Man kann hier zwei Punkte unterscheiden. Zunächst gibt es eine Reihe von Erbschafts- und Schenkungssteuern und Einschränkungen für das Erbrecht. Diese Regelungen sollen kein Steueraufkommen erzielen, der Regierung nicht Mittel zuführen, sondern die Vermögensverteilung allmählich und stetig berichtigen und Machtballungen verhindern, die dem fairen Wert der politischen Freiheit und der fairen Chancengleichheit schaden würden. Beispielsweise könnte man Progressivität auf der Empfängerseite einführen. Das würde eine weite Streuung des Eigentums begünstigen, die eine notwendige Bedingung für den fairen Wert der gleichen Freiheiten zu sein scheint. Die ungleiche Vererbung von Vermögen ist an sich so wenig ungerecht wie die ungleiche Vererbung der Intelligenz. Gewiß dürfte erstere leichter gesellschaftlich beeinflußbar sein; doch das Wesentliche ist, daß beiderlei Ungleichheiten so weit wie möglich das Unterschiedsprinzip erfüllen sollten. Das Vererben ist also zulässig, falls die sich ergebenden Ungleichheiten den am wenigsten Bevorzugten zum Vorteil gereichen und mit der Freiheit und der fairen Chancengleichheit vereinbar sind. Faire Chancengleichheit wurde definiert als ein System von Institutionen zur Sicherung gleicher Bildungschancen und kultureller Möglichkeiten für gleich Motivierte und zur Offenhaltung von Positionen und Ämtern für alle auf der Grundlage von Fähigkeiten und Anstrengungen, die in einem vernünftigen

Zusammenhang mit den jeweiligen Pflichten und Aufgaben stehen. Diese Institutionen werden nun gelähmt, wenn die Vermögensunterschiede eine gewisse Grenze überschreiten; ebenso verliert die politische Freiheit ihren Wert, und die repräsentative Regierungsform ist nur noch Schein. Die Steuern und sonstigen Maßnahmen der Verteilungsabteilung sollen verhindern, daß diese Grenze überschritten wird. Wo sie liegt, das ist natürlich eine Sache des politischen Urteils, das sich von der Theorie, vom gesunden Menschenverstand und reiner Intuition leiten läßt – jedenfalls innerhalb weiter Grenzen. Zu diesen Fragen hat die Gerechtigkeitstheorie nichts Näheres zu sagen. Ihr Ziel ist die Aufstellung von Grundsätzen für die Rahmeninstitutionen.

Die zweite Aufgabe der Verteilungsabteilung ist eine Besteuerung zur Aufbringung der Mittel, die die Gerechtigkeit fordert. Der Regierung müssen Mittel zugeführt werden, damit sie öffentliche Güter bereitstellen und Umverteilungen im Sinne des Unterschiedsprinzips vornehmen kann. Dieses Problem gehört in die Verteilungsabteilung, da die Steuerlasten gerecht zu verteilen sind und von ihr gerechte Regelungen angestrebt werden. Abgesehen von vielen Komplikationen sollte man doch festhalten, daß eine proportionale Verbrauchssteuer zu einem besten Steuersystem gehören kann. Einmal ist sie jeder Einkommensteuer vorzuziehen, wenn man von den Gerechtigkeitsforderungen des gemeinen Verstandes ausgeht, denn sie belastet gemäß den in Anspruch genommenen Gütern, nicht gemäß den Leistungen (wenn man ein fair verdientes Einkommen voraussetzt). Auch eine (z. B. jährliche) Verbrauchssteuer kann die üblichen Ermäßigungen für Familienangehörige usw. enthalten; und sie behandelt jeden gleich (wiederum vorausgesetzt, daß das Einkommen fair verdient ist). Progressive Steuersätze sind daher wohl nur dann vorzuziehen, wenn sie notwendig sind, um die Gerechtigkeit der Grundstruktur bezüglich des ersten Gerechtigkeitsgrundsatzes und der fairen Chancengleichheit zu sichern und Vermögens- und Machtzusammenballungen zu verhindern, die die entsprechenden Institutionen untergraben würden. Die Beachtung dieser Regel könnte auf eine wichtige Unterscheidung in Verfahrensfragen hinweisen. Und wenn sich proportionale Steuern auch als leistungsgerechter erweisen sollten, etwa weil sie den Anreiz weniger vermindern, so könnte das für sie den Ausschlag geben, falls sich eine praktikable Regelung finden läßt. Auch das sind wieder Fragen des politischen Urteils, nicht der Gerechtigkeitstheorie. Jedenfalls betrachten wir hier eine solche proportionale Steuer als

Teil einer idealen wohlgeordneten Gesellschaft, um den Inhalt der beiden Gerechtigkeitsgrundsätze zu veranschaulichen. Trotzdem können angesichts der Ungerechtigkeit der bestehenden Institutionen selbst stark progressive Einkommensteuern gerechtfertigt sein, wenn man alle Umstände in Betracht zieht. In der Praxis muß man gewöhnlich zwischen mehreren ungerechten oder zweitbesten Lösungen wählen; wir ziehen dann die nichtideale Theorie heran, um die am wenigsten ungerechte Regelung zu finden. Diese wird manchmal Maßnahmen und Programme enthalten, die einem vollkommen gerechten System widersprechen würden. Doch zweimal ungerecht kann gerecht in dem Sinne ergeben, daß die beste mögliche Regelung ein ausgewogenes System von Unvollkommenheiten, von einander ausgleichenden Ungerechtigkeiten enthält.

Die beiden Aufgaben der Verteilungsabteilung ergeben sich aus den beiden Gerechtigkeitsgrundsätzen. Die (nötigenfalls) progressive Besteuerung des Erbes und Einkommens und das Eigentumsrecht sollen in einer Demokratie mit Privateigentum die Institutionen der gleichen Freiheit und den fairen Wert der von ihnen gewährten Rechte gewährleisten. Proportionale Verbrauchs- (oder Einkommen-)steuern sollen die Mittel für öffentliche Güter, Umverteilung und faire Chancengleichheit im Bildungswesen u. ä. im Sinne des zweiten Grundsatzes sicherstellen. Nirgends wurden die herkömmlichen Kriterien für die Besteuerung herangezogen, etwa daß sich die Steuern nach den genossenen Vorteilen oder der Zahlungsfähigkeit zu bemessen hätten. Die Heranziehung der Vorstellungen des gemeinen Verstandes im Zusammenhang mit den Verbrauchssteuern war nur eine untergeordnete Erwägung. Der Geltungsbereich dieser Kriterien wird durch die Gerechtigkeitsgrundsätze abgesteckt. Ist einmal das Problem der Verteilung als das der Schaffung von Rahmeninstitutionen erkannt, so erkennt man, daß die herkömmlichen Vorschriften kein eigenes Gewicht haben, wie angemessen sie auch für bestimmte begrenzte Fälle sein mögen. Die gegenteilige Auffassung wäre zu beschränkt. Es ist auch deutlich, daß der Plan der Verteilungsabteilung nicht die utilitaristischen Standardannahmen über die Einzelnutzung voraussetzt. Erbschafts- und progressive Einkommensteuer etwa gehen nicht von dem Gedanken aus, die Menschen hätten gleiche Nutzenfunktionen mit abnehmendem Grenznutzen. Die Verteilungsabteilung hat natürlich nicht das Ziel, die Nutzensumme zu maximieren, sondern gerechte Rahmeninstitutionen zu schaffen. Die Gestalt der Nutzenfunktionen spielt keine Rolle. Sie ist ein Problem für den Utilitarismus, aber nicht für die Vertragstheorie.

Bisher habe ich als Ziel der Regierungsabteilungen die Schaffung eines demokratischen Systems unterstellt, in dem der Land- und Kapitalbesitz weit gestreut, aber wohl nicht völlig gleichmäßig verteilt ist. Die Gesellschaft ist nicht so beschaffen, daß ein ziemlich kleiner Sektor den Hauptteil der Produktionsmittel kontrollieren würde. Unter diesen Umständen und bei gerechter Verteilung ist vielen sozialistischen Einwänden gegen die Marktwirtschaft Rechnung getragen. Doch es unterliegt keinem Zweifel, daß jedenfalls theoretisch ein freiheitliches sozialistisches System ebenfalls den beiden Gerechtigkeitsgrundsätzen entsprechen kann. Man braucht sich nur vorzustellen, daß die Produktionsmittel in öffentlichem Besitz sind und die Firmen etwa durch Arbeiterräte oder von ihnen bestellte Personen verwaltet werden. Gesellschaftliche Entscheidungen, die demokratisch im Rahmen der Verfassung getroffen werden, bestimmen die Grundzüge des Wirtschaftssystems wie die Sparrate und den Anteil der Wirtschaftskraft, der auf wichtige öffentliche Güter verwendet wird. Unter den sich so ergebenden wirtschaftlichen Bedingungen verhalten sich die Firmen gemäß den Marktkräften ganz ähnlich wie vorher. Die Rahmeninstitutionen sehen zwar anders aus, besonders auf dem Gebiet der Verteilung, doch es gibt im Prinzip keinen Grund, warum es nicht zu einer gerechten Verteilung kommen sollte. Die Gerechtigkeitstheorie für sich genommen zeichnet keines der beiden Systeme aus. Wie wir sahen, hängt die Entscheidung, welches System für ein bestimmtes Volk am besten ist, von den Umständen, den Institutionen und geschichtlichen Traditionen ab.

Einige Sozialisten lehnen alle Marktinstitutionen als notwendigerweise menschenunwürdig ab und hoffen ein Wirtschaftssystem zu schaffen, in dem alle Menschen wesentlich aufgrund sozialer und altruistischer Motive handeln würden. Was den ersten Punkt anbetrifft, so ist der Markt sicherlich keine ideale Einrichtung, doch wenn die notwendigen Rahmeninstitutionen vorhanden sind, sind zweifellos die schlimmsten Seiten der sogenannten Lohnsklaverei beseitigt. Dann geht es um einen Vergleich mit den anderen Möglichkeiten. Es ist unwahrscheinlich, daß die Wirtschaftslenkung durch die Bürokratie, die sich in einem gesellschaftlich gesteuerten System (ob zentral geleitet oder durch Vereinbarungen zwischen Wirtschaftsgruppen bestimmt) entwickeln muß, alles in allem gerechter wäre als die Steuerung durch Preise (jeweils unter den notwendigen Rahmenbedingungen). Ein Konkurrenzsystem ist sicher im einzelnen unpersönlich und automatisch, nicht Ausdruck bewußter menschlicher Entscheidungen; doch in vieler Hinsicht ist das ein Vorzug, und das Marktsystem schließt ein vernünftiges Maß menschlicher Selbstbestimmung keineswegs aus. Eine demokratische Gesellschaft kann sich angesichts der damit verbundenen Vorteile für ein Preissystem entscheiden und dann die von der Gerechtigkeit geforderten Rahmeninstitutionen schaffen. Diese politische Entscheidung wie auch die damit zusammenhängenden Regelungen können völlig frei und vernunftgeleitet sein. [...]

Ein letzter Punkt. Nehmen wir an, die obige Analyse der Rahmeninstitutionen sei für unsere Zwecke ausreichend, und die beiden Gerechtigkeitsgrundsätze führten zu einem wohlbestimmten System von Regierungsmaßnahmen, eigentumsrechtlichen Vorschriften und Steuern. In diesem Fall sind die Summe der öffentlichen Ausgaben und die notwendigen Einnahmequellen wohlbestimmt und die sich ergebende Einkommens- und Vermögensverteilung ist gerecht, wie sie auch aussehen mag. Es folgt jedoch nicht, daß die Bürger keine weiteren öffentlichen Ausgaben beschließen sollten. Wenn hinreichend viele von ihnen den Grenznutzen öffentlicher Güter größer finden als den von Gütern auf dem Markt, so ist es richtig, daß die Regierung sie auch zur Verfügung stellt. Da die Einkommens- und Vermögensverteilung als gerecht vorausgesetzt wurde, ändert sich der leitende Grundsatz. Nehmen wir also an, es gebe eine fünfte Abteilung der Regierung, die Austauschabteilung, ein eigenes Repräsentativorgan, das sich um die verschiedenen gesellschaftlichen Interessen und ihr Bedürfnis nach öffentlichen Gütern kümmert. Ihr verfassungsmäßiger Auftrag bezieht sich nur auf solche Gesetzesvorschläge, die Regierungsmaßnahmen vorsehen, die keine Forderungen der Gerechtigkeit sind, und sie sind nur in Kraft zu setzen, wenn sie das Wicksellsche Einmütigkeitskriterium erfüllen. Das bedeutet, daß über öffentliche Ausgaben nur abgestimmt wird, wenn man sich gleichzeitig über die Deckung der Kosten wenigstens nahezu einstimmig geeinigt hat. Ein Vorschlag für eine neue öffentliche Maßnahme muß mindestens eine Möglichkeit der Kostendeckung nachweisen. Wicksells Gedanke ist der, daß es bei einem öffentlichen Gut, das die gesellschaftlichen Hilfsquellen optimal nutzt, eine Art der Verteilung seiner Kosten auf die verschiedenen Arten von Steuerzahlern geben muß, die einmütige Zustimmung findet. Gibt es keine solche, so ist die vorgeschlagene Ausgabe eine Verschwendung und hat zu

unterbleiben. Die Austauschabteilung arbeitet also nach dem Grundsatz der Pareto-Optimalität und bildet faktisch eine besondere Kammer für Verhandlungen über öffentliche Güter und Leistungen, bei denen der Marktmechanismus versagt. Man muß jedoch hinzufügen, daß der Durchführung dieses Gedankens sehr konkrete Schwierigkeiten im Wege stehen. Auch wenn man vom Problem der Abstimmungsstrategien und des Verbergens von Präferenzen absieht, können doch noch Kaufkraftunterschiede, Einkommenseffekte und ähnliches eine optimale Lösung verhindern. Vielleicht ist nur eine grob angenäherte Lösung möglich. Ich werde diese Probleme jedoch beiseite lassen.
Zur Vermeidung von Mißverständnissen sind mehrere Bemerkungen notwendig. Zunächst einmal setzt das Einmütigkeitskriterium, wie Wicksell betonte, die Gerechtigkeit der bestehenden Einkommens- und Vermögensverteilung und des Eigentumsrechts voraus. Ohne diese wichtige Bedingung wäre es mit allen Fehlern der Pareto-Optimalität behaftet, die es lediglich auf den Fall öffentlicher Ausgaben übertragen würde. Doch wenn diese Bedingung erfüllt ist, ist der Einmütigkeitsgrundsatz richtig. Der Staat ist ebensowenig berechtigt, einige Bürger zu zwingen, für Dinge Steuern zu zahlen, die nur anderen Vorteil bringen, wie er sie zwingen kann, für die privaten Ausgaben anderer aufzukommen. Jetzt ist also im Gegensatz zu früher das Kriterium des [allseitigen] Vorteils anwendbar; wer weitere öffentliche Ausgaben irgendwelcher Art wünscht, muß durch die Austauschabteilung klären lassen, ob die notwendigen Steuern Zustimmung finden. Das Haushaltsvolumen der Austauschabteilung wird also im Unterschied zum allgemeinen Staatshaushalt von den schließlich beschlossenen Ausgaben bestimmt. Theoretisch können sich die Bürger bis zu dem Punkt zum Kauf öffentlicher Güter zusammentun, an dem ihr Grenznutzen dem privater Güter gleichkommt. [...]

3. Gérard Gäfgen
Wirtschaftsordnung und Marktversagen

Die allokativen Grenzen des Marktes

Statisches Marktversagen

Der Markt soll nicht nach seiner historischen Entstehung und seiner kulturanthropologischen Einbettung, aber nach seiner modernen Funktion in erster Linie die Wirtschaftsgüter und indirekt die Produktionsmittel und -faktoren in die jeweils gesellschaftlich dringlichsten Verwendungen lenken. In der Abstraktion der Wirtschaftstheorie wird bei dieser Analyse der optimalen Allokation der Ressourcen von der Verteilung des Produktionsergebnisses und der gesellschaftlichen Macht abstrahiert bzw. eine optimale Verteilung der resultierenden Einkommen schon unterstellt, so daß in einem zweiten Schritt diese Vernachlässigung wieder aufgehoben werden muß. Strenggenommen verlangt optimale Allokation bei gegebener Faktorausstattung die Erreichung der Produktionsgrenze einer Volkswirtschaft derart, daß keine Ausstoßerhöhung eines Sektors ohne anderwärtige Einbuße mehr möglich ist, und zugleich in perfekter Abstimmung auf die Bedürfnisstruktur. Dies ist allerdings nicht nur ein Problem der richtigen Einweisung von Ressourcen in Verwendungen (allokative Effizienz), sondern auch der maximalen Ausnutzung der technischen und organisatorischen Möglichkeiten, z. B. der Ausmerzung von Nachlässigkeit und Verschwendung (sog. X-Effizienz), ja vielleicht macht die Erreichung dieser X-Effizienz, wie eine Schätzung besagt, größenordnungsmäßig mehr aus als die Verbesserung der Allokation. Auch verlangt sie eher nach richtigen Anreizen als nach richtigen Anweisungen. Der Marktmechanismus wird in der neoklassischen Perspektive vor allem als eine Einrichtung zur Erreichung allokativer Effizienz gesehen; jedoch ist schon in dieser Hinsicht klar, daß er eine Reihe von Zuweisungsproblemen nicht richtig zu lösen vermag; was von der gleichen neoklassischen Theorie untersucht wurde. So stellte Bator fest, daß selbst bei vollkommener Konkurrenz folgende (in den genannten Beispielen kursiv herausgehobene) Mängel vorhanden sind:

- Fehler der Nicht-Existenz marktlicher Lösungen
- fehlerhafte Signale
- fehlerhafte Anreize
- falsche Marktstrukturen
- mangelnde Durchsetzbarkeit von Ansprüchen.

Für Kollektivgüter, deren Nutzen allen zugute kommt, gleich wie ihre Produktion finanziert wird, *existieren* keine Mengen von Preisen, welche diese Güter in adäquate Verwendungen lenken würden – obwohl eine optimale Verwendung durchaus vorstellbar ist. Die Marktpreise setzen falsche *Signale*, wenn die Unternehmungen maximale Gewinne erstreben, die Grenzkosten aber beim gegebenen Nachfragepreis einen sinkenden Verlauf aufweisen. Falsche *Anreize* werden gewinnmaximierenden Unternehmungen gegeben, wenn im relevanten Absatzbereich die Durchschnittskosten unter den Grenzkosten liegen, da dann Gewinne bei Konkurrenzpreisbildung nicht denkbar sind. Im Gegenteil wird sich dann eine monopolistische Angebots*struktur* herausbilden, da dann die jeweils größte Unternehmung immer einen Kostenvorsprung vor den anderen aufweist. Schließlich sind noch Ansprüche von produzierenden Einheiten gegen Nutznießer nicht *durchsetzbar*, wenn man nur unter unverhältnismäßigen Kosten Nachfrager von der Nutznießung ausschließen kann, wie das bei externen Effekten, z. B. der berühmten Nektarproduktion von Obstplantagen zugunsten fremder Bienen, der Fall ist.
Nahezu alle solche Fälle führen zu außermarktlichen positiven oder negativen »Externalitäten«, deren Existenz nicht verwunderlich ist, da schließlich der Markt nicht sämtliche physischen und sozialen Beziehungen zwischen Wirtschaftseinheiten vermitteln kann. Sind Ergebnisse der Produktion nicht durch den Produzenten appropriierbar, wie beim Einsatz von Jungfischen ins Meer oder bei der Ausbildung von Arbeitern im eigenen Betrieb (letzteres ein sogar irreversibeler Fall), so entstehen eben nicht durchsetzbare Ansprüche. Dies mögen auch umgekehrt Ansprüche auf Unterlassung marktexterner Schädigungen sein. Im weiteren Sinne entstehen solche Wirkungen nach außen auch, wenn Produktionsmittel nur mangelhaft teilbar sind oder aus anderen Gründen bei wachsender Betriebsgröße die Kosten pro Stück anhaltend sinken. Dieser Vorteil kann nämlich deshalb nicht im Ausmaße des dazu nötigen Aufwandes preislich entschädigt werden, weil der gesamtwirtschaftliche für die Preisbildung maßgebliche Aufwand für das jeweils letzte Stück (Grenzkosten) hierzu zu klein ist, Externalitäten existieren hier also in dem Sinne, daß soziale Vorteile sich im Gewinnkalkül nicht niederschlagen.
Die Lösungen solcher Fälle verlangen scheinbar nach zusätzlichen nicht-marktlichen Eingriffen: Externe Schäden (d. h. soziale Zusatzkosten) oder nicht appropriierbare soziale Erträge sollen durch »Internalisierung« oder durch Steuern bzw.

Subventionen ausgeglichen werden, womit ein vollkommener Markt dann in seinen Effekten imitiert wäre: die sogenannte Pigou-Lösung, an welcher sich beispielsweise das Verursacher-Prinzip im Umweltschutz orientiert. Ergänzende Mechanismen dieser Art fehlen aber in vielen Fällen aus gutem Grunde, nämlich wegen ihrer hohen Kosten, z. B. Kosten der Internalisierung von Umweltschutzkosten in Form von technischen Schutzvorrichtungen. Könnte der Verursacher in einem solchen Falle ohne Schwierigkeiten mit den Geschädigten verhandeln, so würde ein zusätzlicher Markt entstehen; dieser würde die jeweils billigste Lösung zustande bringen: Schutzvorrichtung oder Entschädigungszahlungen. Umgekehrt könnten die Geschädigten durch Zahlungen den Verursacher zur Anbringung einer Schutzvorrichtung veranlassen, wenn die rechtliche Regelung produzentenfreundlich ist. Wie Coase nachgewiesen hat, sind demnach die rechtlichen Regelungen im Umgang mit Gütern (Eigentumsrechte i. w. S.) neutral in bezug auf die Allokation, wenn man alle Verhandlungs- und Informationsschwierigkeiten (technisch Transaktionskosten genannt) außer Betracht läßt. Sind etwa in unserem Beispiel Lärmschutzfenster bei betroffenen Haushalten billiger als eine Lärm-Schutzvorrichtung bei der schädigenden Fabrik und billiger als Entschädigungszahlungen, so werden diese angebracht, auf wessen Seite immer das Recht sein mag, nur eben mit unterschiedlichen Folgen für die Einkommensverteilung. Die Produktion bleibt jedenfalls unberührt, so daß das Vorkommen marktexterner Kosten und Erträge per se kein allokatives Marktversagen bedeutet. In der Realität sind die Transaktionskosten, z. B. bei einer Vielzahl von negativ Betroffenen, von denen jeder sich weigern kann, an einer gemeinsamen Aktion teilzunehmen, so beträchtlich, daß an Regelungen gedacht werden muß, welche Transaktionsaufwendungen einsparen, auch wenn sie die Produktion erschweren oder erleichtern. Richtig sind dann Regelungen, deren Gesamtvorteil einschließlich ersparter Transaktionskosten die entstehenden Nachteile überwiegen, etwa Emissionsverbote. Mit solchen Problemen haben es aber nicht nur Marktwirtschaften zu tun, denn auch bei zentral gesteuerter Einweisung der Ressourcen stellt sich die Frage, ob in den Güterbilanzen *sämtliche* Wirkungen auf Landschaft, Wasser, Atmosphäre, seelische Befindlichkeit von Bevölkerungsteilen usw. berücksichtigt werden sollen und wie das denn geschehen kann.

Je nachdem, woran sich die Leistung von Betriebsleitungen bemißt, können auch in verschiedenen Ordnungen Anreize bestehen, unangenehme Nebeneffekte der Leistungserstellung zu verschleiern bzw. auf andere abzuwälzen, sei es, um Gewinne bzw. gewinnabhängige Prämien, sei es, um Kosteneinsparungs- oder Produktionsmengenprämien zu beziehen. Hier verlangt nicht nur der Markt, sondern auch das Indikatorensystem einer nichtmarktwirtschaftlichen Ordnung nach ergänzenden Regelungen. Marktversagen liegt nur vor im Vergleich zur Idee einer Erreichung vollkommener Allokationseffizienz allein durch Marktvorgänge. Daß dies niemals einem Ordnungsvorschlag zugrunde lag, zeigt der Fall der öffentlichen Güter, von deren Nutzung überhaupt niemand ausgeschlossen werden kann und bei denen im Idealfall überdies die Nutzung durch eine Person die durch eine andere nicht ausschließt – bis schließlich doch Verstopfungskosten wie bei Brücken und Straßen entstehen. Selten ist der reine Typ des öffentlichen Gutes verwirklicht, jedoch sind die denkbaren Ausschlußkosten oft unsinnig hoch bzw. treten Verstopfungskosten erst bei sehr breiter Nutzung auf. Selbst in der Ordnungsvorstellung der liberalen Klassiker waren solche Güter stets eine Domäne der Staatswirtschaft, ihre Produktion eine Frage des politischen Willensbildungsprozesses. Es ist auch kaum strittig, daß die staatliche Güterbereitstellung auch bei individuellen Gütern Platz zu greifen hat, nämlich dann, wenn der einzelne Bürger von sich aus bestimmte Leistungen nicht beschafft, dies aber später bereuen würde. Der Nutzen solcher Güter wird daher so behandelt, als käme er der Allgemeinheit zu. Versagt aber hier der Markt, der ja nur auf individuell geäußerte Präferenz zu reagieren vermag? Er kann immerhin in manchen Fällen der Allgemeinheit in Konkurrenz solche Güter anbieten, so daß man wenigstens das Angebot dem Markt entnehmen kann, auch wenn der Staat im Namen aller die Nachfrage ausübt – ein Vorschlag, der bei Gesundheits- und Bildungsleistungen selbst für das jugoslawische System gemacht wurde. Bei genauerem Zusehen sind dies aber Fälle von Zulieferern, da der Staat die Produkte abnimmt und, wenn sinnvoll, zuteilt oder erst aufbereitet: Auch eine über den Markt geworbene Freiwilligenarmee ist ein staatlicher Leistungsbetrieb. Fraglich ist also der Grad der Ausgliederung von Zulieferungsleistungen aus dem öffentlichen Sektor. Fraglich ist aber auch der Kreis der öffentlich bereitzustellenden Güter; denn wo ist ein Bedürfnis so verdienstvoll (meritorisch), daß man seine Befriedigung gegen die geäußerte Nachfrage durchsetzen soll. Um wieviel ist der Marktpreis hier zu abschreckend und um wieviel soll er dem Nulltarif angenähert werden? Soll der Bürger nur deshalb billig mit Bildung, Wohnung, Verkehr versorgt werden, weil sonst sein Realeinkommen leidet, so ist das ein distributiver Gesichtspunkt und gehört systematisch nicht zum allokativen Marktversagen; hier ist also mit den Mitteln der Verteilungspolitik für Korrektur zu sorgen. Offenbar geht es aber manchen Programmatikern darum, die Zuteilung von Gütern bestimmter Bedarfsklassen grundsätzlich dem Markte zu entziehen, weil sie zu wichtig seien, um dem Spiel von Angebot und Nachfrage ausgesetzt zu werden. Jeder soll nach den gleichen Grundsätzen mit Ausbildungsgängen, Wohnungen, Arztleistungen versorgt werden, also soll wohl materiale Gleichheit durch politische statt individuelle Artikulation von Bedürfnissen hergestellt werden. Da es sich dabei nicht um genuin kollektive Güter handelt, läuft dies zugleich auf zumindest partielle administrative Zuteilung hinaus – und sei es durch den Zufall der Warteschlangen. Gleichheit durch äußerlich gleiche Versorgungschancen bei einzelnen Gütern schafft der Markt freilich nicht, und im Lichte solcher Ziele muß er versagen. Denn er ist ja umgekehrt gerade dazu da, individuell unterschiedlichen Vorlieben Raum zu schaffen und zu ermöglichen, daß jemand mehr für seinen Garten und dafür weniger für modische Kleidung aufwendet. Bleibt festzuhalten: quasi-öffentliche Güter, mit denen jeder nach »Recht und Billigkeit« versorgt werden soll, stellt der Markt nicht bereit. Der Bereich solcher Güter ist aber auch schlecht definiert, und seine Ausdehnung geht auf Kosten des individuellen Freiheitsspielraumes. Manmal geschieht dies zum Wohle des bevormundeten Bürgers, wie etwa beim Naturalleistungsprinzip der Zwangsversicherung gegen Krankheit; die damit verbundene Aufblähung der Nachfrage kann aber dazu führen, daß man wieder auf marktähnliche Restriktionen zurückgreift, zumal wenn gleichzeitig die Kosten der einzelnen Versorgungsleistung dauernd ansteigen.

Konkurrenzmängel

Bisher haben wir Markt mit funktionierendem Wettbewerb gleichgesetzt und dennoch Grenzen der marktlichen Steuerung abgeleitet. Um wieviel mehr muß dieses gelten, wenn man davon ausgeht, daß Märkte in der Realität zahlreiche Abweichungen hiervon in Marktform, Informationsgrad und Verhaltensweise aufweisen? Es ist bekannt, daß z. B. unterschiedliche Monopolgrade auf verschiedenen Märkten eine effiziente Allokation verhindern, daß selbst gleichartige Monopolgrade von der Bevölkerung nicht gewünschte Regelungen der Allokation der Arbeits- und Freizeit herbeiführen, daß der Konsument bei mangelnder Marktübersicht keine so gute Versorgungslage erreicht – das alles im Vergleich zu einem gedachten Idealzustand. An diesem kann sich jedoch die Beurteilung von Wettbewerbsformen ohnehin nicht orientieren, da weder vollständige Konkurrenz noch, wie wir sahen, selbst bei dieser ideale Allokation herstellbar sind. Es kann also nur darum gehen, ob Märkte mit realisierbaren Wettbewerbsformen und Monopolgraden gegenüber anderen Steuerungsmechanismen dennoch gewisse allokative Vorteile aufzuweisen vermögen. Dabei muß derjenige Ressourceneinsatz abgezogen werden, der eben zur Institutionalisierung solcher Märkte und zur verbesserten Transparenz der Märkte – soweit diese nicht wieder den Wettbewerb behindert – erforderlich ist. Märkte sind gesellschaftliche Einrichtungen mit beträchtlichem Bedarf an sozialen Regelungen, Sanktionen, die sich im modernen Wirtschaftsleben wohl am deutlichsten in der Wettbewerbspolitik niederschlagen. Der sich selbst überlassene Markt würde in der Tat vielfach versagen, wenn nicht für eine dauernde latente Konkurrenz durch Neueintritte, für eine Überwachung unvermeidlich marktbeherrschender Unternehmungen, z. B. im Falle von Strukturversagen durch zu große optimale Unternehmensgrößen, gesorgt wäre. Nehmen kollusives Verhalten und Preisrigidität durch Oligopolisierung und Konzentration zu, so sind ernste Bedenken gegen die marktliche Steuerung anzumelden. Trotz vielfacher Tendenzen dieser Art muß jedoch auch beachtet werden, daß die Intensität des Wettbewerbs durch manche Oligopolformen ebenso gesteigert wird wie durch die Zunahme der multiplen Konkurrenz auf mehreren Märkten zwischen Konglomeratkonzernen, und daß sie nicht zuletzt auch von der Einstellung der Konjunkturpolitik zu den globalen Beschäftigungsrisiken abhängt. Hier kann nicht dem Markt alles das angelastet werden, was die Duldung der Inflation und der sich aus Inflationsgewöhnung ergebenden Verhaltensweisen mit sich bringt. Gewiß mögen Strukturwandlungen der Märkte Schwierigkeiten der Globalsteuerung verschärfen; soweit diese These als erwiesen gelten kann, muß jedoch auch an Ergänzungen des wirtschaftspolitischen Instrumentariums gedacht werden und nicht nur an Einschränkungen des Marktmechanismus.

Soweit wurde noch vom zeitlichen Verlauf der Marktprozesse abgesehen, es ging nur um »statische Effizienz«. Zu bedenken bleibt jedoch, daß der Markt nicht nur wenig durchsichtig sein mag und dem einzelnen dadurch optimales Disponieren erschwert, sondern daß er *heute* Signale setzt, welche zu *morgen* sich auswirkenden Dispositionen führen. Zeitbedarf bringt jedoch Ungewißheit mit sich, und das verstärkt noch die schon vorgebrachten Argumente gegen die am Markte wirksam werdenden Äußerungen von Nachfragern und Anbietern: Das Mißtrauen gegen die am Markte geäußerte Nachfrage muß naturgemäß um so stärker sein, je ungewisser die Bedarfsfälle, für welche das Gut beschafft wird, je länger der Nutzungszeitraum, für den es vorgesehen ist und je indirekter es im Dienste von Endbedürfnissen steht. Um so eher muß mit – wie Pigou es nennt – »ökonomischer Kurzsichtigkeit« gerechnet werden, und das gilt am stärksten für Investitionsgüter, auf welche die genannten Merkmale ja in besonderem Maße zutreffen. Da angeblich Produktionsanlagen auf immer längere Sicht geplant werden müssen, die Nachfrage infolge »vagabundierender Kaufkraft« immer weniger vorauszusehen ist und zu diesen Risiken noch die der beschleunigten technischen Obsoleszenz treten, hat das Fehlen einer ex-Ante-Koordination bei den Investitionen zu zahlreichen Vorschlägen einer Abweichung vom Marktmechanismus zugunsten verschiedenster Grade und Typen von Investitionslenkung geführt. In der Tat korrigiert der Markt auf diesem Gebiete Fehldispositionen ja nur nachträglich und verschwendet so Teile verfügbarer Ressourcen in Fehlinvestitionen. Der Investor muß aus kurzfristigen Signalen Erwartungen über langfristige Kosten- und Absatzentwicklungen – letztere auch aus dem Verhalten potentieller Konkurrenten resultierend – bilden. Außermarktliche Koordination vermag hier zunächst einmal das Konkurrenzrisiko auszuschalten, führt aber auch mangels einer Einsicht, die größer wäre als die des Einzelinvestors, zu neuen kollektiven Irrtümern und schaltet den Wettbewerb teilweise aus. Eine stärkere Absicherung würde eine Konsistenzprüfung des sektoralen Kapazitätsausbaues im Rahmen einer umfassenden Planifizierung aller komplementären Vorhaben bieten, aber Risiken in der Endnachfrageentwicklung und der Planausführung durch Konkurrenten, Abnehmer und Lieferanten sind damit nicht ausgeschaltet. Verbindlichkeit des Gesamtplanes würde schon stärker Remedur schaffen, ja ein Gesamtplan könnte auch ein gesamtwirtschaftliches Optimalitätskriterium, z. B. maximalen Produktionszuwachs bei gegebenen Preisen, zum Tragen bringen. Es scheint also, daß hier so starke Abweichungen vom Marktmechanismus sinnvoll sein könnten, daß sie auch eine Änderung anderer Ordnungselemente nach sich ziehen. Solange aber nur an schwächere Elemente nicht-marktlicher Steuerung wie z. B. Investitionskartelle gedacht ist, müssen deren allokative Effekte (mangelnde Flexibilität, Wettbewerbsausschaltung) gegen die denkbaren Ressourcenverluste als Folge fehlender Koordination der Investitionen abgewogen werden. Vieles an der Argumentation um diese Fragen ist recht widersprüchlich, z. B. das Verhältnis von beschleunigter Obsoleszenz zu längerfristiger Festlegung in der Investitionsentscheidung, oder: der zu kurze Zeithorizont des privaten Wirtschaftlers – als ob es keinen Markt für den Weiterverkauf eines noch jungen Waldbestandes gäbe. Richtig ist dagegen, daß der Markt allein Investitionen gar nicht steuern kann, sondern nur soweit eine Rolle spielt, als er einen Teil der für Investitionsentscheidungen zukunftsrelevanten Information liefert und nachträglich inkonsistente Entscheidungen durch Wertberichtigungen kompatibel macht. Von der durch nicht-marktliche Koordination erzielten größeren Sicherheit erhofft man sich oft auch eine erhöhte Investitionsquote und damit ein größeres Wachstum der Wirtschaft, zumal in der »Philosophie« der französischen Planifikation. Das impliziert die These einer zu geringen Akkumulation in der sich selbst überlassenen Marktwirtschaft. Das Urteil eines zu geringen Opfers an Gegenwartsgütern zugunsten der Zukunft gilt aber entweder nur für Stagnationszeiten, welche mit anderen Rezepten als mit dauernd erhöhter Investitionsneigung anzugehen sind, oder es bringt im Namen der Gesellschaft eine bestimmte Zeitpräferenz zum Ausdruck. An dieser gemessen wäre dann die Marktwirtschaft dynamisch ineffizient; relativ unproblematisch ist ein solches Urteil über den Zeitverlauf des gesellschaftlichen Konsums nur dann, wenn man den Konsumpfad mit einem solchen vergleicht, der für jede Teilperiode höhere Konsummöglichkeiten aufweist und in diesem Sinne »effizienter« ist. Typischerweise hat es denn auch Versuche gegeben, eine Ineffizienz solcher Art zu konstruieren. So hat Lancaster nachgewiesen, daß eine gesellschaftliche Gruppe, welche über das Volumen der Gesamtinvestitionen entscheidet, vor dem Dilemma steht, viel zu investieren auf die Gefahr hin, später einen großen Teil der Früchte dieser Investition an den Rest der Gesellschaft abgeben zu müssen. Das umgekehrte Dilemma der übrigen Mitglieder der Gesell-

schaft besteht darin, ob sie zugunsten der Investition auf heutigen Konsum verzichten sollen in der Hoffnung auf einen großen Anteil am zukünftigen Konsum. Strategisches Verhalten beider Gruppen kann dann zu einem suboptimalen Konsumpfad führen. Da hier eine logische Implikation der Annahme einer Gesellschaft mit pluralistischen Interessen und geteilten Kompetenzen vorliegt, scheint aber diese Art von Ineffizienz unvermeidbar, denn selbst ein Diktator muß bei Zukunftsentscheidungen den gegenwärtigen Wünschen seiner Untertanen durch Produktion von Konsumgütern oder Unterdrückungsmitteln Rechnung tragen.
Relevant für globale dynamische Ineffizienz bleibt daher nur der Fall mangelnder Vollbeschäftigung als einer Verschwendung zeitweilig unbeschäftigter Faktoren. Ein Teil solcher Nichtbeschäftigung von Faktoren entsteht aber in einem Umsetzungsprozeß, während dessen Zeit vergeht und an dessen Ende eine neue Beschäftigungsstruktur steht. Der Produktionsausfall bedeutet also Anpassungskosten, Kosten, welche in nicht-marktorientierten Ordnungen in anderer Form erscheinen, z. B. nehmen sie im Falle einer Weiterbeschäftigung der Faktoren in an sich obsolet gewordenen Sektoren oder Prozessen die Form nicht verwendbarer oder subventionsbedürftiger Produkte an. Es stellt sich die Frage, ob der Markt im Vergleich zu anderen Steuerungseinrichtungen denn besonders hohe Anpassungskosten verursacht oder ob er umgekehrt die Flexibilität der Produktionsstruktur erhöht und sie zugleich in der richtigen Richtung und im richtigen Ausmaße ausnutzt. Überreaktionen auf Nachfrageverschiebungen und dabei entstehende instabile Bewegungen oder gar Zyklen sind theoretisch und empirisch als Phänomene auf Konkurrenzmärkten bekannt; sie können durch Informationshilfen und notfalls Marktregulierungen gemildert werden. Auch sind ihre Nachteile abzuwägen gegen Alternativen mit mangelnder Flexibilität, z. B. Warteschlangen oder geringere Innovationsraten. Zu geringe Flexibilität durch monopolistisch verursachte Rigiditäten gehört hingegen wieder in den schon genannten Problembereich der wettbewerbspolitischen Konstituierung des Marktmechanismus.
Die Initiative für die Einführung von neuen Produkten oder Verfahren geht in marktwirtschaftlichen Ordnungen im wesentlichen von der Angebotsseite aus, da Neuerungen Wettbewerbsvorsprünge versprechen und die Anbieter daher entsprechend motiviert sind. Dabei ist zu beachten, daß Innovationen erst entwickelt werden müssen und daß derartige Entwick-

lungsprozesse, noch mehr aber die ihnen zugrunde liegenden Forschungen, eine Investition in potentielles neues Wissen mit sehr ungewissem Ausgang darstellen. Wegen des hohen Risikos und der oft fehlenden Appropriierbarkeit der Ergebnisse hat kommerzielle Forschung vielleicht eine Vorliebe für sicherere und schneller ausreifende Projekte; die Forschungsaufwendungen mögen daher in einem an der marktlichen Verwertung der Ergebnisse orientierten System vom Urteil des Politikers her »zu niedrig« sein, vor allem sind sie verzerrt auf Kosten der Grundlagenforschung. Diese nimmt daher weitsehend den Charakter eines öffentlichen Gutes an, und auch die Modernisierung durch neue strukturbestimmende Wirtschaftszweige bedarf oft der staatlichen Stützung – ein vom Markt allein her nicht lösbares Problem, wie wir es auch noch bei anderen Ungewißheitsphänomenen sehen werden. Das umgekehrte gilt von »unnützen« Neuerungen, welche durch mangelnde Verbraucherinformation vorübergehend Erfolg haben oder überhaupt Fehldispositionen darstellen; sie sind wiederum entweder informationspolitisch vermeidbar oder bilden den Preis für das Risiko, mit dem alles Neue behaftet ist.
Eine besondere Rolle spielt in diesem Zusammenhang das Argument vom übereilten technischen Fortschritt, den Kapp zu den volkswirtschaftlichen Kosten der Privatwirtschaft rechnet: Überzogener Wettbewerb führe dazu, daß Neuerungen schon eingeführt werden, obwohl weitere wichtige Verbesserungen noch in Entwicklung sind. Über den optimalen Rhythmus, in welchem Neuerungsschritte vollzogen werden sollten, gibt es aber wohl kaum allgemeingültige Aussagen. Von Fall zu Fall mögen die Kosten der technologischen Obsoleszenz die schnellere Verfügbarkeit besserer Modelle nicht aufwiegen; doch kann der Verbraucher ja dann beim alten bleiben, sofern er genügend gefestigt ist, um dem äußeren Schein des Modern-sein-Wollens zu widerstehen. Wiederum ein Zeichen dafür, daß der Markt in seine Rolle als Instrument gezwungen werden muß, dessen sich die Gesellschaft und der einzelne bedienen.
Gelegentlich wird bei Innovationen wie auch bei Investitionen generell bemängelt, daß über sie ohne Beteiligung der Konsumenten, also »undemokratisch«, entschieden wird. Teilhabe an sozialer Machtausübung werden wir noch bei den Verteilungsproblemen behandeln; diese kann jedoch aus praktischen Gründen nur den wirklich vital Betroffenen zuerkannt werden. Aufgeklärte und organisierte Konsumenten haben, was ihr partielles Interesse an einem Produkt angeht, doch wirklich genügend Möglichkeiten, Produzentenentscheidungen gutzu-

heißen oder zunichte zu machen. Wachsame Konsumentenorganisationen vermögen durch Vorschläge und Propaganda darüber hinaus Produktentwicklungen frühzeitig zu beeinflussen, denn es gibt für den Produzenten keine bessere Gewinnmöglichkeit als die Befolgung latenter, aber ausgeprägter Verbraucherwünsche.

Der Markt als partielles Instrument der Einkommensverteilung

Die Klassiker der Nationalökonomie rühmten die unsichtbare Hand des Marktes, welche den Reichtum so unmerklich verteile, daß niemand andere für sein schlechtes Abschneiden verantwortlich machen könne. Das setzt voraus, daß der Markt den Wert einer Leistung für die Gesellschaft richtig mißt, und daß erfolgreiche Leistung überhaupt das einzige moralische Verdienst ist, nach welchem die Gesellschaft soziale und ökonomische Positionen zu verteilen hat. Diese Voraussetzungen sind ethisch und faktisch nicht akzeptabel, wenn man nicht den Standpunkt einer puritanischen Erfolgsethik einnehmen und sich in eine historische Situation ausgeprägter ökonomischer Knappheiten und stark wirksamer Konkurrenz zurückversetzen will. Faktisch entstehen die Einkommen nicht auf Konkurrenzmärkten, was schon eine erste wichtige Abweichung ausmacht: Monopolrenten, Entgelte für nicht über den Markt verkaufte Leistungen, Einkommen aus hohen Preisen, welche fehlinformierte und ungebildete Verbraucher für Scheinleistungen, etwa der Vergnügungsindustrie, zahlen, weichen selbst vom Ideal der Konkurrenzmarktentlohnung ab. Sie bieten immerhin Ansatzpunkte zur Korrektur durch Wettbewerbs- und Informationspolitik sowie durch marktanaloge Entlohnungen im administrativ-politischen Bereich. Ein Grund, überhaupt an der Entlohnung nach Marktleistung wenigstens teilweise festzuhalten, liegt in der Lenkungs- und Spornungsfunktion solcher Einkommen: Knappheitsentgelte bewirken ein Interesse an Engpaßberufen; wirtschaftliche Leistungserstellung wird gefördert durch Anrechte auf das eingesparte Residuum oder Teile davon. Es ist nämlich kein gesellschaftliches Produktionsprogramm durchführbar, welches nicht Ressourcen für die Leistungsmotivation erübrigt – es sei denn, man habe es mit einer Kultur des reinen Altruismus zu tun. Dadurch wird umgekehrt wieder die Allokation an der mit ihr verbundenen Struktur der Leistungseinkommen festgemacht.

Selbst wenn wir annehmen, daß nur derartige wettbewerbsgerechte Einkommen entstehen, sind diese aber abhängig von der gesamten sozialen Lage der Einkommensbezieher, da diese Lage das Verhalten der Anbieter von Arbeitsleistungen – und je nach Eigentumsordnung auch von sonstigen Faktorleistungen – bestimmt. Die Vorstellungen Karl Marx' von der Lohnbildung können als Inelastizität eines dauerhaft zur Reservearmee überhöhten Arbeitsangebots und dadurch entstehenden Lohndruck verstanden werden – eine Folge fehlenden Produktionsmittelbesitzes, welcher ein Ausweichen vor zu niedrigen Löhnen unmöglich macht. Wenn aber selbst bei vollständiger Konkurrenz eine ungünstige soziale Position zu niedrigen Einkommen führt, kann der Markt eine leistungsgerechte Entlohnung noch weniger zustande bringen, zumal der Beitrag des einzelnen zum Wert einer Leistung für die Gesellschaft kaum zu eruieren ist. Daran hindert nicht nur die Unlösbarkeit des sogenannten Zurechnungsproblems, sondern auch die Abhängigkeit des Nachfragebildes von der Einkommensverteilung: Eine Reihe bestimmter Güter wird vielleicht nur deshalb stark nachgefragt, weil die Nachfrager ihre hohe Kaufkraft gerade aus der Herstellung jeweils einzelner dieser Güter beziehen, während der Rest der Bevölkerung wenig Interessantes anzubieten hat.

Solange jeder die gleiche Chance hat, eine begehrte Qualifikation zu erwerben oder sich darauf umzustellen, ist das nicht problematisch; aber es gibt zu viele Gründe dafür, daß wer Vermögen hat auch einkommensmäßig größere Chancen besitzt, und zwar um so mehr, je größer sein Vermögen: er kann eher in die eigene Bildung und Ausbildung investieren; er hat bei Verhandlungen den längern Atem; er kann die Risiken einer Vermögensanlage besser streuen; er wird oft einen größeren Vermögensteil in höher rentierlichem Produktivvermögen angelegt haben; er kann steigende Skalenerträge auch in der Vermögensverwaltung und -anlage ausnutzen; er erwirbt durch seine höhere Sparquote noch steigende Vorteile hinzu; sein größeres Vermögen teilt sich im Erbgang vielleicht in weniger Hände als Kleinvermögen von Kinderreichen; bei Eheschließungen ziehen sich Partner mit ähnlicher Vermögenslage gegenseitig an; der Reiche kann Vermögensarten wählen, welche auch sozial oder politisch Einfluß gewähren, ja Großvermögen gewähren durch die Stimmrechtsregelungen in Kapitalgesellschaften automatisch mehr Macht.

Das alles ist hier recht kursorisch aufgezählt und behauptet, es soll auch nur verdeutlichen, daß der Markt selbst Leistungsentlohnungen nicht zustande bringt, wenn Leistung moralisch verdienstvoll sein und nicht mit Erfolg gleichgesetzt werden soll. Verdienstvoll sind aber auch Anstrengungen, denen der Erfolg versagt bleibt – ein Gesichtspunkt, der nur bei gewissen Zulagen für mühevolle Arbeiten praktisch angewandt wird, nicht aber auf Unternehmer, die eine ungefragte Neuerung anbieten, oder Arbeiter, die den falschen Beruf gewählt haben. Gewiß stehen solchen Risiken ex Ante auch hohe Chancen gegenüber, jedoch sind Risikoprämien nicht um so höher, je höher das Risiko, sondern je verbreiteter die Risikoscheu ist. Knappheit wird im Interesse des Funktionierens des Marktes belohnt, auch wenn das gegen moralische Maßstäbe der Belohnung des Willigen und vor allem gegen Gleichheit verstößt. Auch hier darf man nicht in den Fehler verfallen, als Marktversagen zu deuten, was Eigenschaft vieler gesellschaftlicher Positionsverteilungen ist. Auch wer nur zufällig administrative Talente besitzt, wird in einer entsprechenden Gesellschaft danach hoch plaziert werden. Daher die Bedeutung, welche der Herstellung von mehr Chancengleichheit eingeräumt wird. Völlig gleiche Chancen sind allerdings ohne gleiches somatisches vorgeburtliches Schicksal und völlig gleiches nachgeburtliches Milieu undenkbar; nachträgliche Angleichung durch kompensatorische Erziehung und Bildung ist wegen der Irreversibilität von Prozessen der Persönlichkeitsbildung teils ebenfalls unmöglich, teils verlangt sie je nach Schwere der Unterprivilegierung gewaltige Aufwendungen, welche die sonstigen Produktionsmöglichkeiten einer Gesellschaft herabsetzen. Wer hier den Markt zu stark zu ergänzen und zu korrigieren sucht, schafft seine Vorteile zum großen Teil wieder ab, solange es sich nicht nur um Maßnahmen einer Abschwächung der Vermögenskonzentration handelt, also etwa um eine verringerte Vererblichkeit größerer Vermögensmassen. Dann noch bestehende Ungleichheiten werden um so eher in Kauf genommen werden können, je größer die Mobilität zwischen den Einkommensschichten ist, je größer also für den einzelnen die Chance, in eine höhere Schicht aufzusteigen. Wer in den höheren Perzentilen der Schichtung angesiedelt ist, wird natürlich eher gegen Mobilität sein, da diese sein Abstiegsrisiko vergrößert. Wo kein gesellschaftlicher Konsens über den zu tolerierenden Grad an Ungleichheit und das ihn gerade ausgleichende Ausmaß an Aufstiegschancen bzw. Abstiegsrisiken existiert, ist der soziale Friede gefährdet; der Verteilungskampf wird dann die Voraussetzungen des Marktes selbst in Frage stellen. Möglicherweise ist das schon da der Fall, wo der

Verteilungskampf nur noch durch steigende Inflationsraten überdeckt wird – was ja auf die Dauer mit einer marktwirtschaftlichen Ordnung nicht mehr zu vereinbaren wäre. Die Probe auf solche Erklärungen der zeitgenössischen Inflationstendenzen ist noch nicht gemacht, nach Meinung mancher Auguren aber ist Inflation nur der Ausfluß dessen, daß die Einkommensverteilung einfach nicht mehr hingenommen wird. Nur Entwicklungen in Richtung auf eine andere Verteilung könnten dann den Markt als Leiteinrichtung der Wirtschaftsordnung noch retten.

Wo Einkommen, Vermögen und Macht nicht mehr so stark Hand in Hand gehen, wird das Versagen des Marktes im Distributionsbereich entschärft oder doch leichter kompensierbar. Im Bereich der Einkommen kann das durch Abschwächung einer Differenzierung erreicht werden, die das lenkungs- und spornungsnotwendige Ausmaß überschreitet: nicht jede Knappheitsrente ist funktionell richtig bemessen. Abgesehen von Wettbewerbsmängeln statischer Art muß man dynamisch gesehen nicht nur der Sogwirkung hoher Einkommen vertrauen, man kann Neueintritte in den Markt noch zusätzlich fördern. Hinzu treten vermögenspolitische Maßnahmen, und schließlich muß auch die Bedeutung von Vermögen als Quelle von Verfügungsmacht über Menschen und Ressourcen nicht gleich bleiben. Noch sind die Möglichkeiten der Partizipation abhängig Beschäftigter an den Erträgnissen des Produktivkapitals und an den Dispositionen im Produktionsprozeß nicht ausgelotet, sondern nur oberflächlich zum Gegenstand tagespolitischer Diskussionen gemacht worden. Noch ist die ökonomische und wirtschaftspolitische Rolle des Staates im Dienste partikulärer Interessen, die nicht alle nur mit der Formel vom Kapitalverwertungsinteresse erfaßt werden können, zwar aus zahlreichen Beispielen bekannt, aber ordnungstheoretisch unbewältigt.

Schließlich ist distributives Marktversagen nicht nur bei der Leistungsentlohnung und der Herstellung von mehr Gleichheit zu korrigieren, sondern auch bei der Orientierung der Verteilung an den Bedürfnissen. Der Markt befriedigt ja nur das mit Kaufkraft unterstützte und vom Nachfrager als wichtig eingeschätzte Bedürfnis. Von der Korrektur fehleingeschätzter Bedürfnisse war schon die Rede, jedoch kann der Markt auch die Kaufkraft nicht so verteilen, wie es den gesellschaftlich vorherrschenden Prioritätsvorstellungen bei individuellen Bedarfen entspricht, welche sich an sozialen Kriterien und Normen orientieren. Für ein völliges Abstellen auf die Verteilung nach anerkannten Bedürfnissen müßte die Leistungserstellung von der Entlohnung separierbar und auch leicht an Bedarfspläne anpaßbar sein – ein Zustand, der allerdings auch keinen Markt mehr erfordert, darüber hinaus individuelle Bedürfnisäußerungen auf politische Durchsetzung verweist. Das ist kein Fall von Marktversagen mehr, sondern die Konstituierung einer kommunistischen Zukunftsordnung. Der Markt versagt jedoch, wo die Gesellschaft Einkommen ohne Leistung zuteilen will, vor allem an schuldlos Leistungsunfähige und an Menschen, die keine Chance haben, ihr Können am Markt so verwerten zu können, daß ein ihnen zuerkannter Lebensstandard dabei erreicht wird. Bei niedrigem Leistungsstand einer Volkswirtschaft und entsprechenden Notwendigkeiten hoher Leistungs- und Sparanreize mag es schwerfallen, solchen Bedarf in größerem Maße vom Sozialprodukt abzuzweigen, in entwickelten Ländern ist diese bedarfswirtschaftliche Ergänzung der erwerbswirtschaftlichen Organisation aber unumstritten, selbst wenn dabei der Anteil der am Markte erworbenen Leistungseinkommen durch Umverteilung zugunsten der Bedarfseinkommen zurückgeht. Bis auf mögliche Schwächungen der Leistungsmotivation – und auch die muß auf die Dauer nicht mit materieller Interessiertheit identisch sein – ist die distributive Korrektur der Marktergebnisse in Richtung auf mehr Leistungsgerechtigkeit, Gleichheit und Bedarfsorientierung für den Marktmechanismus sowohl als Ergänzung erforderlich als auch nicht so störend wie preisliche Eingriffe, da die neu verteilte Kaufkraft ja wieder über den Markt auf die Produktion einwirkt, d. h. allokative Marktfunktionen weitgehend intakt bleiben.

Unsicherheit und Instabilität in der Marktwirtschaft

Neben der nichtmarktlichen Korrektur der Allokation und Verteilung wird oft die Herstellung wirtschaftlicher Stabilität als eine dritte Voraussetzung für das Funktionieren des Marktes und als eine Aufgabe, die der Markt selbst nicht zu lösen vermag, genannt. Unsicherheit ist ja als ein Grundtatbestand menschlichen Lebens sicher nicht kostenlos zu beseitigen, man sollte aber doch erwarten, daß man in marktwirtschaftlichen Ordnungen Sicherheit auch über den Markt erwerben kann. Märkte für Ungewißheitsgüter sind nun in der Tat empirisch zu beobachten, denn man kann ja Anteile an mehr oder minder risikoreichen Unternehmungen, Versicherungspolicen und Lotterielose kaufen und verkaufen. Auch sind theoretisch

Märkte konstruiert worden, auf welchen für jede mögliche Eventualität versprochene Ergebnisse oder Zahlungen zu Marktpreisen erworben werden können. Diese theoretischen Möglichkeiten stimmen nun aber mit den faktischen Märkten nicht überein, so daß es unversicherbare Risiken und unverkäufliche Chancen gibt, z. B. gibt es keine private Versicherung für den Fall des Scheiterns eines Forschungsvorhabens, für bestimmte Krankheiten bei hohem Eintrittsalter in eine Versicherung u. ä. m. Hieraus ist geschlossen worden, daß es sich eindeutig um Marktversagen handele und daher der Staat alle diese Sicherungsfunktionen zu übernehmen habe. Ein bekanntes Beispiel ist die Abhängigkeit des Risikos vom Versicherungszustand selbst, welche die Kosten unnötig in die Höhe treibt und daher Marktlösungen unsinnig machen soll: Wer versichert ist, geht mit dem versicherten Objekt sorgloser um oder achtet weniger auf die Kosten der Wiederherstellung z. B. von Gesundheit. Gewiß liegen hier wichtige Tatbestände vor; jedoch müssen auch bei den Alternativlösungen, wie hier der staatlichen Risikoübernahme, die Kosten bedacht werden; denn nicht umsonst sind die Preise, die der Markt für die Deckung mancher Risiken verlangt, einfach prohibitiv, so daß Unsicherheit bestehenbleibt oder nur bei extremen Vorlieben für Sicherheit diese teuer erworben wird. Ein Zwang zur Versicherung, wie etwa bei der Haftpflicht für Kraftfahrzeuge, trifft gerade die ärmeren Schichten, die, weil sie »nichts zu verlieren« haben, weniger zur Versicherung neigen.
Obwohl also hier nicht überall und schlechthin Marktversagen zu konstatieren ist, gibt es dennoch Fälle, welche dem Markt nicht überlassen bleiben können. Hierher gehören vor allem die Fälle kurzsichtigen Verhaltens, aus dem heraus individuelle Vorsorge unterbleibt, was Risiken wie Krankheit, Invalidität und Alter angeht – obwohl der Markt Sicherheit anbieten könnte. Zugleich geht es um die mangelnde finanzielle Fähigkeit zur Vorsorge, welche aber auch rein verteilungspolitisch korrigierbar wäre. Die Kombination beider Gesichtspunkte führt zu den Einrichtungen der sozialen Sicherheit als Ergänzung des Marktes.

Es sind aber auch diejenigen Unsicherheiten zu bedenken, welche die Entwicklung des Marktes selbst mit sich bringt. Hier ist in Grenzfällen schwer zu sagen, ob der Markt sie noch selbst behandelt: spekulative Optionen, deren Erfolg von der Entwicklung zukünftiger Preise abhängt, können Spekulanten ruinieren, ohne daß sie und ihre Partner gegen diesen Ruinfall abgesichert wären. Das Risiko langfristiger Kostenentwicklungen, z.B. im Gesundheitswesen, übernimmt niemand gegen Festprämien, weshalb mancher sich hier gern freiwillig in den Schutz staatlicher Vorsorge begeben würde. Ganz eindeutig aber kann über den Markt nicht für solche Fälle vorgesorgt werden, welche gesamtwirtschaftliche Entgleisungen des Marktmechanismus selbst darstellen, insbesondere konjunkturelle Krisen. Deshalb kann es auch keine Versicherung gegen jede Art von Arbeitslosigkeit geben, auch wenn öffentliche Einrichtungen sich so nennen. Vielmehr gibt es hier nur einen Solidarausgleich durch die Gesellschaft, für den mehr oder weniger vorgesorgt werden kann. Es gibt aber auch den Staatseingriff zur Stabilisierung der makroökonomischen Größen selbst, der somit wie die Geldversorgung zu einer Rahmenbedingung für die Existenz des Marktes wird. Instabilitäten kumulativer Art beobachten wir in der Tat nur in den marktwirtschaftlichen Ordnungen relativ weit entwickelter Industrieländer, so daß von der inhärenten Instabilität des Privatsektors, welche durch den öffentlichen Sektor korrigiert werden müßte, als einem schweren Fall von Marktversagen gesprochen wird. Man hat dem entgegengehalten, daß gerade die staatliche konjunkturpolitische Intervention die an sich sonst vorhandene Selbststabilisierungstendenz der Privatwirtschaft verhindert habe – dies unter anderem wegen des falschen Zeitpunktes und der falschen Dosierung konjunkturpolitischer Mittel. Jedoch ist damit nicht gesagt, wie sich eine Marktwirtschaft entwickelt hätte, wenn nicht der Interventionsstaat diese Entwicklung vom Merkantilismus bis heute ständig – wenn auch mit wechselnder Intensität – beeinflußt und gestützt hätte. Weder soziale Sicherheit für den einzelnen noch Stabilität von Preisniveau und Beschäftigung und Stetigkeit der gesamtwirtschaftlichen Entwicklung sind also Aufgaben, die dem Markt überlassen bleiben können.

Folgerungen für die marktliche Steuerung im Rahmen der Gesamtordnung

Wenn nun dem Markte dies alles nicht zugetraut werden kann, ja die anderweitige Erfüllung dieser Funktionen überhaupt erst Voraussetzung für Existenz und Funktionsfähigkeit des Marktes ist, so ist daraus nicht zu folgern, daß man dann das bißchen Markt leicht entbehren könne. Das gilt nicht einmal für Ordnungen, in denen andere Steuerungsweisen dominieren, da

diese sonst mit zu schwierigen Problemen zentraler Optimalkalküle und geeigneter Anreizsysteme zu kämpfen hätten. Vielmehr muß man den Markt als komplementär zu den anderen Institutionen mit allokativen, distributiven und sichernden Aufgaben ansehen, als eine Einrichtung, deren sich die Gesellschaft bewußt bedient, und zwar gerade, weil sie andere denkbare Institutionen von den sonst entstehenden enormen Koordinations- und Informationskosten entlastet.
Die zunehmende Komplexität der modernen Wirtschaft und die zunehmende Vielfalt der Ansprüche und Gesichtspunkte, denen Rechnung getragen werden soll, erscheint als eine wachsende Ordnungsbedürftigkeit der bisherigen Marktwirtschaft, denn je mehr Ansprüche und zu berücksichtigende Zusammenhänge, desto eher wird irgendwo eine Dysfunktion zu konstatieren sein. Dies wird leicht als Planungsbedürftigkeit im Sinne einer zentralen Instanz ausgelegt, wobei nicht gesagt wird, wie sichergestellt werden könnte, daß die Zentrale die richtigen Informationen vollständig erhält und richtig verarbeitet, daß sie mit nur gemeinwohlorientierten Planern besetzt wird und daß deren Anweisungen überall befolgt werden. Beim Markt kennen wir seine Grenzen und Möglichkeiten einigermaßen, für marktlich ungelöste Fragen können wir ergänzende Maßnahmen ersinnen; für eine totale und perfekte soziale Maschinerie fehlen uns die Erkenntnisgrundlagen. Daher finden wir bei Gegnern jeglicher Marktorientierung oft nur den Nachweis unvermeidlichen Versagens von marktwirtschaftlichen Ordnungselementen, über Ordnungsalternativen aber nur vage Andeutungen. Um auf so schwacher Grundlage die Ablösung einer Marktwirtschaft zu betreiben, bedarf es denn auch massiver Thesen über das Versagen des Marktes, Thesen, die über unseren Analyseversuch weit hinausgehen. Unvereinbarkeit von unverzichtbaren Zielen im Rahmen des kapitalistischen Systems wäre ein solcher Fall, in welchem ein Marktfehler nur durch Produktion eines anderen Übels korrigiert werden kann. So kommt es durchaus vor, daß verteilungspolitische Ziele in bestimmten Konjunkturphasen nicht durchsetzbar sind, daß man etwa das Vertrauen der Geschäftswelt zwecks Anregung der Investitionstätigkeit benötigt und daher – nach dem Urteil des deutschen Sachverständigenrats zur Begutachtung der gesamtwirtschaftlichen Lage – mittels lohnpolitischer Zurückhaltung für eine Erweiterung der Gewinnspannen sorgen muß; oder daß man aus dem gleichen Grunde den Eindruck wachsender Staatstätigkeit auf Kosten des Privatsektors vermeidet – was nach Kalecki gewisse Schwierigkeiten des deficit

spending im Spätkapitalismus erklärt. Die Probe auf solche Thesen von der Unvereinbarkeit der Stabilisierung mit gleichmäßigerer Verteilung oder mit mehr öffentlichen Gütern ist durchaus denkbar, z. B. wenn einmal eine Konjunkturanregung über den privaten Konsum gelingen sollte. Wer das marktwirtschaftliche System für prinzipiell nicht steuerungsfähig hält, wird solche Anhaltspunkte nicht für wichtig halten, da für ihn tendenziell das Marktversagen im Laufe der Zeit sich immer stärker bemerkbar machen muß. Aller Voraussicht nach werden in der Tat stets neue Anwendungsfälle von Marktversagen auftauchen. Wenn man auf sie gefaßt ist, kann man sie systematisch einordnen und ihnen von Fall zu Fall Rechnung tragen; das jedenfalls ist der Sinn einer Überprüfung der Marktfunktionen in bezug auf bedeutsame Ziele, wie wir sie vorzunehmen versuchten und die große Systemurteile und geschichtliche Prophetien eben gerade wegen ihrer hoffentlich vorhandenen analytischen Qualitäten *nicht* erlaubt.

Literatur

Albert, H.: Marktsoziologie und Entscheidungslogik. Ökonomische Probleme in soziologischer Perspektive, Neuwied – Berlin 1967.

Arrow, K. J.: Social Choice and Individual Values, New York ²1963.

Bell, D./Kristol, J. (Hg.): Kapitalismus heute, Frankfurt – New York 1974.

Boetcher, E./Herder-Dorneich, Ph./Schenk, K.-E. (Hg.): Neue politische Ökonomie als Ordnungstheorie, Tübingen 1980.

Buchanan, M.: The Limits of Liberty. Perspectives of a Political Economist, College Station-London 1977.

Burdeau, G.: Le libéralisme, Paris 1979.

Downs, A.: Ökonomische Theorie der Demokratie, Tübingen 1968.

Eschenburg, R.: Der ökonomische Ansatz zu einer Theorie der Verfassung, Tübingen 1977.

Friedman, M.: Capitalism and Freedom, Chicago – London ¹¹1977.

Gäfgen, G. (Hg.): Grundlagen der Wirtschaftspolitik, Köln – Berlin ³1970, II: Normative Ökonomik (Wohlfahrtsökonomik).

Hayek, F. A. v.: Die Verfassung von Freiheit, Tübingen 1971.

Hesse, G.: Staatsaufgaben, Baden-Baden 1979.

Hippel, E. v.: Grundfragen der Weltwirtschaftsordnung, München 1980.

Hirschmann, E. O.: Leidenschaft und Interesse, Frankfurt/M. 1980.

Höffe, O.: Wirtschaftsordnung und Gerechtigkeit. In: Ders.: Sittlich-politische Diskurse, Frankfurt/M. 1981.

Homann, K.: Die Interdependenz von Zielen und Mitteln, Tübingen 1980. Justice économique international, Paris 1976.

Küng, E.: Wirtschaft und Gerechtigkeit, Tübingen 1967.

Lepage, H.: Der Kapitalismus von morgen, Frankfurt – New York 1979.

Lindblom, C. E.: Jenseits von Markt und Staat, Stuttgart 1980.

Mittelstrass, J. (Hg.): Methodenprobleme der Wissenschaften vom gesellschaftlichen Handeln, Frankfurt/M. 1979, II: Ökonomie und praktisches Wissen.
Myrdal, G.: Asiatisches Drama. Eine Untersuchung über die Armut der Nationen, Frankfurt/M. 1973.
Phelps, E. S. (Hg.): Economic Justice, Penguin Modern Economic Readings 1973.
Richta-Report: Politische Ökonomie des 20. Jahrhunderts, Frankfurt/M. 1971.
Schumacher, E. F. : Die Rückkehr zum menschlichen Maß, Reinbek 1977.
Schumpeter, J. A.: Kapitalismus, Sozialismus und Demokratie, München ³1972.
Sík, O.: Humane Wirtschaftsdemokratie – ein dritter Weg, Hamburg 1979.
Steinmann, H.: Die Betriebswissenschaftslehre als normative Handlungswissenschaft, Wiesbaden 1978.
Vogt, W. (Hg.): Seminar: Politische Ökonomie. Zur Kritik der herrschenden Nationalökonomie, Frankfurt/M. 1973.
Wolff, J. (Hg.): Wirtschaftspolitik in der Umweltkrise. Strategien der Wachstumsbegrenzung und Wachstumslenkung, Stuttgart 1974.

Siehe auch in der *Literatur* von Kap. I: Nozik, Rawls.

III. Sozial- und Politikwissenschaften

Otfried Höffe
Einführung

Für Moral und Sittlichkeit gibt es nicht nur einen normativ-philosophischen, sondern auch einen empirischen, einen deskriptiven Begriff. Empirisch verstanden ist die Moral der für die Daseinsweise der Menschen konstitutive Grundrahmen, der das Verhalten vor allem zu den Mitmenschen, aber auch zur Natur und zu sich selbst bestimmt. Als geltende oder positive Moral ist sie eine gesellschaftliche Wirklichkeit, die die Sozialwissenschaften untersuchen. Deren Thema sind der Begriff und die Funktion, die Grundformen und die unterschiedlichen Erscheinungsweisen der positiven Moral samt ihren Spannungen, Abweichungen und Schwierigkeiten. Die Sozialwissenschaften können zu Recht auf die kulturelle Differenziertheit der Moral aufmerksam machen und den philosophischen Ethiker davor bewahren, die Moral zu abstrakt, ohne gesellschaftliche Realität, zu sehen, insbesondere davor, die Moral der eigenen Kultur, der eigenen Schicht und ihrer Traditionslinien überzubewerten. Ihrerseits laufen die Sozialwissenschaftler Gefahr, von der kulturellen Vielfalt auf eine prinzipielle Relativität der Moral zu schließen, also einen ethischen Relativismus zu behaupten. Ein solcher Schluß wäre aber ein doppelter Fehlschluß: Über den Unterschieden werden wichtige Gemeinsamkeiten der verschiedenen Moralen übersehen (wie das Inzestverbot, das Verbot zu lügen, die Wertschätzung der Tapferkeit oder die Goldene Regel als volkstümliches Moralprinzip). Ferner läßt sich aus der empirisch beobachtbaren Mannigfaltigkeit moralischer Verbindlichkeiten, aus ihrer Geltung, nicht ableiten, daß sie allesamt normativ gültig seien.

Der Soziologe *Ralf Dahrendorf* untersucht, woher die Ungleichheit unter den Menschen komme. Dabei vertritt er die zunächst überraschende These, aus dem Begriff der Gesellschaft als einer moralischen Gesellschaft folge gerade nicht die

Gleichheit, sondern die Ungleichheit unter den Menschen. Im kritischen Durchgang durch wichtige Stationen der Geschichte seines Faches erklärt Dahrendorf die Ungleichheit aus der Notwendigkeit, normgemäßes Sozialverhalten durch positive oder negative Sanktionen (Belohnen oder Bestrafen) zu erzwingen. Da die Ungleichheit die Geschichtlichkeit der Gesellschaften garantiere, folgt die vielleicht paradoxe Einsicht, die Ungleichheit sei ein Moment der menschlichen Freiheit.

Aus soziologischer Sicht versteht sich die Moral als eine Struktur sozialer Systeme. Hier wird die Faktizität, nicht die Moralität der Moral untersucht, weshalb es möglich ist, die Moral mit moralfreien Begriffen zu verstehen. Im Rahmen seines systemfunktionalen Ansatzes bestimmt *Niklas Luhmann* als Grund der Moral die wechselseitige Achtung, auch die Selbstachtung der Menschen; die Moral hat die Funktion, über Achtungsbedingungen die menschliche Kommunikation zu steuern. Aus einer solchen Grundbestimmung ergeben sich wichtige Konsequenzen: Moralische Sinngehalte sind nicht notwendig normativ abgefaßt. Sie sind ebensowenig – im Gegensatz zu Habermas und Apel – begrifflich mit Konsens verbunden, enthalten vielmehr auch ein Konfliktangebot, weshalb es zum Umgang mit Moral eine Metamoral braucht, den Takt. In Übereinstimmung mit Dahrendorf schließen nach Luhmann die moralischen Sinngehalte den Begriff der Gleichheit nicht ein. –

Die Ethik hängt sachlich eng mit der Politik zusammen, da die Dimension des Sittlichen ebenso für die Politik konstitutiv ist und die politische Dimension für das Sittliche. In ihrem breiten methodischen Spektrum von empirischen, historischen und begrifflichen Untersuchungen, von Rechts- und Verfassungsinterpretationen und nicht zuletzt philosophischer Theorie untersuchen die Politikwissenschaften die normativen Leitziele und die Legitimationsgrundlagen der Politik; ferner erörtern sie die Institutionen, Strukturen und Prozesse, in denen Sittlichkeit ihre geschichtlich-politische Realität erhält – oder aber verfehlt.

Im Licht neuerer Erfahrungen und Umstände unternimmt die Philosophin und Politikwissenschaftlerin *Hannah Arendt* die kritische Analyse und Neuformulierung eines Grundbegriffs der politischen Theorie, der schon aus dem 18. und 19. Jahrhundert stammt, des Begriffs der Menschenrechte. Angesichts der Millionen Flüchtlinge unseres Jahrhunderts, die als Staatenlose zugleich rechtlos sind, zeigt sie: Grundlegender als Freiheit und Gerechtigkeit ist das Recht, überhaupt Rechte zu

haben, ist das Recht auf Mitgliedschaft in einem politischen Gemeinwesen. Dieses Grundrecht ist das einzige Recht, das von einer Gemeinschaft der Nationen und nur von ihr garantiert werden kann.
Der politische Philosoph *Hermann Lübbe* kritisiert die Versuche, die Verbindlichkeit politischer Entscheidungen in diskursiv festgestellter Wahrheit zu begründen. Da solche Versuche entweder totalitäre oder aber anarchistische Konsequenzen haben, verteidigt er die Trennung von Geltung (verfahrensmäßiger Verbindlichkeit) und Wahrheit (sachlicher Verbindlichkeit) im politischen Entscheidungsprozeß als die entscheidungstheoretische Grundlage einer liberalen politischen Ordnung. Unter Berufung auf Hobbes, Descartes, Kant und Max Weber weist er auf die Entlastungsabsicht, die der Trennung von Normenbegründung und Normeninkraftsetzung zugrunde liegt.

1. Ralf Dahrendorf
Über den Ursprung der Ungleichheit unter den Menschen

Daß Menschen ungleich gestellt sind, bleibt auch in der Gesellschaft im Überfluß noch eine ebenso beharrliche wie merkwürdige Tatsache. Es gibt Kinder, die sich ihrer Eltern schämen, weil sie meinen, durch ein akademisches Studium »etwas Besseres« geworden zu sein. Es gibt Leute, die ihre Wohnung mit einer Außenantenne verzieren, ohne den dazugehörigen Fernsehapparat zu besitzen, um ihre Nachbarn zu überzeugen, sie könnten sich diesen leisten. Es gibt Firmen, die ihre Büros mit verstellbaren Wänden einrichten, weil der Status ihrer Angestellten in Quadratmetern gemessen und jedes Arbeitszimmer daher bei jeder Beförderung seines Inhabers vergrößert wird. Es gibt Angestellte, die ihr Berufsziel darin sehen, eine Position zu erreichen, in der es ihnen nicht nur finanziell möglich, sondern vor allem sozial erlaubt ist, ein zweifarbig lackiertes Auto zu fahren. Gewiß steht hinter solchen Unterschieden nicht mehr unmittelbar die sanktionierende Kraft des Rechtes, die das Privilegiensystem einer Kasten- und Ständegesellschaft aufrechterhält. Dennoch ist unsere Gesellschaft – von den gröberen Abstufungen des Besitzes und Einkommens, des Prestiges und der Macht ganz abgesehen – durch eine solche Vielfalt ebenso subtiler wie tiefgehender Unterschiede des

Ranges gekennzeichnet, daß die gelegentlich gehörte These einer Nivellierung aller Ungleichheit nur Staunen erregen kann. Es ist nicht mehr üblich, die Angst, das Leid und das Unglück zu untersuchen, das die Ungleichheit unter die Menschen bringt – doch gibt es Selbstmorde auf Grund schlechter Examensresultate, Ehescheidungen wegen »gesellschaftlicher« Unvereinbarkeit, Verbrechen aus dem Gefühl sozialer Zurücksetzung, und überall ist es die Ungleichheit in der Gesellschaft, die Menschen gegen Menschen setzt.

Diese Bemerkungen sind nicht als Plädoyer für die Gleichheit gemeint; ich werde im Gegenteil später Kant zustimmen, der die »Ungleichheit unter Menschen« als »reiche Quelle so vieles Bösen, aber auch alles Guten« bezeichnet. Doch tritt in der Dramatik der extremen Wirkungen der Ungleichheit das Problem besonders deutlich hervor, um das es mir hier geht. Diderot hat unsere Sympathie, wenn er (in seinem Encyclopédie-Artikel ›Société‹) sagt: »In den verschiedenen Lebenslagen gibt es nicht mehr Ungleichheit als unter den verschiedenen Personen einer Komödie: das Ende des Stückes findet die Komödianten wieder in einer gemeinsamen Lage, ohne daß die kurze Zeit, die ihr Spiel gedauert hat, irgend zwei von ihnen überzeugt hätte oder hätte überzeugen können, daß der eine wirklich über oder unter dem anderen stünde.« Indes ist das Leben der Menschen in Gesellschaft nicht nur eine Komödie und die Hoffnung, daß im Tode alle gleich sind, ein schwacher Trost. Die Frage bleibt: warum es denn Ungleichheit unter den Menschen gibt? wo die Ursachen dieses Verhältnisses liegen? ob die Ungleichheit sich beschränken und gar ganz abschaffen läßt? oder ob wir sie als notwendigen Bestandteil der Struktur menschlicher Gesellschaften hinzunehmen haben?

Ich möchte im folgenden versuchen, zu zeigen, daß diese Frage historisch die erste Frage der soziologischen Wissenschaft war. An Hand der verschiedenen Versuche, sie zu beantworten, könnte man eine ganze Geschichte des soziologischen Denkens schreiben, und ich werde diese Möglichkeit wenigstens andeuten. Was das Problem des Ursprunges der Ungleichheit angeht, so hat diese Geschichte allerdings nicht viel mehr geleistet, als ihm einen anderen Namen zu geben: Wo das 18. Jahrhundert vom Ursprung der Ungleichheit und das 19. Jahrhundert von der Klassenbildung sprach, sprechen wir heute von der Theorie der sozialen Schichtung – ohne daß das Problem sich verändert oder eine befriedigende Lösung gefunden hätte. Meine Überlegungen münden daher in den Versuch, eine Erklärung des alten

Problems zu entwerfen, von der ich meine, daß sie ein paar Schritte über die bisher erreichten Positionen hinausführt.

[...] Ich habe bisher von der Ungleichheit unter den Menschen gesprochen, als sei evident, was man darunter zu verstehen hat. Das ist natürlich eine etwas leichtfertige Voraussetzung. Der Schlosser und der Dreher, der Minister und der Amtmann, das eher künstlerisch und das eher technisch talentierte Kind, der Begabte und der Unbegabte sind sämtlich Paare von Ungleichen. Indes sind diese offensichtlich recht ungleichen Ungleichheiten vor allem unter zwei Gesichtspunkten zu unterscheiden. Der eine betrifft die Unterscheidung jener Ungleichheiten, die sich auf die natürliche Mitgift Einzelner beziehen von jenen, die ihre soziale Position angehen; der andere verlangt die Unterscheidung aller Ungleichheiten der Art, mit denen sich keinerlei Wertung verknüpft, von Ungleichheiten des Ranges, die eine Skala höherer und niedrigerer Positionen begründen. Kombiniert man die beiden Aspekte, so ergeben sich vier Formen der Ungleichheit, die uns sämtlich im folgenden noch beschäftigen werden: nämlich im Hinblick auf den Einzelnen 1. die *natürliche Verschiedenartigkeit* des Aussehens, des Charakters, der Interessen sowie 2. die *natürliche Verschiedenwertigkeit* der Intelligenz, der Talente und Kräfte (wobei zunächst offenbleiben soll, ob es eine solche gibt); entsprechend im Hinblick auf die Gesellschaft – um hier gleich die Begriffe der neueren Soziologie einzuführen. – 3. die *soziale Differenzierung* prinzipiell gleichwertiger Positionen und 4. die *soziale Schichtung* nach Ansehen und Reichtum als Rangordnung des sozialen Status.
Unser Interesse hier gilt in erster Linie der Ungleichheit von der Form der sozialen Schichtung. [...]

Wie uns hier, geht es nun auch Aristoteles darum, den Ursprung der Ungleichheit von der Form der sozialen Schichtung zu ergründen. Indem er aber – wie nach ihm viele antike, christliche und moderne Autoren – die soziale Schichtung aus der Annahme einer natürlichen Verschiedenwertigkeit der Menschen zu erklären versucht, verfehlt er genau jene Möglichkeit der Erkenntnis, die wir heute soziologisch nennen würden. Er liefert ein der Möglichkeit nach soziologisches Problem an Annahmen aus, die den Bereich der Gesellschaft weit überschreiten und sich jeder Prüfung an Hand historischer

Daten entziehen. Daß mit dieser Auffassung die Geburt der Soziologie um zwei Jahrtausende verzögert wurde, ließe sich noch verwinden; der sachliche Irrtum und die politischen Konsequenzen einer so unhistorischen Erklärung wiegen jedenfalls schwerer – und ich würde meinen, daß Rousseau hier auch mit der Schärfe seiner Polemik recht hat, wenn er argumentiert, man könne gar nicht sinnvoll »untersuchen, ob es nicht möglicherweise eine wesentliche Verbindung zwischen den beiden Ungleichheiten [den natürlichen und den sozialen] gibt; denn das hieße mit anderen Worten zu fragen, ob die Herrschenden notwendig mehr wert sind als die Untergebenen, und ob die Kraft des Körpers und des Geistes, die Weisheit oder die Tugend sich stets in denselben Individuen finden, und zwar in direktem Verhältnis zu ihrer Macht oder ihrem Reichtum: eine Frage, die zu erörtern gut sein mag für die Sklaven, die sich von ihren Herren belauscht glauben, die aber vernünftigen und freien Menschen, die die Wahrheit suchen, nicht zukommt.«
Dies sagt Rousseau in seiner Preisschrift aus dem Jahre 1754 über die Frage, »was der Ursprung der Ungleichheit unter den Menschen sei und ob diese durch das Naturrecht legitimiert werde«. [...]
Der Angelpunkt der aristotelischen Argumentation – wenn ich diese Formel abkürzend einmal für alle Behandlungen des Problems vor dem 18. Jahrhundert verwenden darf – lag in der Annahme, daß die Menschen von Natur ungleichwertig seien, daß es also eine natürliche Rangordnung unter den Menschen gebe. Mit der naturrechtlichen Annahme der Gleichheit des natürlichen Ranges aller fiel diese Voraussetzung. Das hieß politisch, daß mit allen anderen Hierarchien nun auch die der Gesellschaft ins Wanken gerieten. Wenn die Menschen von Natur gleich sind, dann können die sozialen Ungleichheiten nicht natur- oder gottgegeben sein; wenn sie dies aber nicht sind, dann unterliegen sie dem Wandel, dann können die Privilegierten von heute die Ausgestoßenen von morgen sein, dann lassen sich vielleicht sogar alle Ungleichheiten beseitigen ... Es führt ein gerader Weg von solchen Überlegungen zu den Sätzen der Erklärung der Menschen- und Bürgerrechte von 1789: »Die Menschen sind frei und in ihren Rechten gleich geboren. Die sozialen Unterschiede können nur auf dem allgemeinen Nutzen beruhen.« [...]

Die erste soziologische Antwort auf die Frage nach dem Ursprung der Ungleichheit blieb allerdings enttäuschend, wenngleich sie ein Jahrhundert lang in immer neuen Variationen wiederkehrte. Sie bestand in einer Figur des Denkens, die sich am Beispiel von Rousseaus Preisschrift aufzeigen läßt. Rousseau geht von der natürlichen Gleichheit der Menschen aus. Dem Stil seiner Zeit gemäß projiziert er diese Annahme in die Geschichte und konstruiert einen vorgesellschaftlichen Urzustand, in dem noch vollkommene Gleichheit aller herrschte, keiner dem anderen an Rang und Besitz überlegen war. Die Entstehung der Ungleichheit bedeutet demnach ein Verlassen des Naturzustandes, und zwar eine Art Sündenfall – und diesen sieht Rousseau in der Entstehung des Privateigentums. Wie es zum Ursprung des Privateigentums kam, begründet Rousseau nicht weiter; er beschränkt sich vielmehr auf die ebenso konkrete wie dunkle Aussage: »Der erste Mensch, der ein Gebiet einzäunte und sagte: ›Das ist meins‹, und der Leute fand, die so simpel waren, ihm zu glauben, war der eigentliche Gründer der bürgerlichen Gesellschaft.«

Auch von jenen Zeitgenossen Rousseaus, die von gleichen Voraussetzungen ausgingen, sind ihm nicht alle in der Einseitigkeit seiner Erklärung und in der Bewertung des geschilderten Prozesses gefolgt. [...] Bis zu Lorenz von Stein und Marx und weiter aber erhielt sich die Annahme eines ursprünglichen Zustandes der Gleichheit und die Erklärung des Ursprungs der Ungleichheit aus dem Privateigentum.

Die Erklärung der Ungleichheit aus dem Privateigentum hatte für viele der Autoren zwischen 1750 und 1850 und für ihre Leser stets auch einen politischen Reiz. Eine Gesellschaft ohne Privateigentum kann man sich immerhin vorstellen; und wenn sich mit dieser Vorstellung die andere der Gleichheit verbindet, kann die Abschaffung des Privateigentums zum obersten Programmpunkt des politischen Handelns werden. Man mag meinen, daß zwei große Revolutionen sich nicht zuletzt aus dem hier begründeten Traum Rousseaus nach Wiederherstellung der ursprünglichen, natürlichen Gleichheit und der Erwartung der kommunistischen Gesellschaft durch Marx gespeist haben. So attraktiv diese Vorstellung allerdings für manche sein mag und sosehr in der historisch-soziologischen Erklärung der Ungleichheit ein methodischer Fortschritt gegenüber der aristotelischen Argumentation lag, so wenig hält die Eigentumsannahme historischen Erfahrungen stand.

Zwar war zu keiner Zeit in der Sowjetunion alles Privateigentum abgeschafft; dennoch kommt der Enttäuschung etwa der Webbs oder anderer sozialistischer Besucher Rußlands in den 30er Jahren über die Ungleichheit der Einkommen und des

Ranges in der Sowjetunion der Rang einer experimentellen Widerlegung der These von Rousseau und Millar, Ferguson und Schiller, von Stein und Marx und vielen anderen zu. In Sowjetrußland, in Jugoslawien, in Israel und überall dort, wo das Privateigentum bis zur Bedeutungslosigkeit zurücktritt, bleibt eine soziale Schichtung bestehen. Selbst wenn diese (wie in den israelischen Kibbuzim) zeitweilig nicht in Unterschieden von Besitz und Einkommen ihren Ausdruck finden kann, erhält sich doch zumindest die Rangordnung nach dem ebenso schwer greifbaren wie durchdringenden Gesichtspunkt des Prestiges. Wenn der Ursprung der Ungleichheit im Privateigentum läge, dann müßte die Aufhebung des Privateigentums die Beseitigung der Ungleichheit zur Folge haben. Die Erfahrung in eigentumslosen oder quasi-eigentumslosen Gesellschaften bestätigt diese Annahme nicht; die Annahme kann als falsifiziert gelten.

Zeitlich, aber auch sachlich stehen Lorenz von Stein und Karl Marx an der Grenze jener Gruppe von Autoren, die mit der These vom Ursprung der Schichtung aus dem Eigentum die Soziologie begründete. Sowohl bei Stein als auch bei Marx (aber in Andeutungen auch schon bei Ferguson und natürlich bei den politischen Ökonomen des ausgehenden 18. Jahrhunderts) findet sich neben dem Eigentum ein zweiter Faktor erwähnt, der in der zweiten Hälfte des 19. Jahrhunderts und bis in unser Jahrhundert hinein die wissenschaftliche Diskussion um – wie unser Problem nunmehr hieß – die Klassenbildung beherrschte: die Arbeitsteilung. Friedrich Engels entwickelte die Theorie der Klassenbildung auf Grund der Arbeitsteilung schon in den 70er Jahren in seinem ›Anti-Dühring‹. Die folgende Diskussion war jedoch vor allem mit einem Namen verknüpft, dem von Gustav Schmoller. [...]
Da wir Ungleichheiten des gesellschaftlichen Ranges zumal in der modernen Gesellschaft gewöhnlich mit der beruflichen Position von Menschen verbinden, liegt es nahe, in der Differenzierung von Berufen den Grund der Rangunterschiede zu vermuten. Demgegenüber ist jedoch zu betonen, daß der Gedanke der Differenzierung an sich noch keinerlei wertende Unterscheidung der differenzierten Elemente impliziert. Unter dem Aspekt der Arbeitsteilung (der »funktionalen Organisation« der Industriesoziologie) besteht keinerlei Rangunterschied zwischen dem Generaldirektor, der Sekretärin, dem Werkmeister, dem Schlosser und dem Hilfsarbeiter eines Wer-

kes: sie sind sämtlich für die Erstellung der jeweiligen Leistung gleich unentbehrliche Teiltätigkeiten. Daß wir tatsächlich mit diesen Teiltätigkeiten doch eine Rangordnung (eine »skalare Organisation«) verbinden, beruht auf einem zusätzlichen Moment, das zur unterschiedlichen Bewertung der notwendigen Teiltätigkeiten führt. Das Resultat ist eine Rangordnung von funktional nur der Art nach unterschiedenen Tätigkeiten, nämlich deren soziale Schichtung; über die Ursache des Bewertungsprozesses aber läßt sich zumindest dies sagen, daß sie nicht aus der Verschiedenartigkeit von Tätigkeiten ableitbar ist. [...]

Schon der erste Beitrag zur amerikanischen Schichtungsdiskussion, der Aufsatz von Parsons, enthielt einen in dieser Form zwar nicht haltbaren, aber doch weiterführenden Gedanken. Parsons versucht, aus dem Vorhandensein des Begriffes der Bewertung (»evaluation«) und seiner Bedeutung für soziale Systeme die Notwendigkeit einer differenzierten Rangordnung von Elementen nachzuweisen. Das ist eine Art ontologischer Schichtungsbeweis, der eher frappiert als überzeugt – wie Parsons selbst gespürt zu haben scheint, da er in der 1953 verfaßten revidierten Version seines Aufsatzes nur mehr von der Wahrscheinlichkeit und nicht der Notwendigkeit der Ungleichheit auf Grund des Bestehens eines Prozesses der Bewertung spricht. Hinter Parsons' These steckt im Grunde kaum mehr als die von Barber sehr viel schlichter formulierte Vermutung, daß Menschen eben sich und die Dinge ihrer Welt unterschiedlich bewerten. Diese Vermutung weist ihrerseits zurück auf Schmollers »psychologische Annahme« einer menschlichen Neigung, wertende Rangordnungen herzustellen, aber auch – und erst hier beginnt der Zusammenhang von Wertung und Schichtung soziologisch relevant zu werden – auf Durkheims wichtigen Gedanken, daß menschliche Gesellschaften stets moralische Gemeinwesen sind. Wo immer Menschen Gesellschaft bilden, bedeutet dieser Prozeß, daß sie gewisse Werte auswählen und in geltende Normen übersetzen. Zu Recht bemerkt Durkheim, daß »der Naturzustand der Philosophen des 18. Jahrhunderts wenn nicht unmoralisch, dann zumindest amoralisch ist«: Der Gedanke des Gesellschaftsvertrages ist nichts anderes als der Gedanke der Entstehung von Gesellschaft durch die Setzung von verbindlichen, d. h. mit Sanktionen ausgestatteten Normen. An diesem Punkt nun bietet sich die Möglichkeit an, eine Brücke vom Begriff der menschlichen Gesellschaft zum Problem des Ursprungs der

Ungleichheit zu schlagen, deren Möglichkeit in der Literatur zwar gelegentlich anklingt, die jedoch bisher noch nicht hergestellt worden ist.

Menschliche Gesellschaft heißt immer, daß das Verhalten von Menschen der Willkür des Zufalls entrückt und durch unüberhörbare, d. h. verfestigte Erwartungen geregelt wird. Die Verbindlichkeit dieser Erwartungen oder Normen beruht auf der Wirkung von Sanktionen, d. h. von Belohnungen oder Bestrafungen für konformes oder abweichendes Verhalten. Wenn aber jede Gesellschaft in diesem Sinne eine moralische Gesellschaft ist, dann folgt daraus, daß es stets mindestens jene Ungleichheit des Ranges geben muß, die sich aus der Notwendigkeit der Sanktionierung von normgemäßem und nichtnormgemäßem Verhalten ergibt. Unter welchen Gesichtspunkten auch immer bestimmte historische Gesellschaften ihre Mitglieder zusätzlich unterscheiden mögen, welche Symbole auch immer Gesellschaften zu Merkmalen der Ungleichheit erklären mögen und was auch immer der konkrete Inhalt sozialer Normen sein mag – der harte Kern der sozialen Ungleichheit liegt stets in der Tatsache, daß Menschen als Träger sozialer Rollen je nach der Lage der Rollen zu den herrschenden Erwartungsprinzipien von Gesellschaften, Sanktionen unterliegen, durch die die Geltung dieser Prinzipien garantiert wird.

Der hier gemeinte Zusammenhang läßt sich vorläufig durch einige trotz ihrer Verschiedenartigkeit gleich einschlägige Beispiele illustrieren. Wenn in einem Stadtviertel von Frauen erwartet wird, daß sie bereit sind, mit ihren nahen und entfernten Nachbarinnen mehr oder minder interessante Geheimnisse und Skandale auszutauschen, dann führt diese Norm mindestens zur Unterscheidung der besonders Angesehenen (die gerne und viel »schwätzen« und dazu noch Kaffee und Kuchen reichen), der Damen mit durchschnittlichem Prestige und der Außenseiterinnen (die sich, aus welchen Gründen auch immer, am Klatsch nicht beteiligen). Wenn in einem Betrieb von den Arbeitern eine möglichst hohe Arbeitsleistung erwartet und diese nach Akkordsätzen honoriert wird, dann gibt es solche, die relativ viel, und solche, die relativ wenig Geld nach Hause tragen. Wenn von den Bürgern (oder vielleicht besser: Untertanen) eines Staates die möglichst lautstarke und überzeugte Vertretung der offiziellen Ideologie erwartet wird, dann führt diese Norm zur Unterscheidung derer, die es zu etwas bringen, also etwa Staatsbeamte oder Parteisekretäre werden, von den »Mitläufern«, von denen, die nur still und etwas ängstlich ihr bürgerliches Dasein fristen, und denen, die ihr abweichendes Verhalten mit ihrer Freiheit oder ihrem Leben bezahlen.

Nun mag man meinen, daß die Unterscheidung derer, die aus (wie zunächst doch wohl anzunehmen ist und wie in den Beispielen offenbar angenommen wird) persönlichen Gründen zur Konformität nicht bereit oder in der Lage sind, von denen, die die Norm stets pünktlich erfüllen, im Grunde keine soziale, d. h. strukturierte, sondern nur eine individuelle, d. h. zufällige Ungleichheit begründet. Soziale Schichtung ist ja stets eine Rangordnung – um im Beispiel zu sprechen – auf Grund von Einkommen und nicht Lotteriegewinnen, Prestige und nicht Schätzung. Sie hängt also an Stellungen, die sich wenigstens gedanklich von ihren Trägern ablösen lassen (»Arbeiter«, »Frau«, »Villenbewohner« usw.). Das sanktionierte Verhalten zu Normen dagegen scheint zunächst ein rein individuelles Verhalten. Wäre dies so, dann fehlte in unserer Argumentation, ähnlich wie bei Schmoller, das Kernstück, nämlich das Bindeglied zwischen der Sanktionierung individuellen Verhaltens und der Ungleichheit sozialer Positionen. Tatsächlich liegt dieses Bindeglied jedoch im bisher verwendeten Begriff der sozialen Norm bereits beschlossen.

Es scheint plausibel, davon auszugehen, daß die Zahl der Werte, durch die menschliches Verhalten der Möglichkeit nach geregelt werden könnte, prinzipiell unbegrenzt ist. Unsere Phantasie erlaubt uns die Konstruktion unendlich vieler Sitten und Gesetze. Normen, also wirklich geltende Werte, sind daher stets eine Auswahl aus dem Universum möglicher geltender Werte. Die Frage, unter welchen Gesichtspunkten und durch welche Instanzen diese Auswahl erfolgt, welches insbesondere die Rolle der Herrschaft bei der Auswahl und Übersetzung von Werten ist, wird gleich noch aufzunehmen sein. Hier ist zunächst die weitere Überlegung von Belang, daß in der Auswahl von Werten zum Zweck der Übersetzung in Normen stets und notwendig ein Moment der Diskriminierung nicht nur gegen Individuen, die soziologisch zufällig bestimmte moralische Überzeugungen haben, sondern auch gegen soziale Positionen liegt, die auf diese Weise ihren Trägern die Konformität mit den geltenden Werten geradezu verbieten. Wenn also der Klatsch unter Nachbarinnen zur Norm wird, dann gerät die berufstätige Frau notwendig in die Lage einer Außenseiterin, deren Prestige mit dem der anderen nicht Schritt halten kann; wenn in einem Betrieb nach dem Akkordsystem entlohnt wird, dann ist (bei bestimmten Tätigkeiten) der alte Mann gegenüber dem jungen Mann, die Frau gegenüber dem Mann unweigerlich benachteiligt; wenn die Vertretung der Staatsideologie zur Pflicht des Bürgers wird, dann kann derjenige, der vor der Errichtung dieses Staates zur Schule ging, nicht mit denen konkurrieren, die die Sprache der geltenden Ideologie von Kindesbeinen an beherrschten. Berufstätigkeit, Frau, alter Mann, junger Mann, Kind einer gegebenen Staatsform sind aber soziale Positionen, die sich unabhängig von bestimmten menschlichen Trägern denken lassen. Da jede Gesellschaft, indem sie ein moralisches Gemeinwesen ist, in diesem Sinne gegen bestimmte Positionen (und damit alle ihre Träger) diskriminiert, da jede Gesellschaft überdies solcher Diskriminierung durch Sanktionen Wirksamkeit verschafft, begründen soziale Normen und Sanktionen nicht nur soziologisch amorphe Rangabstufungen zwischen einzelnen Menschen, sondern auch bleibende Strukturen sozialer Positionen.

Der Ursprung der Ungleichheit unter den Menschen liegt also in der Existenz von mit Sanktionen versehenen Normen des Verhaltens in allen menschlichen Gesellschaften. Das, was wir normalerweise als Recht bezeichnen, also das System von Gesetz und Strafe, umfaßt im Sprachgebrauch nicht den gesamten Bereich der soziologischen Begriffe Norm und Sanktion. Wenn wir jedoch das Recht einmal in seiner weitesten Bedeutung nehmen und als Inbegriff sämtlicher, auch der nicht kodifizierten Normen und Sanktionen fassen, dann könnte man sagen, daß das Recht die notwendige und die zureichende Bedingung der Ungleichheit in der Gesellschaft ist. Weil es Recht gibt, gibt es Ungleichheit, wenn es Recht gibt, muß es auch Ungleichheit unter den Menschen geben. Das gilt natürlich ebenso in Gesellschaften, die die Gleichheit vor dem Gesetz als Verfassungsprinzip kennen. Wenn hier eine etwas leichte, obschon durchaus ernst gemeinte Formulierung gestattet ist, so besagt die von mir hier vorgeschlagene Erklärung der Ungleichheit im Hinblick auf unsere eigene Gesellschaft: Alle Menschen sind *vor* dem Gesetz gleich, aber sie sind es nicht mehr *nach* dem Gesetz, nachdem sie nämlich – wie wir sagen – »mit dem Gesetz in Berührung gekommen« sind. Solange Normen noch nicht bestehen bzw. insoweit sie noch nicht für die Menschen als Träger sozialer Rollen bestehen und auf diese wirken (»vor dem Gesetz«), gibt es keine soziale Schichtung; gibt es aber Normen als unausweichliche Verhaltenszumutungen für die Menschen und wird damit das Rollenverhalten an diesen Normen gemessen (»nach dem Gesetz«), dann entsteht auch eine Rangordnung des sozialen Status.

So wichtig es allerdings ist zu betonen, daß mit Normen und

Sanktionen stets auch Gesetz und Strafe im Sinne des positiven Rechtes gemeint sind, so sehr vermag die Heranziehung des Rechtes als illustrative pars pro toto irrezuführen. Mit rechtlichen Normen verbinden wir in der Regel nur den Gedanken der Strafe als Garantie ihrer Verbindlichkeit. Die sanktionierende Kraft des Rechtes führt zur Unterscheidung der Gesetzesübertreter von jenen, denen es gelingt, mit keiner gesetzlichen Regel je in Konflikt zu geraten. Konformes Verhalten wird hier allenfalls durch die Abwesenheit von Strafe belohnt. Sicher liegt nun auch in dieser groben Trennung in »Konformisten« und »Abweicher« schon ein Moment sozialer Ungleichheit, und es wäre prinzipiell möglich, von rechtlichen Normen ausgehend den Nachweis des Zusammenhanges von Sanktion und Schichtung zu führen. Doch würde ein solcher Nachweis beide Begriffe – Sanktion und Schichtung – auf einen etwas kümmerlichen Restinhalt reduzieren. Es ist keineswegs nötig (wennschon in der Umgangssprache üblich), den Begriff der Sanktion auf Strafen zu beschränken. Zumindest für die gegenwärtige Beweisführung liegt mir vielmehr daran, positive Sanktionen (Belohnungen) und negative Sanktionen (Bestrafungen) als prinzipiell gleichartige und in gleicher Weise funktionierende Mechanismen der Erzwingung rollenkonformen Verhaltens zu unterscheiden. Erst wenn in dieser Weise Lohn und Strafe, Anreiz und Drohung als zusammengehörige Instrumente der Erhaltung sozialer Normen verstanden werden, gewinnt die These Gesicht: daß die Sanktionierung menschlichen Verhaltens im Hinblick auf soziale Normen notwendig ein System der Ungleichheit des Ranges schafft, daß also die soziale Schichtung ein unmittelbares Resultat der Kontrolle sozialen Verhaltens durch positive und negative Sanktionen ist. Neben ihrer Aufgabe, normgemäßes Verhalten zu garantieren, erzeugen Sanktionen gleichsam unbeabsichtigt und nebenher stets eine Rangordnung des distributiven Status, sei dieser nun in Begriffen der Ehre oder des Reichtums oder in beiden gemessen.
Die Voraussetzungen einer solchen Erklärung liegen auf der Hand. In den Begriffen des 18. Jahrhunderts könnte man sie durch den Gesellschaftsvertrag (»pacte d'association«) und den Herrschaftsvertrag (»pacte du gouvernement«) beschreiben: Die hier entworfene Erklärung setzt voraus, daß (1.) jede Gesellschaft eine moralische Gesellschaft ist, also Normen kennt, die das Verhalten ihrer Mitglieder regeln, sowie daß (2.) mit solchen Normen stets bestimmte Sanktionen verknüpft sein müssen, die die Verbindlichkeit der Normen garantieren, indem sie als Belohnung für konformes und als Strafe für

abweichendes Verhalten fungieren. Nun mag man meinen, daß die Verknüpfung der sozialen Schichtung mit diesen Voraussetzungen unser Problem eher verlagert als erklärt. In der Tat wäre sowohl in philosophischer als auch in soziologischer Absicht weiter zu fragen: woher denn die Normen kommen, die das gesellschaftliche Verhalten regeln? unter welchen Bedingungen diese Normen sich in historischen Gesellschaften wandeln? warum denn ihre Verbindlichkeit durch Sanktionen erzwungen werden muß? ob dies überhaupt in allen historischen Gesellschaften der Fall ist? Doch scheint mir, daß auch unabhängig von der Beantwortung dieser Fragen in der Reduktion der sozialen Schichtung auf die Existenz von mit Sanktionen ausgestatteten sozialen Normen darum schon ein Gewinn liegt, weil auf diese Weise der abgeleitete Charakter des Problems der distributiven Ungleichheit enthüllt wird. Die hier vorgeschlagene Ableitung hat darüber hinaus den Vorzug, daß die Voraussetzungen, auf die sie zurückführt, nämlich die Existenz von Normen und die Notwendigkeit von Sanktionen, zumindest im Rahmen der soziologischen Theorie als axiomatisch angesehen werden können und daher selbst zunächst keiner weiteren Reduktion bedürfen (wenngleich sie zumindest weitere Reflexion offenkundig herausfordern).
Der Ursprung der Ungleichheit unter den Menschen liegt weder in der menschlichen Natur noch in Faktoren von historisch möglicherweise begrenzter Wirklichkeit wie dem Eigentum. Er liegt vielmehr in gewissen notwendigen oder doch als notwendig angenommenen Merkmalen aller menschlichen Gesellschaften. Obwohl die Differenzierung sozialer Positionen, als Teilung der Arbeit oder allgemeiner als Vielfalt der Rollen, ein solches universelles Merkmal von Gesellschaften sein mag, fehlt ihr das zur Erklärung der Rangunterschiede nötige Element der Wertung. Wertende Differenzierung, also die Anordnung sozialer Positionen und ihrer Träger auf den Skalen des Prestiges und des Einkommens, wird erst bewirkt durch die Sanktionierung sozialen Verhaltens am Maßstab normativer Erwartungen. Weil es Normen gibt und Sanktionen nötig sind, um ihre Einhaltung zu erzwingen, muß es Ungleichheit des Ranges unter den Menschen geben.

[...] Die Erklärung der Ungleichheit aus der Notwendigkeit, normgemäßes Sozialverhalten durch Sanktionen zu erzwingen, hat zunächst gewisse begriffliche Konsequenzen für den Apparat der soziologischen Analyse. Die soziale Schichtung, von der bisher die Rede war, ist ja als ein System der Ungleichheit des distributiven Status von Menschen, d. h. ein System unterschiedlicher Verteilung von begehrten und knappen Dingen definiert worden. Ehre und Reichtum oder, wie wir heute sagen, Prestige und Einkommen, sind allgemeine Instrumente oder Medien solcher Rangdifferenzierung; aber es besteht kein Grund zu der Annahme, daß diese nicht auch unter ganz anderen Gesichtspunkten erfolgen könnte. Herrschaft jedoch gehört zu den Differenzierungsmerkmalen der sozialen Schichtung allenfalls unter dem besonderen Gesichtspunkt der Ämterpatronage, d. h. der Verteilung von Herrschaft als Entschädigung für bestimmte Qualitäten oder Leistungen. Die Erklärung der Unterschiede des Ranges aus der Notwendigkeit von Sanktionen ist also keine Erklärung der Herrschaftsstruktur von Gesellschaften; sie ist vielmehr eine Erklärung der Schichtung aus der Sozialstruktur von Macht und Herrschaft. Herrschaft und Herrschaftsstrukturen gehen logisch – wenn die hier vorgelegte Erklärung der Ungleichheit richtig ist – den Strukturen sozialer Schichtung voraus.

Es ist eine offene und schwierige Frage, ob Gesellschaften vorstellbar sind, deren System von Normen und Sanktionen ohne eine dahinterstehende Herrschaftsstruktur funktioniert. Immer wieder haben Ethnologen von »Stämmen ohne Herrscher« berichtet und Soziologen die herrschaftslose Selbstregulierung von Gesellschaften ausgemalt. Ich würde demgegenüber dazu neigen, mit Max Weber »jede nicht durch persönliche freie Vereinbarung aller Beteiligten zustande gekommene Ordnung«, also jede Ordnung, die nicht auf dem freien Consensus sämtlicher Betroffenen beruht, als »oktroyiert«, d. h. auf Herrschaft und Unterordnung beruhend, zu bezeichnen. Da nun eine solche »volonté de tous« allenfalls als Spiel des Gedankens möglich scheint, müssen wir annehmen, daß zu den beiden Kategorien der Norm und der Sanktion noch eine dritte fundamentale Kategorie der soziologischen Analyse gehört: die der Herrschaft. Gesellschaft heißt, daß Normen das Verhalten der Menschen regeln; diese Regelung wird durch den Anreiz oder die Drohung von Sanktionen garantiert; die Möglichkeit, Sanktionen zu verhängen, ist der abstrakte Kern aller Herrschaft. Aus dem – zwar ungleichen, aber zusammengehörigen – Dreigespann Norm-Sanktion-Herrschaft lassen sich, so möchte ich meinen, alle übrigen Kategorien der soziologischen Analyse ableiten. Jedenfalls gilt dies für die Kategorie der sozialen Schichtung, die daher auf einer niedrigeren Allgemeinheitsstufe steht als die der Herrschaft. Um diese begriffli-

che Analyse empirisch zu wenden und ihre Explosivität damit offenzulegen: Das System der Ungleichheit, das wir soziale Schichtung nennen, ist nur eine sekundäre Konsequenz der Herrschaftsstruktur von Gesellschaften.
Daß Normen in einer Gesellschaft gelten, heißt, daß ihre Einhaltung belohnt und ihre Nichteinhaltung bestraft wird. Daß die Einhaltung bzw. Nichteinhaltung von Normen in diesem Sinne sanktioniert wird, heißt, daß die herrschenden Gruppen der Gesellschaft ihre Macht in die Waagschale der Erhaltung der Normen werfen. Geltende Normen sind also letzten Endes nichts anderes als herrschende, d. h. von den Sanktionsinstanzen der Gesellschaft verteidigte Normen.
Für das System der Ungleichheit bedeutet dies, daß derjenige die günstigste Stellung in einer Gesellschaft erringen wird, dem es kraft sozialer Position am besten gelingt, sich den herrschenden Normen anzupassen – und umgekehrt, daß die geltenden oder herrschenden Werte einer Gesellschaft an ihrer Oberschicht ablesbar sind. Wer nicht fähig, d. h. auf Grund seiner Stellung im Koordinatensystem sozialer Positionen und Rollen in der Lage ist, den Erwartungen seiner Gesellschaft stets pünktlich nachzukommen, darf sich nicht wundern, wenn ihm die höheren Ränge der Skalen von Prestige und Einkommen versperrt bleiben, und wenn andere, denen es leichter fällt, sich konform zu verhalten, ihn überflügeln. In diesem Sinne honoriert jede Gesellschaft den Konformismus, der sie, d. h. die in ihr herrschenden Gruppen, erhält – womit jede Gesellschaft zugleich in sich den Widerstand erzeugt, der zu ihrer eigenen Aufhebung führt.
Die prinzipielle Parallelität von konformistischem bzw. abweichendem Verhalten und hoher bzw. niedriger Schichtposition wird in historischen Gesellschaften natürlich durch vielfältige sekundäre Momente abgebogen und überlagert (wie überhaupt zu betonen ist, daß in der hier vorgeschlagenen Erklärung der Ungleichheit keine geschichtsphilosophische oder unmittelbar historische Absicht liegt). So kann die Erblichkeit schichtbestimmender Merkmale einer Epoche – etwa des Adels oder des Eigentums – dazu führen, daß eine Art »stratification lag«, ein Nachhinken der Schichtstrukturen hinter den Wandlungen der Normen und Herrschaftsverhältnisse eintritt, so daß Oberschichten einer vergangenen Epoche ihre günstige Schichtposition auch unter neuen Bedingungen noch eine Zeitlang erhalten. Doch bleiben in der Regel jene Prozesse, die wir als »Deklassierung des Adels« oder »Funktionsverlust des Eigentums« kennen, nicht aus. Wenn es richtig ist – und manches

spricht dafür –, daß unsere eigene Gesellschaft auf die in M. Youngs soziologischer Utopie ›Es lebe die Ungleichheit‹ ausgemalte Periode der »Meritokratie«, d. h. der Herrschaft der Eigentümer von Berechtigungsscheinen zusteuert, dann folgt aus der Theorie der nachhinkenden Schichtung, daß allmählich auch die Mitglieder der herkömmlichen Oberschichten – die Adligen, die Erben – sich um Diplome und Titel bemühen müssen, um ihre Stellung zu bewahren; denn die herrschenden Gruppen jeder Gesellschaft haben die Tendenz, das je bestehende System sozialer Ungleichheit in Einklang zu bringen mit den geltenden, d. h. ihren eigenen Normen. Eine volle Übereinstimmung der Skalen der Schichtung mit den Strukturen der Herrschaft indes können wir trotz dieser prinzipiellen Tendenz in historischen Gesellschaften zu keinem Zeitpunkt erwarten.

Das Gesellschaftsbild, das sich aus der hier in fast unerträglicher Allgemeinheit angedeuteten Analyse ergibt, ist in doppelter Hinsicht nicht-utopisch und damit auch anti-utopisch. Es unterscheidet sich einerseits von jeder offenen oder versteckten Romantik der revolutionären Utopie à la Rousseau oder Marx. Wenn es richtig ist, daß die Ungleichheit unter den Menschen aus dem Begriff der Gesellschaft als moralischer Gesellschaft folgt, dann kann es in der Welt unserer Erfahrung eine Gesellschaft völlig Gleicher nicht geben. Natürlich ist Gleichheit vor dem Gesetz und gleiches Wahlrecht, sind gleiche Erziehungschancen und andere konkrete Gleichheiten möglich und auch wirklich. Aber der Gedanke einer Gesellschaft, in der jeder Rangunterschied zwischen Menschen beseitigt ist, überschreitet das soziologisch Mögliche und hat seinen Ort allenfalls im Bereich dichterischer Phantasie. Wo immer politische Programme klassen- oder schichtenlose Gesellschaften, eine harmonische Volksgemeinschaft gleichrangiger Genossen, die Reduktion aller Ungleichheiten auf funktionale Unterschiede oder ähnliches versprechen, haben wir auch darum Grund zum Mißtrauen, weil hinter nicht realisierbaren politischen Versprechungen gewöhnlich der Terror und die Unfreiheit lauern. Wo immer aber herrschende Gruppen oder ihre Ideologen uns erzählen, in ihrer Gesellschaft seien tatsächlich alle gleich, können wir uns auf Orwells Vermutung verlassen, daß dort sicher »einige gleicher sind als andere«. [...]
Wenn die hier entworfene Analyse sich bewährt, dann steht die Ungleichheit in einem engen Zusammenhang mit jenem sozialen Zwang (»constraint«), der in Sanktionen und Herrschafts-

strukturen ruht. Das heißt aber, daß das Schichtungssystem ebenso wie die Sanktionen und Herrschaftsstrukturen beständig dahin tendiert, sich selbst zu beseitigen. Die Annahme, daß die jeweils – und nicht zufällig, sondern auf Grund der ihnen in einer gegebenen Struktur zugewiesenen Positionen – weniger gut weggekommenen Gruppen einer Gesellschaft danach trachten werden, ein Normensystem durchzusetzen, das ihnen einen ansehnlicheren Rang verspricht, weil es ihren Kräften und Wünschen näher steht, ist sicher plausibler und fruchtbarer als die, daß auch die an Ansehen und Reichtum Armen ihre Gesellschaft um deren Gerechtigkeit willen lieben werden. Weil das »Wertsystem« einer Gesellschaft nur im Sinne der Geltung gemeinsam, in Wirklichkeit aber herrschend ist, weil daher das System der sozialen Schichtung nur Maßstab für den Konformismus des Verhaltens sozialer Gruppen ist, wird die Ungleichheit zum Stachel, der soziale Strukturen in Bewegung hält: Immer bedeutet Ungleichheit den Gewinn der einen auf Kosten der anderen; jedes System sozialer Schichtung trägt daher den Protest gegen sein Prinzip und den Keim zu seiner Überwindung in sich. Da nun aber menschliche Gesellschaft ohne Ungleichheit realistisch nicht möglich, die Überwindung der Ungleichheit also ausgeschlossen ist, folgt auch aus der immanenten Explosivität jedes Systems sozialer Schichtung, daß es eine ideale, vollkommen gerechte und daher geschichtslose menschliche Gesellschaft nicht geben kann.

Dies ist der Ort, um noch einmal an Kants kritische Bemerkung zu Rousseau zu erinnern, die Ungleichheit sei zwar die »reiche Quelle so vieles Bösen, aber auch alles Guten«. Daß Kinder sich ihrer Eltern schämen, daß Angst und Armut, Leid und Unglück über Menschen kommen und manche andere Folge der Ungleichheit, mag man gewiß beklagen. Daß historische und daher in einem letzten Sinn willkürliche Kräfte unübersteigbare Schranken der Kaste oder des Standes zwischen Menschen errichten, mag man mit guten Gründen bekämpfen. Daß es aber überhaupt Ungleichheit unter den Menschen gibt, ist, indem es die Geschichtlichkeit von Gesellschaften garantiert, ein Moment der Freiheit. Die völlig egalitäre Gesellschaft ist nicht nur ein unrealistischer, sie ist auch ein schrecklicher Gedanke: denn in Utopia wohnt nicht die Freiheit, der stets unvollkommene Entwurf in das Unbestimmte, sondern die Perfektion entweder des Terrors oder der absoluten Langeweile.

2. Niklas Luhmann
Funktion der Moral

[...] Die Analyse des Verhältnisses von Systemtheorie und humanistischer Tradition ermutigt zu dem Versuch, von anthropologischen Denkvoraussetzungen abzusehen und Moral als eine Struktur sozialer Systeme zu begreifen. [...]

1. Wir gehen davon aus, daß soziale Systeme entstehen, wenn immer Personen zueinander in Beziehung treten. Die Einzelpersonen bleiben im Verhältnis zueinander, aber auch im Verhältnis zu dem sich bildenden Sozialsystem Umwelt. Sie verschmelzen sich weder miteinander noch mit dem sozialen System. Ebenso bleibt von ihnen aus gesehen das soziale System (notwendige oder nichtnotwendige) Umwelt. Für jedes der Systeme, für die beteiligten Personen ebenso wie für das Sozialsystem, das sie bilden, ist die Umwelt stets komplexer als das System selbst. Ausgangslage ist somit ein *mehrfaches gegenläufiges Komplexitätsgefälle.* Jedes System selegiert eigene Zustände und Prozesse (interne Relationierungen) im Hinblick auf eine Umwelt, die komplexer ist als es selbst. Unter der angegebenen Bedingung können diese Selektionen selektiv verknüpft werden. Auch eine solche Selektion von Selektionen kann noch stabile Muster ergeben, solange sie den Bereich derjenigen Repertoires nicht überschreitet, mit denen jedes System sich auf je seine Umwelt einstellen kann. Wir wollen von selektiven Akkordierungen sprechen, ohne dabei zu unterstellen, daß das Gelingen solcher Akkordierungen oder ihre Stabilität als Selektionsmuster bewußt wird.
Wenn für jedes System andere Systeme nur hochkomplexe Teile einer sehr viel weiterreichenden Umwelt sind, und zwar Teile, die sich ihrerseits an Hand ihrer Umwelt orientieren, zu der unter anderem auch das erstgenannte System gehört, kann kein System die Prozesse und Zustandsänderungen des anderen kalkulieren. Die Systeme bleiben füreinander opak (was nichts Ungewöhnliches ist, da sie ohnehin füreinander nur Umwelt, das heißt nur selektiv relevant sind). Die Komplexität der anderen Systeme ist praktisch unauflösbar, undurchschaubar. Sie ist als Komplexität gar nicht erfahrbar, sondern wird, wenn überhaupt, als Kontingenz bewußt. Kontingenz ist sozusagen die Reduktionsform der Komplexität. Sie reduziert das Überkomplexe anderer Systeme auf die Form: dies oder anderes. Jede Zustandsveränderung erscheint dann im Horizont

anderer Möglichkeiten, jede Handlung hätte auch unterlassen werden können, und entsprechend werden künftige Strukturen und Prozesse erfahren als etwas, was so, aber auch anders kommen kann. Diese reduktive Problemtransformation hat den Vorzug eines Orientierungsgewinns: Auf Kontingenz der Umweltsysteme kann ein System sich einstellen durch Selektion eigener Verhaltensweisen, die Erwünschtes wahrscheinlicher und Unerwünschtes unwahrscheinlicher machen.

Bereits diese einfache Überlegung hat weittragende Konsequenzen für klassische Problemstellungen. Sie macht die weiteren Analysen unabhängig von der Frage, ob der Weltlauf und das Systemverhalten determiniert sind oder nicht. Selbst wenn die Prozesse hochkomplexer Systeme voll determiniert wären (wofür viel spricht), wäre unter der angegebenen Bedingung eines mehrfachen gegenläufigen Komplexitätsgefälles die Unterstellung von Freiheit eine notwendige Kalkulationsvereinfachung. Auf Freiheit kann man sich, mit anderen Worten, auch dort noch einstellen, wo die zugrunde liegende Realität unbestimmbar wird.

Wir kommen darauf bei der Behandlung des Spezialproblems der Willensfreiheit zurück. Zunächst gilt es, das Problem der Kontingenzverarbeitung in sozialen Systemen weiterzuverfolgen. Um die Darstellung zu vereinfachen, werden wir die (mindestens zwei) verschiedenen personalen Systeme, sofern sie kommunizieren und dadurch ein soziales System bilden, als Ego und als Alter bezeichnen. Die Termini Ego und Alter beziehen sich also nicht auf die personalen Systeme in ihrer eigenen Systematizität und konkreten Komplexheit (für die das soziale System dann Aspekt ihrer Umwelt wäre), sondern nur auf ihre Funktion im Kontext der Konstitution eines sozialen Systems – ihre Interpenetration.

Sobald personale Systeme als Ego und als Alter zueinander in Beziehung treten, entsteht ein als *doppelte Kontingenz* bezeichnetes Problem. Ego und Alter müssen sich wechselseitig als kontingent handelnd interpretieren. Jedes Erleben des Verhaltens des anderen und jede Erwartung nimmt notwendigerweise diese Form der Kontingenz an. Das gleiche gilt auch für die Selbsterfahrung, da diese nur durch Relationierung zu sich selbst hergestellt werden kann und auch für Selbstanalyse die prozessuale Kapazität der Systeme nicht ausreicht. So nimmt für Ego ebenso wie für Alter, für beide aber in einem jeweils anderen personalen System, die soziale Beziehung die Form doppelter Kontingenz an. Überdies erfahren beide, daß dies so ist, und sie wissen auch noch, daß der jeweils andere es weiß. Sie

erfahren dies in der sozialen Beziehung selbst, in der sie erleben und als Prämisse eigenen Verhaltens übernehmen müssen, daß sie für den jeweils anderen Umwelt sind.
Die klassische Soziologie hat hieraus den Schluß gezogen, daß soziale Systeme nichtrationale Handlungsgrundlagen, insbesondere Konsens über Werte benötigen. Der Schluß zielt auf die *Faktizität*, nicht auf die *Moralität* von Moral als Bestandsvoraussetzung sozialer Systeme. Er ermöglicht es dem Soziologen, sich von den Moralisten und zugleich von den individualistischen Rationalitätsmodellen wirtschaftswissenschaftlicher Provenienz zu distanzieren. Der Schluß soll weder kritisiert noch widerlegt werden. Aber die Theorieleistung läßt sich verbessern, wenn man nach der *Funktion* der Moral fragt und genauer analysiert, wie die Form der Moral dieser Funktion gerecht wird. Mit dieser Fragestellung wird die Moral selbst kontingent gesetzt und auf funktionale Äquivalente hin befragbar.

2. Sobald Ego und Alter aus welchen (zufälligen) Gründen immer in eine doppelkontingente Beziehung zueinander geraten, sich wechselseitig kontingentes Handeln zurechnen und infolgedessen jeweils füreinander auch als alter Ego fungieren, müssen *beide jeweils in sich selbst eine dreifache Rolle integrieren*. Jeder ist für sich selbst zunächst Ego, weiß aber auch, daß er für den anderen Alter ist und außerdem noch, daß der andere ihn als alter Ego betrachtet. Damit wird für die Orientierung in diesem Selektionszusammenhang und für dessen Fortsetzung die Frage relevant, wie die Beteiligten je für sich ihr Ego-und-Alter-und-alter-Ego-Sein integrieren. Mead hatte diesen Prozeß »taking the role of the other« genannt. Jeder ist gehalten, die Selektivität und die Selektionszumutungen des anderen in die eigene Identitätsformel einzubauen, denn nur so kann er seine Operationen in dieser Beziehung fortsetzen. Das kann auf sehr verschiedene, sehr individuelle Weise geschehen je nach den Ausgangsbedingungen in der psychischen Struktur und ihrer persönlichen Geschichte. Zugleich ist aber die Frage, wie der Einzelne dieses Problem löst, von eminent sozialem Interesse. So ist es nahezu unvermeidlich, daß darüber direkt oder indirekt kommuniziert wird.
Das Problem ist aber infolge der Verschränkung differenter System/Umwelt-Perspektiven für Kommunikation, ja zumeist sogar für Bewußtseinsleistungen viel zu komplex. Es wird für die Beteiligten so nicht zugänglich. Viel mehr als die einfache Relativität von Ich/Du-Beziehungen, die klarstellen, daß jeder

weiß, wer gemeint ist, kann man einem normalen Kommunikationsprozeß nicht zumuten. Daher wird über die Integration der wechselseitig verschränkten Perspektiven und Identitäten nur in vereinfachter Form kommuniziert. Als Indikator für einen akzeptierbaren Einbau des Ego als Alter und als alter Ego in die Sichtweise und Selbstidentifikation seines Alter dient der Ausdruck von *Achtung* und die Kommunikation über Bedingungen wechselseitiger Achtung. Ego achtet Alter und zeigt ihm Achtung, wenn er sich selbst als Alter im Alter wiederfindet, wiedererkennt und akzeptieren kann oder doch sprechende Aussichten zu haben meint. Achtung fungiert also im Kommunikationsprozeß als Kürzel für sehr komplexe zugrunde liegende Sachverhalte, die nur über diese symbolische Substitution überhaupt kommunikationsfähig werden. Das Gelingen perspektivisch integrierter Kommunikation wird durch Achtungserweis entgolten, das Mißlingen durch Achtungsentzug bestraft, und all das in abstufbarer Dosierung. Mit Hilfe einer derart vereinfachten Kommunikation über Achtung kann man dann neue Ebenen der Subtilität erreichen, kann direkt sagen oder auch andeuten oder erraten lassen, welches Erleben und Handeln Achtung einträgt oder gefährdet, und mit welchen Graden der Relevanz für die Fortsetzung des Kontaktes, der Dauer, der Gewöhnlichkeit oder der Außergewöhnlichkeit.

Achtung ist nicht schlichtes und direktes Produkt konsentierten oder normkonformen Verhaltens. Sie kann originär erworben werden mit einem Verhalten, das anderen erst bewußt macht, was sie »eigentlich« erwartet hatten bzw. mit ihrem besseren Ego erwarten sollten. Gerade moralische Innovationen stoßen vielfach auf nichtkonsentiertes, noch nicht normiertes Terrain vor oder müssen – Antigone! – Normen geradezu brechen, um veränderte Niveaus der Integrierbarkeit von Erwartungen sichtbar zu machen. Erst recht ist Achtung kein bloßes Resultat der Befriedigung von Interessen; sie kann auf der Ebene von Interessen mit Vorteilen für Ego und für Alter kompatibel sein. Selbst Altruismus ist kein unfehlbares Rezept für Achtungsgewinn, geschweige denn ein isoliert denkbares Prinzip der Moral – schon weil das Absehen von eigenen Interessen viel zu viel Spielraum läßt für das Begünstigen und Benachteiligen anderer.

Über Achtung oder Mißachtung kann in bezug auf ein Ego oder ein Alter nur einheitlich entschieden werden, das gehört zu den Reduktionsleistungen des Konzepts. Es geht also nicht um einzelne Fähigkeiten oder um bestimmte Verdienste: Das heißt jedoch nicht, daß in Achtungsfragen der Mensch als Ganzer

beurteilt würde. Neben der Achtung, die er genießt, kann er durchaus noch spezielle Fähigkeiten, gutes Aussehen, Eigentum oder besondere Beziehungen besitzen, mit denen er Achtungsverluste kompensieren kann. Mit der Achtung steht nicht notwendig Sein oder Nichtsein, auch nicht notwendig Kontinuität der sozialen Beziehungen auf dem Spiel. Ob und wie weit dies doch der Fall ist, ist eine Variable, die in unterschiedlichen Gesellschaften und in unterschiedlichen Teilsystemen von Gesellschaften sehr verschiedene Werte annehmen kann.
Achtung ist also keine Eigenschaft, sondern eine Zuteilung. Sie wird jeweils in sozialen Systemen erworben oder entzogen, gesteigert oder gemindert und hat daher zunächst nur systemrelative Relevanz. Bei zunehmender sozialer Differenzierung, also in komplexeren Gesellschaften, kann sich daraus ein Fluktuieren der Achtungswerte oder eine Inkonsistenz der Zuteilungen ergeben, dem durch Gegenstabilisierungen entgegengewirkt werden muß. Das geschieht einerseits durch Generalisierung der Bedingungen für Achtungserwerb und Achtungsverlust, darauf kommen wir im Abschnitt über Generalisierung von Moral ausführlich zurück; zum anderen durch die Entwicklung von Selbst-Achtung auf der Basis personaler Systeme, mit der die Teilnehmer sich in begrenztem Umfange von den Fluktuationen des Achtungsmarktes unabhängig machen (oder doch unabhängig fühlen) können und die ihnen das Prätendieren und Inanspruchnehmen von Achtung beim Eintritt in neue soziale Beziehungen erleichtert: Wer sich selbst achtet und damit zum Ausdruck bringt, daß er den eigenen Ego/Alter-Synthesen traut, hat die Achtung anderer schon halb gewonnen. [...]

4. Die Gesamtheit der faktisch praktizierten *Bedingungen* wechselseitiger Achtung oder Mißachtung macht *die Moral* einer Gesellschaft aus. Die Moral besteht somit nicht aus den Achtungen oder Achtungserweisen als solchen; sie läßt sich also auch nicht nach Art eines Bruttosozialprodukts durch Vermehrung der Achtung vermehren. Sie bezieht sich aber auf Achtung (und nur auf Achtung), sie entsteht mit impliziter oder expliziter Kommunikation über Achtung, und zwar dadurch, daß solche Kommunikation nur möglich ist, wenn Ego und Alter einander den Achtungserwerb freistellen und dafür geltende Bedingungen signalisieren, und dies wiederum: implizit oder explizit, subtil oder drastisch, situativ-konkret und einmalig oder abstrakt-normierend, und mit oder ohne Bezug auf Meinungen anderer. Es sind also letztlich kommunikative (und

damit sozialsystemspezifische) Erfordernisse, die zur Differenzierung von Achtung und Achtungsbedingungen führen und die damit den Anstoß geben zur Absonderung und Sedimentierung besonderer Moralvorstellungen.

Moral ist also ein Codierprozeß mit der spezifischen Funktion, über Achtungsbedingungen Achtungskommunikation und damit ein laufendes Abgleichen von Ego/Alter-Synthesen zu steuern. Es handelt sich nicht um einen kategorischen Imperativ, nicht um ein Gesetz, das vorschreibt, wie dies zu geschehen habe. Aber es handelt sich um das damit intendierte Problem! Wir werden daher bevorzugt von »Moralisierung« von Themen, Symbolen, Strukturen, Meinungen, Erwartungen sprechen, um das Ausmaß zu bezeichnen, in dem solche Sinngehalte zur Kommunikation oder Metakommunikation der Bedingungen von Achtung und Mißachtung verwendet werden.

Die dabei anfallenden, in Kommunikationsprozessen thematisierten Achtungsbedingungen können mehr oder weniger erwartbar vorformuliert sein. Sie brauchen dann nicht fallweise im Interaktionskontext erfunden, entwickelt und plausibel gemacht zu werden. Sie können standardisiert und aufgezeichnet werden. Sie können gruppenspezifischen Konsens erreichen, aber auch gesellschaftsweit institutionalisiert sein und dann auch für Kommunikation mit Unbekannten gelten. Sie sind in dieser formulierten Fassung selbst wieder mögliche Themen der Kommunikation, schließlich sogar Themen »praktischen« Philosophierens. Derart verfestigte, tradierbare Sinnkomplexe einer vertexteten Moral dürfen jedoch nicht darüber hinwegtäuschen, daß es letztlich die kommunikative Verwendung ist, die einem Sinngehalt oder Zeichen eine moralische Qualität verleiht, es gleichsam als Indikator für den Indikator kompatibler Ego/Alter-Integrationen fungieren läßt.

Daraus folgt unter anderem, daß nicht nur die Achtung sich nach den Bedingungen richtet, die als Kriterien fungieren, sondern die Kriterien sich auch nach der Achtung richten, die jemand genießt. Verbrecher, aber auch Moralvirtuosen, haben mit verschärften Kriterien zu rechnen. Die Moral hat eine Tendenz zum Normalen, die das Auffälligwerden in jeder Richtung »bestraft«. Trotz Vertextung bleibt das Anspruchsniveau der Moral variabel, und zwar bezogen auf die Einzelperson. Die Kriterien dienen als gleitende Gesichtspunkte, das setzt textgesicherte Identität im Gleiten voraus. Solches »Ansehen der Person« ist um so erträglicher, wenn im Gegenzug dazu im Recht das Richten ohne Ansehen der Person und die Gleichheit vor dem Gesetz institutionalisiert sind.

Was immer man von der Entwicklung »höherer« Formen der Moral halten mag: unsere Analyse zeigt jedenfalls eine praktisch unbeschränkte *Regenerationsfähigkeit der Moral* auf der Basis des elementaren Achtungsgeschehens. Solange Ego/Alter-Synthesen über Achtung indiziert werden und soweit es dafür keine funktionalen Äquivalente gibt, werden soziale Kontakte benutzt werden zum Abtasten auf wechselseitige Achtung hin. So lange wird es Ego interessieren, ob Alter ihn achtet, wovon dies abhängt, wie Alter sich darauf festlegen läßt und wie eigene Achtungserweise eingesetzt werden können, um gelungene Synthesen zu stabilisieren oder mißlingende umzudirigieren. Auf dieser Ebene merkt man das Fadwerden vertexteter Moralen, und auf diese Ebene kann man zurückgehen, wenn Achtbarkeit indizierende Vokabeln – etwa das einst so beliebte Plusterdeutsch der Tiefe und Weite, der Gemeinschaft und des Einsatzes; oder heute das elaborierte, technisch-utopische Vokabular der Demokratie und der Innovation, der Kreativität, der Reformprogrammatik und der Emanzipation – ihre Kraft verlieren, Moralisches zu insinuieren.
Mit diesen knappen Ausführungen ist ein Moralbegriff skizziert, der in einigen Punkten von üblichen Moralvorstellungen abweicht. Es lohnt sich daher, einige weitere Aspekte dieser Konzeption im Verfahren des kontrastierenden Vergleichs zu verdeutlichen. Zunächst und vor allem: Moral wird hier nicht auf der Basis eines Vorverständnisses von »Sollen« oder eines vorausgesetzten Normbegriffs definiert als eine Menge oder ein System von Normen besonderer Art. Moralische Sinngehalte sind, wenngleich keine Moral ganz ohne Normen auskommen wird, nicht notwendig normativ abgefaßt; sie werden nicht notwendigerweise als kontrafaktische Verhaltenszumutungen profiliert, die auch im Enttäuschungsfalle durchgehalten werden sollen. Eine besonders hohe Korrelation von normativer Erwartungsform und Moralisierung ist zwar gerade für die europäische Tradition bezeichnend gewesen. Aber es gibt nicht nur moralfreie Normen, sondern auch moralische Gesichtspunkte, die nicht die Form von Normen annehmen. So werden immer auch meritorisch formulierte Gesichtspunkte moralisiert, nämlich Möglichkeiten, sich durch »supererogatorische« Leistungen Achtung zu verdienen, deren Realisierung nicht erwartet werden kann und die, wenn sie ungenutzt bleiben, auch nicht enttäuschen. Ein Grundmotiv dafür scheint die Möglichkeit zu sein, durch Vorleistung zu Dankbarkeit zu verpflichten.
Während die genaue Form der Symbolstruktur von Moralen

wechseln oder auch unklar bleiben kann, ist für Moral immer ein hohes Maß an Normalisierung erforderlich, und daran hängen implizite, nicht kommunikationsbedürftige Sanktionen. Die Differenz von normalem/anormalem Verhalten betrifft nicht die bloße Häufigkeit der Fälle und auch nicht die Proportion der Verteilung auf normal und anormal im Rahmen eines bestimmten Verhaltenstyps. Gewiß wird Normalität und Anormalität nur an bestimmten Verhaltensweisen erkennbar; es ist zum Beispiel normal, daß man im Winter seine Wohnung heizt, um nicht zu frieren, und man würde es als anormal empfinden, wenn Leute lieber frieren als heizen. Die Etikettierung als normal/anormal hat aber nicht den Sinn, diese Häufigkeit festzustellen und das Verhalten ihr zuzuordnen; sie regelt vielmehr *Vermutungen für andere Fälle*. Wer sich in einer Hinsicht anormal verhält, wird dies vermutlich auch in anderen Hinsichten tun – es sei denn, daß er Gründe produzieren kann, die den Bereich seiner Anormalität einschränken. Normalität/Anormalität ist mithin ein Schema der Generalisierung quer zu den Situations- und Verhaltenstypen, ein Schema der Generalisierung von Erwartungen. Normalisierung stützt nun wieder durch eine Art Terrainvorbereitung den moralischen Schematismus; dies aber nicht durch Kongruentsetzung der beiden Schematisierungen, sondern in der Weise, daß das vom Normalen aus gesehene Anormale entweder Mißachtung (Unfähigkeit, Delinquenz) oder Hochachtung (Heldentum, Askese) einträgt und daüber die Moral entscheidet. Im Kontrast dazu erscheint dann das Normale als gut und als »gewöhnlich«.

Ferner kappen wir, wie schon angedeutet, die begriffliche Assoziation von Moral und Konsens. Eine normative Moral muß Konsens in Verhaltenserwartungen mitnormieren; denn es hat keinen Sinn, die Befolgung einer Norm zu verlangen, der zuzustimmen man nicht gehalten ist. Geht man dagegen von Bedingungen wechselseitiger Achtung aus, dann ist die Nichtidentität der Selektionsstandpunkte und Perspektiven der Beteiligten konstitutiv in die Moral eingebaut. Mit Achtung wird nicht etwa Konsens honoriert – das wäre überflüssig und banal –, sondern der gelungene Einbau des jeweiligen Alter in die operative Identität des eigenen Ich. Dieser Begriff der Moral läßt mithin die Frage des Umfangs erreichbaren Konsenses offen. Man kann sehr wohl verstehen und achten, ohne selbst die entsprechenden Meinungen oder Handlungsweisen zu akzeptieren. Moral ist ein für alle Schattierungen von Konsens und Dissens empfindliches Instrument, aber inkompatibel mit Situationen, in denen Konsens oder Dissens gegen Null tendieren.

Gegenüber einer vorherrschenden, allzu friedlich gestimmten Moralauffassung fallen somit eher die »polemogenen«, Streit entfachenden Züge der Moral ins Auge. Ego/Alter-Synthesen verschiedener Partner können in Situationen sehr leicht in offenen Konflikt geraten, wenn sie nicht voll komplementär sind und Alter dem Ego mitteilt, daß er die Folgerungen nicht akzeptiert, die dieser aus seinen Präferenzen zieht. Eine sehr typische Konsequenz ist dann, daß die Präferenzen der Beteiligten durch den Konflikt selbst umstrukturiert werden, indem das »Halten der Position im Konflikt« oder das »Schädigen des anderen« zum übergeordneten Ziel wird auch dann, wenn dadurch die eigenen Ziele nicht erreicht werden können. Die Moral stärkt nun tendenziell diese Form der Konfliktentwicklung und damit auch ein Hinausgehen über den ursprünglichen Streitanlaß, weil sie *zusätzliche* Motive dafür schafft, sich im »Halten der Position« oder im »Strafen des anderen« geachtet zu fühlen.

Wenn schon Ansatzpunkte für Konflikte vorhanden sind, tendiert eine Moralisierung zur Generalisierung des Konfliktstoffs (während die Bezugnahme auf Recht ihn einschränkt). Denn die Frage der Achtung auch nur als Frage zu stellen, treibt die Probleme auf die Spitze und tendiert zum Konflikt. Sie bezieht das jeweilige Thema auf personale Identität, die wiederum mit anderen Themen verwachsen ist. Deshalb wählt der moralische Impuls zumeist den Weg der indirekten Kommunikation, der bloßen Anspielung, des Wissenlassens, daß bei bestimmten Themen Achtungsfragen involviert sind. Eine offene Moralisierung, die im gleichen Zuge auch die Bedingungen der Selbstachtung festlegt und den Sprecher engagiert, ist immer auch ein (mehr oder weniger gewagtes) Konfliktangebot. Zum Umgang mit Moral ist deshalb eine Metamoral erforderlich: Takt. Über die Moralisierung von Takt kann Moral *reflexiv* werden – nicht im Sinne einer weiteren Begründung ihrer Begründungen, sondern im Sinne einer Anwendung von Moral auf die Kontrolle der spezifischen Risiken der Moral selbst. Das Jahrhundert der Reflexivität, das 18. Jahrhundert, erfand für seine Moral den achtungsschonenden zweiten Sinn, das Offenlassen der Entscheidung, von der jeder weiß, daß sie entschieden ist, die geistreiche Indirektheit, die schön gesagte Falschheit, die die Richtigkeit des Gegenteils erraten läßt, und moralisierte diesen Stil als: finesse. Aber auch für die heutige Gesellschaft findet man Feststellungen wie: »In our society today, I believe, it is even considered ›immoral‹ by most groups to make a strong moral statement. To do so marks one as a prig, moralist, square, or busybody. *We have to insinuate or communicate indirectly our moral feelings if we are going to be socially effective, very often bei nonverbal communications, such as a look of disgust.*«

Ein anderer Ausweg, der diese Streitnähe der Moral meidet, liegt sehr viel näher. Er besteht darin, daß man gar nicht mit demjenigen, dessen Verhalten man moralisch be- und verurteilt, darüber spricht, *sondern mit Dritten.* Die Konsolidierung moralischer Urteile scheint geradezu diesen Umweg der Kommunikation von Ego mit Tertius über Alter zu erfordern. Die Kommunikation über andere macht sich von interaktionell notwendigen Rücksichten unabhängig. Sie hat in ihrer eigentümlichen Leichtigkeit und Unbelastetheit gleichsam Erlösungsfunktionen und führt zu einem paradoxen Doppeleffekt: Sie erleichtert es, über andere schlecht zu reden, und bewirkt zugleich eine Überschätzung des Guten, eine Überschätzung moralischer Konformität, weil sie die abstrakte, für »alle anderen« geltende Meinung des Guten bestätigt.

Ebensowenig wie Normativität und Konsens impliziert unser Moralbegriff Gleichheit derjenigen, die einander Bedingungen wechselseitiger Achtung zuflaggen. Es gibt durchaus hierarchisch strukturierte Moralen, die die wechselseitige Achtung auf Über- bzw. Unterordnung gründen, und zwar nicht nur auf einem entsprechenden Arrangement von Stellen und Aufgaben, sondern auf einer Über- bzw. Unterordnung der Personen selbst. Diese identifizieren sich selbst als jemand, der seinen Alter über bzw. unter sich hat, und machen Achtungserweise abhängig davon, daß der andere sich dem im Selbstidentifikationsprozeß zugewiesenen Rang entsprechend verhält. Es gibt dann durchaus moralische Argumente gegen den Herrn, der sich gemein macht. Daß solche Kommunikationsmoralen vorkommen, kann nicht gut bestritten werden; das Gleichheitspostulat kann deshalb nicht empirisch, sondern nur normativ eingeführt werden, setzt also einen normativen Moralbegriff voraus.

Andererseits hat unser Moralbegriff Merkmale, die ihn im Vergleich zu den Moralvorstellungen heutiger Moralisten nicht nur ausweiten, sondern auch einengen. Während Normen zu gelten beanspruchen, ob man sie befolgt oder nicht, kommt es auf Achtung mehr oder weniger an nach Maßgabe näher zu erforschender Umstände. Sicher ist eine Integration des Alter in die jeweils fungierende Ich-Formel am wichtigsten und unentbehrlichsten in der unmittelbaren Interaktion unter Anwesenden. Hier wird sehr rasch sichtbar, ob die Integration gelingt oder nicht, und die Reaktion darauf bestimmt den weiteren Verlauf der Interaktion. Entsprechend ist die Interaktion abhängig von laufendem Achtungserweis und laufender Metakommunikation über Achtung. Selbst im Interaktionssystem eines physischen Kampfes bringt man noch zum Ausdruck, ob man den Gegner als kräftig und geschickt achtet oder nicht. Für interaktionsferne Sozialbeziehung gilt all dies nicht in gleichem Maße. Diese Einsicht führt uns nicht zu dem Schluß, daß Moral eigentlich nur für Interaktionen unter Anwesenden relevant sei. Aber sie läßt die Generalisierung von Moral über den je konkret gegebenen Interaktionsrahmen hinaus als ein besonderes Problem erscheinen. [...]

5. Eine genauere Analyse verdient vor allem das Problem der Bivalenz der Moral. Warum und wozu gibt es zwei und nur zwei moralische Wertungen – seien es gut und schlecht, seien es (im Sonderfalle von Gesinnungsmoralen) gut und böse? Und wie weit läßt diese Differenz sich schematisieren?

Schon auf der Ebene der einfachen Achtungskommunikation findet man zwei unterscheidbare Möglichkeiten, die jedoch nicht zu einem Schematismus zusammengezogen werden. Achtung und Mißachtung sind personbezogene, fein abschattierbare Tatbestände, die je für sich aktiviert werden können. Weder Achtung noch Mißachtung sind knappe Güter. Erst recht unterliegen sie nicht zusammengenommen einem Gesetz der Summenkonstanz. Achtungsverlust führt keineswegs notwendig zu Mißachtung, sondern kann auch in Gleichgültigkeit enden. Ebensowenig ist gesichert, daß man Mißachtung nach und nach in Richtung Achtung abverdienen kann; das weiß jeder, der einmal im Gefängnis gesessen hat. Die Focussierung aufs Positive oder Negative kommt an Hand kritischer Ereignisse historisch zustande und strukturiert dann den weiteren Verlauf möglicher Abnahmen und Zunahmen. Ebenso wie im Fall von »Lust« und »Unlust« handelt es sich nicht um ein eindimensionales Prinzip, sondern um etwas qualitativ Verschiedenes, also um zwei Qualitäten, die nicht durch bloße Negation ineinander überführbar sind. Gerade diese Form des Duals scheint besonders geeignet zu sein, die elementaren System/Umwelt-Perspektiven eines jeden Beteiligten wiederzugeben.

Und doch entstehen Achtung und Mißachtung nicht frei fluktuierend nach Gutdünken in der Situation. Ihre Zuteilung erfolgt nicht beliebig, sondern richtet sich nach Bedingungen. Das primäre Interesse an Konditionierung ist vielleicht Konsistenz der Achtungspraxis und Vorabsicherung des Konsenses mit Dritten. Im Effekt wird dadurch eine neue Ebene symbolisch generalisierter Vermittlung konstituiert, von der aus umstrittenere Achtungskommunikationen im Bedarfsfalle begründet werden können. Auf dieser Ebene konsolidieren sich Bezugspunkte, Leitmodelle, Tattypen oder Regeln, die nun eine neue Form der Bivalenz von Achtungskommunikationen unter dem Gesichtspunkt von »gut« und »schlecht« ermöglichen.

Die Dualisierung von »gut« und »schlecht« hat in allen Gesellschaftssystemen eine nur begrenzte Tragweite. Sie eignet sich nicht dazu, als eine Art Superdual alle anderen Duale zu strukturieren mit der Folge, daß es sich bei allen Oppositionen letztlich um eine Variante von »gut« versus »schlecht« handeln würde. Moral ist und bleibt eine problemspezifische Entwicklung, und jede Gesellschaft hat mehr Grundprobleme als nur dieses eine zu lösen. Keine Generalisierung moralischer Symbole kann diese Schranke überwinden. Auch wenn *jede* Situation moralisch bewertbar ist, besagt dies nicht, daß jede Situation *nur* moralisch bewertbar ist.

Ferner läßt sich mit dem moralischen Dualismus keine binäre Schematisierung erreichen, die eine technisch leichte Transformation des einen Wertes in den Gegenwert ermöglichte – so wie man durch Negation wahre in unwahre Aussagen überführen kann oder durch Tausch Eigentum in Nichteigentum. Schematismen dieser Art setzen mehr voraus als nur funktionale Spezifikation von Reduktionsleistungen. Sie erfordern eine Ausdifferenzierung von Funktionssystemen unter dem Primat je ihrer Funktion und hängen zusätzlich von Sonderbedingungen für die Entwicklung symbolisch generalisierter Kommunikationsmedien ab, über die noch wenig Klarheit besteht. Die spezifische Funktion der Moral liegt, allein schon wegen ihrer Interaktionsbindung, im Gesellschaftssystem zu zentral, als daß sie über Sondersystembildung und operative Technisierung ausdifferenziert werden könnte mit der Folge, daß es ein Sozialsystem für Moral neben anderen gäbe. Außerdem wäre die Zumutungshärte der Alternativität, die bei allen Schematismen auftritt, im Falle der Moral nicht tragbar. Die Regel: wenn du nicht gut handelst, handelst du schlecht, wäre weder mit gesteigerten Anforderungen an moralische Verdienste noch mit den komplexen Problemen der Ego/Alter-Synthesen, noch mit einer besonderen Sensibilisierung in Achtungsfragen in Einklang zu bringen. Sie würde die Moral nicht perfektionie-

ren, sondern zerstören. Was im Falle der Moral erreicht werden kann, ist nur die Dualisierung der moralischen Qualitäten in der Form von »gut« und »schlecht«.
Diese Abstriche an logischer Rationalität und Technizität der Moral dürfen andererseits nicht dazu führen, die Funktion der Dualisierung als solcher zu unterschätzen. Die Dualität garantiert als Form: wechselseitige Ausschließung der beiden Werte und Überblickbarkeit des Ganzen (was bei Dreierkonstellationen nicht mehr sicher wäre). Sie kanalisiert ferner situationsabhängige Erfahrungen in Richtung auf positive bzw. negative Gesamturteile, und zwar in einer gewissen Unabhängigkeit davon, ob historisch-biographisch Personen durch Achtung oder durch Mißachtung abgestempelt sind; sie trägt also zu einer gewissen Objektivierung des Urteils bei. Die qualitative Bivalenz sichert eine ausreichende Offenheit des Urteils mit zwei Bewertungsdimensionen (statt nur: schlechtes und nicht schlechtes Verhalten); aber sie zerflattert auch nicht in eine nur situationsbedingte Verarbeitung angenehmer oder unangenehmer Überraschungen. Gerade die Dualität *ist* das »Maß«, das man in der Antike immer *zwischen* den Werten gesucht hatte.
Die Funktion und die Reduktionsleistung von Moralisierungen ist also nicht nur in der Motivation zu gutem im Gegensatz zu schlechtem Verhalten zu suchen; sie besteht vor allem in der Orientierung an der Disjunktion selbst. Daß man überhaupt in zwei Richtungen – mehr wäre zuviel verlangt – auf Achtungsbedingungen achtet, strukturiert eine Situation als moralisch, wie immer man sich dann konkret verhält. Dies festzuhalten, ist gerade für eine Gesellschaftstheorie wichtig. Denn Formveränderungen der Moral im Laufe der gesellschaftlichen Evolution können sicher nicht als zunehmend moralisches oder zunehmend unmoralisches Verhalten beschrieben werden – zu diesem Ergebnis müßte eine historisch denkende und moralisierende Moraltheorie kommen –, sondern sie lassen sich nur begreifen als zunehmende Ausdifferenzierung, Generalisierung und Spezifikation derjenigen Bedingungen, von denen Achtung bzw. Mißachtung abhängig gemacht werden.
6. Achtung kann in dem Maße entwickelt werden, als *Freiheit* vorausgesetzt werden kann. Freiheit ist dabei zunächst nichts anderes als eine euphemistische Bezeichnung für die Kontingenz des Handelns. Eine auf Achtung abstellende Moral ist deshalb eine Folge der Freiheit. Freiheit ist ihr »Grund«. Diesen Grund muß man als das Auslöse- und Begleitproblem der Moral begreifen, das ihre Strukturentwicklungen kataly-

siert. Das Verhältnis der Moral zur Freiheit bleibt daher ambivalent und in gewisser Weise widerwillig: Freiheit ja, aber nicht so!
Diese Analyse erfordert Korrekturen an klassischen Positionen der Moraltheorie in mindestens zwei Hinsichten – in bezug auf das Problem der Willensfreiheit und in bezug auf das moralisch idealisierte Freiheitsinteresse.
Im Theoriemodell der doppelten Kontingenz ist Freiheit zunächst nur als Kontingenz vorgesehen, das heißt in einer Form, die Vorhersehbarkeit und Erwartbarkeit des Verhaltens keineswegs ausschließt, sondern nur widerlegbar macht. Man kann kontingentes Verhalten erwarten und modalisiert dabei die eigene Erwartung nur durch Einrechnung möglicher Enttäuschungen. Es gibt auf dieser normalen Kontaktebene kein Problem von Indeterminismus oder Determinismus, von ursacheloser Spontaneität der Selbstbestimmung im Gegensatz zu kausalmechanischer Fremdbestimmung. Eine Zuspitzung erfährt das Freiheitsproblem jedoch dann und nur dann, wenn Erwartungen oder Voraussagen oder Theorien über das Verhalten des Alter diesem mitgeteilt werden, sei es explizit, sei es implizit, sei es absichtlich, sei es unabsichtlich. Dadurch wird für Alter eine neue Situation konstituiert: Er kennt jetzt die Theorie seines Verhaltens (oder das, was dafür gehalten wird) und kann sie deshalb negieren; er kann sich, was er vorher nicht konnte, *anders* verhalten. Daß er sich anders verhalten kann, ist also an vorgängige Bestimmung gebunden. Der erste Adam wurde durch göttliches Verbot, der zweite Adam wurde durch göttliche Voraussicht zur Freiheit provoziert. Man kann darüber spekulieren, ob dies der eigentliche Sinn und Zweck der Bestimmung war. Jedenfalls gehört zur Grundausstattung des Menschen nur die universelle Möglichkeit des Negierens. Seine Freiheit entsteht erst durch Bestimmung seines Verhaltens, und unvoraussagbar wird der freie Wille nur, wenn er weiß, daß er zutreffend (!) vorausgesagt wird.
Mit anderen Worten: Freiheit ist kein Merkmal des Verhaltens selbst und erst recht nicht eine natürliche Eigenschaft des Menschen. Sie ist ein Effekt der Kommunikation von Erwartungen, Normierungen und Voraussagen, entsteht und vergeht also mit Kommunikation. Das gilt schon für einfache Kontingenz des Handelns, und das gilt erst recht für das Problem prinzipieller Unvoraussagbarkeit menschlichen Verhaltens: Die Kenntnis der Theorie, die es voraussagt, befreit zugleich von der Bindung an sie. Ob man sie dann faktisch befolgt oder nicht, ist eine Frage der Motivation. Beide Optionen sind in

dem Sinne frei, daß sie in Kenntnis der Alternative gewählt werden müssen.

Allerdings konstituiert nicht jede Form von Bestimmung im Nebeneffekt Freiheit. Die gesellschaftliche Evolution transformiert auch die Vorstellungen über Bestimmung und schafft so erst die Grundlagen für den Anschluß von Freiheit. Solange Bestimmung *Schicksal* ist im Sinne von individuell zufallenden Ereignissen oder Lebenslagen, hat das Gegenhandeln die Form magischer oder ritueller Beeinflussung äußerer Faktoren. Zufallen und Abwenden beziehen sich auf externe Ursachen. Diese Schicksalsvorstellung wird in spätarchaischen Gesellschaften und frühen Hochkulturen ausgearbeitet. Erst wenn die Bestimmung sich, was zunächst unwahrscheinlich gewesen sein muß, auf die eigene Verhaltenswahl bezieht, kann das Gegenhandeln nur noch darin bestehen, in Kenntnis der Bestimmung sich anders zu verhalten. Erst riskantere Prognosen, wie sie als Einschränkung von Kontingenz mit Hilfe der Religion durchgesetzt werden, konstituieren in diesem neuen Sinne Freiheit.

Mit dieser Umformulierung des Problems der Willensfreiheit wird es schwierig, sich Freiheit als Maxime oder als Zielbegriff der Moral vorzustellen. Eher erscheint sie als Resultat soziokultureller Evolution, in deren Verlauf die Spezifikation der Verhaltensbestimmungen und die durch sie erzeugten Freiheitseffekte zunehmen. Wenn die Moraltheorie schließlich ein moralisches Interesse an Freiheitssteigerungen im Rahmen sozialer Konvenienz formuliert, extrapoliert sie nur das Ergebnis dieser Evolution und idealisiert, was der Fall ist. Daß sie als Theorie sich selbst moralisiert, zeigt, soziologisch gesehen, nur an, daß die Gesellschaft, für die sie formuliert, darauf angewiesen ist, die Freiheiten, die sie produziert, über Achtbarkeitsbedingungen zu kontrollieren, und für dieses Interesse theoretische Deckung sucht.

Diese Kritik moralisierender Freiheitskonzepte soll hier nicht ausgearbeitet werden (selbst auf die Gefahr hin, daß Anhänger dieser Moral die Kritik ihres Theoriekonzepts als Argument gegen Freiheit lesen). Im vorliegenden Kontext kommt es nur darauf an, Freiraum für die Präzisierung einer Alternative zu gewinnen. Diese Alternative knüpft an den Begriff der Kontingenzformel an und sucht *Freiheit als Kontingenzformel für Moral zu interpretieren.*

Als Kontingenzformeln wollen wir Interpretationen sozialer Kontingenz bezeichnen, die auf spezifische Funktionsbereiche oder auf besondere gesellschaftliche Reduktionsmechanismen

– Moral wäre einer von ihnen – abgestellt sind. Kontingenzformeln übersetzen unbestimmbare Kontingenz, die aus zu hoher Komplexität folgt, in bestimmbare Kontingenz. Das geschieht vor allem durch Zusammenwirken mit binären Schematismen, die durch Kontingenzformeln begründet oder doch plausibilisiert werden. So hängt Knappheit als Kontingenzformel der Wirtschaft offensichtlich mit dem Schematismus des Eigentums und des Geldes zusammen; über Eigentum und Geld wird Knappheit so artikuliert, daß jede Veränderung zugunsten des einen auf Kosten eines anderen geht. Ähnliche Zusammenhänge sind zwischen Limitationalität und Logik oder zwischen Gemeinwohl und politischer Macht zu vermuten. Dabei bleibt die Kontingenzformel, wenn einmal formuliert, nach dem »existentialist axiom« ihrerseits negierbar; sie sichert dadurch, daß ihr Funktionssystem oder ihr spezifischer Reduktionsmechanismus mit universeller Negierbarkeit kompatibel bleibt. Zugleich ist ihre Strukturierungswirkung so überzeugend, daß es schwerfällt, etwa im Bereich der Wirtschaft sinnvolle Verhaltensmöglichkeiten zu finden, die auf der Leugnung von Knappheit beruhen, oder moralische Urteile, die auf Negation von Freiheit begründet sind. Wer das will, kann es sozusagen negationstechnisch versuchen, aber es wird ihm schwerfallen, wirkungsvolle Ego/Alter-Synthesen zu finden, also Achtung zu erwerben. Er produziert bestenfalls – Literatur.

Wie man am Freiheitsproblem gut ablesen kann, leisten Kontingenzformeln die semantische Reduktion und Benennung von Katalysatoren, die immer dann, wenn es unter dafür günstigen Umweltbedingungen zu sozialen Kontakten kommt, Strukturentwicklungen in Gang bringen. Katalysatoren müssen unverbrauchbar, jedenfalls kurzfristig unverbrauchbar sein, sie sind insofern allgemeiner als ihr jeweiliges Produkt. Probleme wie das der doppelten Kontingenz können daher als Katalysatoren nur fungieren, wenn sie unlösbar sind und gerade dadurch Dauerreize für Strukturentwicklungen setzen. Kontingenzformeln müssen diese Unlösbarkeit reflektieren. In Moraltheorien, die sich mit der Moral selbst zu identifizieren suchen, ist dies in der Form geschehen, daß die Kontingenzformel idealisiert, transzendiert oder transzendentalisiert und dann selbst bewertet wurde. Sie konnte dann mit Selektionskriterien oder mit Steigerungsinteressen gleichgesetzt werden, die in der Moral selbst ebenso wie in der Moraltheorie zu bejahen waren – unter der Sanktion des Achtungsverlustes. Seit etwa der zweiten Hälfte des 18. Jahrhunderts sind alle Kontingenzformeln – eine Ausnahme bildet der Bereich der Religion – in

dieser Richtung reformuliert und mit Steigerungsinteressen zur Deckung gebracht worden, offensichtlich eine Begleiterscheinung der bürgerlichen Revolution.
Inzwischen haben hochfliegende Konzeptionen dieses Typs an Überzeugungskraft verloren. Eine soziologische Aufklärung kann sich nicht damit zufriedengeben zu zeigen, daß die Ideale (immer noch) nicht erreicht sind, oder gar, eine weitere Stufe primitiver, die Personengruppen oder Verhältnisse zu decouvrieren, die daran schuld sind. Ihre Aufgabe kann nur sein, mit einem zwischenzeitlich entwickelten analytischen Instrumentarium Auffangstellungen vorzubereiten, die eine Entscheidung über Kontinuieren oder Diskontinuieren bürgerlicher Theorieapparate ermöglichen. Das erfordert eine Steigerung der analytischen Leistung selbst, erfordert überlegene Komplexität des Theorieansatzes. Die Rückführung: (1) von Freiheit (der aus moralimmanenten Gründen niemand widersprechen kann) auf Kontingenz und von Kontingenz auf Komplexität; (2) von sozialen Freiheitsschranken auf doppelte Kontingenz, und (3) von Idealen oder regulativen Ideen, die selbst Werte darstellen, auf Kontingenzformeln und von Kontingenzformeln auf Probleme, die als Katalysatoren dienen – all diese Rückführungen steigern das Auflöse- und Rekombinationsvermögen der Theorie und entziehen ihre Instrumente zugleich einer direkten moralischen Qualifikation. Sie bereichern und belasten die Gesellschaftstheorie und erst recht die Theorie der Moral mit Vergleichsmöglichkeiten, die die Konturen der gewohnten Gegenstände sprengen und – das sollte mit »Katalyse« angedeutet sein – bis in die Naturwissenschaften hineinreichen. Die Grenzen des Leistbaren sind unsicher. Aber ein Arbeitsinteresse läßt sich formulieren.

3. Hannah Arendt
Es gibt nur ein einziges Menschenrecht

Die Menschenrechte, welche die Revolutionen des 18. Jahrhunderts feierlich zum Prinzip aller gesitteten Nationen proklamiert hatten, wurden erst nach dem Ersten Weltkrieg eine Angelegenheit praktischer Politik. Das 19. Jahrhundert pflegte an sie zu appellieren in allen den Fällen, in denen das Individuum von der wachsenden Staatsmacht oder von der steigenden sozialen Ungerechtigkeit im Zeitalter der industriellen Revolution allzu offensichtlich bedroht war. Dadurch trat fast unmerklich die Idee der Menschenrechte selbst in einen neuen Bedeutungszusammenhang: sie wurden zu einer Art von zusätzlichem Gesetz, zu einem Ausnahmerecht für die Unterdrückten, auf die sich ihre Beschützer beriefen, als stellten sie ein Minimum an Recht dar für die Entrechteten.

Damit hängt zusammen, daß der Begriff der Menschenrechte im politischen Denken des 19. Jahrhunderts so gut wie keine Rolle spielte, und daß selbst im 20. Jahrhundert, als zum erstenmal große Gruppen von Menschen auftauchten, die in eklatanter Weise aller Rechte beraubt waren, sich keine liberale oder radikale Partei bereit fand, eine neue Proklamation der Menschenrechte in ihr Programm aufzunehmen. Wenn die Menschenrechte wirklich den Grundstein der Verfassungen aller zivilisierten Länder bildeten, dann mußten die variierenden Gesetze der *Staatsbürger* der verschiedenen Länder das unabdingbare Recht des *Menschen*, das an sich als von Staatsbürgerschaft und nationaler Zugehörigkeit unabhängig konzipiert worden war, in sich verkörpern und konkretisieren. Da alle Menschen Staatsbürger irgendeines politischen Körpers waren, konnte man erwarten, daß sie selbst es sich angelegen sein lassen würden, die Menschenrechte in jeweils verschiedenen legalen Formen zu verwirklichen; sollte aber eine Despotie sie ihrer Menschenrechte beraubt haben, so waren sie im Sinne der politischen Philosophie des 18. Jahrhunderts verpflichtet, durch revolutionäre Aktion ein neues Staatswesen zu gründen.

Weder das 18. noch das 19. Jahrhundert kannte Menschen, die, obgleich sie in zivilisierten Ländern leben, in keinem dieser Länder Staatsbürgerrecht genießen und so in eine Situation absoluter Gesetz- und Schutzlosigkeit gedrängt sind. Erst die Hunderttausende von staatenlosen Flüchtlingen in den zwanziger und dreißiger Jahren unseres Jahrhunderts, denen Millionen von *displaced persons* in den vierziger Jahren auf dem Fuße gefolgt sind, haben die Frage der Menschenrechte wieder auf die Tagesordnung der lebendigen Politik gebracht. Alle politischen und sozialen Katastrophen unserer Zeit, Kriege oder Revolutionen, haben in erschreckender Monotonie die Masse der absolut Recht- und Heimatlosen vermehrt und das Problem solcher Rechtlosigkeit in neue Länder und Kontinente verschleppt. Kein anderes Problem kehrt mit gleicher Beharrlichkeit und mit gleicher Aussichtslosigkeit auf befriedigende Lösung auf allen internationalen Konferenzen der letzten zwanzig Jahre wieder. Und kein Paradox zeitgenössischer Politik ist von einer bittereren Ironie erfüllt als die Diskrepanz zwischen den Bemühungen wohlmeinender Idealisten, welche beharrlich Rechte als unabdingbare Menschenrechte hinstellen, deren sich nur die Bürger der blühendsten und zivilisiertesten Länder erfreuen, und der Situation der Entrechteten selbst, die sich ebenso beharrlich verschlechtert hat, bis das Internierungslager, das vor dem Kriege doch nur eine ausnahmsweise realisierte Drohung für die Staatenlosen war, zur Routine-Lösung des Aufenthaltsproblems der *displaced persons* geworden ist.

Verschlechtert hat sich sogar die auf die Rechtlosen angewandte Terminologie. Mit der Benennung »Staatenlose« war zumindest noch anerkannt, daß sie den Schutz ihrer Regierungen verloren hatten und zur Sicherung ihres legalen Status internationaler Vereinbarungen bedurften. Die Nachkriegsbezeichnung »*displaced persons*« ist ausdrücklich erfunden worden, um diese störende »Staatenlosigkeit« ein für allemal einfach durch Ignorieren aus der Welt zu schaffen. Nichtanerkennung der Staatenlosigkeit heißt immer Repatriierung, Rückverweisung in ein »Heimatland«, das entweder den Repatriierten nicht haben und als Staatsbürger nicht anerkennen will oder das umgekehrt ihn nur allzu dringend zurück wünscht, nämlich zum Zwecke des Strafvollzugs. In diesem Sinne drückt der Terminus *displaced persons* die einzige *de facto* bestehende internationale Übereinkunft aus. Keines der nicht-totalitären Länder hat bisher allerdings von der Möglichkeit erzwungener Repatriierung Gebrauch gemacht, und diese Tatsache zeigt, daß die Nichtanerkennung der Staatenlosigkeit und die Unfähigkeit, die Rechtlosen unter das Dach einer irgendwie gearteten Legalität zu bringen, nicht einfach schlechtem Willen zugeschrieben werden kann.

Staatenlosigkeit in Massen-Dimensionen hat die Nationen der Welt faktisch vor die unausweichliche und höchst verwirrende Frage gestellt, ob es überhaupt unabdingbare »Menschenrechte«, das heißt Rechte gibt, die unabhängig von jedem besonderen politischen Status sind und einzig der bloßen Tatsache des Menschseins entspringen. Wo immer Leute aufgetaucht sind, die nicht mehr Staatsbürger eines souveränen Staates waren, und ob das selbst in einem Lande geschah, dessen Konstitution ausdrücklich auf die Menschenrechte gegründet ist, da haben sich die angeblich unabdingbaren und unverlierbaren Menschenrechte als undurchführbar und unerzwingbar erwiesen. (Wenn die Vereinigten Staaten staatenlose Einwanderer völlig gleich anderen Ausländern behandelt haben, so nur deswegen, weil dieses Einwanderungsland *par excellence* Neuankömmlin-

ge, ungeachtet ihrer früheren nationalen Zugehörigkeit, prinzipiell als potentielle eigene Staatsbürger betrachtet.)
Theoretisch gesehen, haben die neuerlichen Versuche, eine neue Charta der Menschenrechte aufzusetzen, bewiesen, daß niemand mit einiger Sicherheit zu definieren weiß, was denn diese allgemeinen Menschenrechte, im Unterschied von Staatsbürgerrechten, eigentlich sind. Es mag darum nützlich sein, einmal die legale Lage der Rechtlosen selbst zu analysieren, um zu sehen, welcher Art von Rechten sie verlustig gingen, als sie ihre Menschenrechte verloren.
Zuerst einmal haben die Rechtlosen die *Heimat* verloren, und das heißt die gesamte soziale Umwelt, in die sie hineingeboren wurden und innerhalb derer sie sich ihren Platz in der Welt geschaffen hatten. Solches Unglück ist in der Geschichte keineswegs neu; in weiter historischer Perspektive nehmen sich aus politischen oder wirtschaftlichen Gründen erzwungene Wanderungen von Individuen oder ganzen Volksgruppen wie alltägliche Ereignisse aus. Beispiellos in der Geschichte ist nicht der Verlust der Heimat, wohl aber die *Unmöglichkeit*, eine *neue zu finden*. Jählings gab es auf der Erde keinen Platz mehr, wohin Wanderer gehen konnten, ohne den schärfsten Einschränkungen unterworfen zu sein, kein Land, das sie assimilierte, kein Territorium, auf dem sie eine eigene Gemeinschaft errichten konnten. Dabei hatte diese Unmöglichkeit keineswegs ihren Grund in der Übervölkerung; menschenleere Länder benahmen sich nicht anders als übervölkerte; es war kein Raumproblem, sondern eine Frage politischer Organisation. Niemand hatte bemerkt, daß das Menschengeschlecht, das man sich so lange unter dem Bilde einer Familie von Nationen vorgestellt hatte, ein Stadium erreicht hatte, wo jeder, der aus einer dieser geschlossenen politischen Gemeinschaften ausgeschlossen wurde, sich plötzlich aus der gesamten »Familie der Nationen« ausgeschlossen fand.
Zusammen mit ihrer Heimat verloren die Rechtlosen den Schutz ihrer Regierung; und das brachte den Verlust eines legalen Status nicht nur in ihrem eigenen, sondern in allen Ländern mit sich. Gegenseitigkeitsverträge und internationale Abkommen haben ein Netz über die Erde gesponnen, das es dem Staatsbürger jedes Landes ermöglicht, seinen legalen Status mit sich zu tragen, wohin er immer gehen mag (was z. B. die Folge hatte, daß unter dem Naziregime ein deutscher Staatsangehöriger auf Grund der Nürnberger Gesetze auch im Auslande daran verhindert werden konnte, eine ›Mischehe‹ einzugehen). Wer aber nicht mehr von diesem Netze mitumfaßt

ist, der ist aus dem Rahmen der Legalität überhaupt herausgeschleudert – so daß zum Beispiel die Staatenlosen sich während des letzten Krieges durchgängig in einer schlimmeren Position befanden als die jeweiligen feindlichen Ausländer, die von ihren Regierungen indirekt auf dem Wege internationaler Abkommen beschützt werden konnten. Der Verlust des Regierungsschutzes ist in der Geschichte so wenig unbekannt wie der Verlust der Heimat. Zivilisierte Länder haben seit der Antike Flüchtlingen, die aus politischen Gründen von ihren Regierungen verfolgt wurden, Asylrecht geboten; und obgleich diese Praxis niemals offiziell in irgendeiner Verfassung verankert war, hat sie doch das ganze 19. Jahrhundert und sogar noch in unserem Jahrhundert leidlich funktioniert. Die Schwierigkeiten begannen, als sich herausstellte, daß die neuen Kategorien von Verfolgten bei weitem zu zahlreich waren, als daß man sie durch eine Praxis, die auf Ausnahmefälle berechnet war, hätte bewältigen können. Hinzu kam, daß die überwiegende Mehrheit der modernen Flüchtlingsmassen ihren Anspruch auf Asylrecht kaum nachweisen kann, da dieses Recht voraussetzt, daß der Verfolgte politische oder religiöse *Überzeugungen* hat, welche im Asyllande nicht außerhalb des Gesetzes stehen. Die neuen Flüchtlinge aber sind nicht verfolgt, weil sie dieses oder jenes getan oder gedacht hätten, sondern auf Grund dessen, was sie unabänderlicherweise *sind* – hineingeboren in die falsche Rasse, die falsche Klasse, oder von der unrichtigen Regierung zu den Waffen geholt (wie im Falle der spanischen republikanischen Armee). Die Notwendigkeit einer neuen Proklamierung der Menschenrechte hat mit dem Schicksal des *echten* politischen Flüchtlings nur wenig zu tun. Die notwendigerweise stets wenig zahlreichen politischen Flüchtlinge erfreuen sich noch in vielen Ländern des Asylrechts, und dieses Recht wirkt sich, wenn auch inoffiziell, faktisch als ein echter Ersatz des nationalen Rechts aus.

Es gehört zu den Aporien moderner Erfahrung, daß es leichter zu sein scheint, einen völlig Unschuldigen seiner Legalität zu berauben als einen Mann, der eine politisch feindselige Handlung verübt oder ein gewöhnliches Verbrechen begangen hat. »Wenn man mich bezichtigt, die Türme von Notre Dame gestohlen zu haben, so fliehe ich« – dieser berühmte Scherz von *Anatole France* hat eine fürchterliche Realität angenommen. Juristen, die daran gewöhnt sind, das Gesetz im Begriff der Strafe zu formulieren, deren Vollzug ja immer gewisser Rechte beraubt, werden es vielleicht noch schwerer verstehen als der Laie, daß der Verlust des gesamten legalen Status, die komplette Entrechtung, in keinerlei Zusammenhang mehr mit bestimmten Vergehen steht.

Diese Situation bringt die vielen Schwierigkeiten ans Licht, die im Begriff der Menschenrechte enthalten sind. Wie immer sie einst definiert wurden (als Recht auf Leben, Freiheit und Streben nach Glück in der amerikanischen, oder als Gleichheit vor dem Gesetz, Freiheit, Schutz des Eigentums und nationale Souveränität in der französischen Fassung) und wie man auch versuche, eine zweideutige Formulierung wie »Streben nach Glück« oder eine antiquierte wie das unqualifizierte »Recht auf Eigentum« zu verbessern – die reale Situation derjenigen, die im 20. Jahrhundert aus dem Rahmen des Gesetzes überhaupt herausgefallen sind, zeigt deutlich, daß der Verlust partikularer Rechte niemals absolute Rechtlosigkeit nach sich zieht. Der Soldat ist während des Krieges seines Rechtes auf Leben beraubt, der Verbrecher geht seines Rechtes auf Freiheit verlustig, alle Staatsbürger büßen in einer Notlage ihr Recht auf Streben nach Glück ein: niemand aber wird behaupten, daß in irgendeinem solchen Fall ein Verlust der Menschenrechte vorläge. Und andererseits können diese Rechte selbst unter der Bedingung fundamentaler Rechtlosigkeit weiter funktionieren.
Das Unglück der Rechtlosen liegt nicht darin, daß sie des Lebens, der Freiheit, des Strebens nach Glück, der Gleichheit vor dem Gesetz oder der Meinungsfreiheit beraubt sind; ihr Unglück ist mit keiner der Formeln zu decken, die entworfen wurden, um Probleme *innerhalb* gegebener Gemeinschaften zu lösen. Ihre Rechtlosigkeit entspringt einzig der Tatsache, daß sie zu keiner irgendwie gearteten Gemeinschaft mehr gehören. Ihr Zustand ist nicht zu definieren mit Ungleichheit vor dem Gesetz, da es für sie überhaupt kein Gesetz gibt; nicht daß sie unterdrückt sind, kennzeichnet sie, sondern daß niemand sie auch nur zu unterdrücken wünscht. Ihr Recht auf Leben wird erst im letzten Stadium eines langwierigen Prozesses in Frage gestellt; nur wenn sie völlig »überflüssig« bleiben, und sich niemand mehr findet, der sie reklamiert, ist ihr Leben in Gefahr. Sogar die Nazis haben die Juden, bevor sie mit der Ausrottung begannen, erst einmal ihres legalen Status (damals des Status der Staatsbürgerschaft zweiter Klasse) beraubt, haben sie in Ghettos und Konzentrationslager gepfercht, sie von der Welt der Lebenden abgeschnitten. So wurde – und das ist entscheidend – eine Lage kompletter Rechtlosigkeit hergestellt, bevor das Recht auf Leben in Frage gezogen wurde.

Das gleiche gilt in einem fast ironischen Sinne bezüglich des Rechts auf Freiheit, das so oft als die eigentliche Essenz der Menschenrechte betrachtet wird. Ohne Frage kann sich ein »Rechtloser« größerer Bewegungsfreiheit erfreuen als ein rechtmäßig eingesperrter Verbrecher, und sicherlich genießt ein Staatenloser in einem Internierungslager einer Demokratie größere Meinungsfreiheit als die Bürger des despotisch regierten Landes – von totalitären Staaten ganz zu schweigen. Doch weder Lebenssicherheit (die praktisch auf Ernährung durch staatliche oder private Wohlfahrtsorganisationen hinausläuft) noch Meinungsfreiheit können an der fundamentalen Situation der Rechtlosigkeit das Geringste ändern. Die Erhaltung des Lebens verdanken die Rechtlosen der Mildtätigkeit und nicht einem Recht, denn es existiert kein Gesetz, das die Nationen zwingen könnte, sie zu ernähren; Bewegungsfreiheit, soweit sie sie noch haben, ist auf keinerlei Aufenthaltsrecht gegründet; wie es sogar der eingesperrte Verbrecher selbstverständlicherweise noch besitzt; und ihre Meinungsfreiheit erweist sich als eine Narrenfreiheit, weil das, was sie denken, für nichts und niemand mehr von Belang ist.

Diese Tatsachen sind von ausschlaggebendem Gewicht. Zuerst und vor allem findet der Raub der Menschenrechte dadurch statt, daß einem Menschen der Standort in der Welt entzogen wird, durch den allein seine Meinungen Gewicht haben und seine Handlungen Wirksamkeit.

Etwas viel Grundlegenderes als die Staatsbürgerrechte der Freiheit und Gerechtigkeit steht also auf dem Spiel, wenn die Zugehörigkeit zu der Gemeinschaft, in die man hineingeboren ist, nicht mehr selbstverständlich und die Nichtzugehörigkeit zu ihr nicht mehr eine Sache der Wahl ist, oder wenn jemand in eine Situation versetzt wird, wo – falls er nicht ein Verbrechen begeht – seine Behandlung durch die andern gar nicht mehr von dem abhängt, was er tut oder unterläßt.

Daß es so etwas gibt wie ein *Recht, Rechte zu haben* (und das heißt: in einem Beziehungssystem zu leben, wo man nach seinen Handlungen und Meinungen beurteilt wird), oder ein Recht, einer politisch organisierten Gemeinschaft zuzugehören – das wissen wir erst, seitdem Millionen von Menschen auftauchten, die solche Rechte verloren hatten und sie zufolge der neuen globalen politischen Situation nicht wiedergewinnen konnten. Dieses Übel hatte weder etwas mit Rückständigkeit noch mit bloßer Tyrannei zu tun; es erwies sich im Gegenteil nur deswegen bisher als unheilbar, weil es sozusagen keinen »unzivilisierten« Flecken Erde mehr gibt, weil wir, ob wir

wollen oder nicht, bereits angefangen haben, in »Einer Welt« zu leben. Nur bei vollständiger Organisiertheit des Menschengeschlechtes konnte der Verlust der Heimat und des politischen Status identisch werden mit der Ausstoßung aus der Menschheit überhaupt.
Bevor sich dergleichen ereignet hatte, wurde das, was wir heute als ein »Menschenrecht« zu betrachten gelernt haben, eher als ein allgemeines Kennzeichen des Menschseins angesehen, das kein Tyrann rauben könne. Der Verlust des »Rechts auf Rechte« zieht den Verlust der Relevanz und damit der Realität der Sprache nach sich (und der Mensch ist seit *Aristoteles* als ein Wesen definiert worden, das über die Macht der Sprache und des Denkens verfügt), und diesem Verlust reiht sich der Verlust aller menschlichen Beziehungen an (und man hat den Menschen, wiederum seit *Aristoteles*, das »politische Tier« genannt, das heißt ein Wesen, das durch Gemeinschaft definiert ist) – mit anderen Worten: hier treten Verluste ein, die einige der wesentlichsten Eigenschaften menschlichen Lebens betreffen.
Das Unheil, das eine stets wachsende Anzahl von Menschen hier befällt, ist also nicht das Verlieren spezifischer Rechte, sondern der Verlust einer Gemeinschaft, die gewillt und fähig ist, überhaupt Rechte – welcher Art auch immer – zu garantieren. Es stellte sich heraus, daß der Mensch alle sogenannten Menschenrechte einbüßen kann, ohne seine wesentliche menschliche Qualität, seine Menschenwürde zu verlieren. Einzig der *Verlust der politischen Gemeinschaft* ist es, der den Menschen aus der Menschheit herausschleudern kann.

Diese Beobachtungen nehmen sich aus wie eine verspätete, bittere und ironische Bestätigung der berühmten Argumente, die *Edmund Burke* der »Erklärung der Menschenrechte« durch die Französische Revolution entgegengehalten hat. Nun erst scheinen seine Thesen gestützt zu werden, daß es weiser sei, sich auf eine »überkommene Erbschaft« von Rechten zu verlassen, die man wie das Leben selbst an seine Kinder weitergibt, und daß es klüger sei, seine Rechte als »Rechte des Engländers« zu beanspruchen denn als unabdingbare Menschenrechte. Die Rechte, deren wir uns erfreuen, entspringen nach Burke »aus der Nation« und brauchen weder die Gesetze der Natur noch göttliches Gebot noch einen menschlichen Entwurf wie *Robespierres* »Menschengeschlecht als Souverän der Erde« als Quelle ihrer Gültigkeit.

Es scheint im Lichte unserer vielfältigen Erfahrungen außer allem Zweifel, daß Burkes Konzept pragmatisch richtig ist. Der Verlust der nationalen Rechte hat nicht nur in allen Fällen den Verlust der Menschenrechte mit sich gebracht, sondern die Menschenrechte haben auch, wie das Exempel des Staates Israel beweist, bisher nur durch Etablierung der nationalen Rechte wiederhergestellt werden können. Der Begriff der Menschenrechte brach genau in dem Augenblicke zusammen, als seine Bekenner zum ersten Male mit Leuten konfrontiert wurden, die in der Tat alle anderen besonderen Qualitäten und besonderen Beziehungen eingebüßt hatten, so daß von ihnen nichts übriggeblieben war als eben Menschsein. Die Welt hat an der abstrakten Nacktheit des Menschseins an sich nichts Ehrfurchterregendes finden können. Und es ist angesichts der objektiven politischen Situation auch schwer zu sagen, wie die Begriffe vom Menschen, auf welche die Menschenrechte sich gründen – daß er nach dem Ebenbilde Gottes geschaffen sei (wie die amerikanische Formel sagt) – oder daß er der Repräsentant des Menschengeschlechts sei oder daß er in sich die heiligen Forderungen des Naturrechts beherberge (wie die französische Formel sagt) – zu einer Lösung des Problems hätten verhelfen können.
Die Überlebenden der Vernichtungslager, die Insassen der Konzentrations- und Internierungslager, ja selbst die noch verhältnismäßig gllücklichen Staatenlosen bedurften keiner Burkeschen Argumente, um einzusehen, daß die abstrakte Nacktheit ihres Nichts-als-Mensch-Seins ihre größte Gefahr war. Die zivilisierte Welt behandelte sie als unerwünschte Barbaren, und die Gesellschaften, die sich für sie einsetzten, ähnelten in Sprache und Zusammenhang nur zu oft Tierschutzvereinen. So bestanden sie um so heftiger auf ihrer Nationalität, dem letzten Zeichen ihrer früheren Staatszugehörigkeit, als auf dem letzten verbliebenen und anerkannten Bande, das sie an die Menschheit knüpfte, je rechtloser sie wurden. Ihr Mißtrauen gegen Natur- und ihre Bevorzugung nationaler Rechte entspringt gerade ihrer Einsicht, daß natürliche Rechte auch dem Wilden zugesprochen werden. Schon Burke hatte befürchtet, daß »angeborene« Rechte lediglich das Recht des »nackten Wilden« bestätigen und damit zivilisierte Nationen auf den Stand der Barbarei herunterziehen würden. Weil der Wilde die einzige Art Mensch ist, die auf nichts anderes zurückgreifen kann als auf das nackte Minimum der Tatsache seines menschlichen Ursprungs, gerade deswegen klammern sich Menschen um so verzweifelter an ihre Nationalität, wenn sie die Rechte

und den Schutz verloren haben, die diese ihnen einst gewährte. Denn einzig ihre Vergangenheit mit ihrer »überkommenen Erbschaft« scheint ihnen zu bestätigen, daß sie noch der zivilisierten Welt zugehören.
Betrachten wir nochmals und genauer die allgemeinen menschlichen Zustände derer, die aus aller politischen Gemeinschaft herausgedrängt sind, so gewinnen Burkes Argumente noch erhöhte Bedeutung. Welche Behandlung die Rechtlosen auch immer erfahren mögen, und ganz unabhängig von Freiheit oder Unterdrückung, Gerechtigkeit oder Ungerechtigkeit: sie haben alle jene Bezüge zur Welt und alle jene Bezirke menschlichen Daseins eingebüßt, die das Ergebnis unserer gemeinsamen Arbeit sind und ausschließlich der von Menschen gebildeten Welt entstammen. Wenn die Tragödie wilder Völkerstämme darin besteht, daß sie in einer unveränderten Natur wohnen, die sie nicht beherrschen können und von deren Überfluß oder Kargheit ihr Lebensunterhalt abhängt, daß sie leben und sterben, ohne Spuren zu hinterlassen und ohne einen Beitrag zu unserer gemeinsamen Welt geleistet zu haben, dann sind die modernen Staaten- und Rechtlosen in der Tat in eine merkwürdige Art von Naturzustand zurückgeworfen worden. Sie sind gewiß keine Barbaren, einige von ihnen gehören sogar den höchst gebildeten Schichten ihrer Länder an – und dennoch erscheinen sie, inmitten einer Welt, die den Zustand der Barbarei fast beseitigt hat, als die ersten Boten einer möglichen Regression der Zivilisation.
Je höher entwickelt eine Zivilisation ist, je vollständiger die von ihr geschaffene Welt zur menschlichen Heimat geworden ist, je mehr die Menschen sich in diesem künstlichen Gebilde zu Hause fühlen, desto empfindlicher werden sie gegenüber allem, was sie nicht produziert haben, allem, was auf mysteriöse Weise ihnen bloß gegeben ist. Ein normales Leben begreift die ganze Sphäre des Privatlebens in sich, innerhalb derer wir uns durch Freundschaft, Sympathie und Liebe mehr oder minder zulänglich mit dem bloßen Geschenk menschlicher Existenz abfinden können. Seit den Griechen ist uns bekannt, daß ein hochentwikkeltes politisches Leben ein eingewurzeltes Mißtrauen gegen diese ganze private Sphäre mit sich bringt, einen tiefen Groll gegen das aufstörende Wunder der Tatsache, daß ein jeder von uns gemacht ist wie er ist – einzig, einzigartig und unabänderlich. Dieser ganze Bereich des nur Gegebenen, der innerhalb der zivilisierten Gesellschaft auf die Späre des Privatlebens verwiesen ist, stellt eine permanente Bedrohung der öffentlichen Sphäre dar, denn die öffentliche Sphäre ist auf das

Gesetz der Gleichheit ebenso fest gegründet wie die private auf das Gesetz der Verschiedenheit und Unterscheidung. Gleichheit ist uns nicht gegeben, sondern wird durch eine vom Prinzip der Gerechtigkeit geleitete menschliche Organisation produziert. Als Gleiche sind wir nicht geboren, Gleiche werden wir als Mitglieder einer Gruppe erst kraft unserer Entscheidung, uns gegenseitig gleiche Rechte zu garantieren. Hochentwickelte politische Gemeinwesen wie die antiken Stadtstaaten oder die modernen Nationen dringen deshalb so oft auf *ethnische* Gleichförmigkeit, weil sie hoffen, damit jene natürlichen und stets gegenwärtigen Verschiedenartigkeiten und Unterscheidungen auszuschalten, die aus sich selbst dummen Haß, Mißtrauen und Diskriminierung erzeugen. Diese Differenzen bezeugen nur allzu klar eine Sphäre, wo der Mensch nicht handeln und nicht verändern kann, und zeigen damit die Grenzen der menschlichen Macht an. Wo immer aber das öffentliche Leben mit seinem Gesetz der Gleichheit zu einem absoluten Siege gelangt, wo eine Zivilisation den dunklen Hintergrund der Differenziertheit erfolgreich ausscheidet oder auf ein Minimum reduziert, da wird sie in Versteinerung enden, gleichsam zur Strafe dafür, daß sie vergessen hat, daß der Mensch lediglich der Herr, nicht aber der Schöpfer der Welt ist.

Wenn Menschen gezwungen werden, außerhalb der gemeinsamen Welt zu leben, so sind sie auf ihre natürlichen Gegebenheiten, auf ihre bloße Verschiedenartigkeit zurückgeschleudert. Der große Gleichmacher aller Unterschiede fehlt ihnen, der Status der Staatsbürgerschaft in einem Gemeinwesen; trotzdem mögen sie, da ihnen keinerlei Teilhabe am menschlichen Gebilde mehr verstattet ist, bald der Menschenrasse in derselben Weise zugehören wie ein Tier einer bestimmten Tierart. Im Verlust der Menschenrechte liegt das Paradox, daß der Moment ihres Verlustes zusammenfällt damit, daß ein Mensch sowohl zu einem abstrakten Menschenwesen überhaupt wird – ohne Beruf, ohne Staatszugehörigkeit, ohne Meinung, ohne Leistungen, durch die er sich identifizieren und spezifizieren könnte – als auch zu einem abstrakten Unterschiedenen überhaupt, der nicht mehr darstellt als seine eigene, absolut einzigartige Individualität, die aber jegliche Bedeutung verloren hat, weil sie in keine gemeinsame Welt mehr hineinhandeln oder sich in ihr zum Ausdruck bringen kann.

Die Existenz solch einer Kategorie von Menschen birgt eine zweifache Gefahr. Erstens stellt offensichtlich ihre erzwungene abstrakte Existenz, ihre Unverbundenheit mit der Außenwelt, eine ständige Versuchung für Mörder dar und bedroht uns obendrein mit einer Abstumpfung unseres Gewissens. Denn es könnte geschehen, daß es uns – ähnlich jenem neuen Typ von Mördern – gar nicht mehr recht ins Bewußtsein dringt, daß überhaupt ein *Mensch* ermordet worden ist, wenn er praktisch vorher bereits aufgehört hat zu existieren. Zweitens wird durch das ständige Anwachsen der Zahl der Rechtlosen unser menschliches Gebäude, unser politisches Leben, in sehr ähnlicher und vielleicht noch erschreckenderer Weise bedroht, als einst die Naturelemente die Städte der Menschen bedrohten. Es ist unwahrscheinlich geworden, daß der Zivilisation noch von außen her eine tödliche Gefahr erwachsen könnte. Die Natur ist gemeistert, und keine Barbaren drohen, wie ehemals etwa die Mongolen, alles das zu vernichten, was sie nicht verstehen. Sogar das Heraufkommen totalitärer Regierungen ist nicht ein Phänomen, das von außen an unsere Zivilisation herantritt, sondern es wächst direkt aus ihr hervor. Es besteht aber die Gefahr, daß eine globale, durchgängig untereinander verbundene Zivilisation aus ihrer eigenen Mitte Barbaren fabriziert, indem Millionen von Menschen in Lebensumstände versetzt werden, die, entgegen allem Anschein, die Lebensumstände von Barbaren sind.

Der Begriff der Menschenrechte kann aufs neue sinnvoll werden, wenn er im Lichte gegenwärtiger Erfahrungen und Umstände formuliert wird. Gründlicher noch als Burke haben wir erfahren müssen, daß alle Rechte sich nur innerhalb eines gegebenen politischen Gemeinwesens realisieren, daß sie von unseren Mitmenschen und von einer stillschweigenden Garantie abhängen, die die Mitglieder eines Gemeinwesens einander geben. Aber wir wissen auch, daß es noch ein anderes Recht geben muß außer jenen sogenannten »unveränderlichen« Menschenrechten – die eigentlich doch nur Staatsbürgerrechte sind und sich nach historischen und anderen Umständen ändern – ein Recht, das nicht »aus der Nation« entspringt und das einer anderen Garantie bedarf als der nationalen, nämlich das Recht jedes Menschen auf Mitgliedschaft in einem politischen Gemeinwesen.

Man sollte sich hüten, dieses Recht, das unter den Menschenrechten niemals auch nur erwähnt wurde, weiterhin in den Kategorien des 18. Jahrhunderts zu definieren. Nicht zuletzt deshalb ist die ganze Frage der Menschenrechte in ihre heutige Konfusion geraten, aus der sich philosophisch so absurde und politisch so unrealisierbare Ansprüche ergeben wie der, daß jeder Mensch mit dem unverlierbaren Recht auf Arbeitslosen-untestützung und Altersversicherung geboren sei. Rechte existieren nur auf Grund der Vielzahl der Menschen; Rechte haben wir nur, weil wir die Erde zusammen mit anderen Menschen bewohnen, während sowohl das göttliche Gebot, gestützt darauf, daß der Mensch nach Gottes Ebenbild geschaffen sei, wie auch das Naturrecht, hergeleitet aus der menschlichen »Natur«, auch dann wahr bleiben müßten, wenn es nur einen einzigen Menschen auf der Welt gäbe.

Als die Menschenrechte zum ersten Male proklamiert wurden, galten sie als unabhängig von der Geschichte und von den Privilegien, die die Geschichte gewissen Schichten der Gesellschaft zugespielt hatte. Sie zeigten im Sinne des 18. Jahrhunderts an, daß der Mensch von der Geschichte, die ihn am Gängelband der Tradition erzogen hatte, unabhängig geworden, daß er ins Zeitalter seiner Mündigkeit eingetreten sei. Diese neue Würde war von Anfang an recht fragwürdiger Art. Historische Rechte wurden durch natürliche Rechte ersetzt, »Natur« an die Stelle der Geschichte geschoben. Dabei war stillschweigend vorausgesetzt, daß die Natur dem Wesen des Menschen weniger fremd sei als die Geschichte. Schon die Terminologie der *Declaration of Independence* und der *Déclaration des Droits de l'Homme* (»unabdingbar«, »mit der Geburt gegeben«, »axiomatische Wahrheiten«) schließt den Glauben in sich an eine Natur des Menschen, die den gleichen Wachstumsgesetzen unterliege wie das Individuum, und von der des Menschen Rechte und Gesetze abgeleitet werden sollten. Niemand konnte natürlich voraussehen, daß diese menschliche »Natur«, die zweitausend Jahre lang von der Philosophie definiert und interpretiert worden war, unbekannte und ungeahnte Möglichkeiten enthalten könnte, oder daß der Mensch die Natur eines Tages soweit in seine Gewalt bekommen würde, daß eine Zerstörung der Erde durch menschliche Instrumente mindestens möglich werden könnte, noch daß das Resultat eines tieferen Wissens von der Natur gerade der Zweifel an der Existenz von Naturgesetzen überhaupt sein würde.

Der Mensch des 20. Jahrhunderts ist von der Natur genau so emanzipiert, wie der Mensch des 18. Jahrhunderts von der Geschichte emanzipiert war. Geschichte wie Natur sind uns fremd geworden, das Wesen des Menschen ist mit ihnen nicht mehr zu erfassen. Weder Geschichte noch Natur bieten uns ein umfassendes Ganzes, in dem wir uns geistig zu Hause fühlen könnten. Andererseits aber ist *die Menschheit*, die dem Menschen des 18. Jahrhunderts nicht mehr als ein Begriff und ein

Ideal war, für uns zu einer harten und unausweichlichen Tatsache geworden; die Völker sind nicht mehr durch Raum und natürliche Hindernisse und die damit verknüpften unübersteiglichen geistigen Wälle von Geschichte und Kultur getrennt.

Diese neue Situation, in der ›die Menschheit‹ faktisch die Rolle zu spielen beginnt, die früher der Natur oder der Geschichte zugeschrieben war, hat zur unmittelbaren Folge, daß jene faktische Mitverantwortlichkeit, die die Mitglieder jedes nationalen Gemeinwesens für die in ihrem Namen begangenen Taten oder Untaten tragen, sich nun in die Sphäre des internationalen Lebens hinein zu erstrecken beginnt. Die Völker der Welt haben ein undeutliches Vorgefühl dieser neuen Bürde und fliehen vor ihr in einen Nationalismus, der um so gewaltsamer ist, als seine Intentionen ständig vereitelt werden. Die Völker fühlen, daß sie Gefahr laufen, für Sünden »bestraft« zu werden, die auf der anderen Seite des Globus begangen worden sind, hatten aber noch nicht viel Gelegenheit zu lernen, daß gleichermaßen jeder anderswo gemachte richtige Schritt ihnen ebenfalls zugute kommen wird.

Das Heraufkommen der Menschheit als einer politischen Einheit schafft eine Situation, in welcher der von Justice *Jackson* in den Nürnberger Prozessen aufgestellte Begriff des »Verbrechens an der Menschheit« zur grundlegenden Idee des internationalen Rechts wird. Doch muß man begreifen, daß das internationale Recht mit diesem Gedanken seine gegenwärtige Sphäre überschreitet, denn diese hat es nur mit Gesetzen und Abkommen zu tun, welche in Frieden und Krieg den Verkehr souveräner Nationen regeln, und in die Sphäre einer Gesetzlichkeit hinübertritt, die *über* den Nationen steht. Diese neue Art von Gesetzgebung kann Vergehen wie Angriffskriege, kriminelle Kriegführung, Vertragsbrüche und Unterdrückung des eigenen oder fremder Völker unter den gegenwärtigen Umständen nicht zu ihrem Gegenstande machen. Allen derartigen Überschreitungen wird man in Zukunft ebenso begegnen müssen, wie es in der Vergangenheit geschah, nämlich durch vereinte Aktion der betroffenen Nationen; sie können im gegenwärtigen Rahmen politischer Organisation und unter der Voraussetzung der staatlichen Souveränität schwerlich anders als durch internationale oder gegenseitige Verträge und Bündnisse für ungesetzlich erklärt werden. Diese Vergehen greifen die Rechte von Staatsbürgern an, Staatsbürgerrechte des eigenen oder eines fremden Gemeinwesens, die wiederum von Staatsbürgern, in Nationen oder Parteien organisierten Staatsbürgern, verteidigt werden müssen; solche Vergehen richten sich nicht eigentlich gegen die Menschenrechte. Denn der Mensch hat rein als Mensch nur ein einziges Recht, das über alle seine verschiedenartigen Rechte als Staatsbürger hinausgeht: das Recht, niemals seiner Staatsbürgerschaft beraubt zu werden, das Recht, niemals ausgeschlossen zu werden von den Rechten, die sein Gemeinwesen garantiert. (Eine solche Ausschließung liegt nicht vor, wenn er ins Gefängnis gesperrt, wohl aber, wenn er ins Konzentrationslager gesteckt wird.) Nur die Ausschließung vom Gemeinwesen überhaupt stößt den Menschen aus jenem gesamten Bereich der Legalität, worin Rechte aus den gegenseitigen Garantien entspringen, die sie allein sichern können.

Totalitäre Regierungen haben das ›Verbrechen gegen die Menschheit‹ sozusagen zu ihrer Spezialität gemacht. Es wird auf lange Sicht eher schaden als nützen, wenn wir diese oberste und einzig dastehende Art von Verbrechen mit einer ganzen Reihe von anderen Verbrechen zusammenbringen, die von totalitären Regierungen ebenfalls unterschiedslos begangen werden, wie etwa Ungerechtigkeit und Ausbeutung, Raub der Freiheit und politische Unterdrückung. Derartige Verbrechen sind in allen Arten von Tyranneien und Despotien gebräuchlich und werden schwerlich je als genügend befunden werden, um eine *Einmischung* in die Angelegenheiten eines anderen Landes zu rechtfertigen. Sowjetrußlands aggressive und imperialistische Außenpolitik hat sich Verbrechen gegen viele Völker zuschulden kommen lassen, und das ist gewiß eine Angelegenheit, die die ganze Welt angeht; dennoch bleibt die Sache Gegenstand gewöhnlicher Außenpolitik im internationalen Maßstabe und kann nicht zur Sorge der Menschheit als solcher, nicht zum Gegenstand eines möglichen Rechts über den Nationen werden. Die Konzentrationslager totalitärer Staaten dagegen, in denen Millionen von Menschen sogar der zweifelhaften Vorteile der Gesetze ihres eigenen Landes beraubt sind, könnten und sollten zum Gegenstand einer Aktion werden, die die Rechte und Regeln der Souveränität nicht mehr respektiert.

Dem *einen* Verbrechen gegen die Menschheit steht das *eine* Menschenrecht gegenüber. Um die *Bill of Rights of the United Nations* und ihrer auffälligen Mängel an Wirklichkeitssinn zu verteidigen, hat man zuweilen damit argumentiert, daß die bloße Aufzählung von Rechten dazu diene, die Gesetzgebung reaktionärer Länder anzuspornen. Dieses Argument wäre von noch größerer Gültigkeit, wenn die *Bill of Rights* nicht den Anspruch erhöbe, der legale Ausdruck der Menschenrechte zu

sein. In der Tat könnten sich aus der Aufstellung und Aufzählung existierender Rechte große Vorteile ergeben, und diese könnten recht wohl zu den Segnungen zählen, die sich aus der wachsenden Verbundenheit der Nationen untereinander ergeben werden. Doch ebenso klar ist die Gefahr des Anspruchs, daß alle diese Rechte nicht mehr und nicht weniger seien als die Verkörperung der Menschenrechte selbst: eines könnte uns dieser Schmelztiegel von Rechten höchst heterogener Art und Herkunft nur zu leicht übersehen und vernachlässigen lassen, nämlich dieses eine Recht, ohne das keines von all den anderen Rechten realisierbar ist, das Recht, einem politischen Gemeinwesen zuzugehören.
Gleich allen anderen Rechten kann auch dieses eine Menschenrecht nur durch gegenseitige Vereinbarung und Garantie sich realisieren. Als Recht der Menschen auf Staatsbürgerschaft transzendiert es aber die Rechte des Staatsbürgers und ist somit das einzige Recht, das von einer Gemeinschaft der Nationen, und nur von ihr, garantiert werden kann.

4. Hermann Lübbe
Dezisionismus – eine kompromittierte politische Theorie

»Dezisionismus« ist der Name einer kompromittierten Theorie politischer Entscheidung. Diese Theorie lehrt, die Geltung einer politischen Entscheidung bestehe »unabhängig von der Richtigkeit ihres Inhalts«; die Entscheidung sei, »normativ betrachtet, aus einem Nichts geboren«, und sie schneide, nachdem sie einmal getroffen worden ist, »die weitere Diskussion darüber, ob noch Zweifel bestehen können, ab«. Kompromittiert ist diese Lehre, weil man in ihr die Rechtfertigung eines politischen Irrationalismus erkannt hat, der die Wahrheitsfähigkeit politischer Fragen leugnet und ihre Beantwortung als eine Sache von Machtentscheidungen auffaßt. Kompromittiert ist der Dezisionismus auch deswegen, weil der prominenteste unter seinen Vertretern, Carl Schmitt, zeitweise ein Parteigänger der nationalsozialistischen Diktatur war. 1922 schrieb Carl Schmitt die eingangs zitierten Sätze. Nach den Entscheidungen des Jahres 1933 schnitt dann Hitler in der Tat »die weitere Diskussion darüber, ob noch Zweifel bestehen ..., ab«.
Die in der gegenwärtigen intellektuellen theoretischen und ideologischen Auseinandersetzung gängige Charakteristik des

Dezisionismus stammt von Jürgen Habermas. In der Festschrift für Hans Barth schrieb er 1964, nach dezisionistischer Lehre falle die politische Entscheidung im Kampf zwischen Alternativen, »die zwingender Argumente entraten und einer verbindlichen Diskussion unzulänglich bleiben«. Vor Carl Schmitt sei schon Max Weber als Repräsentant dieser Lehre auszumachen, und Carl Schmitt seinerseits als sein »legitimer Schüler«. Im Gegensatz zum so charakterisierten Dezisionismus wird dabei offensichtlich angenommen, rationales politisches Handeln folge Entscheidungen, deren Verbindlichkeit keine andere ist als die Verbindlichkeit »zwingender Argumente«. Entscheidung in diesem Sinn wäre schlicht Resultat »einer verbindlichen Diskussion«.

Unzweifelhaft erfreut sich diese Vorstellung von der Gründung der Verbindlichkeit politischer Entscheidung in diskursiv festgestellter Wahrheit gegenwärtig großer Zustimmung, insbesondere bei der jungakademischen Neuen Linken. Deren Pathos hat sich an dieser Vorstellung entzündet, und ihre politische Unduldsamkeit auch. Denn wer darf wider diejenigen sein, die nichts anderes vertreten als die praktische Konsequenz aus der Wahrheit »zwingender Argumente«? Wenn die Verbindlichkeit politischer Entscheidungen keine andere ist als die Verbindlichkeit »verbindlicher Diskussionen« – dann schließt der Respekt vor getroffenen Entscheidungen die Zustimmung zur diskursiv ermittelten Wahrheit ein, und umgekehrt gibt es einen politischen Respekt vor getroffener Entscheidung nicht, solange die Wahrheit, auf deren Anspruch die Legitimität der Entscheidung beruht, sich einem noch nicht erschlossen hat.

Man erkennt: die Identifizierung der Verbindlichkeit politischer Entscheidungen mit der Verbindlichkeit diskursiv ermittelter Wahrheit hat entweder totalitäre oder anarchistische Konsequenzen. Es ist kein Zufall, vielmehr eine Sache von einsichtiger Konsequenz, daß beides, Anarchismus wie Totalitarismus, zum politischen Phänotyp der Neuen Linken gehört.

Liberale politische Ordnung setzt demgegenüber voraus, daß die Verbindlichkeit politischer Entscheidungen, wie sie zum Beispiel der Gesetzgeber trifft, eine andere ist als die Verbindlichkeit von Wahrheitsansprüchen in den Begründungen, die materiell solchen Entscheidungen zugrunde liegen. Die Wahrheitsfähigkeit politisch-praktischer Fragen wird damit nicht in Zweifel gezogen. Es wird lediglich geltend gemacht, daß die Verbindlichkeit der politischen Entscheidung solcher Fragen nicht an unserer Anerkennung der Wahrheitsansprüche hängt,

die argumentativ in der Entscheidungsbegründung erhoben worden waren. Die so bestimmte Trennung von Geltung und Wahrheit im politischen Entscheidungsprozeß macht die entscheidungstheoretische Substanz liberaler politischer Ordnung aus, und in der argumentativen Sicherung dieser Substanz ist es allerdings unvermeidlich, in einige Nähe zur Tradition des kompromittierten sogenannten Dezisionismus zu geraten.
Ist das nicht kompromittierend? Auf diese Frage läßt sich dreierlei antworten. Zunächst gilt auch in diesem Zusammenhang die Empfehlung Ernst Blochs, Wahrheiten nicht zu verschenken, und zwar auch dann nicht, wenn das hieße, sie rechts liegen zu lassen. Sodann: es ist eine liberale Tugend, Person und Sache zu trennen, und es gäbe nicht mehr viel, worauf wir uns stützen könnten, wenn nichts darunter sein dürfte, worauf auch solche sich beriefen, von deren Praxis wir uns distanzieren. Schließlich hat der sogenannte Dezisionismus eine Vorgeschichte in klassischen Traditionen, deren Erbe reich ist, so daß es sich lohnt, um es zu streiten. Aus dieser Tradition möchte ich zunächst drei Argumentationen wiederholen, die zur Vorgeschichte des Dezisionismus gehören. Abschließend werde ich dann die aktuelle politische Entscheidungstheorie Max Webers gegen ihre zeitgenössische Kritik verteidigen. Bei der Rekonstruktion der traditionellen dezisionistischen Argumentationen beschränke ich mich auf diejenigen, auf die sich der gegenwärtige Dezisionismus ausdrücklich beruft, und ich folge dabei der Intention dieser Berufung.

Auctoritas, non veritas facit legem

Die Rolle des Erzdezisionisten spielt in Zustimmung und Kritik *Thomas Hobbes*. Als Quintessenz seiner einschlägigen Theorie pflegt man einen vielzitierten Satz anzuführen. Dieser berühmt-berüchtigte Satz lautet: Auctoritas, non veritas facit legem. Wir erkennen in diesem Satz mühelos die bedenkliche Trennung von Geltung und Wahrheit wieder, gegen die sich die Kritik am Dezisionismus richtet. Wie kommt es zu diesem Satz? Mit diesem Satz wird eine politische Summe aus Erfahrungen konfessioneller Bürgerkriege gezogen. Der Bürgerkrieg konfessioneller Parteien in Frankreich, in England oder in den Niederlanden war freilich stets zugleich auch ein Kampf um pragmatisch definierbare politische Interessen. In seinem ideologischen Kern jedoch war er ein Kampf konkurrierender Heilswahrheiten. Nur von daher läßt sich die Härte dieses

Kampfes verstehen. Eine Wahrheit des Heils läßt es nicht zu, daß man sich nur bedingungsweise auf sie einließe. Sie ist unbedingt, und sie ist total, indem sie das Ganze des menschlichen Lebens betrifft und umgreift. Total ist infolgedessen aber auch der Gegensatz, in den im Zeitalter konfessioneller Selbstentzweiung alter europäischer Glaubenseinheit zwei konkurrierende Heilswahrheiten zueinander geraten mußten. Zwei Heilswahrheiten, sofern sie jeweils die Totalität des menschlichen Daseins betreffen, schließen sich total aus. Von der einen zur anderen gelangt man nicht auf der Brücke versöhnlerischer Kompromisse, sondern einzig durch Bekehrung und Widerruf begangener Ketzerei. Das erklärt die totale Gewalt, die jeder Versuch annehmen mußte, mit den Mitteln politischen Zwangs die zerstörte Einheit der Bürgerschaft in der einen, unteilbaren Heilswahrheit wiederherzustellen.

Der im Zerfall seiner Einheit den politischen Frieden zerstörende Glaube war seiner Natur nach unfähig, die rettende Antwort auf die Herausforderung durch das friedenszerstörende Faktum seiner Selbstentzweiung zu finden. Der Glaube ist stets vor allem an seiner Integrität interessiert, und diesem Interesse entsprechend mußte die Antwort des Glaubens ausfallen. Sie lautete: Der politische Friede läßt sich nur wiederherstellen über die Wiedervereinigung aller im wahren Glauben; auf seine unteilbare Wahrheit muß sich der Friede gründen.

Was aber der wahre Glauben sei – eben darüber dachte eine jede Konfession anders: Katholiken und Calvinisten, Hochkirchler und Independentisten, Remonstranten und Kontraremonstranten. In ihrem Eifer, den Frieden über einen allgemeinen Konsens in der Wahrheit zu gründen, zerstörten sie gerade diesen Frieden, und genau aus diesem Dilemma weist nach dezisionistischer Interpretation der zitierte Satz des Thomas Hobbes den Ausweg. Gewiß: Hobbes war ein Parteigänger des staatskirchenlichen Absolutismus, und insofern war auch für ihn die Geltung eines öffentlichen Bekenntnisses als Element dieses Absolutismus selbstverständlich. Aber er erklärt die Autorität des Souveräns anstelle der Wahrheit des Bekenntnisses zum Grund seiner öffentlichen Geltung, und eben damit entlastet er die bürgerliche Verpflichtung zur Anerkenntnis dieser Geltung vom Gewissenszwang zu dieser Anerkenntnis aus Wahrheitsgründen. Die Pragmatik dieser Trennung von Wahrheit und Geltung ist die Pragmatik einer Friedensraison. In ihr triumphiert der politische Wille zum Frieden über den Willen zum politischen Triumph der Wahrheit. Das ist das Konzept eines bürgerlichen Friedens, der nicht mehr auf der allgemeinen Anerkenntnis und inneren Zustimmung zu den lebensorientierenden Wahrheiten beruht. Das Konzept eines solchen Bürgerfriedens geht von der Prämisse aus, daß die lebenssinnstiftenden Wahrheiten konsenshaft nicht mehr feststellbar sind, so daß der Friede ohne Bezug auf diese Wahrheiten definiert werden muß. Die Theologen mögen argumentieren und diskutieren. Aber was gilt, soll nicht mehr deswegen gelten, weil ihre Argumente »zwingend« und ihre Diskussionen »verbindlich« sind. Es soll gelten kraft politischer Entscheidung, die es zur Entlastung seines Gewissens jedermann freistellt, privatim die Wahrheit an ganz anderer Stelle zu vermuten. Die dezisionistische Formel »auctoritas, non veritas facit legem« ist also eine Friedensformel. Nach Maßgabe dieser Formel läßt sich einerseits allerdings ein verbindliches öffentliches Bekenntnis wenn nicht begründen, so doch in Kraft setzen. Andererseits, indem diese Formel für die öffentlich geltenden Religionsgesetze nicht die Wahrheit der Religion, sondern die Autorität des friedenssichernden politischen Entscheidungsmonopolisten in Anspruch nimmt, schont sie das Gewissen der Dissidenten.

Dieser Dezisionismus ist, wie man sieht, eine Vorform späterer Gewährung der Toleranz gegenüber abweichenden subjektiven religiösen Wahrheitsüberzeugungen. Diese Toleranz, zu deren Theorie im 17. Jahrhundert vor allem die Philosophen Spinoza und Locke beigetragen haben, ist ihrerseits eine Vorläuferin späterer Religionsfreiheit, durch die das abweichende religiöse Bekenntnis, anstatt es lediglich zu tolerieren, in den Status eines subjektiven, das heißt einklagbaren Rechts versetzt wird.

Nachdem die Religionsfreiheit bei uns überall im wesentlichen uneingeschränkt gilt, kann man natürlich zweifeln, ob der skizzierte Hobbesianische Dezisionismus, der in der Genesis dieser Freiheit eine Epoche bedeutet, noch irgendeine Aktualität besitzt. Immerhin sollten wir nicht vergessen, daß wir es im Marxismus mit einer herrschenden Doktrin zu tun haben, deren Begründer als Ziel proklamierte, die Religionsfreiheit durch die Freiheit von der Religion zu ersetzen und somit, zum Beispiel und wörtlich, die »Judenemanzipation« durch »die Emanzipation der Menschheit vom Judentum«. Das geschah und geschieht natürlich im Namen einer neuen, höheren Wahrheit, die in ihrem exklusiven politischen Anspruch in »verbindlicher« Diskussion festgestellt ist und durch »zwingende« Argumente gesichert. Durch diese Wahrheit definiert das sich selbst so nennende Weltfriedenslager seine Identität, und zum wahren und ewigen Frieden sieht es uns über die universelle Anerkenntnis der Wahrheit gelangen, das heißt über die Vereinigung aller in jenem Lager. Insoweit befinden wir uns in einer Situation, die uns, mutatis mutandis, in der Struktur prätendierter Verbindung von Frieden und Wahrheit von Hobbes her schon vertraut ist. Hobbes war Dezisionist, indem er diese Verbindung löste und den Frieden, anstatt ihn auf die Anerkennung der Wahrheit zu gründen, zu einem politischen Gut erklärte, das vor dem Gut der Übereinstimmung aller in dieser Wahrheit den Vorrang hat. Die Anerkennung eben dieses Vorrangs wurde mit der Verkündigung der außenpolitischen Koexistenz-Doktrin auch unter Marxisten zur Verpflichtung. Wie schwer das fiel und immer noch fällt, läßt sich daran erkennen, daß Lenin selbst als Erz-Lehrer dieser Doktrin heute herhalten muß. Damit hat man, durch Künste politischer Hermeneutik, den politischen Vorrang des Friedens vor dem Universal-Konsens in der Wahrheit durch angebliche Verlautbarungen des Lehrers dieser Wahrheit selbst legitimiert. Aber ein dezisionistischer Wurm ist nun gleichwohl im System. Es wurmt, daß die politische Geltung von Wahrheitsansprüchen mit der prätendierten materiellen Geltung dieser Ansprüche nicht deckungsgleich ist und politische Respektierung dieser Diskrepanz unumgänglich. Wer diese Diskrepanz anerkennt, hat bereits implizit unterschieden zwischen politischer oder sozialer Geltung eines Anspruchs einerseits und seiner sachlichen oder logischen Geltung andererseits, und diese Unterscheidung ist die Basis-Unterscheidung, auf die sich die Entscheidungs-Theorie des sogenannten Dezisionismus stützt. In der Tat gibt es »zwingende Argumente« und »verbindliche Diskussionen«. Aber der dabei waltende Zwang und die dabei herrschende Verbindlichkeit bewirken niemals mehr als die sachliche oder logische Geltung eines Begründungszusammenhangs. Politische oder soziale Geltung setzt Akte autorisierter Personen oder Institutionen voraus, deren Verbindlichkeit andere Gründe hat als die Gründe, die diese Personen oder Institutionen materiell für ihre Entscheidungen in Anspruch nehmen. Wo man diese Trennung von institutioneller oder verfahrensmäßiger und sachlicher Verbindlichkeit nicht anerkennt, ist einem zugemutet, dem Willen der herrschenden Partei nicht nur deswegen zu folgen, weil er der herrschende Wille ist, sondern überdies deswegen, weil die Partei recht hat. Das ist der theoretische Ursprung des bekannten Refrains im Liedchen der Jungen Pioniere: Die Partei, die Partei, die hat immer recht ... Der Grundsatz des dezisionistischen Absolutisten Thomas Hobbes »auctoritas, non veritas facit legem« klingt demgegenüber geradezu liberal.

Morale par provision

Descartes hat der Entscheidungstheorie des sogenannten Dezisionismus durch seine Theorie einer »morale par provision« vorgearbeitet. Diese Theorie macht geltend, daß wir es uns in der Praxis des Lebens nicht leisten können, die Tugend wissenschaftlicher Praxis zu üben und in unserem Handeln stets nur von Voraussetzungen auszugehen, die als bewiesene Voraussetzungen gelten können. Als Descartes dachte und schrieb, war die Wissenschaft und die ihr folgende Technik kaum schon »Produktivkraft«, und sie gehörte noch nicht zum Ensemble materieller Bedingungen unserer physischen und sozialen Existenz. Sie war, sozusagen, eine Sache reiner Theorie, und eben deswegen war es möglich, dem Programm ihrer radikalen Erneuerung den Grundsatz voranzustellen, »niemals eine Sache als wahr anzunehmen, von der ich nicht evidentermaßen erkenne, daß sie wahr ist«. In der Praxis des Lebens dagegen genügt es nicht, »das Haus, in dem man wohnt, nur abzureißen, bevor man mit dem Wiederaufbau beginnt ..., sondern man muß auch für ein anderes Haus vorgesorgt haben, in dem man während der Bauzeit bequem untergebracht ist«. Im Prinzip hindert uns natürlich nichts, auch die uns in unserer Lebenspraxis leitenden Grundsätze überlieferter Sittlichkeit radikal in Frage zu stellen, unseren Vorurteilen nachzuspüren, die Widersprüchlichkeiten im System herrschenden Moral aufzudecken. Im Philosophischen Seminar kann man, wie es heute zum Beispiel in Erlangen geschieht, in der Tat den Versuch machen, auch die Ethik von Grund auf zu rekonstruieren. Inzwischen aber muß man leben, ist man gezwungen zu handeln, bedarf man der praktischen Orientierung. Woran soll man sich dabei halten? An die überlieferten Grundsätze traditional geltender Sittlichkeit, so lautet Descartes' Empfehlung, und sie bilden die von ihm so genannte Morale par provision.
Damit legitimiert Descartes die Geltung von Tradition dezisionistisch. Bei dieser Legitimation wird anerkannt und vorausgesetzt, daß wir in der Tat mancherlei Gründe haben anzunehmen, daß die Traditionen moralischer und politischer Art, die unsere Lebenspraxis bestimmen, mangelhaft und revisionsbedürftig sind. Aber die Revision kann stets nur im Detail

erfolgen, während wir im übrigen nicht umhinkönnen, uns auf die Tradition zu verlassen, und zwar unabhängig davon, wie weit wir mit dem Unternehmen ihrer Generalrevision bereits gelangt sind. Tradition gilt nicht aus der Evidenz ihrer guten Gründe, sondern aus der Evidenz der Unmöglichkeit, ohne sie auszukommen. Die Cartesianische Morale par provision ist die Theorie dieser Sorte von Geltung. Sie ist dezisionistisch, indem sie lehrt, daß wir nicht umhinkönnen, die Geltung von Grundsätzen moralischer und sonstiger Praxis vorauszusetzen, obwohl diese Grundsätze materiell nicht durch »zwingende Argumente« gesichert und im Verlauf einer »verbindlichen Diskussion« beschlossen worden sind.

Der theoretische Kern in der dezisionistischen Begründung der Geltung von Tradition ist das Zeitmangelargument. Nur in der reinen Theorie haben wir Zeit genug, Zweifel um Zweifel zu lösen, und nur hier ist Korrektur von Irrtümern ohne nachteilige Folgen jederzeit möglich. In der Praxis des Lebens jedoch »dulden die Handlungen ... keinen Aufschub«, so daß wir, »wenn es nicht in unserer Macht steht, die wahren Ansichten zu erkennen, den wahrscheinlichsten folgen sollten«. Und wenn die Lage die ist, daß wir handeln müssen, ohne daß wir die Annahmen über die Wirklichkeit, von denen wir dabei ausgehen, nach Graden der Wahrscheinlichkeit unterscheiden könnten, so »sollten wir uns nichtsdestoweniger zu irgendeiner entscheiden und sie hernach, soweit sie für die Praxis Bedeutung hat, nicht mehr als zweifelhaft, sondern als ganz wahr und ganz sicher ansehen«. Descartes hat diesen dezisionistischen Grundsatz durch die berühmte Metapher des Verirrten im Wald erläutert. Dessen Lage wäre aussichtslos, wenn ihm nichts anderes einfiele als »umherzulaufen«. Wenn überhaupt etwas Rettung bringt, so ist es der unverzügliche Entschluß, »so geradewegs wie möglich immer in derselben Richtung zu marschieren«, und die Wahl dieser statt jener Richtung ist eine Dezision, sofern diese Wahl unter Zeitdruck erfolgt, der eine Entscheidung erzwingt, ohne daß wir über Gründe verfügten, materiell diese statt jener Richtung für die Richtung des rettenden Auswegs zu halten.

Selbstverständlich steht nichts entgegen, die so begründete Dezision ihrerseits als ein durch »zwingende Argumente« gesichertes Resultat einer »verbindlichen Diskussion« aufzufassen, und es ist billig zu fordern, daß alle, die von einer zu treffenden Dezision betroffen wären, Gelegenheit haben sollten, sich an dieser Diskussion zu beteiligen. Was aber, wenn die zutreffende Dezision in kürzerer Frist fallen muß, als wir benötigen, um ihre Verbindlichkeit diskursiv sicherzustellen? Angesichts solcher Lagen kommen wir nicht umhin anzuerkennen, daß der Zwang zur Dezision prinzipiell weiter reicht als unsere Chance, diesen Zwang seinerseits materiell durch Konsens zu legitimieren. Soweit das zutrifft, ist es vernünftig, prophylaktisch Entscheidungskompetenzen zu institutionalisieren, deren Dezisionen, gegebenenfalls, nicht wegen der einen Universal-Konsens stiftenden Evidenz ihrer Fälligkeit gelten, sondern deswegen, weil sie zur Entscheidung institutionell autorisiert waren.

Primat der praktischen Vernunft

Ein dezisionistisches Element enthält auch die Moraltheorie Kants. Das Ideal, an welchem wir uns, handelnd, in letzter Instanz orientieren, ist nach Kant das Ideal einer moralischen Weltordnung. Was ist eine moralisch geordnete Welt? Moralisch geordnet ist diejenige Welt, in der es die Menschen so gut haben wie sie es sind. In dieser Welt koinzidieren Glück und die moralische Würdigkeit, des Glücks teilhaftig zu sein.
Offensichtlich leben wir nicht in einer solchen Welt. Von den beiden Elementen einer moralisch geordneten Welt, dem Glück einerseits und der moralischen Reinheit unseres guten Willens andererseits, steht nur dieser gute Wille gänzlich zu unserer Disposition. Der moralisch Handelnde verfügt nicht über ein Wissen, das ihm nach sozialen Gesetzen einer interaktionistischen Kausalität für seine guten Taten den Lohn eines guten Lebens verhieße. Die Zumutung, gleichwohl moralisch handeln zu sollen, obwohl es keinerlei Garantie für ein unserer moralischen Würdigkeit entsprechendes gutes Leben gibt, läßt sich allein dezionistisch begründen. Das moralische Gesetz gebietet, wie ein verinnerlichter absolutistischer Souverän, unbedingt, das heißt es stützt seinen Anspruch nicht auf die erwiesene Wahrheit, daß die Welt, in der moralisch zu handeln uns zugemutet ist, eine moralisch geordnete Welt sei. Erwiesen ist lediglich, daß überhaupt keine Chance besteht, die Ordnung dieser Welt in eine moralische zu verwandeln, wenn wir uns nicht, und zwar jeder einzelne jetzt, entscheiden, moralisch zu handeln, ohne des Lohns dieser unserer Moralität gewiß zu sein. Die Entscheidung für die Moralität ohne theoretische Gewißheit ihrer glücksfördernden Wirkung in Beziehung auf unsere eigene Person ist das einzige, was uns in der theoretisch unbegründeten Hoffnung zu tun bleibt, dadurch den moralischen Zustand der Welt zu verbessern.

Die Verpflichtung zum moralischen Handeln ohne Absicherung durch die theoretische Gewißheit seines Nutzens – das ist die moraltheoretische Quintessenz der Lehre vom Primat der praktischen Vernunft vor der theoretischen. Diese Argumentation gleicht strukturell, wie man erkennt, dem Dezisionismus in der Argumentation Descartes', nach der Verirrte sich zum richtungskonsequenten Aufbruch entschließen müssen, obwohl es über die formale Vernünftigkeit dieses Entschlusses hinaus keine theoretische Garantie seiner materiellen, inhaltlichen Richtigkeit gibt. Analog zur Situation von Verirrten wissen wir nicht, ob und inwieweit wir durch die moralische Entscheidung, stets nur guten Willens zu handeln, einer guten Welt tatsächlich näher kommen. Wir wissen lediglich, daß es das einzige ist, was von den Elementen einer guten Welt gänzlich zu unserer eigenen Disposition steht. Verallgemeinert besagt dieses Argument, daß wir, handelnd, in letzter Instanz souverän stets nur in bezug auf unsere Absichten sind – nicht dagegen in bezug auf die Wirkungen und Nebenwirkungen unseres Handelns. Wer, nachdem das Unglück, das er angerichtet hat, passiert ist, erklärt, er habe doch nach bestem Wissen und Gewissen gehandelt, gesteht damit zu, daß das Gewissen eine Instanz moralischer Dezisionen ist, deren Kompetenz zwangsläufig weitergespannt ist als das Wissen, das in diese Dezisionen eingeht. Der moraltheoretische Dezisionismus ist insofern nicht eine Theorie, der die sogenannte Wahrheitsfähigkeit moralisch-praktischer Entscheidungen leugnet. Der Dezisionismus macht lediglich geltend, daß die Notwendigkeit zur moralischen Entscheidung weiter reicht als der Kreis unserer faktischen Möglichkeiten, die Wahrheit unserer Annahmen über die Wirklichkeit, die in unsere moralischen Entscheidungen eingehen, durch »zwingende Argumente« und »verbindliche Diskussionen« zu sichern.

Wir können an dieser Stelle bereits eine pragmatische Gemeinsamkeit aller bisher behandelten dezisionistischen Handlungstheorien formulieren. Ich sehe diese Gemeinsamkeit in einer Entlastungsabsicht. Hobbes' dezisionistische Formel entlastet uns von dem Zwang, dem, was öffentlich für eine verpflichtende Wahrheit gilt, auch innerlich zustimmen zu sollen. Er setzt damit die Innerlichkeit frei, entlastet unser Gewissen durch Gewährung einer Vorbehaltschance. Descartes' dezisionistische Traditionsrestitution entlastet uns von dem zerstörerischen Zwang, in der Praxis so radikal sein zu müssen wie in der Theorie. Er entlastet uns vom Zwang zur Revolution in Permanenz. Er entlastet uns von der Zumutung, annehmen zu sollen, daß die Tradition wegen ihrer erwiesenen Richtigkeit gilt. Sie gilt wegen der Nicht-Existenz einer aktuell realen Alternative. Kants moraltheoretischer Dezisionismus entlastet uns von der untragbaren Verantwortung für die Totalität der Folgen unserer Handlungen und entlastet uns damit vom Zwang, für unser Handeln eine theoretische Garantie ihres objektiven, bleibenden Sinns finden zu müssen. Die Moralität unserer Handlungen, das heißt der gute Wille, stiftet diesen Sinn subjektiv-praktisch.

Über den Grund unserer Verbindlichkeiten: Diskussion oder Entscheidung?

In der aktuellen Dezisionismus-Kritik spielt *Max Weber* die Rolle des Klassikers einer Theorie, die eine Begründung von Normen nach Analogie der Begründung von Behauptungen über die Wirklichkeit für unmöglich erklärt, und die entsprechend die politische Geltung von Normen auf unableitbare Dezisionen von Machthabern zurückführt. In der Tat können wir bei Max Weber Sätze lesen, die zu einer solchen Theorie, wie sie ihm unterstellt wird, zu gehören scheinen. Einen der meistzitierten einschlägigen Sätze möchte ich auch hier zitieren. Aus Max Webers Darlegungen zum Sinn der sogenannten Wertfreiheit der Sozialwissenschaften zitiere ich den Satz, in welchem Max Weber sich zur Frage äußert, »wie Konflikte zwischen mehreren in concreto kollidierenden, gewollten oder gesollten Zwecken zu schlichten seien«. Der schlimme Satz, mit dem Max Weber auf diese Frage antwortet, lautet: »Es gibt keinerlei (rationales oder empirisches) wissenschaftliches Verfahren irgendwelcher Art, welches hier eine Entscheidung geben könnte.«
Das ist nun ein Satz, der eindeutig zu belegen scheint, was neben anderen Kritikern besonders wirkungsreich Max Horkheimer der Weberschen Philosophie vorgeworfen hat. In dieser Philosophie danke, so Horkheimer, die Vernunft als »praktische Vernunft« ab und verbleibe als »instrumentelle«. Max Weber, so Horkheimer, habe sich »keinerlei Rationalität« vorzustellen vermocht, »vermöge deren der Mensch einen Zweck von einem anderen unterscheiden kann«. Webers Werk sei die Verzichturkunde »der Philosophie und Wissenschaft, was ihr Bestreben angeht, das Ziel des Menschen zu bestimmen«. Jürgen Habermas hat später, wie bereits angeführt, diese Weber-Interpretation zu der personalisierten Qualifikation

gesteigert, »daß Carl Schmitt ein legitimer Schüler Max Webers« sei.
Ich möchte eine andere Interpretation der zitierten These Max Webers vorschlagen. Dem Schein des zitierten Satzes zum Trotz leugnet Max Weber keineswegs die rationale Begründbarkeit von Handlungszielen. Max Weber besaß ja, im Unterschied zu anderen Gelehrten, Intimität mit der Realität des politischen Lebens, und entsprechend hat Max Weber auch am Faktum der Begründbarkeit von Normen nicht zweifeln können. Denn es liegt ja auf der Hand, daß von unseren Parlamenten bis zu den höchsten Gerichten und von den Parteitagen bis zu den Synoden ständig Instanzen tätig sind, Normen zu begründen, allgemeine Gesetze nämlich oder Statuten, die im Bereich ihrer Zuständigkeit, nachdem sie beschlossen sind, dann für alle gelten. Keine Person, keine Partei, keine Fraktion, keine Regierung oder sonstige dazu legitimierte Stelle könnte ja in der Tat einen Vorschlag zur Einführung einer Norm machen, ohne daß sie zugleich eine Begründung für diesen Vorschlag mitlieferte. Die Geschäftsordnungen unserer Parlamente, kirchlichen Synoden und Parteitage pflegen denn auch für Normenbeschlußanträge ausdrücklich vorzuschreiben, daß solchen Anträgen Begründungen beizugeben sind. Das ist trivial, und diese Trivialität kann Max Weber mit seiner berühmt-berüchtigten These, politischen Zielkonflikten sei mit wissenschaftlichen Mitteln nicht beizukommen, auch nicht geleugnet haben. Max Webers These von der Nicht-Existenz wissenschaftlicher Verfahren zur Lösung politischer Zielkonflikte bezieht sich nicht auf Normenbegründungsverfahren, sondern auf Normendurchsetzungsverfahren, und beide Verfahren gilt es zu unterscheiden. Indem wir Normen begründen, sichern wir ihre sachliche oder, was den Ableitungszusammenhang der sie begründenden Sätze anbelangt, ihre logische Geltung. Erst in Normendurchsetzungsverfahren erlangen die Normen politisch ihre soziale, speziell gesetzliche Geltung. Die mit wissenschaftlichen Mitteln besorgte Normenbegründung ist in den Verfahren der Normendurchsetzung oder Normeninkraftsetzung immer nur ein Element unter anderen, und zwar gerade nicht das Element, das nach getroffener Entscheidung die soziale Geltung der Norm begründet. In jeder parlamentarischen oder synodalen Debatte kommt ja schließlich der Punkt, an welchem Argumente nicht mehr gewogen, sondern Stimmen gezählt werden. Und selbst wenn wir unterstellen wollen, daß in den der Begründung von Normenvorschlägen dienenden Debatten exklusiv sonnenklare Argumente vorge-

tragen worden sind, wird ja der Gesetzesentwurf nicht durch diese sonnenklaren Argumente, sondern durch die Abstimmung, in der er eine Mehrheit findet, zum geltenden Gesetz erhoben. Die Abstimmung ist der dezisionistische Akt, in welchem gerade auch in demokratischen Entscheidungsverfahren die Debatte beendet wird. »Verbindlich« ist auch in diesem Falle nicht die »Diskussion«, sondern das Abstimmungsergebnis. Die getroffene Entscheidung gilt nicht wegen der guten Gründe, die für sie sprechen mögen, sondern kraft der Legitimität des Verfahrens. Anders formuliert: nicht die sachlichen Gründe, und auch nicht der logische Ableitungszusammenhang zwischen begründenden Sätzen stiftet die Verbindlichkeit der Normen, deren Geltung wir unterworfen sind, sondern die anerkannte Legitimität der Instanzen, die über die politische Kompetenz der Normensetzung verfügen.

Die Rolle des Mehrheitsprinzips in politischen Entscheidungsverfahren bekundet die Unausweichlichkeit eines dezisionistischen Elements im politischen Handeln. Wenn die Parteien oder Fraktionen sich nicht einig sind und insofern ein Konflikt »zwischen mehreren in concreto kollidierenden, gewollten oder gesollten Zwecken« besteht, so ist es kein »wissenschaftliches Verfahren«, »welches hier eine Entscheidung geben könnte«. Nicht die »Diskussion« stiftet die normative Verbindlichkeit, sondern die Abstimmung, die der Diskussion folgt. Es ist schwer vorstellbar, wie das anders sein sollte, und nichts anderes wollte Max Weber gegenüber anarchistisch-totalitärer Schwärmerei zur Geltung bringen.

Nun ist es allerdings wahr, daß Max Weber mit seiner politischen Theorie der Entscheidung nicht lediglich schiedlich-friedliche Abstimmungsprozeduren im Auge hatte. Am Ende des Ersten Weltkriegs in Deutschland fand er die politische Ordnung dieses Staates durch einen drohenden Bürgerkrieg weltanschauungsparteilich organisierter politischer Kräfte bedroht, und angesichts einer solchen Situation war es dann abermals eine Wahrheit von Gemeinplatzcharakter, daß es nicht wissenschaftliche Verfahren sind, die uns den Ausweg aus einer solchen Situation weisen. Verkünder politischer Heilswahrheiten gab es damals, wie mutatis mutandis auch heute, genug, und Max Weber war der berechtigten Überzeugung, daß in der Politik Heilsverkündung keine friedenstiftende Wirkung hat. Das Problem der politischen Ordnung war für ihn, den politischen Soziologen, ein Problem zweckmäßiger Institutionen, die uns zu akzeptablen Entscheidungen verhelfen, während in den Räumen der Theorie, in philosophischen oder

sonstigen Seminarien, die platonische Gigantenschlacht um die Wahrheit des Seins andauern mag.
Natürlich ist im Prinzip eine politische Ordnung vorstellbar, in der gut begründete Normen aus keinem anderen Grunde gelten, weil sie gut begründet sind. In einer solchen Ordnung wäre in der Tat der einzig beherrschende Zwang der Zwang zwingender Argumente, und alle Verbindlichkeit wäre die Verbindlichkeit verbindlicher Diskussionen. Das Ideal einer solchen Ordnung käme zustande über eine Verschmelzung von Republik und Akademie, und genau diese Verschmelzung hat Platon bekanntlich gewollt. Leider lehrt uns die Erfahrung, daß die politische Orientierung am Ideal einer solchen Ordnung der Einheit von Republik und Akademie zur Erziehungsdiktatur, ja zu schlimmerem Terror drängt, und das ist nicht zufällig so, wie man zeigen könnte. Das bedeutet umgekehrt: wer die spezifisch bürgerlichen Freiheitsrechte von der Glaubensfreiheit über die Meinungsfreiheit bis zur Presse- und Wissenschaftsfreiheit sichern will, muß durch institutionelle Vorkehrungen den Kurzschluß zwischen Wahrheitsanspruch und sozialer Geltung politischer Ziele zu verhindern suchen. Die Probe aufs liberale Exempel dieser dezisionistischen Entscheidungstheorie Max Webers kann jedermann machen. Dafür genügt, sich vorzustellen, daß man als Angehöriger einer unterlegenen Minderheit gezwungen ist, auch für sich selbst gelten zu lassen, was die Mehrheit beschlossen hat. Diese Zumutung, die nur der Utopist als Element politischer Ordnung wegdenken kann, würde unerträglich, wenn sie mit der bindenden Verpflichtung verbunden wäre, nun auch noch die Wahrheitsansprüche anerkennen zu sollen, von deren Geltung die siegende Mehrheit überzeugt war.

Literatur

Aron, R.: Dix-huit leçons sur la société industrielle. Paris 1967.
Bachrach, P.: Die Theorie demokratischer Elitenherrschaft, Frankfurt/M. 1970.
Barry, B.: Political Argument, London 1965.
Birnbaum, P. u. a. (Hg.): Democracy, Consensus and Social Contract, London – Beverly Hills 1978.
Dreitzel, H. P.: Die gesellschaftlichen Leiden und das Leiden an der Gesellschaft, Stuttgart 1972.
Elias, N.: Über den Prozeß der Zivilisation, 2 Bde., Frankfurt/M. 1976.
Etzioni, A.: Die aktive Gesellschaft, Düsseldorf 1975.
Fetscher, I.: Herrschaft und Emanzipation, München 1976.

Ginsberg, M.: On the Diversity of Morals, New York 1957.
Görlitz, A. (Hg.): Handlexikon zur Politikwissenschaft, München 1972.
Habermas, J.: Legitimationsprobleme im Spätkapitalismus, Frankfurt/M. 1973.
Heidelmeyer, W. (Hg.): Die Menschenrechte. Erklärungen, Verfassungsartikel, internationale Abkommen, Paderborn 1972.
Hennis, W. u. a. (Hg.): Regierbarkeit, Bd. 1, Stuttgart 1977, Bd. 2, 1979.
Höffe, O.: Strategien der Humanität. Zur Ethik öffentlicher Entscheidungsprozesse, Freiburg/München 1975.
Ders.: Ethik und Politik, Frankfurt/M. 1979.
Ders.: Sittlich-politische Diskurse, Frankfurt/M. 1981.
Illich, I.: Selbstbegrenzung. Eine politische Kritik der Technik, Reinbek b. Hamburg 1980.
Käsler, D. (Hg.): Klassiker des soziologischen Denkens, 2 Bde., München 1976, 1978.
Kress, G./Senghaas, D. (Hg.): Politikwissenschaft, Frankfurt/M. ^{4}1972.
Laslett, P., Runciman, W. G., Skinner, Q., Fishkin, J. (Hg.): Philosophy, Politics and Society, 5 Bde., Oxford 1956, 1962, 1967, 1972, 1979.
Luhmann, N. / Pfürtner, S. H. (Hg.): Theorietechnik und Moral, Frankfurt/M. 1978.
Lübbe, H.: Theorie und Entscheidung, Freiburg i. Br. 1971.
MacBeath, A.: Expermiments in Living, London 1952.
Macpherson, C. B.: Demokratietheorie, München 1977.
Maier, H. (Hg.): Klassiker des politischen Denkens, 2 Bde., München ^{415}1979.
Marcuse, H.: Der eindimensionale Mensch, Neuwied – Berlin ^{14}1980
Merleau-Ponty, M.: Die Struktur des Verhaltens, Berlin 1976.
Die Moral der entwickelten sozialistischen Gesellschaft, Berlin (-Ost) 1979.
Moral und Gesellschaft. Mit Beiträgen von Kosik, Sartre, Luporini, Garaudy, Della Volpe, Markovic, Schaff, Frankfurt/M. 1968.
Offe, C.: Strukturprobleme des kapitalistischen Staates, Frankfurt/M. 1972.
Olson, M.: Die Logik des kollektiven Handelns, Tübingen 1968.
Popper, K. R.: Die offene Gesellschaft und ihre Feinde, 2 Bde., Bern 1970.
Ribeiro, D.: Unterentwicklung, Kultur und Zivilisation, Frankfurt/M. 1980.
Riedel, M.: Metaphysik und Metapolitik, Frankfurt/M. 1975.
Scharpf, F.: Planung als politischer Prozeß, Frankfurt/M. 1973.
Shubik, M. (Hg.): Spieltheorie und Sozialwissenschaften, Hamburg 1965.
Spaemann, R.: Zur Kritik der politischen Utopie, Stuttgart 1977.
Tenbruck, F.: Zur Kritik der planenden Vernunft, Freiburg – München 1972.

IV. Ethologie, Anthropologie und Evolutionstheorie

Gerhard Plumpe
Einführung

Die Popularität ethologischer Untersuchungen verdankt sich der Faszination, die von Vergleichen tierischen und menschlichen Verhaltens offensichtlich ausgelöst wird. Das Trauma der Entthronung des Menschen als »Ebenbild Gottes« im Erfolgskontext der Deszendenztheorie scheint inzwischen durch die Explanationskraft ethologischer Analogisierungskunst kompensiert. Kritiker sehen im Mensch-Tier-Vergleich freilich die Gefahr einer »Biologisierung des Sozialen«, die im Rekurs auf animalisches Verhalten problematisierte Sozialstrukturen von permanentem Legitimationsdruck entlaste. Sie kontern mit einer »Soziologisierung des Biologischen«, da schon bei höherentwickelten gruppenlebenden Tieren der Verweis auf biogenetische Determinanten nicht erklärungsstark genug sei.
Unbestritten bleibt bei dieser Diskussionslage natürlich, daß Humanethologie und Anthropologie eine biologische Dimension haben; die Schwierigkeit liegt in der bereichsspezifischen Abgrenzung und in dem Interaktionsmodus biologischer und soziokultureller Sachverhalte. Die Beiträge von *Irenäus Eibl-Eibesfeldt* einerseits, *Wolfgang Schmidbauer* andererseits zeigen, daß die Grenzlinien zwischen Biologie und Soziologie unterschiedlich gezogen werden und umstritten sind – anscheinend eine Art »Raumverteilungskampf« im Feld der Theorie. Unabhängig vom Ausgang solcher Kontroversen scheint es plausibel, in der biogenetischen Disposition so etwas wie einen »formalen Raster« zu sehen, der die Selektionsmöglichkeiten der Spezies »Mensch« im Prozeß soziokultureller Evolution steuert. So beugt man einerseits dem Suggestivzwang »evidenter« Projektionen vor und hält sich andererseits den Blick für die differenten Strukturen biologischer und kultureller Evolution frei.
Die anthropologische Forschung hat die soziokulturelle Evolution lange als »Entwicklung« konzeptualisiert. Damit waren

erhebliche Implikationen verbunden; so die Annahme eines homogenen Substrats (»der Mensch«) in einem sich kumulierenden Zeitkontinuum mit dem Titel »Fortschritt«. Zu den Kosten dieses Konzepts zählt die Erfahrung ethno-kultureller Kontingenzen, die zu »Etappen« einer imaginären einheitlichen Progression verharmlost werden. Der Beitrag von *Claude Lévi-Strauss* weist auf die eurozentristischen Konsequenzen dieses Denkens hin. Demgegenüber geht moderne ethnologische und soziologische Theoriebildung allein von spezifischen Evolutionen unterschiedlicher Temporalität aus, die zu geschichtsphilosophischer Aggregierung ungeeignet sind. Evolutionstheoretisch wäre freilich unter Vermeidung einer »petitio principii« noch zu klären, weshalb in bestimmten Phasen abendländischer Gesellschaften Universalkonzepte wie »Menschheit« und »Fortschritt« so wirkungsmächtig formuliert werden konnten. Die Hoffnungen, die man in ethischer Perspektive mit ihnen verbindet, sollten – und darauf macht *Arnold Gehlens* Beitrag aufmerksam – die Realität antagonistischer Interessenlagen und entsprechend unterschiedlicher Motive für moralische Haltungen nicht illusorisch überblenden. Die »pluralistische Ethik«, von der Gehlen spricht, ist der Reflex unaufhebbarer Kontingenz, die dem Sein des Menschen in der Welt eigen ist.

1. Irenäus Eibl-Eibesfeldt
Aggression und Aggressionskontrolle beim Menschen

Das menschliche Aggressionsverhalten rückte in den letzten Jahren in den Brennpunkt der Diskussion. Das gesteigerte Interesse erklärt sich einerseits aus der Tatsache, daß bei dem gegenwärtigen Stand der Kriegstechnik ein kriegerischer Konflikt die weitere Existenz der zivilisierten Menschheit in Frage stellen kann. Außerdem stören innerhalb der anonymen Massengesellschaften Aggressionen in zunehmendem Maße das harmonische Zusammenleben. Innere Unruhen, eine stetig ansteigende Kriminalität, zunehmender Familienverfall und sich verschärfende Spannungen zwischen den Generationen sind wahrscheinlich ebenfalls Symptome einer zunehmenden allgemeinen Gereiztheit. [...]

Über die menschliche Aggression sind viele widersprüchliche Aussagen veröffentlicht worden, die zum Teil wohl darauf beruhen, daß die Diskutanten die Konzepte der Meinungsgegner nicht voll erfaßten. So ist es üblich, das »Instinktkonzept« der Aggression mit der Annahme eines angeborenen Aggressionstriebes gleichzusetzen und mit der Verwerfung des dynamischen Aggressionskonzepts auch das Instinktkonzept abzulehnen. [...] »Instinktiv« heißt in moderner Fassung »stammesgeschichtlich angepaßt« [...], und eine solche Anpassung kann sowohl in der Motorik, in der Rezeptorik, im Auslöser-Bereich, im Antriebssystem als auch in einer Lerndisposition vorliegen. Dementsprechend müssen wir bei der Untersuchung menschlichen Aggressionsverhaltens die Frage stellen: *Gibt es universelle, d. h. bei allen Kulturen zu beobachtende Bewegungsweisen des Drohens und Kämpfens? Gibt es universelle auslösende Reizsituationen? Gibt es Antriebsmechanismen und angeborene Lerndispositionen?*
Will man diese Fragen beantworten, dann muß man verschiedene Informationsquellen befragen. Von großem theoretischen Interesse sind Beobachtungen an Menschen, die unter definierten Bedingungen des Erfahrungsentzuges heranwuchsen. Taubblind geborene Kinder entwickeln intolerante Neigungen, vorausgesetzt, daß die Kinder keine schweren Hirnschäden aufweisen. Diese Neigungen entwickeln sich oft gegen erzieherische Bemühungen. Fremden begegnen sie in einem bestimmten Alter mit Ablehnung. Diese äußert sich zunächst in Fremdenfurcht. Haben sie am Geruch eine Person als fremd erkannt, dann wenden sie sich ab und suchen den Kontakt mit einer Bezugsperson. Diese ablehnende Haltung entwickelt sich, obgleich jedermann bemüht ist, die Kinder in einer Atmosphäre der Geborgenheit aufzuziehen. Sie haben sicher nie schlechte Erfahrungen mit Fremden gemacht, die eine solche Haltung begründen würden. Es muß sich demnach um natürliche Reifungsvorgänge sozialer Einstellungen handeln. Mit weiterem Heranwachsen bekommt die Fremdenablehnung auch aggressive Züge. Das taubblinde Kind weicht nicht nur aus, es schlägt vielmehr nach dem Fremden, wenn er sich weiter um den Kontakt bemüht. Die Reaktion nach Schema: fremd = Feind, bekannt = Freund entwickelt sich, ohne daß es dazu schlechter Erfahrungen mit Fremden bedarf.
Einige Kinder entwickeln auch Platzgewohnheiten. Sie bestehen auf ihrem Sitzplatz am Tisch und verteidigen ihn gegen

andere. Auch die Verteidigung von »Eigentum« (Geschenkpäckchen) konnte ich beobachten. Die aggressiven Verhaltensweisen der Taubblinden gleichen weitgehend jenen, die man bei Gesunden beobachtet. Bei Auseinandersetzungen beißen sie, schlagen mit der offenen Hand nach dem Gegner, schieben ihn mit der Handfläche drückend oder mit dem Handrücken stoßend weg. Als Ausdrucksbewegungen des Ärgers beobachtet man senkrechte Stirnfalten und Zusammenbeißen der Zähne, die dabei gelegentlich durch Zurückziehen der Lippen entblößt werden. Der Kopf wird oft in den Nacken zurückgeworfen, was Kontaktablehnung demonstriert. Die Bewegung erinnert an unsere Hochmutsgebärde. Bei Ärger beißen sich die Kinder auch in die eigene Hand, und sie strampeln mit den Füßen. Bei abrupter Abwendung stampfen sie auch mit nur einem Fuß auf. Oft ballen sie die Fäuste. Submissive Verhaltensweisen sind das Weinen und Schmollen. Dabei wird der Kopf gesenkt, und Sitzende kauern sich zusammen. [...] Prinzipiell gleichen die Bewegungsweisen jenen, die man bei gesunden Kindern sieht, doch ist deren Repertoire reicher. Der Kulturenvergleich, auf den wir noch eingehen, zeigt, daß Verhaltensweisen des Drohens und Kämpfens universell sind. [...]
Kortlandt [...] wies auf zahlreiche Gemeinsamkeiten im Droh- und Kampfverhalten von Schimpanse, Gorilla und Mensch hin. Alle drei Arten schlagen beim Drohen zum Beispiel mit der flachen Hand auf die Unterlage. Sie stampfen mit dem Fuß auf oder gegen einen Baumstamm, trommeln mit beiden Händen oder Beinen gegen räsonierende Objekte, schütteln Äste mit beiden Händen (der Mensch auch den gepackten Gegner), reißen gewaltsam Pflanzen aus, brechen Äste ab, schwingen Äste und Stöcke in der erhobenen Hand, werfen Objekte, schlagen mit Gegenständen und anderes mehr. Gemeinsamkeiten in der Droh- und Submissionsmimik wies neuerdings *Jolly* [...] nach. Die stammesgeschichtlichen Anpassungen im Dienste des agonistischen Verhaltens (Aggression, Verteidigung, Submission), soweit sie die Motorik betreffen, sind demnach sicherlich recht alt.

Die Neigung, Raumbezirke abzugrenzen und Distanz zu halten

Individualdistanzen variieren in den verschiedenen Kulturen [...]. Es gibt überall Situationen, die Körperkontakt auch mit Fremden gestatten, z. B. im überfüllten Aufzug oder Autobus oder um ein Lagerfeuer. Solcher Kontakt ist jedoch keineswegs immer gestattet, und Menschen halten überall auch Abstand. Wer zuerst ein Gebiet besetzt, hat dort gewisse Anrechte, und so fragt man höflich, bevor man den noch freien Platz an einem Gasthaustisch besetzt. *Felipe* und *Sommer* [...] experimentierten in Bibliotheken. Sie überschritten die Individualdistanzen, indem sie sich wie zufällig knapp neben eine Person, die gerade dort las, hinsetzten. Die Opfer versuchten zunächst vom Eindringling abzurücken. Falls das nicht ging, errichteten sie durch Bücher, Lineale und dergleichen künstliche Barrieren. Mißlingen solche Absetzversuche, dann verlassen die Leute den Tisch. Sehr bemerkenswert sind in diesem Zusammenhang die Beobachtungen von *Esser* [...] und *Palluck* und *Esser* [...] an schwer schwachsinnigen und daher lernbehinderten Knaben. In einem reich gegliederten Versuchsraum zeigte jeder der 21 Knaben ausgesprochen territoriales Verhalten im Sinne einer ortsgebundenen Intoleranz. Jeder besetzte einen bestimmten Raumabschnitt und verteidigte diesen gegen andere. Dabei kam es anfangs zu Kämpfen. Später genügte Drohen, um den Platz zu behaupten. Das territoriale Verhalten dieser Kinder, deren IQ unter 50 lag, war ausgeprägter als bei normalen Kindern; das ist verständlich, da es sich um einen primitiven sozialen Verhaltenszug handelt, der normalerweise unter kortikaler Kontrolle steht. Das territoriale Verhalten der Knaben war durch verbale Bestrafung – die sich in anderen Zusammenhängen als durchaus wirksam erwies – kaum zu beeinflussen. *Palluck* und *Esser* [...] vertreten die Ansicht, daß das territoriale Verhalten für den Aufbau einer sozialen Ordnung und Organisation dieser Kinder von grundsätzlicher Bedeutung ist. Unter anderem deshalb, weil jeder an seinem Platz, hat er ihn einmal erkämpft, auch in Ruhe gelassen wird. Gesunde Kleinkinder verteidigen bereits im Alter von 1 bis 1½ Jahren ihre Plätze gegen ihresgleichen. Territorialität scheint ein universeller Zug des Menschen zu sein.

Die Ergebnisse kulturenvergleichender Forschung

Gelegentlich wird behauptet, aggressives Verhalten könne nur das Resultat der Erziehung sein, denn es gäbe Kulturen, in denen man keinerlei Manifestationen aggressiven Verhaltens beobachten könne. [...] Diese Behauptungen halten einer kritischen Überprüfung keineswegs stand. [...] Die angeblich aggressionslosen Hopi zeigen grausame Initiationsrituale; die angeblich friedlichen Eskimos tragen ihre Dispute in Form von

Ohrfeigenduellen, Singkämpfen oder Gesangsduellen aus. Die Art und Weise wechselt bei den verschiedenen Stämmen. In *Schjelderups* [...] ›Einführung in die Psychologie‹ liest man u. a.: »Den Kwakiutl-Indianern erscheint unser sogenannter Kampfinstinkt fremd« [...]. Dabei kann man in jedem Lehrbuch der Anthropologie über die Potlatch-Veranstaltungen der Kwakiutl lesen, in deren Verlauf die einladenden Häuptlinge im Wettstreit Besitz zerstören und verschwenden, um den Gegner zu beschämen. Diese Intentionen werden auch klar ausgesprochen und sind belegt. So sang ein Häuptling, als er eine seiner wertvollen Kupferplatten zerstörte: »Weiter erfordert es mein Stolz, daß ich in diesem Feuer meine Kupferplatte Dandalayu vernichte. Ihr alle wißt, was ich dafür bezahlt habe. Für 4000 Decken habe ich sie erworben. Jetzt werde ich sie vernichten, um so meinen Rivalen zu besiegen. Ich werde mein Haus zum Kampfplatz für euch, meine Stammesgenossen, machen! Freuet euch, ihr Häuptlinge, dies ist das erstemal, daß ein so großer Potlatch veranstaltet wird!« [...]
Wie man aus dem Verhalten dieser Leute ausgerechnet auf das Fehlen eines Kampfinstinkts schließt, ist mir unerklärlich. Neuerdings hat man behauptet, die Buschleute würden in offenen aggressionslosen Horden leben. Und da dies gerade bei diesen altsteinzeitlichen Jägern und Sammlern so sei, müsse man wohl annehmen, daß Aggressionslosigkeit der ursprünglichen Natur des Menschen entspreche, denn über 99 % unserer Geschichte hätten wir ja auf dieser Kulturstufe verbracht. Wenn wir also in irgendeiner Weise in unserer genetischen Konstitution an eine Lebensweise biologisch angepaßt wären, dann eben auf diese. Gerade mit den Buschleuten habe ich mich in den letzten Jahren intensiver befaßt. Ich besuchte sie wiederholt im Rahmen meiner kulturenvergleichenden Dokumentation ungestellten Sozialverhaltens und beobachtete deren Verhalten.
Es stellte sich heraus, daß von einer aggressionslosen Gesellschaft nicht die Rede sein kann. Und das hätte man eigentlich bereits im alten Schrifttum nachlesen können. Dort wird u. a. von territorialer Aggression der Buschmannhorden berichtet – was die Verfechter neu-Rousseauscher Gedankengänge geflissentlich übersahen. Ich habe die aggressiven Auseinandersetzungen in Gruppen spielender Buschmannkinder gefilmt und ausgezählt. In einer Beobachtungszeit von 191 Minuten beobachtete ich in einer neunköpfigen Kindergruppe 166 aggressive Akte [...]. Im Ausdrucksverhalten (Drohmiene, Drohgebärden) glichen die Buschmannkinder qualitativ durchaus euro-

päischen Kindern. Nicht immer eskalierte der Streit zur Schlägerei. Oft beschränkte sich die Auseinandersetzung auf Beschimpfungen und auf ein gegenseitiges Anstarren. Solch ein Drohstarrduell endete oft damit, daß einer aufgab, den Kopf senkte und einen Schmollmund machte, was den anderen zu beschwichtigen schien. Entsprechendes Verhalten kann durchaus auch bei uns beobachtet werden, und ich darf hinzufügen, ich habe es mittlerweile auch bei einer ganzen Reihe anderer Völker festgestellt. Zweifellos handelt es sich hier um Universalien im motorischen Bereich, und zwar um solche, die sich in Anpassung an aggressive Auseinandersetzungen entwickelten, wobei die Ritualisierung des Drohstarrens mit anschließender Submission besonders bemerkenswert scheint.

Interessant ist, daß die Buschmannkinder im wesentlichen ohne starke Beeinflussung seitens der Erwachsenen in Spielgruppen ihre Aggressionen sozialisieren. Die Kinder sammeln Erfahrungen mit der Aggression und lernen sie dabei so zu steuern, daß sie das Gruppenleben nicht stört. Ältere Kinder leiten dabei an, unterweisen und greifen schlichtend und tröstend ein [...]. Es ist für die Buschmanngesellschaft ferner typisch, daß aggressives Verhalten nicht als Tugend gilt. Dementsprechend legt die Kultur großen Wert auf die Pflege der bindenden Verhaltensweisen. Rituale des Teilens und Schenkens spielen dabei eine große Rolle [...]. Das kulturelle Ideal der Buschleute ist zweifellos Friedfertigkeit und harmonisches Zusammenleben, und diese Haltung wird auch errungen. Aber der Prozeß der Sozialisierung besteht in einer Auseinandersetzung mit den primär durchaus vorhandenen aggressiven Neigungen und Verhaltensweisen.

Die Beobachtung lehrt, daß sie zunächst einmal die aggressiven Neigungen entwickeln und diese sekundär in einem Erziehungsprozeß bewältigt werden müssen. [...]

Die auslösenden Reizsituationen (Das Feindschema)

Über die auslösenden Reizsituationen für aggressives Verhalten wissen die Demagogen im allgemeinen besser Bescheid als die Wissenschaftler. Zweifellos läßt sich die Aggressivität zwischen Gruppen durch die Manipulation von Feindklischees relativ leicht steuern. Jeder Demagoge weiß sie aufzubauen, und einige Klischees scheinen universell. Beispielsweise festigt jede fingierte Drohung über die kollektive Gruppenaggression den Gruppenzusammenhalt. Auch die Verteidigung von

Raumbezirken und Gegenständen (Eigentum) fand ich bisher bei allen Völkern, die ich besuchte, zumindest bei Kindern; so z. B. bei den Ko-Buschleuten, Waika-Indianern, Papuas und Balinesen.
In allen diesen Kulturen beobachtete ich – genauso wie bei uns –, daß Gegenstände bereits in sehr frühem Alter (1–1½ Jahre) zum Anlaß einer Auseinandersetzung werden. Vor allem Kleinkinder männlichen Geschlechts reagieren mit heftigen Angriffen, wenn sie wahrnehmen, daß ein anderes Kleinkind einen Gegenstand hält, den sie gerne selbst haben wollen. Das Bestreben, das begehrte Objekt zu rauben, ist ein universelles und wohl sehr ursprüngliches. Kleinkinder verteidigen ferner bereits sehr früh den Platz, an dem sie gerade spielen, ebenso wie den Platz an der Brust der Mutter. [...]
Universell ist auch, daß sich abweichend verhaltende Gruppenmitglieder gehänselt, verspottet und angegriffen werden. Gruppenkonformität beschwichtigt, Aus-der-Reihe-Tanzen löst Aggressionen aus.
Daß sich das Reaktionsschema: fremd = Feind, bekannt = Freund bei taubblind Geborenen entwickelt, ohne daß es dazu schlechter Erfahrungen mit Fremden bedarf, erwähnten wir. Fremdenfurcht und -ablehnung entwickelt sich ferner auch bei Kindern der Naturvölker. Dieses Feindschema entspricht demnach einer angeborenen Disposition.
Wir können dabei vermuten, daß jeder Artgenosse Reize aussendet, die intolerantes Verhalten aktivieren. Bekanntheit setzt dabei eine Aggressionshemmung. Sie dürfte übrigens nicht absolut sein, sonst wäre es unverständlich, daß wir auch im Alltag im Verkehr mit Freunden und Familienangehörigen so viele beschwichtigende Rituale absolvieren müssen, um gut auszukommen. [...]
Versäumen wir es etwa zu grüßen, dann werden wir leicht zur Zielscheibe von Aggressionen. Die große Rolle, die beschwichtigende und bindende Rituale in unserem Leben spielen – bei vielen handelt es sich um Universalien [...] –, zeugt nicht nur von unserer hohen Aggressionsbereitschaft, sondern ist auch Indiz dafür, daß jeder Mitmensch Träger aggressionsauslösender Signale ist. Persönliche Bekanntschaft allein scheint die herausfordernden Merkmale nicht ganz zu neutralisieren. Welche Merkmale des Mitmenschen im übrigen Aggressionen auslösen, ist noch nicht erforscht.
Vergleichende Untersuchungen zeigten schließlich, daß aggressives Verhalten bei Affen und Menschen gleicherweise bevorzugt in folgenden Situationen auftritt [...]:

a) Bei Konkurrenz um Nahrung
b) Bei Verteidigung eines Jungen
c) Beim Kampf um die Vormachtstellung zwischen zwei etwa Gleichrangigen
d) Bei Weitergeben erlittener Aggressionen an Rangniedere
e) Bei Wahrnehmung eines sich abweichend verhaltenden Gruppenmitgliedes
f) Beim Wechsel im Ranggefüge
g) Bei der Paarbildung
h) Eindringen eines Fremden in die Gruppe
i) Als Rauben von Gegenständen, typisch für das Kleinkind.

Tötungshemmungen

Bei Besprechung der tierischen Aggression führten wir aus, daß diese keineswegs auf die Beschädigung des Gegners ausgerichtet ist. Der Artgenosse wird bei den Auseinandersetzungen tunlichst geschont. Beim Menschen sieht es auf den ersten Blick ganz anders aus. Wir bewerfen die Städte unserer Gegner mit Bomben, wir empfangen den Feind mit Garben aus dem Maschinengewehr, kurz, wir morden unseresgleichen in so erschreckender Zahl, daß einige Autoren den Menschen sogar von einem mörderischen »Kaintrieb« beseelt halten [...]. Beobachtet man sorgfältiger, dann kann man feststellen, daß das zum Glück nicht zutrifft.
Man kann bereits bei Kindern beobachten, daß ein aggressiv gestimmtes ein anderes keineswegs hemmungslos angreift, und zwar nicht nur deshalb, weil es das andere fürchtet. Vielmehr scheint eine Hemmung zu bestehen, jemanden anzugreifen, der einem nichts zuleide getan hat. In diesen Fällen provoziert der Aggressive durch leicht aggressive Akte einen Vorfall, der dann eine massive Gegenaggression quasi rechtfertigt. Er fordert den anderen durch leichte Schläge, Hänseln und Spotten heraus. Schon jetzt möchte ich darauf hinweisen, daß im Verhalten größerer Menschengruppen ganz Ähnliches zu beobachten ist. Bei Auseinandersetzungen zwischen Kindern kann man ferner eine Reihe von beschwichtigenden Verhaltensweisen beobachten.
Wir erwähnten, daß das Schmollen eines Kindes die Aggression des anderen sogleich abbremst. Gleiches gilt für Weinen und Wehklagen. Erwachsene ziehen die gleichen Register. In vielen Punkten verhält sich der Unterwürfige kindlich. Solche Infantilismen gelten unversell als beschwichtigende Appelle. Univer-

sell sind ferner einige Gesten der Unterwerfung, bei denen man sich kleiner macht – etwa durch Senken des Hauptes oder durch Fußfall. Oft wird der Partner durch die Submission grundlegend umgestimmt und umwirbt mit freundlichen Verhaltensweisen den vorher Bekämpften. Mit anderen Worten: Er empfindet Mitleid, und dieses Mitleid wird durch einfache Signale des Partners, bestimmte Ausdrucksbewegungen, aktiviert. Die Ausdrucksbewegungen ebenso wie das Mitleid, das sich wiederum in bestimmten Verhaltensweisen etwa des Tröstens äußert, sind universell. Wir sind demnach nicht allein mit aggressiven Verhaltensweisen ausgerüstet, sondern haben auch entsprechende Mittel der Aggressionsbeschwichtigung mitbekommen. Bleibt die Frage, ob sie nur innerhalb der Gruppe wirksam sind, wie wir das am Modellfall des Löwen kennenlernten, oder ob die Angriffshemmung ganz generell durch solche beschwichtigende Signale ausgelöst wird.

Gewiß sind wir gegenüber Fremden weniger aggressionsgehemmt als gegenüber Gruppenmitgliedern, mit denen uns das Band persönlicher Bekanntschaft bindet. [...] Ganz sicher jedoch kann auch der Fremde beschwichtigen und Mitleid auslösen. Das Lächeln ist so ein Friedenszeichen. Suchen Menschen den Kontakt mit Fremden, dann ziehen sie überall die gleichen Register. So bemüht man sich oft über Kinder den Kontakt zu den anderen herzustellen. Suchten z. B. Australier den Kontakt mit den von ihnen gefürchteten Weißen, dann schoben sie ein Kind vor sich her, in der Annahme, daß man ihnen dann wohl nichts tun werde. Solche Appelle über das Kind sind aus sehr vielen Kulturen bekannt [...] – und neuerdings sogar bei Affen beschrieben worden [...]. Berberaffenmännchen niederen Ranges leihen sich oft ein Jungtier aus, wenn sie sich einem ranghohen Männchen kontaktsuchend nähern wollen.

In der Praxis werden jedoch kriegerische Konflikte zwischen den Gruppen oft ziemlich hemmungslos ausgetragen, ohne Schonung von Frauen und Kindern. Wie kommt es dazu? Zunächst ist, wie *Lorenz* [...] hervorhob, sicher die Erfindung der Waffe an diesem Tatbestand schuld. Die Tötungshemmungen, die sich im Laufe der Stammesgeschichte entwickelten, sind auf unsere körperlichen Fähigkeiten abgestimmt. Es dürfte wohl selten vorkommen, daß Menschen einander mit Faustschlägen töten oder einander erwürgen. Hält jedoch die Hand den Faustkeil, dann wird der Kampfpartner durch einen schnell geführten Schlag außer Gefecht gesetzt, bevor er Gelegenheit hat, sich durch entsprechende Verhaltensweisen zu unterwer-

fen. Von den Anthropologen erfahren wir, daß mit den ersten Waffen auch die ersten Schädel mit Spuren von Gewalteinwirkungen gefunden werden [...]. Die vorgetragene Hypothese wird ferner durch die Tatsache gestützt, daß erwachsene Menschenaffen einander unter natürlichen Bedingungen kaum je umbringen, obgleich sie ein kräftiges Gebiß besitzen. [...] Darüber hinaus besitzt der Mensch als Phantasiewesen die besondere Fähigkeit, in seinem Hirn »Wirklichkeiten« aufzubauen. Er kann sich z. B. einreden, daß die Mitglieder einer anderen Gruppe gar keine Menschen seien. Und redet er sich das oft genug ein, dann glaubt er auch daran, d. h., er bildet in seinem Hirn Strukturen aus, Verknüpfungen von Ganglienzellen oder molekulare Bildungen, aufgrund deren er die Wirklichkeit in einer subjektiv verzerrten Art wahrnimmt. Seine Gedanken bewegen sich in eingeprägten Schablonen, und ein so Indoktrinierter nimmt die mitleidsauslösenden Appelle der anderen nicht wahr. Bemerkenswert ist nun, daß jede Gruppe, die sich mit einer anderen aggressiv auseinandersetzt, nach diesem Prinzip verfährt. Brasilianische Urwaldindianer sprechen von ihren Nachbarn, als wären sie Jagdbeute, und wie zivilisierte Nationen ihre Gegner verteufeln, ist ja genügsam bekannt. Daß so ungeheure Summen in die Kriegspropaganda fließen und daß man überdies Kommunikationsbarrieren errichten muß (Gesetze gegen das Fraternisieren und dergleichen), zeigt zugleich, wie stark eigentlich die Tötungshemmungen auch Fremden gegenüber sind. [...]
Man muß den Gegner mit großem Aufwand verteufeln, damit man ihn bekämpfen kann, und das öffnet eigentlich sehr hoffnungsvolle Ausblicke. Sicher haben wir in der Menschheitsentwicklung zunächst einmal von dieser aggressiven Abschließung profitiert [...]. In der scharfen Konkurrenz wurden auch Intelligenz und Kooperation der Gruppenmitglieder gezüchtet und die kulturelle Aufsplitterung gefördert. *Dabei haben wir eine geistige Stufe erreicht, die es uns ermöglicht, aus diesem blutigen Mechanismus auszusteigen und eine vernunftgesteuerte Evolution fortzuführen.* Die Tatsache, daß wir emotionell zum Mitleid und Altruismus, zum friedlichen Zusammenleben mit Fremden ausgerüstet sind, ist die Voraussetzung dafür, daß uns auch das gelingt. Dabei gilt es zunächst, die Kommunikationsbarrieren einzureißen und jede Demagogie, die andere Menschengruppen zu verteufeln sucht, mit Bann zu belegen. Jede Erziehung zum Frieden müßte da ansetzen.

Antriebe zur Aggression

In der bisherigen Diskussion befaßten wir uns mit der Motorik aggressiven Verhaltens und mit den auslösenden Reizsituationen. Daß in diesen Bereichen stammesgeschichtliche Anpassungen den Gang des Geschehens mitbestimmen, dürfte wohl als erwiesen gelten. Wir sagen *mit*bestimmen, denn daß aggressive Neigungen durch Erziehung gefördert oder gedämpft werden können, wird kaum ein Verhaltensforscher bezweifeln. Mit der Dynamik der menschlichen Aggression haben wir uns bisher noch nicht befaßt. Sie ist Gegenstand sehr heftiger Auseinandersetzungen. Fest steht, daß erwachsene Menschen von einem Aggressionsdrang beseelt sein können. Tiroler Bauernburschen suchen oft Händel. Raufen macht ihnen offensichtlich Spaß. Und das gilt nicht nur für Tiroler. Dort, wo das Kämpfen verpönt ist, findet man sehr häufig ritualisierte Auseinandersetzungen wie Kampfspiele, Singduelle und andere Bräuche, die man als Ventilsitten zur Abreaktion gestauter, aggressiver Impulse deuten kann.

Es gelang ferner, durch bestimmte Versuchsanordnung Aggressionsstau und Aggressionsentladung nachzuweisen und zu messen. Ein Versuchsleiter verärgerte z. B. Studenten. Als Resultat der Verärgerung stieg deren Blutdruck an. Danach gab der Versuchsleiter vor, er würde nun Aufgaben lösen und die Studenten könnten ihm, wenn er einen Fehler mache, ein Zeichen geben, indem sie einen Knopf drückten. Der einen Hälfte der verärgerten Studenten wurde mitgeteilt, daß der Versuchsleiter dann einen elektrischen Schlag bekäme; der anderen Hälfte sagte man, es würde dann ein blaues Licht aufleuchten. Bei jenen, die glaubten, sie würden einen elektrischen Strafreiz erteilen, sank der Blutdruck. Bei jenen dagegen, die nur ein blaues Licht zu betätigen meinten, blieb er lange auf einem hohen Wert, und auch subjektiv hielt die Verärgerung lange an. [...] Weitere Versuche zeigten, daß Verärgerte ihren Ärger loswurden, wenn sie Filme aggressiven Inhalts betrachten konnten. Dann identifizierten sie sich offenbar mit einer aggressiven Rolle und lebten in ihr ihre Aggressionen aus. In dieser speziellen Situation haben aggressive Filme also eine spannungsentladende Wirkung [...]. Daraus jedoch zu folgern, daß Filme aggressiven Inhalts allgemein zu begrüßen sind, ist falsch. Wer sich gerade nicht unter einer aggressiven Spannung befindet, den versetzt ein solcher Film in eine aggressive Stimmung, und ganz allgemein führt das wiederholte Ausleben aggressiver Neigungen zu einem Training aggressiven Verhal-

tens [...]. *Bandura* und *Walters* [...] fanden ebenfalls, daß Filme aggressiven Inhalts aggressiv stimmen können. Sie glauben mit diesem Befund die Katharsishypothese widerlegt zu haben. Das kann man aus den Versuchen jedoch keineswegs folgern. Wie stark übrigens der menschliche Aggressionstrieb und damit das Bedürfnis ihn auszuleben ist, kann aus dem großen Angebot von Filmen aggressiven Inhalts abgelesen werden. Gewalttätigkeit hat einen größeren Markt als Sex.
Sowenig man an der Dynamik aggressiven Verhaltens zweifeln kann, so umstritten ist, ob die zugrunde liegenden physiologischen Antriebssysteme im Laufe der Jugendentwicklung durch Lernprozesse erworben werden oder dem Menschen angeboren sind. Erwiesen ist, daß es endogen verursachte Schwankungen der aggressiven Handlungsbereitschaft gibt, wobei Schwankungen des Spiegels männlicher Geschlechtshormone wie schon bei niederen Wirbeltieren eine entscheidende, stimmungsaufbauende Rolle spielen. Ob es darüber hinaus noch primäre, zentralnervöse Antriebe gibt, das wird gegenwärtig heftig diskutiert.
Die Vertreter der Sekundärtriebshypothese nehmen an, daß der Aggression kein eigener primärer Antrieb zuzuordnen sei, vielmehr stehe er im Dienste anderer Primärtriebe, zu deren Durchsetzung er verhelfe. Dieser Theorie zufolge wird Aggression nur durch Unterdrückung anderer Triebe angeheizt. Bei völliger Erfüllung der Primärtriebe würde es demnach keine Aggressionen geben. So führt Arno *Plack* [...] alle Aggressionen auf Unterdrückung des Geschlechtstriebes zurück. Er folgt damit den Thesen von *W. Reich.* Etwas anders formuliert tritt uns dieser Gedanke in der Frustrationshypothese von *Dollard* und Mitarbeitern entgegen, derzufolge jede Entbehrung, definiert als Behinderung zielstrebigen Verhaltens, Aggressivität bewirke. Insbesondere kindliche Entbehrungserlebnisse würden aggressives Verhalten bewirken. Auch hier steht die Aggression als Vehikel im Dienste anderer Motivationen. Die Existenz eines eigenständigen Aggressionstriebes wird bezweifelt. Auch für die Vertreter der Hypothese, aggressive Verhaltensweisen würden am sozialen Vorbild gelernt, ist die aggressive Motivation eine sekundäre. *Kunz* [...] hält sie gar für eine »Entartung der natürlichen Aktivität des Organismus«, einen pathologischen Zustand also.
Für die Annahme eines primären, uns Menschen angeborenen Aggressionstriebes gibt es zwar keinen strengen Beweis, wohl aber eine Reihe starker Indizien. Da ist zunächst einmal auf die Tatsache zu verweisen, daß selbst in pazifistisch eingestellten

Kulturen aggressives Verhalten beobachtet werden kann. Und verfolgt man die Ontogenese sozialen Verhaltens, dann stellt man wohl auch fest, daß sich aggressives Verhalten zunächst einmal überall entwickelt und erst sekundär sozialisiert wird. Nun könnte man einwenden, daß es eben keine Kultur gibt, deren Vertreter nicht frühkindlichen Entbehrungserlebnissen ausgesetzt sind, und faßt man den Begriff Entbehrungserlebnis weit genug, dann trifft das wohl auch zu. Nur der Nachweis, daß damit Entbehrungserlebnisse auch die alleinige Ursache aggressiven Verhaltens sind, ist damit noch nicht erbracht.
Auch der Hinweis, aggressives Verhalten (z. B. Fordern nach Nahrung, Betreuung usw.) führe ein Kind überall zum Erfolg und trainiere so aggressives Verhalten – was sicher stimmt –, beweist noch keineswegs, daß es deshalb keinen primären Aggressionstrieb gäbe. Man könnte zwar eine solche Erklärung nach dem Sparsamkeitsprinzip als die einfachste Hypothese zunächst einmal akzeptieren, gäbe es nicht Befunde der Nervenphysiologie, die eine andere Interpretation nahelegen. Man hat beim Menschen u. a. neurogene Wutanfälle nachgewiesen, die auf das spontane Feuer von Zellen im Hirnstamm und Schläfenlappen zurückgehen [...]. Die spontanen Wutanfälle sind von typischen hirnelektrischen Aktivitäten dieser Regionen begleitet, und durch ihre elektrische Reizung lassen sich diese Wutanfälle auch reproduzieren. Da auch der Gesunde über die gleichen Strukturen verfügt und man auch bei ihm durch Reizung der gleichen Regionen Aggressivität wachrufen kann [...], und da man schließlich weiß, daß jede Ganglienzelle eine Spontaneität aufweist, [...] ist die Hypothese, daß die menschliche Aggression in diesen automatischen Strukturen ihre Grundlage hat, keineswegs so leicht vom Tisch zu wischen, wie das gelegentlich in Diskussionen geschieht.
Einen Gedanken möchte ich in diesem Zusammenhang vortragen: Man hört immer wieder die Frage, ob denn ein spontaner Aggressionstrieb auch sinnvoll sei; ihn reaktiv zu bauen wäre doch sicher zweckmäßiger. Vielleicht wäre es das – sicher ist es keineswegs –, aber ist das auch leicht zu konstruieren? Die Bausteine des Systems sind ja spontan aktive Neuronen. Vielleicht ist es dieser Eigenschaft des neuronalen Elements zuzuschreiben, daß komplizierte neurale Systeme so oft Spontaneität zeigen. Es hat ja selbst den Anschein, daß dem Fluchtverhalten einiger Vögel und Säuger ein »Fluchttrieb«, d. h. Spontaneität zukommt, obgleich das zunächst recht unzweckmäßig scheint.
Mark und *Ervin* [...] heben hervor, daß die Mechanismen, die

aggressivem Verhalten zugrunde liegen, in den ältesten Hirnteilen lokalisiert sind. Dies ist keineswegs erstaunlich, da aggressives Verhalten ja sehr alt ist. [...]

Soziale Rangordnung

Um die Rechtfertigung oder Ablehnung von Rangordnung und Autorität wurde viel diskutiert. Die Gleichstellung aller Menschen in einer klassenlosen Gesellschaftsordnung ist ein Ziel, um das sich viele Politiker bemühen. Andere halten das für utopisch, da dies nicht unseren Anlagen entspreche. So meint *Freud*: »Es ist ein Stück der angeborenen und nicht zu beseitigenden Ungleichheit des Menschen, daß sie in Führer und Abhängige zerfallen. Die letzteren sind die übergroße Mehrheit, sie bedürfen einer Autorität, welche für sie Entscheidungen fällt, denen sie sich meist bedingungslos unterwerfen.« [...]
Die Erscheinung der sozialen Rangordnung ist bei höheren Wirbeltieren, die aggressiv sind und dennoch in Verbänden zusammenleben, eine regelmäßige Erscheinung. Ausnahmen sind mir nicht bekannt. Die Erscheinung wurde von dem Psychologen *Schjelderup-Ebbe* 1922 an Hühnern entdeckt. Der Forscher fand, daß es in einer frisch zusammengesetzten Hühnerschar zunächst recht unfriedlich zugeht. Die Hennen raufen reihum und richten ihr weiteres Verhalten zum Artgenossen nach Sieg und Niederlage. Jenen, von denen sie besiegt wurden, weichen sie künftig aus, jene, die sie besiegten, müssen ihnen dagegen weichen, sonst werden sie gehackt. Die Ranghohen haben Vortritt am Schlafplatz und am Futterplatz. Im einfachsten Fall liegt eine lineare Rangordnung vor, nach dem Muster a-b-c-d-e. Manchmal sind die Verhältnisse jedoch komplizierter. Es kann zum Beispiel vorkommen, daß ein Huhn a die Hühner b und c besiegt, danach aber zufällig dem Huhn d unterliegt. Dann ist ihm d überlegen, obgleich es b und c, die es zuvor besiegten, untergeordnet bleibt. Ist eine Rangordnung einmal ausgerauft worden, dann geht es in der Hühnerschar relativ friedlich zu. Es genügt im allgemeinen ein kurzes Drohen eines Ranghöheren, um einen Rangniederen einzuschüchtern. Leichte Reibereien beobachtet man vor allem zwischen Tieren, die einander im Range nahestehen.
Bei Graugänsen entdeckte *Lorenz*, daß Rangordnungen auch tradiert werden. Gössel ranghoher Eltern dürfen sich unter deren Schutz sehr viel herausnehmen. Unter anderem können sie ungestraft selbst Erwachsene niederen Ranges angreifen.

Sie werden dazu sogar von den Eltern ermuntert. Auf diese Weise wird ihnen ihre spätere hohe Rangstellung anerzogen.
Damit sich eine Rangordnung entwickeln kann, muß das Individuum einerseits aggressiv sein und nach Rang streben. Es muß aber auch bereit sein, nach Niederlage eine niedere Rangstellung zu akzeptieren und dann zu gehorchen. Daß diese letztere Disposition für das Zusammenleben wichtig ist, bemerkt man schnell, wenn man von Natur aus einzelgängerische Säuger (Dachse, Eisbären) aufzieht. Ein Dachs gehorcht ab einem bestimmten Alter absolut nicht mehr. Mein zahmer Dachs pflegte abends in mein Zimmer zu kommen und dann allerlei Unfug zu treiben. Er öffnete Schranktüren und zog die Wäsche heraus, er schüttete den Wassereimer um; und ich konnte protestieren, ohne daß ihn dies berührte. Er schaute mich wohl gelegentlich an, setzte aber dann sein Tun fort. Gab ich ihm schließlich einen Klaps, dann brummte er und griff mich wohl auch an. Ganz anders reagiert dagegen ein Schäferhund. Er paßt sich sogleich dem Ranghohen an und gehorcht.
Die soziale Rangordnung dürfte ursprünglich in erster Linie ein Mechanismus sein, die Aggressionen innerhalb einer Gruppe zu neutralisieren. Sie ist zunächst nur in diesem Sinne Anpassung. Bei höheren Säugern bilden sich jedoch auf der Basis der Rangordnung arbeitsteilig differenzierte Gruppen. Die Ranghohen übernehmen zum Beispiel bei vielen Affen eine Reihe von Aufgaben. Sie verteidigen die Kleinen, führen die Gruppe, halten sie zusammen und schlichten Streit zwischen Gruppenmitgliedern. Bei Gefahr suchen sie Auswege. Bei diesen Tieren wird die Ranghöhe nicht mehr allein durch körperliche Kraft und Aggressivität bestimmt. Es kommt vor allem auf von uns positiv bewertete soziale Eigenschaften an, wie die Fähigkeit, Freundschaften zu schließen und Jungtiere zu betreuen. Ausschließlich aggressive Individuen sind keineswegs besonders ranghoch. Bei Pavianen zählt auch das Alter. Die Alten nützen ihrer Gruppe durch ihre Erfahrung, und das wird respektiert. Sie wissen um die Gefahrensituationen, suchen dann Auswege und sind in vielem Vorbild. Pavianmänner behalten ihre hohe Rangstellung auch dann, wenn sie körperlich ihre Blütezeit überschritten haben. Oft verbünden sich dann mehrere alte Männchen zu einer zentralen Hierarchiegruppe [...]. Die schwindenden körperlichen Kräfte dieser Alten werden äußerlich durch einen besonders prachtvollen langhaarigen silbrigen Pelz kompensiert. Wir kennen vergleichbare »Alterspachtkleider« auch von Menschenaffen.
Ranghohe Affen sind bei Gefahr das Fluchtziel der Rangniede-

ren. Erfahrungen werden im allgemeinen von Ranghöheren den Rangniederen tradiert. Dagegen zeigt der Ranghöhere nur geringe Bereitschaft, vom Rangniederen zu lernen.
Rangordnungen sind auch bei den uns nächststehenden Menschenaffen gut ausgeprägt. Jane *van Lawich-Goodall* beschreibt sehr eindrucksvoll, wie Schimpansenmännchen durch ihr Imponiergehaben ihre Rangstellung behaupten, ja gelegentlich auch kampflos verbessern. Lärmen spielt dabei eine große Rolle. Als ein Männchen entdeckte, daß man mit leeren Benzinkanistern besonders lauten Krach schlagen konnte, verbesserte sich seine Rangstellung sprunghaft.
Bei der weiten Verbreitung der sozialen Rangordnung unter den höheren Säugern ist zu erwarten, daß dem Menschen eine Disposition dazu ebenfalls angeboren ist. Dafür gibt es auch viele Hinweise. Zunächst findet man im Kulturenvergleich, daß Rang und Prestige in irgendeiner Form fast immer eine große Rolle spielen. Es gibt zwar egalitäre Kulturen, aber jene, die ich kenne, sind da sicher sekundär. Die oft als Musterbeispiel dafür angeführten Buschleute der Kalahari erzwingen die Gleichheit über besonders ausgefeilte Schenk- und Teilrituale, die für eine gleichmäßige Verteilung des Besitzes sorgen [...]. Darüber hinaus gibt es aber auch bei den Buschleuten Personen von Ansehen. Gute Jäger und Sammler werden geschätzt, ebenso gute Trancetänzer, und man strebt nach Wertschätzung. Jede Horde hat einen Anführer. Schließlich respektiert man die Alten beiderlei Geschlechts wegen ihrer Erfahrungen. Schließlich entwickeln sich in den Kinderspielgruppen deutliche Rangordnungen [...].
Das Streben nach Rang und Ansehen führt in den verschiedenen Kulturen zu den merkwürdigsten Prestigesitten. Wir erwähnten den Potlatch der Kwakiutl-Indianer [...]. In unserer Kultur schaffen sich die Menschen die seltsamsten Ersatzpyramiden, um dann an deren Spitze zu thronen, sei es als König der Bierfilzsammler oder der Zierfischzüchter. Auch ahmen Rangniedere gerne die Rangsymbole der Ranghohen nach. Schon kleine Kinder streben nach Rang und müssen in diesem Drange eher gebremst als dazu ermutigt werden.
Die Achtung des Alters gehört wohl zu den Universalien. Alte sind als Wissenshort für die Gruppe von Bedeutung.
Dem Menschen ist neben seinem Rangstreben wahrscheinlich auch die Bereitschaft zur Unterordnung angeboren. Gehorsam ist in vielen Kulturen ein ethischer Wert, und in bestimmten Situationen gehorchen Menschen fast blindlings und anders, als sie bei ruhiger Überlegung handeln würden. Der amerikanische

Psychologe *Milgram* lud verschiedene Versuchspersonen zu einem von ihm vorgetäuschten Experiment ein. Den geladenen Personen wurde mitgeteilt, man habe die Absicht, den Einfluß von Strafreizen auf den Lernfortschritt zu prüfen. Eine Versuchsperson (ein Komplize des Versuchsleiters) wurde dazu in einem Nebenraum auf eine Art elektrischen Stuhl gefesselt. Dem eingeladenen Gast wurde als Lehrer die Aufgabe übertragen, die Versuchsperson immer dann elektrisch zu schocken, wenn sie einen Fehler mache, und zwar mit von Fehler zu Fehler fortschreitender Reizstärke. Zu diesem Zweck stand in einem anderen Raum eine Strafreizapparatur mit 30 Tasten von 15 bis 450 Volt. Außer der Voltbezeichnung standen noch die Hinweise: geringer Schock, schwerer Schock, Gefahr! – der Versuchsleiter im weißen Laborkittel war im gleichen Raum zugegen.
Überraschenderweise folgten die meisten Personen der Anweisung geradezu blindlings. Sie erteilten zuletzt auch Strafreize der höchsten Reizstufe, obgleich der Verstand ihnen gesagt haben müßte, daß dies den Lernenden doch ernsthaft schädigen müßte. *Milgram* dachte zunächst an einen Fehler im Versuchsaufbau. Der Lehrer nahm ja von seinem Opfer, das wie gesagt im Nebenraum saß, nichts wahr. Um eine Rückmeldung zu geben, ließ *Milgram* in weiteren Versuchen fingierte Reaktionen vom leichten Schmerzlaut bis zum lauten, verzweifelten Protest über Tonband vorspielen. Das beunruhigte viele Testpersonen, aber nur 37,5 Prozent verweigerten den Gehorsam. Die meisten fragten zwar an, ob sie nicht aufhören sollten, da es doch offensichtlich das Opfer schmerze. Ja, manche protestierten und erhoben sich in der Absicht aufzuhören. Auf die monotone Aufforderung des Versuchsleiters, doch weiterzumachen, gehorchten sie zuletzt meist doch. Selbst jene wenigen, die sich weigerten, taten es meist erst, nachdem sie bereits Strafreize erteilt hatten, die das Opfer, wäre der ganze Test nicht simuliert gewesen, geschädigt hätten. Gehorsam war stärker als Mitleid. [. . .]
Man muß um solche Neigungen wissen, wenn man den Menschen vor sich selbst erfolgreich schützen will. Wer von vornherein die Möglichkeit einer angeborenen Disposition ausschließt, nur weil es ihm nicht in den weltanschaulichen Kram paßt, handelt leichtsinnig. Mit dem Hinweis auf die wahrscheinlich angeborene Grundlage menschlichen Rangordnungsverhaltens ist keineswegs ein Plädoyer für die Beibehaltung überkommener Rangsysteme verbunden. Daß es durchaus möglich ist, dennoch egalitäre Gesellschaften aufzubauen, zweifeln wir

nicht an, allerdings bedarf es dazu eines gesellschaftlichen Ranges; und es erhebt sich die Frage, wieweit man dem persönlichen Rangstreben doch auch Freiräume zu seiner Befriedigung verschaffen kann, ohne daß Mitmenschen unter einer Dominanz leiden.

Mißverständnisse um Schlußfolgerungen

Wir haben festgestellt, daß menschliches Aggressionsverhalten sicherlich im motorischen und rezeptorischen und wahrscheinlich auch im Antriebsbereich durch stammesgeschichtliche Anpassungen vorprogrammiert ist. Diese Feststellung hat uns Vorwürfe eingetragen. Wie lauten die Vorwürfe und was steht wirklich in den Schriften der Verhaltensforscher? Es dürfte lehrreich sein, einen abschließenden Blick auf diese Diskussion zu werfen.

Die Vorwürfe zielen etwa in die gleiche Richtung. Man unterschiebt uns die Intention, Aggressionen zu verharmlosen, sie zu rechtfertigen, zu entschuldigen und sie schließlich als unabwendbares Geschick des Menschen hinzustellen. So schreibt *Rattner* [...]: »In politischer Hinsicht ist es nicht zu übersehen, daß die grandiose Verharmlosung des Aggressionsproblems für alle wohltuend wirken muß, die sich an den Massenverbrechen der letzten Jahrzehnte beteiligt haben... Die Lehre vom ›Aggressionstrieb‹ bietet einer gesellschaftlichen Verschleierungstechnik Vorschub, die dem konservativ bürgerlichen Denken durchaus entspricht. Der Blick des Betrachters wird von den Mängeln innerhalb der Gesellschaft... abgelenkt und richtet sich nur noch auf die hypothetische ›Instinktgrundlage‹ des Menschen, die sich menschlicher Willkür und Einflußnahme entzieht« [...]. Ähnlich schreibt *Denker* [...] über die Folgen des *Lorenz*schen Buches: »Da die Aggression als Naturanlage eine kausale Erklärung erfährt, wird nach Ansicht vieler Leser der Mensch weitgehend aus der Selbstverantwortung entlassen« [...]. *Lumsden* [...] meint:

»Das ist das Gefährliche an der Theorie vom ›Aggressionsinstinkt‹: daß sie, die weit davon entfernt ist, den Menschen zu emanzipieren, es ermöglicht, ihn in eine reaktionäre Ideologie zu verstricken, indem sie die scheinbare ›biologische Notwendigkeit‹ eines autoritären Sozialsystems der inneren und äußeren Repression demonstriert.«

Ähnliches hört man von *Lepenies* und *Nolte* [...]: »Der Rekurs auf das archaische (aggressive) Erbe des Menschen dient nicht

der Reflexion oder den Bedingungen der Emanzipation, sondern nimmt eine offensichtlich anti-aufklärerische Richtung.« In der letztgenannten Abhandlung findet sich auch die erstaunliche Feststellung, wer den Menschen für aggressiv halte, setze ihm auch aggressive Ziele! Als ob ein Psychiater die Krankheit stets als unabwendbares Geschick ansehe und dem Kranken dementsprechende Ziele setze!
Zu diesen mit gummistempelhafter Monotonie wiederholten Vorwürfen [...] kommt noch der Vorwurf, »hinter *Lorenz*schen Darlegungen steht immer wieder die Hypothese vom ›Raubtiermenschen‹« [...]; *Livingstone* [...] behauptet ganz ähnlich, *Lorenz* habe dem Menschen einen »killer instinct« zugeschrieben.
Bleiben wir gleich bei diesem Vorwurf. Hat *Lorenz* das wirklich behauptet? Auch der flüchtige Leser kann kaum übersehen, daß *Lorenz* den Aggressionstrieb nie als »killer instinct« – einen auf die Tötung des Artgenossen abzielenden Trieb also – definierte. Im Gegenteil! Er betonte, daß die Aggression nie auf das Töten abziele, sondern daß dort, wo dies die Folge sein könnte, besondere Ritualisierungen (Turnierkämpfe, Tötungshemmungen) eben den Mord am Artgenossen verhindern.
Und wie steht es mit den Vorwürfen, daß Ethologen das aggressive Verhalten als naturgegebenes, triebbedingtes Verhalten akzeptierten und exkulpierten [...]? Wenn der Vorwurf gegen *Lorenz* zielt, dann handelt es sich um eine böswillige Unterstellung, denn der Tenor des *Lorenz*schen Buches ist das Bemühen um eine Aggressionskontrolle. So schreibt *Lorenz* [...]. »Wir haben guten Grund die intraspezifische Aggression in der gegenwärtigen kulturhistorischen und technologischen Situation der Menschheit für die schwerste aller Gefahren zu halten. Aber wir werden unsere Aussichten, ihr zu begegnen, gewiß nicht dadurch verbessern, daß wir sie als etwas Metaphysisches und Unabwendbares hinnehmen, vielleicht aber dadurch, daß wir die Kette ihrer natürlichen Verursachung verfolgen. Wo immer der Mensch die Macht erlangt hat, ein Naturgeschehen willkürlich in bestimmter Richtung zu lenken, verdankt er sie seiner Einsicht in die Verkettung der Ursachen, die es bewirken. Die Lehre vom normalen, seine arterhaltende Leistung erfüllenden Lebensvorgang, die sogenannte Physiologie, bildet die unentbehrliche Grundlage für die Lehre von seiner Störung, für die Pathologie.«
Damit ist wohl klar genug ausgedrückt, daß Ethologen die Aggression keineswegs als unabwendbares Schicksal hinzunehmen gedenken. Im Gegenteil! Es wurde immer wieder betont,

daß stammesgeschichtliche Anpassungen unter den veränderten Bedingungen unserer Zeit ihre einstige Angepaßtheit einbüßen können. Wir wissen ja, daß wir auf morphologischem Gebiet historische Belastungen mitschleppen, die keineswegs mehr adaptiv sind. Der Blinddarm ist ein gutes Beispiel dafür. Deswegen, weil er immer wieder angelegt wird, nehmen wir ihn doch noch lange nicht als unabwendbares Schicksal hin. Nur wenige sterben heute noch an Blinddarmentzündung. Genausowenig müssen wir Dispositionen im Verhalten als unabwendbar – sprich unkontrollierbar – hinnehmen. Als Kulturwesen von Natur sind wir jederzeit in der Lage, unser Triebleben kulturell zu steuern. Einsicht in die Zusammenhänge ist dazu Voraussetzung [...]. Emotionelle Diskussionen tragen wenig zur Bewältigung des Problems bei. Sie sind eher dazu angetan, Kommunikationsbarrieren zu errichten. [...]
Bei der ganzen Diskussion um die menschliche Aggressivität fällt schließlich eine gewisse Einseitigkeit auf, auf die wir zum Abschluß noch hinweisen möchten. Wie gebannt konzentrieren sich die Diskutanten auf die Aggression, als wäre dies die einzige uns Menschen bewegende Regung. An der Tatsache, daß selbst feindliche Truppen Zigaretten austauschen, wenn die Gegner einander kennenlernen, geht man vorbei, obgleich sich hier die hoffnungsvollsten Ansätze für die Kontrolle unserer Aggressivität bieten. In solchen Fällen zeigt sich nämlich, daß der Mensch von Natur auch ein geselliges Wesen ist, beherrscht von einem Trieb, freundliche Bindungen einzugehen. Begabt mit diesen natürlichen Gegenspielern zur Aggression [...] brauchen wir keinerlei fatalistische Haltung zu pflegen. Wir dürfen nur nicht verlernen, in anderen Mitmenschen zu sehen.
Im menschlichen Feindschema [...] sind auch die Möglichkeiten wirksamer Konfliktlösung angelegt. Förderung der Bekanntheit führt fast automatisch zur Verbrüderung. Jede im Dienste des Friedens stehende Erziehungsstrategie muß sich daher in erster Linie um den Abbau der Kommunikationsbarrieren bemühen.
Letztlich sehen damit auch die Ethologen in der Erziehung den Schlüssel zur Behebung der Störungen zwischenmenschlichen Zusammenlebens. Wir bemühen uns jedoch, unsere Erziehungsstrategien aus der Kenntnis der menschlichen Natur und nicht aus Ideologien abzuleiten.

2. Wolfgang Schmidbauer
Biologische und kulturelle Evolution

Die Humanethologie ist bisher weitgehend auf den von Heinroth, Tinbergen und Lorenz bis gegen Ende der dreißiger Jahre entwickelten Konzeptionen aufgebaut worden. Vom Neo-Darwinismus geprägt, orientierte sie sich vorwiegend an ethologischen Begriffen, die ihren heuristischen Wert in Studien an Fischen (Buntbarsche, Stichlinge), Reptilien und Vögeln (Enten, Gänse, Hühner, Puter) erwiesen hatten. »Unglücklicherweise ist diese besondere Art der Fragestellung, die zum größten Teil auf der Ethologie der späten dreißiger Jahre beruht, in vielen Punkten nicht geeignet, um die komplexen sozialen Prozesse höherer Wirbeltiere – vor allem gruppenlebender Arten – zu analysieren«, bemerkt John H. Crook. In der Analyse solcher Prozesse reicht der klassische Ansatzpunkt des Neo-Darwinismus nicht mehr aus, wonach Verhaltensänderungen von Tieren allein durch die Selektion von Individuen bestimmt werden. Was in einer Gruppe von höheren Säugetieren – etwa Pavianen – vorgeht, wird nicht nur durch die genetischen Merkmale der Einzeltiere bestimmt, sondern auch durch die Zusammensetzung der Herde selbst und durch Umweltfaktoren – etwa die Verteilung von Wasserlöchern. Die Tiergruppe ist bereits ein offenes System, das nicht mehr durch Anpassung auf dem Weg individuell-genetischer Auslese allein erklärt werden kann, sondern auch eine Geschichte hat, neben der und über die rein biologische Evolution hinaus.
Dieser Prozeß, der sich in den Feldstudien an höheren Säugetieren immer deutlicher abzeichnet, muß eine ganz entscheidende Rolle in der Evolution zum Menschen gespielt haben, die schon sehr früh nicht mehr rein genetisch erfolgte, sondern von einer kulturell geprägten Auslese überformt wurde. Damit entstand eine für jede Humanethologie zentral bedeutsame, bisher leider kaum beachtete dritte Möglichkeit in der Evolution – ganz dem Postulat von Lorenz »tertium non datur« entgegen. Es erwies sich, daß bestimmte, überlebensgünstige Verhaltensweisen durch soziale Tradition auf der einen, kulturelle Auslese auf der anderen Seite rascher optimal angepaßt werden konnten, als es durch die individuell-genetische, biologische Auslese möglich war. Innerhalb der zahlreichen, mit Werkzeuggebrauch und kooperativer Großwildjagd (die seit Homo erectus, d.h. seit etwa einer halben Million Jahre nachgewiesen ist) experimentierenden Gruppen der Vormen-

schen überlebten jene mit einer sozialen Struktur, technischen Fähigkeiten und kulturellen Eigenarten, die sie fähiger machten als andere Gesellschaften. Es ist unbewiesen und nach unserem heutigen Wissen über steinzeitliche Jäger- und Sammler-Kulturen auch wenig wahrscheinlich, daß diese Evolution und Selektion ganzer Kulturen in einem blutigen Ausrottungskampf erfolgte, wie etwa Raymond Dart vermutet. Die Lebensform bis heute erhaltener Jäger und Sammler ist von flexiblen, ständig Mitglieder austauschenden Gruppen bestimmt, durch die strukturelle Eigenschaften einer Kultur auf durchaus friedlichem Weg assimiliert werden konnten, während weniger funktionsfähige Gruppen keinen Zusammenhalt hatten und deshalb »ausstarben«. (Die kulturelle Verschiedenheit erklärt sich im Rahmen dieser Theorie daraus, daß es auch für die Selektion von Kulturen neutrale Züge gibt. Universalien – allen Kulturen gemeinsame Merkmale – müssen keineswegs biologisch bedingt sein, sondern können ebensogut durch funktionellen Zwang zustande gekommen sein. So »muß« jede überlebensfähige Kultur eine Sprache haben – heute hat sich diese Forderung gesteigert: auch eine Schrift! –, aber es ist gleichgültig oder zumindest nicht von entscheidender Bedeutung, *welche* Sprache das nun ist.)
Auf welche Weise die kulturelle Selektion innerhalb dieser spezifischen Form der Evolution zum Menschen (die sich in den kooperierenden Primatengruppen bereits abzeichnete) erfolgte, ist an sich auch weniger bedeutsam und kann nur erschlossen werden. Wichtig sind die sekundären, biologischen Konsequenzen. Es ist klar, daß auch das kulturelle Klima in einer historisch gewordenen Gruppe (alle archaischen Kulturen beruhen ja auf Organisationen einander persönlich bekannter Menschen) bestimmten Erbanlagen günstiger, anderen hingegen ungünstiger sein kann. Es gibt hier rein theoretisch zwei Möglichkeiten: Entweder werden spezifische kulturelle Normen sekundär genetisch fixiert (wie es Lorenz in seiner von Margolin übernommenen Interpretation einer den Ute-Indianern »angezüchteten« extremen Aggressivität annimmt), oder die kulturell gewordene, gewissermaßen durch das Zwischenglied der Gruppe gedämpfte genetische Selektion arbeitet darauf hin, eine möglichst unspezifische Anpassungsfähigkeit und Orientierungsfähigkeit für die jeweils notwendigen kulturellen Werte zu erzielen. Weil die kulturelle Adaptionstechnik erheblich rascher und genauer arbeitet als die primitive Ja-Nein-Methode der genetischen Selektion, darf man mit Sicherheit annehmen, daß die zweite Konsequenz eintrat: eine unspe-

zifische Anpassungsfähigkeit des Menschen wurde gefördert – die Anlage zu einer auf Einsicht beruhenden Verhaltenskontrolle, verbunden mit der Fähigkeit, kulturelle Normen zu »verinnerlichen« (einem Prozeß, den die Psychoanalyse als Über-Ich-Formation beschreibt). Das Fehlen nachweisbarer genetischer Anpassungen an bestimmte Forderungen einer spezifischen Kultur (*nicht an die funktionell notwendigen Universalien aller Kulturen!*) spricht sich nicht nur in dem raschen kulturellen Wandel aus, der binnen weniger Jahrzehnte fast alle Lebensbereiche verändern kann, sondern auch in der Möglichkeit, binnen einer oder zweier Generationen einige tausend Jahre der Kulturentwicklung zu überspringen, ohne daß genetisch fixierte Hindernisse erkennbar wären. [...]
Die Konsequenz der kulturellen Evolution im biologischen Bereich liegt also vor allem darin, daß starre, instinktive Anpassungen aufgebrochen und die Möglichkeiten sozio-kultureller Variabilität erweitert werden. Diesem Prozeß sind allerdings bestimmte Grenzen gesetzt (für einen recht hohen Anteil ihrer Bewohner ist z. B. die moderne Großstadt offensichtlich nicht mehr ein Milieu, an das sie sich ohne größere Schwierigkeiten anpassen können), die eine kritisch forschende Humanethologie untersuchen sollte. Wahrscheinlich hat die kulturelle Evolution seit dem Neolithikum und mehr noch seit der Industrialisierung durch ihre progressive, positive Beschleunigung diesen unspezifischen genetischen Adaptationsprozeß teilweise überfordert. Jene Kulturen erwiesen sich als besonders »erfolgreich«, die ihre Mitglieder bis an die äußerste Grenze ihrer Belastbarkeit forderten (und manche von ihnen darüber hinaus). Daß es sich mit dem Selektionserfolg einer Kultur in mancher Hinsicht gut verträgt, wenn sie hochaggressiv ist, die Frauen unterdrückt und Ausbeutung unterstützt, ist ein anderer, negativer Aspekt der kulturellen Evolution. Dieser Gesichtspunkt kann übrigens auch die kürzlich wieder von Lionel Tiger aufgegriffene These einer angeborenen Überlegenheit der Männer im Aufbau sozialer Gruppen und in der Befähigung zu politischer Führung korrigieren. Einerseits hat Margaret Mead gezeigt, daß angeblich typisch »biologische« Merkmale der Geschlechterrollen in manchen primitiven Gesellschaften geradezu umkehrbar sind, während die historischen Berichte über matriarchale, die ethnographischen über matrilineare Gesellschaften zeigen, daß kein biologisches Motiv vorliegt, wenn in den meisten (und in allen großen, »erfolgreichen«) Kulturen Männer herrschen. Tigers These ist ein typischer Beleg dafür, wie eine Folge der kulturellen Evolution

für biologisch-genetisch bedingt gehalten wird, weil diese Möglichkeit einer kulturellen Evolution gar nicht beachtet wurde. Tatsächlich ist es nicht ihre biologische Disposition, welche Männer herrschen läßt, sondern eine kulturelle Norm, die eben deshalb so weit verbreitet ist, weil patriarchalische Kulturen erfolgreicher waren (und sind; leider sind sie auch besonders aggressiv). Tiger hätte seine These auch allein aufgrund der kulturanthropologischen Befunde korrigieren können, wenn er die für jede Theorie der menschlichen Evolution zentral bedeutsamen Kulturen der Jäger und Sammler genauer betrachtet hätte. Dort fehlt nämlich vielfach die Herrschaft eines Männerbundes; die Sozialstruktur ist eher egalitär. Biologische Dispositionen, die auf dieser Kulturstufe fehlen (welche 99 Prozent der Zeitdauer der menschlichen Evolution beherrschte), werden schwerlich in den Hochkulturen plötzlich entstehen. Ähnlich wie im Fall der ebenfalls pseudobiologisch begründeten territorialen Aggression (die bei den meisten Jäger- und Sammler-Völkern fehlt) handelt es sich bei den von Tiger beschriebenen Phänomenen um Phänokopien instinktiver Verhaltensweisen in Spätphasen der kulturellen Evolution.

Kulturtier Mensch

Die menschliche Evolution ist weitgehend durch Mutation und Selektion kultureller Traditionen, d. h. ganzer Gruppensysteme bestimmt. Sie wurde durch eine biologisch-genetische Formung des Menschen zum »Kulturtier« bzw. Kulturträger von Natur begleitet. [...]
Die Konzeption einer kulturellen Evolution besagt keineswegs, daß Homo sapiens – wie das Konzept extremer Behavioristen lautet – bei seiner Geburt eine *tabula rasa* ist, in der die Kultur jede beliebige Gestalt eingraben kann. Die Gattung Homo hat den kulturellen Weg biologischer Anpassung schon sehr früh eingeschlagen – zu einer Zeit, als ihr Gehirngewicht noch nicht größer war als das der Menschenaffen. Der bei weitem größte Teil ihrer Evolution war von relativ einfachen sozialen Organisationen (*face-to-face-groups*) bestimmt. Die Abhängigkeit von einer Kultur hatte einschneidende biologische Konsequenzen; Mutation und Selektion arbeiteten von nun an vorwiegend an dem wichtigsten Organ einer kulturellen Evolution, dem Gehirn. Der Mensch ist also nicht ein Tier, das Kultur erzeugen kann, sondern ein Tier, das *von seiner Kultur geschaffen wurde* – in seiner verlängerten Kindheit, dem großen Gehirn mit den

ausgedehnten Assoziationsfeldern und der extrem verfeinerten Willkürmotorik. Viel spricht dafür, daß Homo sapiens an die Kulturstufe des Lebens als Jäger und Sammler optimal angepaßt ist, während die kulturelle Evolution weiterging und seine intellektuellen Fähigkeiten zu einem Maximum steigerte. Die ausgeprägten Besitzunterschiede, Sklaverei und Ausbeutung seit dem Neolithikum, die anonyme Massengesellschaft im Zug der Industrialisierung mit den im Frühkapitalismus rohen, im Spätkapitalismus der Konsumgesellschaft verfeinerten Methoden der Repression gehören auf das Sündenregister einer in mancher Hinsicht Amok laufenden kulturellen Evolution, die durch ihren eingebauten Sperrmechanismus (seit der Entdekkung der Schrift!) immer nur »Fortschritte« verzeichnen konnte, da Rückschritte durch die Fixierung kultureller Traditionen unmöglich waren. Es gehört zu den großen, weltverändernden Entdeckungen der Menschheit, daß Karl Marx einen zentralen Vorgang innerhalb dieser kulturellen Evolution erkannte und zu verändern suchte, nämlich die Ausbeutung. Die biologisch-genetische Evolution des menschlichen Individuums hat die ungeheueren kulturellen Fortschritte seit der Jungsteinzeit (dem Beginn von Ackerbau und Städtegründung) ermöglicht. Aber sie vermochte diesem progressiv beschleunigten Fortschritt (der vor allem durch die Informationsspeicherung mit Hilfe der Schrift ermöglicht wurde) nicht mehr zu folgen. Es sind somit nur ganz am Rande die Reste einer biologisch geprägten Selektion bzw. zoologisch faßbarer Atavismen, welche die Adaptation des Menschen in den Massengesellschaften so erschweren, sondern bereits Auswirkungen einer kulturell gesteuerten Selektion, die den Menschen trieb- und entwicklungspsychologisch gesehen an das – durchaus kulturell bestimmte – Leben als schweifender Jäger und Sammler anpaßte.

In der kulturellen Evolution steckt ein potentiell verhängnisvoller Zug zur Maximierung, der in der biologischen Evolution fehlt, welche eher auf Optimierung ausgerichtet ist. – Diese Tendenz zur Maximierung macht sich nicht nur in der von Marx beschriebenen Anhäufung von Kapital und Macht bemerkbar, sondern ebenso in dem schier schrankenlosen Populationswachstum, das auch in den westlichen Zivilisationen – wo niemand verhungern muß – längst weit über dem sozialpsychologischen und biologischen Optimum liegt. Sie läßt sich in der Ausbeutung von Bodenschätzen, im Konsumverhalten, in der Rüstungsindustrie, im Sport (Rekordsucht um jeden Preis), in der Technik und auf vielen anderen kulturellen Sektoren

deutlich erkennen. Durchweg wird ein Maximum mit dem Optimum verwechselt.
Die menschliche Naturgeschichte zeigt eine allmählich beschleunigte Entwicklung, die den Eindruck hervorruft, daß eine für den raschen geschichtlichen Wandel der historischen Kulturen unfaßbar langsame Optimierung der Kulturstufe kleiner, schweifender Gruppen von Jägern und Sammlern an einem bestimmten Punkt die »Fluchtgeschwindigkeit« überschritt, welche bisher eine Parallelität und ständige Wechselwirkung zwischen der kulturellen und der biologischen Evolution ermöglichte. Wie ein Raumschiff die irdische, überwand die kulturelle Evolution an diesem Punkt die biologische Trägheit und beschleunigte sich in geometrischer Progression weiter, einem Ziel zu, das wir heute nicht kennen. Träger dieser kulturellen Evolution – zugleich ihr Produzent und ihr Produkt – ist aber immer noch derselbe Jäger und Sammler (was die Einheitlichkeit der Spezies Homo sapiens trotz der radikalen kulturellen Unterschiede, etwa zwischen einem Pygmäen, einem Eskimo und einem Europäer erweist), dessen grundlegende biologische Merkmale sich nicht geändert haben. [...]
Den – vorläufigen – Stand unseres Wissens über den Wendepunkt von der biologischen zur kulturellen Evolution hat Dobzhansky zusammengefaßt: »Kultur wird nicht durch Gene vererbt, sondern durch Lernen von anderen Menschen erworben ... In mancher Hinsicht haben die menschlichen Erbanlagen ihren Primat in der Evolution des Menschen an eine grundlegend neue, nichtbiologische oder superorganische Macht abgetreten, an die Kultur. Jedoch sollte man nicht vergessen, daß diese Macht gänzlich vom Genotyp des Menschen abhängt.« Es wäre falsch, eine Dichotomie zwischen kultureller und biologischer Evolution anzunehmen – ebenso falsch, wie es jene Dichotomie zwischen Erbe und Umwelt, angeborenen und erlernten Verhaltensweisen ist, die bis heute in der Humanethologie nicht überwunden wurde. Beide Formen der menschlichen Evolution durchdringen sich gegenseitig; sie tun das auch heute noch, obschon diese Interaktion aus den genannten Gründen seit dem Neolithikum wesentlich verändert wurde, weil die biologische mit der kulturellen Evolution nicht Schritt halten konnte. Es ist ein typischer, von der modernen Populationsgenetik längst widerlegter Irrtum, daß heute keine biologische Auslese mehr stattfinde oder gar ein »schleichender Verfall des Erbgutes« eintrete, weil z. B. dank moderner medizinischer Pflegemaßnahmen viele krankheitsanfällige Individuen, die früher vor der Geschlechtsreife

starben, sich noch fortpflanzen oder weil Hilfsarbeiter manchmal erheblich mehr Kinder haben als Universitätsprofessoren.
Die biologische Selektion kann durch medizinische Maßnahmen verlangsamt, aber keineswegs in ihrer Wirksamkeit aufgehoben werden; die genetische Überlegenheit des Universitätsprofessors über den Hilfsarbeiter ist reine Ideologie. Ausgeprägt schwachsinnige Männer und Frauen haben keineswegs eine höhere, sondern eine gegenüber dem Durchschnitt erniedrigte Fortpflanzungsrate. Die »Rassenhygiene« im ersten Drittel dieses Jahrhunderts, welche von den Nationalsozialisten zu unmenschlichen Konsequenzen geführt wurde, war nicht nur fragwürdige Sozialethik, sondern auch schlechte Biologie (wie der ganze Sozialdarwinismus).
Bemerkenswert ist, daß seit den bahnbrechenden Fortschritten der Genetik in den letzten beiden Jahrzehnten die sozialbiologischen Schlüsse immer vorsichtiger formuliert werden. Die Gefahr des biologischen Verfalls wird keineswegs mehr in so schwarzen Farben gemalt, da die genetische Auslese auch im Zug medizinischer Fortschritte ihre Macht teilweise behält (denn auch eine gering verminderte Fortpflanzungsrate genügt, um sie wirksam zu machen), während positive Folgen einer weniger radikalen Selektion erwartet werden: Verstärkung der diversifizierenden Auslese durch fortschreitende Durchlässigkeit von ethnischen und Klassenschranken, zunehmende Differenzierung sozialer Rollen und Möglichkeiten. Durch Kleinfamilie und Frühehe mit raschem Abschluß der Reproduktionsphase (durch Geburtenkontrolle) wird das Risiko von Chromosomenaberrationen und Neumutationen teilweise auch wieder vermindert.
Diese Gesichtspunkte interessieren uns hier nur deshalb, weil sie in der Humanethologie deutscher Prägung bisher keineswegs gebührend berücksichtigt worden sind. Charles Darwin sagte vor über hundert Jahren in einem Gespräch mit dem Zoologen Wallace, »daß in unserer modernen Zivilisation eine natürliche Auslese nicht zustande komme und die Tüchtigsten nicht überlebten. Die Sieger im Kampf um das Geld sind keineswegs die Besten oder die Klügsten, und bekanntlich erneuert sich unsere Bevölkerung in jeder Generation in stärkerem Maß aus den unteren als aus den mittleren und oberen Klassen.« Lorenz wiederholt 1971: »Um sich die Gefahren zu vergegenwärtigen, die der Menschheit aus erblichen Instinkt-Ausfällen erwachsen, muß man sich klarmachen, daß unter den Bedingungen des modernen Zivilisa-

tionslebens kein einziger Faktor am Werke ist, der auf schlichte Güte und Anständigkeit hin Selektion treibt, es sei denn das uns eingeborene Gefühl für diese Werte. Im wirtschaftlichen Wettbewerb der westlichen Kultur steht sogar ein eindeutig negatives Selektionsprämium auf ihnen! Es ist noch ein Glück, daß wirtschaftlicher Erfolg nicht unbedingt positiv mit der Fortpflanzungsrate korreliert ist.« Abgesehen davon, daß hier sämtliche Einsichten der modernen Populationsgenetik ignoriert werden (wie Baitsch in seiner Kritik der Ansicht Darwins zeigt), illustriert dieser Ausspruch deutlich, wie klassenbewußt diese sich sozialkritisch gebende Humanethologie geblieben ist. Die konkurrierenden Kapitalisten und ihre Manager werden zu den Vertretern der Gesellschaft schlechthin, während die (wie auch betriebspsychologische Studien gezeigt haben) hohe Bewertung »anständigen« Verhaltens in der Arbeiterklasse vernachlässigt wird.

Kooperation und Wettbewerb

Zu den Aspekten der Ethologie schlechthin (nicht nur der Humanethologie), die vom ideologiekritischen Standpunkt aus besonders interessieren, gehören die Gesichtspunkte, unter denen man Tiergesellschaften zu betrachten pflegt. Vor allem in populären Schriften gehören die Hackordnungen der Hühner und die Dominanzhierarchien der Paviane zu den beliebtesten Themen. Es ist, als ob sich eine vom Konkurrenzzwang geplagte Gesellschaft in der Natur selbst bestätigt sehen möchte. Robert Ardrey sieht im Vietnamkrieg »das kostspieligste Experiment, das jemals zur Überprüfung einer (seiner! – W. S.) wissenschaftlichen Theorie erdacht und von einer Elite sanktioniert wurde«. Da die Vietnamesen eben ihr Territorium verteidigten, konnten sie nicht besiegt werden, behauptet Ardrey (die »Vietnamisierung« war damals noch nicht eingeleitet). Er schließt resigniert: »In unserer Unfähigkeit, die Rolle Hitlers zu spielen, haben wir uns zum Narren der Evolution gemacht.« Ardrey ist ein typisches Beispiel für Schriftsteller, welche die Humanethologie handhaben wie ein neues Evangelium und mit Tierexperimenten – ähnlich wie frühere Autoren mit Bibelzitaten – immer die eigenen Vorurteile beweisen.
Wesentliche Elemente dieser Haltung sind falsche Bescheidenheit (der Mensch muß einsehen, daß er nur ein Teil der Natur ist – eine im Prinzip durchaus richtige Forderung, die aber, isoliert hingestellt, nur als tröstlicher Mythos dienen kann: wenn wir

unsere Abhängigkeit von der Natur durchschauen, wird alles gut), heftige Polemik gegen Andersdenkende (»daß drei für das Verständnis des Menschen grundlegende Wissenschaften – Psychologie, Anthropologie und Soziologie – fortwährend und mit Erfolg sich selber belügen, einander belügen, ihre Schüler und die Öffentlichkeit belügen«) und der offene Hinweis auf die politischen Konsequenzen »biologischer Notwendigkeit«. Das gilt im negativen Sinn: »Die Schwierigkeit des Jungseins besteht darin, daß man nicht so viel weiß, wie man zu wissen glaubt. Aus diesem Mißverhältnis kann eine Jugendbewegung einen Hitler an die Macht bringen oder einem Mao hörig werden und damit eine Katastrophe für alle herbeiführen.«

Den positiven, ideologisch revelanten Kern seiner Aussage legt Ardrey einer Paviansozietät in den Mund, die zum beredten Anwalt eines Sozialdarwinismus alter Schule wird: »Den Pavian wird man niemals davon überzeugen, daß Aggressivität ein Produkt der Frustration ist... Würde man dem Pavian erklären, daß der Wettkampf etwas Falsches ist, sein kleines Gehirn wäre total verwirrt. Sollte ein idealistischer Pavian dennoch darauf beharren, man würde ihn mit hochgezogenen Brauen empfangen; und beim Pavian bedeutet das nicht Erstaunen, sondern höchstens Ärger... Sollte der Pavianidealist dennoch darauf bestehen, die natürliche Gleichheit aller Paviane zu deklarieren, als Antwort würde das uralte Gebrüll ertönen, das sonst nur dem Leoparden, dem natürlichen Feind der Spezies, gilt. Denn wer will diese Gleichheit? Der junge Pavian? Er will die Freiheit, um seine angeborene Überlegenheit zu beweisen, wenn er dazu imstande ist. Die Mütter? Die sind hinlänglich beschäftigt mit ihren Kindern, weitere Verantwortung ist unzumutbar. Und wie triste wäre die sexuelle Zukunft ohne eine kurze Liebelei mit dem atemberaubenden Alphamännchen? Die Omegas wenden sich Ersatzhandlungen zu, wie zum Beispiel dem Wurzelausgraben; das Leben ist einfacher, wenn man ein Nicht-Gleicher ist. Die Männchen der Mittelklasse sind fassungslos: wo bleibt die Spannung im Leben, wenn es keine Rangstreitigkeiten mehr gibt? Die Alphas seufzen auf und ziehen sich hinter einen Busch zurück...«

Ardrey verharrt auf einem Stadium der Analyse des Sozialsystems von Primatengruppen, das heute veraltet ist. Jahrelang hat man – vor allem durch Studien an gefangenen Affen – geradezu zwanghaft deren Dominanzhierarchie untersucht und eine Reihe von biologischen Vorteilen dieser Ordnung erkannt: Einmal etabliert, verhindert sie weitere Streitigkeiten, weil die Tiere gelernt haben, wer wem ausweichen und den

Vortritt lassen muß. Es ist auch deutlich geworden, daß die Rangordnung (sehr im Gegensatz zu Freuds Bild von der durch einen alle Weibchen monopolisierenden Patriarchen geführten »Urhorde«) keineswegs immer sexuellen Vorrang bedeutet. Nach Schallers Studien an Berggorillas wählt das Weibchen den Geschlechtspartner, während das dominante Männchen unter Umständen ruhig zuschaut. Die Rangordnung hilft auch, die Gruppe zu stabilisieren, da sich das ranghohe Tier in einem Streit zwischen zwei rangniedrigeren Tieren meist auf die Seite des »schwächeren«, also rangferneren Kontrahenten stellt.

Trotz dieser ersten empirischen Resultate wurde immer deutlicher, »daß das einfache Dominanzkonzept nicht nur ungenügend definiert und durch viele ungerechtfertigte, motivationale Obertöne belastet war, sondern man Gruppenstrukturen mit Hilfe einer Dominanzterminologie vielfach nicht genügend beschreiben konnte«, wie John Crook feststellt. In einer kritischen Studie über verschiedene Methoden, hohen Rang in einer Paviangruppe zu bestimmen, fand Rowell kein überzeugendes einzelnes Kriterium. Der Rang des indivuellen Tieres scheint einem dauernden Lernprozeß zu unterliegen. Deshalb zieht eine Reihe von Primatenforschern heute die genauere, von der Soziologie übernommene Konzeption eines Rollensystems in der Primatengruppe vor (Bernstein und Sharpe, Rowell, Gartlan). Bernstein hat darauf hingewiesen, daß manche Tiere die Rolle eines »control animal« spielen, d. h. die Initiative in der Gruppe übernehmen, wobei es sich keineswegs notwendig um dominante oder führende Tiere handeln muß, obschon eine positive Korrelation besteht.

Sicher ruht auch die Bereitschaft der Primaten, sich in sozialen Gruppen zusammenzufinden, auf einer genetischen Basis. Aber die entsprechende Motivation ist recht unspezifisch und hat keinesfalls einen instinktiven Charakter im Sinn von Tinbergens Definition [...]. Das belegt nicht nur die Tatsache, daß bei an sich in Gruppen lebenden Affen (z. B. den Gorillas) auch Einzelgänger vorkommen, sondern auch die große Variabilität der Gruppenstrukturen, die deutlich den Einfluß historischer und ökologischer Faktoren zeigt. Kooperation scheint dabei eine mindestens so große Rolle zu spielen wie der von Ardrey und anderen populären Autoren so unterstrichene, ja verabsolutierte Wettbewerb. Hall und DeVore haben etwa beobachtet, wie zwei Paviane durch ein enges Bündnis und gegenseitige Hilfe die zentrale Position in ihrer Gruppe einnahmen. Als einer der Partner starb, konnte der andere seine dominante Rolle nicht mehr weiterspielen, sondern wurde von einem anderen Paar verdrängt, das sich inzwischen aus dem drittrangigen Männchen und einem Neuankömmling von einer anderen Gruppe gebildet hatte. Die soziale Position wird also nicht nur durch die individuelle Stärke und Kampfbereitschaft bestimmt, sondern auch durch die Fähigkeit, mit anderen zusammenzuarbeiten. In einer anderen Studie hat DeVore beschrieben, wie greise Pavianmännchen durch ein Bündnis ihren hohen Rang behaupteten. Vielleicht wird man – ähnlich wie in der sozialspychologischen Forschung über die Führerrolle – auch in der Primatenforschung noch einmal zu dem Ergebnis gelangen, daß der Führer nicht das freieste, sondern das gebundenste Mitglied der Gruppe ist und seine Rolle vorwiegend vom Konsensus der Geführten bestimmt wird. Eine nicht weniger interessante Studie über die Kooperation in Primatengruppen stammt von Hans Kummer, der Mantelpaviane beobachtete, die vielfach in Gruppen von einem Männchen mit einem Harem leben. Der Vater vertreibt seine Söhne, die versuchen müssen, sich eigene Weibchen anzueignen, indem sie halbwüchsige Pavianmädchen ihren Müttern entlehnen. Doch auch in dieser Tiersozietät spielt die Kooperation eine wichtige Rolle. Manchmal duldet der Pascha einen jungen Konkurrenten in seinem Harem, wenn dieser sich zunächst gebührend unterordnet. Allmählich entwickelt sich eine Arbeitsgemeinschaft: Wenn der ältere Partner schwächer wird, übernimmt der jüngere seine Rolle bei den Weibchen, während der ältere nach wie vor die Bewegungen der Gruppe und den täglichen Nahrungserwerb bestimmt. Beide spielen also verschiedene Rollen, die sich gegenseitig ergänzen.

Abschließend ist noch festzuhalten, daß gerade die menschenähnlichsten Primaten – nämlich die Schimpansen – eine soziale Organisation haben, in der offene Gruppen *ohne* ausgeprägte Dominanzhierarchie überwiegen. Eine solche Hierarchie ist schon allein deshalb nicht möglich, weil die Mitglieder in den einzelnen Gruppen ständig wechseln. Vernon Reynolds hat deshalb darauf hingewiesen, daß die Analogien zwischen Pavian und Mensch, die vor allem in Ardreys Buch über den »territorialen Imperativ« ausgewalzt werden, auf einem methodischen Fehler beruhen, den wir die *kulturelle Phänokopie* angeblich »instinktiven« Verhaltens genannt haben. Wie manche Paviangruppen (denn wir haben bereits gesehen, daß es bereits bei Primaten kein Urteil mehr gibt, das auf alle Gruppen gleichermaßen zutrifft) sei zwar der heutige Mensch »territorial und aggressiv, feindselig und unduldsam gegen Fremde« und lebe »in einer autoritären sozialen Struktur, wo Selbstbestäti-

gung und Wettkampf um Dominanz den erfolgreichen Mann charakterisieren«. Doch müsse diese Entwicklung jüngeren Datums und kulturell bedingt sein, weil gerade die nächsten biologischen Verwandten des Menschen, die Schimpansen, in offenen Gruppen leben, Fremde freundlich begrüßen, keine territoriale Aggression kennen, sagt Reynolds.
Diese Beschreibung paßt sehr gut zu der, die viele Ethnographen von bis heute überlebenden Jäger- und Sammler-Völkern gegeben haben, so daß die Bedeutung der kulturellen Evolution einmal mehr unterstrichen wird.
Die von Ardrey und Eibl-Eibesfeldt für ein »angeborenes« Merkmal des Menschen gehaltene territoriale Aggression ist bereits unter den Primaten weder universell noch genetisch determiniert, das heißt innerhalb einer Spezies invariant, außerdem fehlt sie gerade bei den menschenähnlichsten Affen. Das unvoreingenommene Studium der Feldforschung über Primatengruppen zeigt deutlich genug, daß individuell-genetische Selektion und ein Beharren auf instinktiven Mechanismen den Reichtum der beobachteten Phänomene nicht mehr erklären können. Gewiß gibt es genetische Faktoren, die auch das menschliche Sozialverhalten beeinflussen; kein ernstzunehmender Forscher hat jemals behauptet, daß alle Menschen gleich im Sinne von identisch sind. Auf der anderen Seite ist es ein ideologischer Kunstgriff, nun die biogenetische Ungleichheit zu verwenden, um reaktionäre Ideologien zu rationalisieren und nicht nur abzustreiten, daß die Menschen gleich geboren sind, sondern auch, daß sie durch Umwelteinflüsse »besser« gemacht werden können, was auch immer man darunter verstehen mag. Die Evolution hat spezifisch menschliches Verhalten ermöglicht, aber sie beherrscht es nicht. Unsere genetischen Dispotitionen für soziales Verhalten prägen nicht das, was wir tun, sondern schränken nur die Zahl der Wahlmöglichkeiten ein.

3. Claude Lévi-Strauss
Ethnozentrismus und »falscher Evolutionismus«

Will man wissen, wie und in welchem Maße sich die Kulturen voneinander unterscheiden, ob diese Unterschiede einander annullieren oder widersprechen, oder ob sie in einem harmonischen Ganzen zusammenlaufen, dann muß man zunächst versuchen, eine Bestandsaufnahme von ihnen zu machen. Aber damit beginnen schon die Schwierigkeiten, denn die Kulturen unterscheiden sich voneinander nicht in der gleichen Art und Weise. Wir haben es, erstens, mit verschiedenen Gesellschaften im Raum zu tun, von denen die einen wenig, die anderen weit voneinander entfernt liegen, aber doch, im großen und ganzen, zur selben Zeit existieren. Zweitens müssen wir Formen gesellschaftlichen Lebens berücksichtigen, die zeitlich aufeinander gefolgt sind und die wir nicht aus direkter Erfahrung kennen. Denn jeder Mensch kann sich zwar in einen Ethnographen verwandeln und an Ort und Stelle das Leben einer Gesellschaft teilen, die ihn interessiert; dagegen wird er, selbst als Historiker oder Archäologe, niemals in direkten Kontakt zu einer untergegangenen Zivilisation treten können, sondern nur mit Hilfe von schriftlichen Dokumenten oder figürlichen Denkmälern, die diese Gesellschaft – oder andere über sie – hinterlassen hat. Schließlich darf man nicht vergessen, daß die zeitgenössischen Gesellschaften, die die Schrift nicht kannten, genauso wie diejenigen, die wir »wilde« oder »primitive« Gesellschaften nennen, ebenfalls auf frühere Gesellschaftsformen gefolgt sind, deren, selbst indirekte, Kenntnis praktisch unmöglich ist. Eine gewissenhafte Bestandsaufnahme aller Kulturen wird also unendlich viel mehr weiße Kästchen enthalten als solche, in die wir etwas eintragen können. Daraus ergibt sich eine erste Feststellung: die Vielfalt der Kulturen ist, in der Gegenwart faktisch und in der Vergangenheit faktisch und theoretisch, viel größer und reicher als alles, was zu kennen uns je vergönnt sein wird. [...]

Und dennoch scheint die Verschiedenheit der Kulturen den Menschen selten als das vorgekommen zu sein, was sie tatsächlich ist: ein natürliches Phänomen, das von den direkten oder indirekten Beziehungen der Gesellschaften untereinander herrührt. Sie haben in ihr eher eine Art Ungeheuerlichkeit oder Skandal gesehen. Auf diesem Gebiet hat der Fortschritt der Kenntnisse nicht so sehr darin bestanden, diesen Schein zugunsten einer exakteren Auffassung zu zerstören, als vielmehr, ihn als Tatsache hinzustellen und herauszufinden, wie man damit fertig werden kann.

Die älteste Haltung – die zweifellos auf soliden psychologischen Grundlagen beruht, weil sie bei jedem von uns auftritt, wenn er sich einer unerwarteten Situation gegenübersieht – besteht darin, alle kulturellen Formen, moralische, religiöse, gesellschaftliche, ästhetische, die am weitesten von denen entfernt sind, mit denen wir uns identifizieren, schlicht und einfach

abzulehnen. »Gewohnheiten von Wilden«, »das ist nicht von hier«, »so etwas müßte man verbieten« usw. – das sind die üblichen plumpen Reaktionen, die das entsprechende Schaudern, die entsprechende Abwehr gegenüber uns fremden Lebens-, Glaubens- und Denkweisen wiedergeben. Die Antike, zum Beispiel, subsumierte alles, was nicht zur griechischen (später griechisch-römischen) Kultur gehörte, unter dem Begriff »Barbar«; die westliche Zivilisation bediente sich dann des Ausdrucks »Wilder« in der gleichen Weise. Hinter diesen Epitheta verbirgt sich das gleiche Urteil: wahrscheinlich bezieht sich das Wort »Barbar« etymologisch auf das unartikulierte Geräusch des Vogelgezwitschers als Gegensatz zum bedeutungstragenden Wert der menschlichen Sprache, und das französische Wort *»sauvage«* (Wilder), das »aus dem Wald« bedeutet (vom lateinischen »silvaticus« abgeleitet), erinnert ebenfalls an eine tierische Lebensweise im Gegensatz zur menschlichen Kultur. In beiden Fällen wird die Tatsache einer kulturellen Verschiedenheit einfach geleugnet. Alles, was nicht der Norm entspricht, nach der man selber lebt, wird aus der Kultur in den Bereich der Natur verwiesen.
Über das Vorhandensein dieser naiven, aber bei den meisten Menschen tief verwurzelten Auffassung braucht nicht weiter diskutiert zu werden. [...] Wir wollen nur noch darauf hinweisen, daß sie ein sehr bezeichnendes Paradox enthält. Diese Denkhaltung, die die »Wilden« (oder alle, die man als solche ansehen will) aus der Menschheit ausschließt, ist gerade das ausgeprägteste und auffallendste Merkmal jener Wilden selbst. Bekanntlich ist der Begriff »Menschheit«, der ohne Unterschied der Rasse oder Zivilisation alle Lebensformen der Gattung Mensch einschließt, ziemlich spät aufgekommen und sehr wenig verbreitet. Selbst da, wo er seine höchste Ausbildung erfahren zu haben scheint, steht keineswegs fest – die jüngste Geschichte beweist es –, daß er gegen Mehrdeutigkeiten und Rückbildungen gesichert ist. Aber weiten Teilen der Gattung Mensch scheint dieser Begriff Zigtausende von Jahren völlig unbekannt zu sein. Die Menschheit endet an den Grenzen des Stammes, der Sprachgruppe, manchmal sogar des Dorfes, so daß eine große Zahl sogenannter primitiver Völker sich selbst einen Namen gibt, der »Menschen« bedeutet (oder manchmal – mit etwas mehr Zurückhaltung – »die Guten«, »die Hervorragenden«, »die Vollendeten«), was gleichzeitig einschließt, daß die anderen Stämme, Gruppen oder Dörfer keinen Anteil an den guten Eigenschaften – oder sogar an der Natur – des Menschen haben, sondern höchstens aus »Schlech-

ten«, »Bösen«, »Erdaffen« oder »Läuseeiern« bestehen. Manchmal spricht man den Fremden sogar noch jene letzte Stufe an Realität ab, indem man sie als »Fantome« oder »Erscheinungen« ansieht. So kommt es also zu der merkwürdigen Situation, daß zwei Gesprächspartner sich ihre abwertenden Bezeichnungen auf grausame Weise zurückgeben. Als einige Jahre nach der Entdeckung Amerikas die Spanier Untersuchungskommissionen nach den Großen Antillen schickten, die erforschen sollten, ob die Eingeborenen eine Seele besäßen, gingen letztere daran, weiße Gefangene einzugraben, um durch Beobachtung zu prüfen, ob ihre Leiche der Verwesung unterläge.

Diese zugleich barocke und tragische Anekdote illustriert das Paradox des kulturellen Relativismus (den wir woanders in anderen Formen wiederfinden können). In dem Maße, wie man eine strenge Trennung zwischen Kulturen und Sitten festzulegen glaubt, identifiziert man sich um so vollständiger mit denjenigen, von denen man sich gerade abzusetzen versucht. Wer diejenigen aus der Menschheit ausschließt, die ihm als die »Wildesten« oder »Barbarischsten« ihrer Vertreter erscheinen, der nimmt nur selbst eines ihrer typischsten Merkmale an. Denn ein Barbar ist ja vor allem derjenige, der an die Barbarei glaubt.

Die großen philosophischen oder religiösen Systeme der Menschheit – ob es sich nun um Buddhismus, Christentum, Islam oder um Stoizismus, Kantianismus, Marxismus handelt – haben ständig gegen diese irrige Auffassung gekämpft. Aber die bloße Proklamation der natürlichen Gleichheit aller Menschen und der Brüderlichkeit, die sie ohne Ansehen der Rasse oder der Kultur vereinigen sollte, ist intellektuell enttäuschend, weil sie die faktische Verschiedenheit übergeht, die sich der Beobachtung aufzwingt und von der man nicht einfach behaupten kann, daß sie das Problem im Kern nicht berühre, so daß man sie theoretisch und praktisch als nicht vorhanden ansehen könne. Die Präambel der zweiten Unesco-Erklärung über das Rassenproblem weist daher auch gewissenhaft darauf hin, daß das, was den Menschen auf der Straße von der Existenz verschiedener Rassen überzeugt, »die unmittelbare sinnliche Evidenz ist, wenn er einen Afrikaner, einen Europäer, einen Asiaten und einen Indianer nebeneinander sieht«.

Die großen Erklärungen der Menschenrechte haben die gleiche Stärke und Schwäche, ein Ideal zu proklamieren und dabei allzuoft außer acht zu lassen, daß der Mensch seine Natur nicht in einer abstrakten Menschheit realisiert, sondern in traditio-

nellen Kulturen, in denen die revolutionärsten Veränderungen ganze Bereiche unangetastet lassen und sich selbst auf Grund einer genau durch Raum und Zeit bestimmten Situation erklären. Der moderne Mensch schwankt zwischen den beiden Versuchungen, entweder die Erfahrungen, die ihn affektiv stören, zu verurteilen, oder die Unterschiede, die er intellektuell nicht versteht, zu leugnen. Um diesem Dilemma zu entgehen, überläßt er sich Hunderten von philosophischen und soziologischen Spekulationen im Hinblick auf müßige Kompromisse zwischen diesen sich widersprechenden Extremen und versucht, sich die Verschiedenheit der Kulturen begreiflich zu machen, indem er alles unterschlägt, was er daran als skandalös und schockierend empfindet.
Aber so vielfältig und manchmal sogar bizarr alle diese Spekulationen auch sein mögen, so laufen sie doch alle auf ein einziges Rezept hinaus, das der Begriff *falscher Evolutionismus* sicher am besten kennzeichnet. Was ist darunter zu verstehen? Es handelt sich hier ganz genau um den Versuch, die Verschiedenheit der Kulturen zu leugnen, aber gleichzeitig so zu tun, als würde man sie voll anerkennen. Denn wenn man die unterschiedliche Beschaffenheit sowohl der alten als auch der entfernten Gesellschaften als *Stadien* oder *Etappen* einer einzigen Entwicklung behandelt, die, vom gleichen Ausgangspunkt herkommend, auch zum gleichen Ziel führen muß, so wird ihre Verschiedenheit zu einem bloßen Schein. Die Menschheit wird als ein einheitliches, mit sich selbst identisches Wesen gesehen, nur daß sich diese Einheitlichkeit und Identität nicht anders als schrittweise verwirklichen kann und daß die Verschiedenheit der Kulturen lediglich die Momente eines Prozesses illustriert, der eine dahinterliegende Realität verbirgt oder deren Manifestation verzögert.
Diese Definition mag angesichts der ungeheuren Siegeszüge des Darwinismus als allzu summarisch erscheinen. Aber um diesen geht es gar nicht, denn der biologische Evolutionismus und der Pseudo-Evolutionismus, den wir hier meinen, sind zwei ganz verschiedene Lehren. Die erste entstand als eine umfassende Arbeitshypothese auf Grund von Beobachtungen, die der Interpretation nur einen geringen Spielraum lassen. Die verschiedenen Typen der Genealogie des Pferdes, zum Beispiel, können nämlich aus zwei Gründen in eine evolutionäre Reihe eingeordnet werden: erstens, zur Erzeugung eines Pferdes ist immer ein Pferd notwendig, und zweitens, die in den übereinandergeschichteten, also nach unten historisch immer älteren Erdschichten enthaltenen Skelette variieren graduell

von der jüngsten bis zur archaischsten Form. So ist im höchsten Maße wahrscheinlich, daß das *Hipparion* der tatsächliche Vorfahre des *Equus caballus* ist. Die gleiche Schlußfolgerung läßt sich zweifellos für die Gattung Mensch und ihre Rassen ziehen. Geht man aber von den biologischen zu den kulturellen Tatbeständen über, so werden die Dinge kompliziert. Man kann materielle Gegenstände ausgraben und feststellen, daß, je nach der Tiefe der geologischen Schichten, Form und Fabrikationsweise eines bestimmten Gegenstandtyps fortschreitend variieren. Und dennoch setzt ja eine Axt nicht, wie das Tier, physisch eine andere Axt in die Welt. Die Formulierung, eine Axt habe sich aus einer anderen entwickelt, ist also eine metaphorische, ungenaue Ausdrucksweise, die nicht die strenge Wissenschaftlichkeit einer entsprechenden Aussage über biologische Phänomene hat. Was schon für materielle Gegenstände zutrifft, deren tatsächliches Vorhandensein im Erdboden für bestimmbare Epochen bezeugt ist, gilt noch mehr für Institutionen, Religionen und Geschmäcker, deren Vergangenheit uns ganz allgemein unbekannt ist. Der Begriff der biologischen Evolution entspricht einer Hypothese, die einen der höchsten Wahrscheinlichkeitskoeffizienten hat, die man im Bereich der Naturwissenschaften überhaupt antreffen kann, während der Begriff der gesellschaftlichen oder kulturellen Evolution höchstens ein zwar bestechendes, aber gefährlich bequemes Verfahren der Tatsachendarstellung ist.

Dieser allzuoft übersehene Unterschied zwischen wahrem und falschem Evolutionismus erklärt sich übrigens aus dem Datum des Aufkommens beider Lehren. Der soziologische Evolutionismus erhielt zweifellos durch den biologischen Evolutionismus einen starken Impuls. Aber er geht ihm, was die Tatsachen angeht, voraus. Wir brauchen nicht einmal bis zu den antiken und dann von Pascal wieder übernommenen Auffassungen zurückzugehen, nach denen die Menschheit als ein lebendiges Wesen gesehen wird, das die aufeinanderfolgenden Stadien der Kindheit, Jugend und Reife durchläuft. Auch das 18. Jahrhundert ist reich an solchen Grundschemata, die danach Gegenstand zahlloser Manipulationen werden sollten: die »Spiralen« von Vico, seine »drei Zeitepochen«, die die »drei Zustände« von Comte ankündigen, die »Stufenleiter« von Condorcet. Die beiden Begründer des gesellschaftlichen Evolutionismus, Spencer und Tylor, entwickeln und veröffentlichen ihre Lehre noch vor der *Entstehung der Arten* von Darwin, oder ohne dieses Werk zu kennen. Der gesellschaftliche Evolutionismus, der der wissenschaftlichen Theorie des biologischen Evolutionismus vorausgeht, ist allzuoft die pseudowissenschaftliche Verbrämung eines uralten philosophischen Problems, von dem keineswegs sicher ist, daß es durch Beobachtung und Induktion eines Tages wird gelöst werden können.

4. Arnold Gehlen
Die ethische Tragweite der Verhaltensforschung

Der Titel dieses Beitrages mag Verwunderung erregen, widerspricht er doch der Vorstellung, daß die Ethik die Wissenschaft von geistigen Normen und Werten sei, während die Verhaltensforschung ja bekanntlich mit vorwiegend biologischen Begriffen aus Beobachtungsfeldern der Sichtbarkeit arbeitet. Um hier weiterzukommen, schlage ich vor, das überkommene Wertsystem im pluralistischen Sinne aufzulockern. Dies ist philosophisch kein neuer Gedanke, die Wertethik Max Schelers oder Nicolai Hartmanns arbeitete schon früher mit einer Vielheit von Normgesichtspunkten, deren gegenseitige Verträglichkeit gar nicht einmal gesichert war. In weiten Kreisen gilt dagegen heute noch wie eine Selbstverständlichkeit die Überzeugung, daß die Sittlichkeit sozusagen monarchisch organisiert ist und in einer obersten Spitze zusammenläuft, nämlich in der vom Christentum verkündeten Nächstenliebe, die dort als mit der Gottesliebe eng verbunden gedacht wird. Von diesem höchsten Wert aus erscheinen die anderen Tugenden als relativiert, indem ihnen eine umständegemäße Gültigkeit zugeordnet wird, so wie zum Beispiel die Tapferkeit in einem gerechten Krieg als sittliche Verpflichtung gilt.
Die Zweifel an einem so vereinfachten Bilde entstanden sogar nicht einmal zur Zeit der Aufklärung, die ja, ob die Denker nun gottgläubig oder Atheisten waren, an einem obersten Wert der Humanität festhielt, dessen zunächst christliche Herkunft ebensowenig zu bestreiten war wie das Missionspathos und damit der Anspruch auf ein alle Menschen dieser Erde umgreifendes moralisches Band. Die Zweifel an der Gültigkeit dieser monolithischen Tugendsysteme gehören vielmehr in die Neuzeit, und kurz vor dem Beginn dieses Jahrhunderts hat *Nietzsche* unter Berufung auf vorchristliche Zeiten einer Umwertung aller Werte das Wort geredet, hat die selbstlosen Tugenden denunziert und eine neue Moral der Lebensaustrinker verkündet. Er hat damit einer Zeit wie der unseren, die ja offenbar

nicht aus dem Geist, sondern eher aus der Vitalität lebt, eine Teildiagnose vorausgeschickt, verfiel auch in eine überlaute Polemik seiner groben Vereinfachungen, aber er stellte sich doch in eine Reihe von Denkern hinein, die seit der Renaissancezeit und über Goethe hinweg bis zu ihm versuchten, den Kontakt mit antiken Wertungen wieder aufzunehmen. Wenn wir so einer mehr pluralistischen Vorstellung von ethischen Verbindlichkeiten näherkommen, dann verringert sich auch der Abstand zu den Kategorien der Anthropologie und Verhaltensforschung. Dies sind nun rein empirische Wissenschaften, sie beschreiben und versuchen, an Beobachtungen bewährte Zusammenhänge und Ereignisfolgen festzuhalten, und so treffen sie auch auf Handlungen, von denen in mehr oder weniger verbreiteter Allgemeinheit gilt, daß sie gebilligt oder gar gefordert, und auf andere, die mißbilligt werden. Es ist nun merkwürdig, daß es immer gelingt, solche Wertungen auf Überlebenschancen zu beziehen, sei es, daß der Zusammenhalt der Gesellschaft oder der Familienverbände gefördert oder gegen Bedrohungen verteidigt wird, sei es, daß das Überleben des Einzelnen oder seine Zukunft zu schützen sind. Auch soll den Gefahren entgegengewirkt werden, die in der Riskiertheit der menschlichen Konstitution selbst liegen, etwa in der Ausartungsbereitschaft seines Trieblebens. Wenn wir nun schon auf den ersten Blick so viele Inhalte der moralischen Forderungen auf den Wert des Lebens selbst beziehen können, dann liegt für den Wissenschaftler die Vermutung nahe, es könne angeborene instinktartige Impulse geben, auf die sich zuletzt das Einleuchtende und primitive Selbstverständliche der meisten moralischen Forderungen und Verbote zurückführen ließe. Wir wollen solche Antriebe »Sozialregulationen« nennen und außerdem die Voraussetzung machen, die wir eben erläuterten, daß nämlich eine Mehrheit solcher Instanzen anzunehmen sich empfiehlt, von deren Verhältnis zueinander, insbesondere von deren letzter Verträglichkeit wir nichts von vornherein ausgemacht haben wollen.

Wer so auf den Gedanken kommen könnte, es möge etwas wie einen Pluralismus in der Moral geben, der auf verschiedenartige, aber angeborene Wurzeln sozialer Verbindlichkeiten zurückzuführen sei, der ist nicht weit von der Frage, ob denn diese Letztinstanzen miteinander verträglich sind. Vielleicht gibt es moralische Appelle, die sich in ihren reinen Formen gegenseitig ausschließen. In der Tat kann bei einem Blick in die Vergangenheit auffallen, wie schwer und mühevoll es gewesen war, dem Christentum seine ursprüngliche Staatsgefährlichkeit zu nehmen, so daß eine friedliche Koexistenz von Staat und Kirche zustande kommen konnte. In der spätrömischen Kaiserzeit schien insbesondere die christliche Ethik der Menschenliebe, verbunden mit damals noch lebendigen weltabgewandten Tendenzen, dem politischen Zusammenhang des Reiches gefährlich zu sein, der fast nur noch militärisch und durch den überall verbindlichen Kaiserkult gesichert war. Wenn es nun heißt, man gebe dem Kaiser, was des Kaisers ist und Gott was Gottes ist, so scheint dieses Zinsgroschen-Beispiel sich auf der harmlosen Ebene des Steuerzahlens leichter befolgen zu lassen als in höheren und politischeren Dimensionen der Verantwortung. So hielt in neuester Zeit der berühmte evangelisch-reformierte Theologe Karl Barth die Forderungen des Evangeliums in der humanitär-pazifistischen Bedeutung für unbedingt verpflichtend und für weit übergeordnet den Ansprüchen des Staates, die vielmehr an jenen zu messen seien. Diese Thesen sind nur bei völliger Nullität des Staates oder bei seiner Neutralisierung innerhalb der großen weltpolitischen Konfliktlagen einleuchtend oder besser, sie sind dann allenfalls verständlich, aber in Anwendung auf siegreiche Großmächte würden sie kaum Gehör finden. Ähnlich muß man annehmen, daß in Indien der schon siegreiche, aber völlig staatsnihilistische Buddhismus nicht ohne Mitwirkung der zahlreichen Fürsten zugunsten einer Renaissance des Hinduismus verdrängt wurde, so daß er auf dem Festland heute in der reinen Form praktisch verschwunden ist. Von der anderen Seite her gesehen führen religiöse Auseinandersetzungen sehr oft zu einer Stärkung des Staates, bei dem die Bevölkerung schließlich Zuflucht sucht. So haben die grausamen Religionskämpfe des 16. und 17. Jahrhunderts die Errichtung der absoluten Monarchie mächtig gefördert, und auch in Deutschland ergab sich als Resultat des Dreißigjährigen Krieges zwar nicht eine Stärkung der Kaisermacht, aber doch eine staatskirchliche Souveränität der Kleinfürsten nach der Formel »Cuius regio, eius religio« – wessen Herrschaft, dessen Religion.

Solche geschichtlichen Erfahrungen führen zu der Vermutung, daß eine politische, auf die Selbsterhaltung des Staatsgefüges gerichtete Ethik mit der humanitär-menschengläubigen nur unter Kompromissen und gegenseitigen Konzessionen, nicht aber in reiner Form verträglich ist. So hat in früherer Zeit das Christentum, ich glaube mit tiefer Logik und Einsicht, ein völlig der christlichen Liebe geweihtes Leben sich nur in Absonderung von weltlichen Interessen denken können.

Unsere Vermutung einer Mehrheit von Wertordnungen erstreckt sich aber auch noch in andere Richtungen. Man hat den Eindruck, daß mit den großen, die gesamte Kultur umprägenden Entwicklungen ethische Neuorientierungen oder Entfaltungen einhergehen, als ob am Buche des Schicksals auch an diesen Stellen noch weitergeschrieben würde. Seit nämlich die enormen Steigerungen der Produktion in der Landwirtschaft und in der Industrie es nicht mehr als plausibel erscheinen lassen, den Mangel und die Armut als schicksalhaft gegebene, unabwendbare Daseinslasten aufzufassen, hat das Wohlbefinden, der leiblich-seelische Wohlstand der Bevölkerung selbst eine ethische Qualifikation bekommen. Man sagt, daß der Islam das sinnlich-lebende Erfüllungsglück vom Zustand nach dem Tode erwartet habe – heute ist es sozial-moralisches Anspruchsrecht eines Jeden, daß der Staat oder die Gesellschaft für die Erfüllung der Glückserwartungen zu sorgen habe. Wir finden, daß Leiden und Mangel, Krankheit, Sorge und Tod nicht sein *sollten*, fühlen eine Verpflichtung des Ganzen gegenüber dem Einzelnen dahingehend, diesen Nöten zu wehren. Umgekehrt erwartet der Einzelne als Selbstverständlichkeit und als ein Lebensrecht, daß er in Frieden und Sicherheit, bei steigendem Wohlstand leben kann, und das öffentliche Erziehungswesen muß ihm oder seinen Kindern alle Bildungs- und Aufstiegschancen zur Verfügung stellen, der Gesundheitsdienst muß für die Krankheiten wirksam bereitstehen und das Alter durch Renten gesichert sein.

Damit ist der folgenreiche Übergang zu einem *Eudaimonismus* der großen Massen geschehen. Eudaimonismus bedeutet im altgriechischen Wortsinn eine Ethik der Glückserwartung, eine Orientierung des Lebenssinns am Glücklichsein als Zustand. Angesichts der antiken Lebensverhältnisse war dies nur denkbar als eine private Erlösungslehre von den allgegenwärtigen Übeln des Lebens, nur wenigen Gebildeten zugänglich, und in einer auf Sklavenwirtschaft beruhenden Kultur hatte eine solche Ethik keine Chancen weiter Verbreitung. Diese moralphilosophische Schule blieb deshalb nur eine unter mehreren, und in christlicher Zeit rückte der Gedanke überhaupt in den Hintergrund. Was also früher nur wenigen Intellektuellen zugänglich war, das erscheint heute als eine ethisch eindrucksvolle Forderung, die von den Massen an den Staat adressiert wird. Es fällt schwer, hier den biologischen Gedanken zu unterdrücken, daß jedes Leben, jeder Organismus günstige Umweltchancen voll auszuschöpfen und in Vermehrung umzusetzen pflegt. Sobald also die Produktionsbedingungen es hergaben, hat sich die Bedürfniserfüllung Aller als ein Seinsollendes im Bewußtsein der Zeit durchgesetzt. Insofern und falls aber der Staat, an dessen Reichtum und Organisationskraft dieser Erfüllungswunsch sich richtet, selber nun wieder ein Eigenethos geltend machen und die Opferbereitschaft oder Verzichtswilligkeit der Bevölkerung beanspruchen würde, wenn er also nicht Glück versprechen und verschaffen, sondern Dienst und Pflicht fordern würde, so entstünde an dieser Stelle wiederum ein ethisches Dilemma. Und die Forderungen des Staates kann man selbst wieder auf biologische Interessen zurückführen, denn er ist letzten Endes eine Organisation im Interesse des physischen Überlebens einer Gesellschaft – wo sind denn die Burgunder und Karthager? Mit ihrem Staat zugleich verschwunden.

In diesem Zusammenhang ist die Beobachtung eindrucksvoll, daß die christlichen Kirchen den modernen Massen-Eudaimonismus zu akzeptieren scheinen. Folglich tritt in ihnen selbst die Einstellung auf Askese, Glücksverzicht und Weltabkehr zurück. Deren anthropologischer Sinn hatte früher vielleicht darin gelegen, daß in einer unglaublich todesausgelieferten und notgeschüttelten Welt wie im Mittelalter ein Heroismus einleuchten mußte, der gerade mit der Rückseite des Lebens, mit den allgegenwärtigen tödlichen Leiden die Berührung festzuhalten verstand. Die plastische Abkehr von den Verlockungen der Welt, die Trennung der Bänder, mit denen die Diesseitigkeit fesselt, die liebende Hingabe an die Ausgelieferten gerade noch in der Selbstauslieferung – das mußte von sehr großen Tiefen her den Lebenswillen der Menschen ermutigen. So etwas würde in unserer Überflußwelt kein Gehör mehr finden und folglich keine Prediger, denn eine Kirche kann sich nicht in der Unpopularität ansiedeln – dieses Vorrecht hat der Philosoph.

Soweit wir bisher sahen, scheint es mehrere ethische Kerngebiete zu geben, so daß man den Gedanken an eine »Ethik aus einem Guß« nicht bestätigen kann. Auch ist es möglich, diese verschiedenen Quellen jeweils auf die Lebensbedingungen des Menschen zurückzuverfolgen, worüber gleich noch mehr zu sagen sein wird.

Wenn wir so auf einige große, einfühlbare Motivgruppen zurückschließen könnten, aus denen man die elementaren ethischen Appelle verstehen könnte, dann müßte man die Resultate unbefangen stehen lassen, so wie sie anfallen, und vor allem die Beschreibung nach der Zukunft hin offenhalten. Begriffsgebäude, anspruchsvolle Konstruktionen, sogenannte Systeme sind zu vermeiden, Empirie heißt die Forderung der

Stunde. Die Beobachtung des Verhaltens unserer Zeitgenossen und die Befragung der geschichtlichen Überlieferung führt uns auf die Vermutung, es gäbe angeborene Motivgruppen, wir nannten sie Sozialregulationen, die für die Erhaltung oder die Wohlfahrt einzelner Menschen oder auch der Gesellschaft und ihres inneren Zusammenhangs lebenswichtig sind. Wie immer beim Menschen müßte man eine gewisse Störbarkeit oder Labilität dieser Antriebe annehmen, so daß rationale Vorschriften versuchen würden, sie gegen diese Störbarkeit abzusichern und diese Impulse sozusagen zu kanalisieren. Formulierte ethische Gebote und Verbote würden also das verstärken und auch vereinfachen, was es an sozialen Appellen und Hemmungen in uns ohnehin gibt, und dort müßte man die ursprünglichen Quellen von Verpflichtungserlebnissen suchen. Wir beschreiben nun zunächst einige dieser nicht auflösbaren Instanzen.
Wir gehen gleich in die Einzelheiten, indem wir als erste Gruppe moralischer Verpflichtungen diejenigen auffassen, deren Funktionssinn in den Institutionen sich ausspricht. Man kann als allgemeine Regel sagen, daß diejenigen Verhaltensweisen als Sollverpflichtungen erlebt werden, von denen das sachlich richtige und erfolgreiche Funktionieren einer Einrichtung abhängt. Solche Institutionen oder Einrichtungen liegen in jedem Zusammenhang von Berufstätigkeiten vor. Der Arzt zum Beispiel hat im Bereich der Krankenkassen, der Kliniken und des Praxiswesens tätig zu sein, und aus der Logik dieser Einrichtungen ergibt sich das ärztliche Berufsethos. Das Ethos des Lehrers, des Richters, des Anwalts, des Soldaten oder des Arbeiters usw. ergibt sich jeweils aus der Summe der Einstellungen, ohne die jene Einrichtungen nicht bestehen könnten und die deshalb als verpflichtend erlebt werden. [...]
Jetzt wird man fragen, wie man denn diese einleuchtenden Tatsachen im Bereich einer anthropologisch orientierten Verhaltensforschung festmachen kann. Ich bin der Überzeugung, daß an der instinktiven Verwurzelung auch dieses Ethos, das doch in hohem Grade auch rational bestimmt ist, kein Zweifel bestehen kann, doch bedarf diese These der Erläuterung. Zunächst einmal ist zuzugeben, daß sich die verschiedenen Institutionen in der menschlichen Geschichte und über den Erdball hin schon je auf ihrem eigenen Funktionsgebiet ganz außerordentlich unterscheiden. Die Geschichte des Heerwesens, der Familienordnungen, des Ackerbaus, der Technik, zum Beispiel der Seefahrtstechnik usw. zeigt unermeßliche Verschiedenheiten in den Einzelheiten.

Diese Einzelheiten müssen allesamt gelernt werden, sie sind also nicht instinktiv festgelegt und es gibt, vom Individuum her gesehen, keinen Trieb nach dieser oder jener Sorte von Arbeitsgang. Wir müssen uns das Verhältnis der Menschen zu ihren Institutionen vielmehr im Vergleich mit der Sprache verdeutlichen. Auch die von den Menschen in aller Welt gesprochenen Sprachen zeigen unendliche Verschiedenheiten in den Einzelheiten, in Lautbildungen, Wortschatz und Struktur gibt es die erstaunlichsten Unterschiede. Dennoch zweifelt die Verhaltensforschung nicht an einer instinktiven Verwurzelung der Sprache, sie ist schließlich das artgemäße Kommunikationsmittel, und den Drang zu sprechen, sich auszudrücken kann man bei jedem Kleinkind beobachten. In Analogie dazu muß man sich vorstellen, daß es durchaus den Trieb gibt, mit anderen Menschen zusammenzuwirken, dabei Regeln zu entwickeln und diese Regeln samt allen Einzelheiten, die sich daranhängen, als Sollverpflichtungen zu adoptieren. Im Zuge des Sprachdrangs greift man ganz beliebige Einzelheiten als Verständigungsmittel auf; im Zuge des Bedürfnisses, mit anderen Menschen zusammenzuwirken, bezieht man ebenso ganz beliebige Sachverhalte ein und entwickelt gemeinsame Formen des Handelns. Anders gesagt: wir können *auf die Dauer* nichts gemeinsam tun, ohne es nach Regeln zu tun. Das Erwachen dieses Triebes nach regelhaft geordneter Gemeinsamkeit kann man bei Kindern schon in frühem Alter beobachten. Jede Einzelheit des Spiels ist natürlich beliebig und kann auch anders möglich sein, ähnlich wie jede Einzelheit jeder Sprache auch anders möglich wäre – daß luna im Lateinischen weiblichen Geschlechts sein muß und der Mond im Deutschen männlichen, kann keinerlei tiefere Notwendigkeit haben. Aber im Gebrauch der Worte und im Gebrauch der Spielsachen oder der Arbeitswerkzeuge stellen sich die Menschen regelhaft aufeinander ein, Abweichungen sind verpönt, und in dieser gegenseitig festgehaltenen Regelhaftigkeit liegt der moralische Kern, wie man an der Entrüstung jedes Kindes bemerkt, wenn ein anderes die Regeln verletzt. Man kann auch sagen: zufällig ist jede Einzelheit eines Spiels und zufällig jede Einzelheit in der Sprache – aber die Regelhaftigkeit selbst ist notwendig. Und dieser Gesichtspunkt läßt sich entsprechend auf das praktische Zusammenwirken der Menschen in gemeinsamer Arbeit übertragen. Gäbe es dieses instinktive Bedürfnis nach Regelhaftigkeit nicht, dann könnte ein Spiel, eine Verständigung nicht wiederholt werden, und die Dauer wäre dem Zeitfluß nicht abgewonnen. Ein streitfreies, geordnetes Zusammenwirken läßt sich demnach nur an Regeln entwickeln, die auch die Wiederholbarkeit und die Dauer garantieren.

Wir gehen jetzt einen Schritt weiter zu einer besonderen Anwendung des Gesagten. In unserem instinktnahen Verhalten ist die Möglichkeit der Erweiterung ebendieses Verhaltens angelegt, und dies muß ich jetzt erklären. Denken wir an den allgemein bekannten Sachverhalt der Hegung kleiner Tiere durch Menschen, meist Frauen, die ein Bedürfnis nach Zärtlichkeit, Pflegeverhalten und Fürsorge für hilflose Wesen in biologisch verstehbarer Form haben. Dieses Bedürfnis gilt natürlich instinktiv und angeboren den Kleinkindern, es läßt sich aber, wie unser Beispiel zeigt, ablösen und auf andere Wesen übertragen, und andersherum gesehen *erweitert* sich dieses Verhalten, indem es außer den ursprünglich gemeinten arteigenen Wesen noch andere einbezieht. Es werden, etwas allgemeiner ausgedrückt, zusätzliche Umweltbestände in ein instinktives Verhalten einbezogen, das zunächst und biologisch zweckmäßig in einen nahen Umkreis eingepaßt war. Der Begriff »Erweiterung instinktiver Verhaltensweisen« wäre wohl damit an einem ersten Beispiel verdeutlicht, und zwar rein beschreibend, ohne daß wir die schwierige Frage nach Ursachen hätten aufwerfen oder gar beantworten müssen. Wir wollen sehen, ob diese Begriffsbildung noch weitere Anwendung findet. Ich möchte die Antwort in dem Versuch finden, den *Humanitarismus* zu verstehen. Unseren Zeitgenossen erscheint die Idee einer Fernethik, die den Menschen als solchen oder die gesamte Menschheit umfaßt, als selbstverständlich. Es gibt heute eine Sympathieforderung oder Sozialmoral, die sich potentiell auf jeden Menschen auch außerhalb unseres Gesichtskreises erstreckt. Dennoch ist dieses Verpflichtungsgefühl nicht sehr alt, wenn man historisch denkt. Es trat in der hellenistischen Welt noch des vierten Jahrhunderts v. Chr. bei stoischen und kynischen Philosophen zuerst ans Licht, später hat der Stifter des Christentums eine universale Nächstenliebe mit dem Gebot der Gottesliebe verknüpft, so daß eine Humanitärethik der Ausbreitung des Christentums folgte, und im 18. Jahrhundert haben die Denker der Aufklärung sich zwar von den metaphysischen Aussagen des Christentums abgewendet, aber dieses Ethos beibehalten, so daß es von daher in die sozialistischen Ideensysteme überging. Im gesamten Bereich des Buddhismus und im Fernen Osten sowie im Bereich des Islam ist der Humanitarismus ebenso unbekannt wie in allen primitiven, vorantiken Kulturen.

Wenn man nach der anthropologischen Möglichkeit dieser

folgenreichen Moral fragt, kann man nur mit Hilfe des vorhin beschriebenen Begriffs der Erweiterung antworten. Es besteht kein Zweifel, daß die Gefühle der Friedlichkeit, der Solidarität, der Treue und des Einstehens füreinander ihren prähistorischen ursprünglichen Ort in der Binnenmoral der Sippe oder Großfamilie haben. Hier liegt das Organisationszentrum dieser Bindungen. Wir wissen, daß die Menschen seit vielen Jahrtausenden in übersehbaren Gruppen einander persönlich bekannter Mitglieder gelebt haben, und wer nicht in eine solche Großfamilie gehörte, war ein Fremder und ein potentieller Feind. Innerhalb dieser Sippen mußten die Bindungskräfte der Sympathiebereitschaft, Friedlichkeit und Wechselhilfe in überzeugender Weise einen biologischen Stabilitäts- und Überlebenswert haben. Und nun hat sich seit etwas mehr als zwei Jahrtausenden gezeigt, daß mit wachsenden Verkehrsräumen und internationalen Kontakten und parallel zu dem dann geförderten Rationalismus diese Gesinnungen sich aus ihrer ursprünglichen Heimat, nämlich aus Verwandtschaftssippen, ablösen und erweitern, bis sie endlich in immer weitere Umkreise hinausschwingen und wenigstens in der Einbildung die Menschheit überhaupt umfassen. Die Humanitärethik wäre damit als eine *erweiterte Familienethik* erkannt, als eine idealisierte Familiarität, die alle Menschen mit allen verbindet.
Wenn wir so zu der Modellvorstellung mehrerer instinktartiger Quellen von Verpflichtungsgefühlen und Sollerlebnissen kommen, die zuletzt voneinander unabhängig sind, und wenn wir folglich zu einem Pluralismus der Moralen uns bekennen, dann entstehen, wie ich zum Schluß noch andeuten muß, hauptsächlich zwei Problemgruppen. Erstens wäre eine Ethik aus einem Guß, eine zentralisierte Ordnung verpflichtender Einstellungen mit dem Herrschaftsanspruch einer Tugend nicht mehr einleuchtend, und wir müßten solche Systeme als kulturell besondere Stilisierungen verstehen, als geschichtlich entstandene Organisationen von verschiedenen Moralinstanzen zu einem kunstvollen Ganzen. Es ist zu erwarten, daß mit der Veränderung der kulturellen Bedingungen eine solche Wertungshierarchie an plausibler Kraft verlieren würde. Nennt man den Zusammenhang von Staat, Gesellschaft und Wirtschaft, für den es kein eigenes Wort gibt, die »kulturelle Wirklichkeit«, so bestimmt diese die jeweils gültigen Vorzugsordnungen innerhalb der Sollforderungen, die wir mit dem Ausdruck »Sozialregulationen« bezeichnet haben. Aber sie treibt auch deren Konflikte aus sich heraus. Die westlichen liberaldemokratischen Industriegesellschaften treiben heute die Humanitär-

ethik mit ihrer enormen Zulassungsfreiheit hoch, aber doch wohl mit erheblichem Sicherheitsrisiko.
Schon Thomas Hobbes hat im 17. Jahrhundert ganz richtig gesagt, »daß für den Menschen an sich und gleichsam außerhalb der bürgerlichen Gesellschaft eine Moralwissenschaft nicht entwickelt werden kann«. Wenn es den beschriebenen Pluralismus ethischer Instanzen gibt, kann man auch nichts anderes erwarten, denn die kulturellen Umweltverhältnisse und Daseinsbedingungen, heute also die der Industriegesellschaft, würden jeweils das fördern und hervorholen, oder hemmen und in den Hintergrund rücken, was von den mehrfachen Anlagen des Menschen dazupaßt. Unsere heutige Industriekultur zum Beispiel schiebt das Ethos der Gleichheit und des Glücksanspruchs in den Vordergrund, dagegen kam es im Mittelalter auf ganz andere Dinge an, entsprechend den Daseinsbedingungen von damals. Bei schwerer körperlicher Arbeit, kurzer Lebenserwartung und häufigen kriegerischen Ereignissen kam es auf das Sichabfinden mit dem frühen Tode und auf die Härte der Selbsthilfe an, also mit einem Wort auf Religion und Tapferkeit. Wenn man in dieser Richtung denkt, dann sieht man die Menschen auch in ethischer Hinsicht sehr als Produkte ihrer Zeit, und dann wird unsere individualistische Tradition uns vor die Frage stellen, wie es denn angesichts dieser kollektiven Schicksale um unsere persönliche Entscheidung steht. Und hier glaube ich, daß das alte idealistische Modell der einsamen Entscheidung vor dem Kreuzwege nur selten zutrifft und überanstrengt wurde. Wir leben in einer Kultur und Gesellschaft voller Widersprüche, in der kein zentraler Wert existiert, in einer Gemengelage verschiedener Katechismen. Dies erfordert vom Einzelnen die Kunst, in Spannungen zu leben, sich die Widersprüche ans Herz zu drücken ohne sie lösen zu können, die Eingewöhnung an mühsame und zähe Wege ohne Leitstern. Eine einseitige und sozusagen chemisch reine Moral, sei sie humanitär oder eudaimonistisch oder nationalistisch, würde immer zugleich ihren Gegner definieren, und das in einer Situation, in der der Austrag solcher Feindsetzungen unmöglich sein würde. Die Folge wäre eine unfruchtbare, rein psychische Gehässigkeit zwischen moralisierenden Gegnern. Wenn das so ist, dann stellt sich ein neues ethisches Problem, nämlich die Frage, wie man mit der chronischen Unmöglichkeit, gesinnungskonsequent zu handeln, fertig würde. Ich kann diese noch kaum gesehene Frage hier nicht behandeln, doch ist es sicher, daß wir in einer Zeit endloser Gewissensspannungen leben, in der der Rechthaber zum Prahlhans werden muß. Diese Einsicht

mag uns vielleicht hindern, die Moral als eine Keule zu verwenden, mit der man auf den politischen Gegner einschlägt, aber zugleich ist diese Einsicht nüchtern, sie vermittelt keine illusionäre Sprungstange. Vielleicht vermehrt sie nur die Last unserer Lebensprobleme durch ein Bescheidwissen, das man nicht pädagogisch oder politisch verwenden kann. Wir müssen die Last dieser traurigen Zeit tragen, heißt es im König Lear.

Literatur

Eibl-Eibesfeldt, I.: Grundriß der vergleichenden Verhaltensforschung, München ³1972.

Ders.: Der vorprogrammierte Mensch. Das Ererbte als bestimmender Faktor im menschlichen Verhalten, München ³1979.

Gehlen, A.: Der Mensch, seine Natur und seine Stellung in der Welt, Frankfurt/M. ⁹1971.

Ders.: Anthropologische Forschung. Zur Selbstbegegnung und Selbstentdeckung des Menschen, Reinbek 1961.

Godelier, M.: Ökonomische Anthropologie, Reinbek 1973.

Gordon Childe, V.: Soziale Evolution, Frankfurt/M. 1968.

Lepenies, W.: Soziologische Anthropologie. Materialien, München 1971.

Ders./Nolte, H.: Kritik der Anthropologie, München 1971.

Lévi-Strauss, C.: Strukturale Anthropologie, Frankfurt/M. Bd. 1 1967, Bd. 2 1975.

Lorenz, K.: Vergleichende Verhaltensforschung. Grundlagen der Ethologie, Wien/New York 1978.

Ders.: Das sogenannte Böse. Zur Naturgeschichte der Aggression, München ⁶1976.

Luhmann, N.: Geschichte als Prozeß und die Theorie soziokultureller Evolution. In: Faber, K.-G./Meier, C. (Hg.): Historische Prozesse, München 1978, S. 413–440.

Mead, M.: Anthropology. A human Science, Princeton 1964.

Plessner, H.: Die Stufen des Organischen und der Mensch, Berlin 1928.

Portmann, A.: Zoologie und das neue Bild vom Menschen, Hamburg 1962.

Ribeiro, D.: Der zivilisatorische Prozeß, Frankfurt/M. 1971.

Rocek, R./Schatz, O.: Philosophische Anthropologie heute, München ²1974.

Sahlins, M. D./Service, E. R. (Hg.): Evolution and Culture, Ann Arbor 1960.

Schmidbauer, W.: Biologie und Ideologie. Kritik der Humanethologie, Hamburg 1973.

Service, E. R.: Ursprünge des Staates und der Zivilisation. Der Prozeß der kulturellen Evolution, Frankfurt/M. 1977.

V. Pädagogik und Psychologie

Gerd Kadelbach
Einführung

Die »Furcht des Herrn« als der Weisheit Anfang; der »homo vere humanus« und seine »humanitas« als Erziehungsziel der Aufklärung und schließlich heute der Gebildete, der in der ständigen Bemühung lebt, sich selbst, die Welt, in der er lebt, und die Gesellschaft zu verstehen und diesem Verständnis gemäß zu handeln: Modelle der Unterwerfung ebenso wie der Emanzipation bestimmen in Geschichte und Gegenwart die Diskussion um den gleichsam ideologischen Überbau der Schule und die Erörterung darüber, welche Werte und Normen der zu vermittelnden Kompetenz im Hinblick auf Mensch, Sache und Welt zuzuordnen seien. Theologie und Psychologie werden ebenso befragt wie die Gesellschafts- und Politikwissenschaften, aber die Nähe der Pädagogik zur Philosophie war schon immer besonders eng. Heute, da ein autoritärer Erziehungsstil in den Schulen nicht mehr möglich ist und pures Leistungsdenken relativiert wird, kommt viel auf die vernünftige Begründung der zu vermittelnden Inhalte an.
Problematisch werden die »Warum«-Fragen freilich dann, wenn sie nicht bloß Rechenschaft darüber fordern, ob ein bestimmtes Handeln sinnvoll und begründet ist, sondern obendrein eine rationale Begründung dafür verlangen, daß man eher so statt ganz anders vorgehe. Wollte die Pädagogik gar die Erlaubtheit des Handelns und seine Zumutbarkeit als Lernziel von einer Beantwortung dieser Frage abhängig machen: dann würden Handeln, Kultur und Tradition unmöglich, und auch das Ethische als solches geriete in den Strudel allgemeiner Fraglichkeit hinein.
Der Marburger Pädagoge *Wolfgang Klafki* hat im Funk-Kolleg »Erziehungswissenschaften« über Abgrenzungsprobleme zwischen Ethik und Pädagogik, aber auch über die gegenseitige Befruchtung der beiden Aspekte eines im Grunde philosophischen Denkens referiert. Der Psychoanalytiker und Sozialphi-

losoph *Erich Fromm* ist fasziniert von der Macht kreativen menschlichen Handelns, die von der Suche des einzelnen nach seiner Identität ausgeht, und sieht im Prozeß der Menschwerdung des Individuums, die sich »in Rückschritten vorwärts« vollzieht (O. F. Bollnow), eine große Chance zur Sozialisation und zum solidarischen Verhalten im Sinne einer idealen Kommunikationsgemeinschaft.

1. Wolfgang Klafki
Das Problem der Erziehungsziele

Unsere Leitfragen lauten hier:
Lassen sich allgemeine Aussagen über das Problem der in der Erziehung wirksamen Normen und der Erziehungsziele machen? Aussagen über die Bedingungen ihrer Entstehung, über die Beziehung zwischen Erziehungszielen und gesellschaftlich-kulturellen Normen, über das Verhältnis von allgemeinen und speziellen Erziehungszielen usf.? Und ergibt sich aus solchen grundsätzlichen Überlegungen eine Antwort auf die Frage, ob und wie Pädagogik als Wissenschaft zur Klärung pädagogischer Zielfragen in der jeweils aktuellen Situation oder gar zur Festlegung neuer Erziehungsziele beitragen kann? Will man Fragen dieser Art verfolgen, so bilden die vorher genannten, zumindest geforderten, historischen und empirischen Untersuchungen dafür notwendige Voraussetzungen. Aber es ist auch notwendig, auf Probleme der philosophischen Ethik, auf die Sozialisationstheorie, die in unserem Kolleg von Herrn *Rückriem* behandelt wurde, und auf Forschungen zur allgemeinen Kultursoziologie, soweit sie die Normproblematik in der Gesellschaft oder in bestimmten Gesellschaften behandelt, zurückzugreifen.
Ich versuche im folgenden, einige prinzipielle Aussagen zur Problematik der Erziehungsziele, die sich m. E. bereits heute als gesicherte Erkenntnisse oder mindestens als sehr wahrscheinliche Hypothesen herausheben lassen, zu entwickeln. Dabei wird sich zeigen, daß die verschiedenen allgemeinen Bestimmungen miteinander zusammenhängen, daß sie also nicht als schematisch nebeneinanderstehend verstanden werden dürfen. Wir heben also aus einem *komplexen* Zusammenhang jeweils *einen* Aspekt heraus, können und dürfen die anderen Aspekte aber nicht ganz ausschalten.

Die Geschichtlichkeit der Erziehungsziele und die Problematik allgemeiner pädagogischer Zielformeln

[...] Viele Erziehungstheoretiker haben bis zum Ende des 19. Jahrhunderts, aber auch darüber hinaus den Versuch gemacht, einzelne Erziehungsziele oder ganze Zielsysteme mit dem Anspruch der zeitlosen Allgemeingültigkeit zu formulieren. Grundlage solcher Versuche war fast immer ein bestimmtes philosophisch oder theologisch begründetes System der Ethik, das der betreffende Denker selbst entwickelte oder übernahm und das seinerseits mit dem Anspruch der Allgemeingültigkeit für alle Zeiten und Kulturen verfochten wurde.
Aus dem jeweiligen ethischen System, also einem zusammenhängenden Gefüge sittlicher Gebote oder Werte oder Tugenden, wurden die Erziehungsziele dann mehr oder minder konsequent abgeleitet.
Eines der bekanntesten Beispiele aus der Geschichte der Pädagogik für diesen Zusammenhang ist die pädagogische Theorie Johann Friedrich *Herbarts*.

Johann Friedrich *Herbart* lehrte von 1804–1841 an den Universitäten Göttingen und Königsberg Philosophie und Pädagogik. Sein pädagogisches System wurde dann durch seine zahlreichen direkten und indirekten Schüler, die sog. ›*Herbartianer*‹, seit der Mitte des vorigen Jahrhunderts bis etwa zum Ersten Weltkrieg weithin zur Grundlage vor allem der Volksschulpädagogik und der Volksschullehrerbildung in Deutschland; freilich mußte sich *Herbarts* ursprüngliche Theorie dabei manche Vereinfachungen und Veränderungen gefallen lassen.

Für unseren Zusammenhang ist folgendes wichtig: *Herbart* sagt in einem seiner Hauptwerke: »Pädagogik als Wissenschaft hängt ab von der praktischen Philosophie« (das ist ein zeitgenössischer Begriff für Ethik oder Moralphilosophie) »und Psychologie. Jene« (also die praktische Philosophie) »zeigt das Ziel der Bildung, diese« (also die Psychologie) »den Weg, die Mittel und die Hindernisse.«
Uns interessiert der erste Teil des Satzes. »Pädagogik als Wissenschaft hängt ab von der praktischen Philosophie.« *Herbart* hat selbst ein System der Ethik entwickelt. Zentrum dieser Ethik sind fünf sittliche Grundprinzipien – *Herbart* sagt: »sittliche Ideen« –. Wir nennen die drei wichtigsten dieser sittlichen Ideen:

1. »Wohlwollen« oder anders ausgedrückt: »Güte« anderen Menschen gegenüber;

2. »Recht« und
3. »Innere Freiheit« – d. h. Übereinstimmung der *Handlungen* eines Menschen mit seiner *Gesinnung*.

Erziehungsziel ist für *Herbart* der Mensch, der die für zeitlos allgemeingültig gehaltenen sittlichen Ideen zur festen Richtschnur seines Handelns gemacht hat, der Mensch, der, wie *Herbart* sagt, durch Erziehung »Charakterstärke der Sittlichkeit« gewonnen hat. Im einzelnen ergeben sich demnach »Erziehung zum Wohlwollen oder zur Güte«, Erziehung zur »Rechtlichkeit«, »Erziehung zur inneren Freiheit« usf. als Teilziele und – auf konkrete Situationen angewendet – zu jedem Teilziel ein ganzer Komplex davon abgeleiteter *besonderer* Ziele.
Daß *Herbart* an bestimmten Stellen seines Werkes Bedenken geäußert hat, ob man wirklich alle Erziehungsziele aus einer allgemeingültigen Ethik ableiten kann – z. B. Ziele des Musikunterrichts –, kann hier nur am Rande erwähnt werden. *Prinzipiell* hat er immer an der These festgehalten, daß die philosophische Ethik die Ziele der Erziehung bestimmen müsse.
Schon der Zeitgenosse *Herbarts*, der Theologe, Philosoph und Erziehungstheoretiker Friedrich *Schleiermacher* (1768–1834) hat nun in Zweifel gezogen, ob es eine allgemeingültige, inhaltlich durchdifferenzierte Ethik für alle Zeiten und alle Menschen überhaupt geben könne. Am Ende des 19. Jahrhunderts aber sprach Wilhelm *Dilthey* [...] aus, was sich seither in jeder neuen konkreten Untersuchung zur pädagogischen Norm- und Zielfrage bestätigt hat: »Die hervorragenden pädagogischen Systeme beanspruchen das Ziel der Erziehung ... allgemeingültig, sonach für ganz verschiedene Völker und Zeiten, zu bestimmen ...« Indessen: »Nur aus dem Ziel des Lebens kann das der Erziehung abgeleitet werden, aber dieses Ziel des Lebens vermag die Ethik nicht allgemeingültig zu bestimmen. Dies kann schon aus der Geschichte der Moral erkannt werden. Was der Mensch sei und was er wolle, erfährt er erst in der Entwicklung seines Wesens durch die Jahrtausende und nie bis zum letzten Worte, nie in allgemeingültigen Begriffen ...«
Dilthey überschreibt dementsprechend das erste Kapitel seiner Abhandlung ›Grundlinien eines Systems der Pädagogik‹ folgendermaßen: »Die *Unhaltbarkeit* der herrschenden Systeme der Pädagogik, welche die allgemeingültigen Prinzipien für die Erziehung aller Völker und Zeiten aufsuchen.«
Trotz dieser schon zu *Diltheys* Zeit reich belegten und seither

weiter erhärteten Erkenntnis der Geschichtlichkeit aller Erziehungsziele ist auch noch in unserem Jahrhundert versucht worden, eine *allgemeingültige* Formel für *das* Ziel der Erziehung zu finden. Schon die Formulierung »*das* Ziel« der Erziehung macht deutlich, daß es sich um sehr allgemeine, abstrakte Formulierungsversuche handeln muß. Wir zitieren ein Beispiel aus dem Buch des Schweizer Philosophen und Pädagogen Paul *Häberlin* ›Wege und Irrwege der Erziehung‹ (1918).
Häberlin hat an dieser Position auch in seinen letzten Schriften aus den Jahren 1959–62 festgehalten: »Die innere Fähigkeit des Zöglings zur Erfüllung seiner Pflicht, seiner Lebensaufgabe, seiner Bestimmung« – das sei das allgemeine Ziel jeglicher sinnvollen Erziehung. – Nun weiß *Häberlin* sehr wohl um den formalen Charakter dieser Aussage, und er betont, daß sie inhaltlich im Blick auf bestimmte junge Menschen, bestimmte geschichtliche Verhältnisse konkretisiert werden müsse.
Aber schon in seiner *allgemeinen* Formel stecken in Wahrheit bestimmte geschichtliche Voraussetzungen: Den Menschen als jemanden zu begreifen, der *Pflichten* oder *Lebensaufgaben* oder eine »*Bestimmung*« hat, das ist selbst schon eine konkrete, geschichtlich bedingte Deutung, eine Synthese von Elementen christlichen Denkens und idealistischer Philosophie.
Formeln von so hohem Grade der Allgemeinheit bergen zwei Gefahren in sich. Zunächst: Sie können als Aussagen ohne konkreten Inhalt, als sogenannte Leerformeln benutzt werden und dadurch über die konkreten Probleme hinwegtäuschen. Man hat entweder nichts Bestimmtes über Erziehungsziele auszusagen, oder man kann höchst unterschiedliche, ja widersprüchliche Vorstellungen mit der allgemeinen Formel verbinden. Der eine versteht unter »Befähigung, seine Pflicht zu erfüllen« vielleicht das Erziehungsziel, junge Menschen zur Anerkennung und zur Unterstützung des gegebenen politisch-gesellschaftlich-kulturellen Systems zu erziehen, der andere aber das entgegengesetzte Ziel, nämlich zur Kritik, zur Veränderung, vielleicht zum Sturz dieses Systems zu motivieren.
Damit wird eine zweite Gefahr abstrakter Zielformeln deutlich. Sie können der bewußten oder unbewußten Verschleierung sehr konkreter Ziele dienen. Während man etwa das Erziehungsziel verkündet, den jungen Menschen zur Erfüllung seiner ›Bestimmung‹ zu erziehen, deutet man vielleicht *unausgesprochen* diese Bestimmung als ›Bindung an das soziale Herkommen‹ oder an eine bestimmte soziale Schicht oder Gruppe, in die ein junger Mensch hineingeboren wird; und man erzieht nun, vielleicht mit subjektiv gutem Gewissen, in diesem Sinne,

nämlich vermeintlich im Sinne eines ›hohen‹ wertvollen Erziehungsziels, ohne zu erkennen oder ohne zu enthüllen, daß man in die abstrakte Formel von der ›Bestimmung‹ einen ganz besonderen, höchst problematischen Sinn hineingelegt hat und daß man dadurch junge Menschen an ihr soziales Herkommen fesselt.

Erziehungsziele und sozio-kulturelle Gruppen und Schichten – die Notwendigkeit ideologiekritischer Untersuchungen

Eine zweite, generelle Erkenntnis zur pädagogischen Zielproblematik läßt sich folgendermaßen formulieren: Die meisten Erziehungsziele, die bisher in der pädagogischen Literatur formuliert oder in der Erziehungspraxis verfolgt wurden, waren bewußt oder unbewußt an bestimmte gesellschaftlich-kulturelle Gruppen gebunden, selbst wenn diese Ziele sprachlich so formuliert wurden, als gälten sie für den Menschen schlechthin oder mindestens für alle Menschen eines Volkes, einer Kultur- oder Sprachgruppe. In Wahrheit waren die Grenzen der Geltung bestimmter Erziehungsziele oder ganzer Zielsysteme oder Bildungsideale jeweils viel enger gezogen. [...]
Für unseren speziellen Fragenkreis bedeutet das: Auch Erziehungsziele waren bisher, in mehr oder minder starkem Maße, der Ausdruck des Interesses bestimmter gesellschaftlicher, politischer, kultureller Gruppen oder Schichten. Und zwar können diejenigen, die Erziehungsziele formulieren, vertreten oder festsetzen, sich dieses Zusammenhanges zwischen ihren pädagogischen Zielen und dem Interesse bestimmter Gruppen oder Schichten bewußt sein oder auch nicht, und im ersten Falle, also wenn sie sich dieses Zusammenhanges bewußt sind, können sie ihn ausdrücklich benennen oder ihn auch absichtlich verschweigen.
Es bedarf hier [...] wohl nur noch weniger exemplarischer Hinweise. Zunächst drei Beispiele aus der Geschichte der Erziehung:
Das erste Beispiel:
Die Erziehung im klassischen Athen, mit dem griechischen Grundwort bezeichnet: die athenische PAIDEIA war auf einen kleinen Kreis beschränkt, nämlich nur auf die Söhne freier Griechen. Sie betraf aber nicht die Masse der Bevölkerung, nicht die Abhängigen und die Sklaven, ja nicht einmal die *Töchter* der freien Bürger.
Das zweite Beispiel:
Das neuhumanistische Bildungsideal, wie es der Kreis um

Wilhelm von *Humboldt* vor und nach der preußischen Erhebung gegen *Napoleon* zu Beginn des 19. Jahrhunderts entwickelte und – wenigstens als Programm – dem neuen Gymnasium in Preußen zugrunde legte, dieses Bildungsideal wurde zwar durchgehend mit Begriffen wie »höchste und proportionierlichste Bildung aller Kräfte des Menschen«, »allgemeine Menschenbildung« usf. beschrieben. Aber eben diese »höchste und proportionierlichste Bildung aller Kräfte« konnte doch, wenn überhaupt, nur für einen kleinen Kreis von jungen Menschen, die unter günstigen wirtschaftlichen Verhältnissen aufwuchsen, Geltung haben; und dieser Widerspruch zwischen der geforderten und verkündeten *allgemeinen* und der praktisch nur ganz *begrenzten* Geltung dieses Bildungsideals belastete von Anfang an die von *Humboldt* und anderen Neuhumanisten in Gang gesetzte Reform des preußischen Bildungswesens zu Beginn des vorigen Jahrhunderts.

Schließlich noch ein drittes Beispiel aus der jüngeren Erziehungswissenschaft:

Der 1960 verstorbene Pädagoge Heinrich *Weinstock*, der sich häufig auf die Staatsauffassung *Platons* bezieht, entwickelt in einer Abhandlung seines Buches ›Realer Humanismus‹, das 1955 zuerst erschien, einige Überlegungen zur pädagogischen Zielproblematik angesichts der Tatsache, daß Erziehung heute junge Menschen auf den Eintritt in eine hochindustrialisierte und bürokratisierte Arbeits- und Berufswelt vorbereiten muß.

Weinstock vergleicht an einer zentralen Stelle das moderne System der Arbeitswelt mit einer Maschine und stellt fest:

»Dreierlei Menschen braucht die Maschine: den, der sie bedient und in Gang hält; den, der sie repariert und verbessert; schließlich den, der sie erfindet und konstruiert. Hier ergibt sich: Die richtige Ordnung der modernen Arbeitswelt gliedert sich, im großen und ganzen und in typisierter Vereinfachung ... in drei Hauptschichten: die große Masse der Ausführenden, die kleine Gruppe der Entwerfenden und dazwischen die Schicht, die unter den beiden anderen vermittelt. D. h.: Die einen müssen anordnen und verordnen, die anderen müssen die Ordnungsgedanken ausführen; aber damit das ordentlich geschieht, muß eine dritte Gruppe den Übergang vom Gedanken zur Tat, von der Theorie zur Praxis vermitteln.

... Die ersten müssen zuverlässig antworten, die dritten selbständig fragen können; die Mittelschicht aber ist dafür verantwortlich, daß die Fragen der einen von den anderen richtig verstanden werden ... Was ergibt sich nun aus dieser Struktur unserer modernen Arbeitswelt für den Aufbau des Bildungswesens? Offenbar verlangt die Maschine eine dreigegliederte Schule: eine Bildungsstätte für die Ausführenden, also zuverlässig antwortenden Arbeiter, ein Schulgebilde für die verantwortlichen Vermittler und endlich ein solches für die Frager, die sogenannten theoretischen Begabungen.«

Unverkennbar stecken in dieser Passage nicht nur Aussagen über die Organisation des Bildungswesens, sondern bestimmte pädagogische Zielsetzungen, und diese Zielsetzungen stehen im Zusammenhang mit einem bestimmten Gesellschaftsbild, nämlich einem dreischichtigen Gesellschaftsmodell des Autors. Wir hoffen, daß Ihnen unsere bisherigen Vorlesungen genügend Material zur kritischen Beurteilung solcher Vorstellungen an die Hand gegeben haben.

Schon unsere knappen Beispiele erlauben es, eine wichtige methodische Konsequenz für die Untersuchung von Erziehungszielen und mitwirkenden Normen zu ziehen: Pädagogische Ziel- und Normenforschung muß auch unter *ideologiekritischer Fragestellung* erfolgen.

Ideologiekritik im Bereich der pädagogischen Ziel- und Normforschung verfolgt zwei Frageaspekte:

1. Pädagogische Zielsetzungen werden daraufhin untersucht, ob sich in ihnen unreflektierte gesellschaftliche Interessen ausdrücken. Ideologie – als ›falsches Bewußtsein‹ verstanden – liegt vor, wenn sich die Vertreter bestimmter Zielsetzungen dieses Bedingtseins ihrer Erziehungsziele durch eigene Interessen gar nicht bewußt sind.
2. Die ideologiekritische Untersuchung von Erziehungszielen muß sich aber auch auf die Frage richten, ob bestimmte Menschengruppen ihre Interessen möglicherweise *bewußt* hinter bestimmten Zielformulierungen verbergen, um bei anderen Menschen, u. a. auch bei den zu Erziehenden, *falsches Bewußtsein* zu erzeugen. Z. B. kann in der Zielsetzung »Erziehung zu sozialer Verträglichkeit« das Interesse daran mitwirken, eine bestimmte Verteilung von gesellschaftlicher und wirtschaftlicher Macht zu sichern, in jungen Menschen etwa eine Abwehrhaltung gegen gewerkschaftliche Lohnkämpfe, gegen wirtschaftliche Mitbestimmungsforderungen usw. aufzubauen. Bei den zu Erziehenden, bei anderen Personengruppen und auch bei den Lehrern oder Lehrlingsausbildern soll vielleicht das falsche Bewußtsein hervorgerufen werden, ›soziale Verträglichkeit‹ sei eine zeitlos gültige sittliche Tugend und müsse in diesem Sinne als Erziehungsziel gelten.

Diese doppelte ideologiekritische Fragestellung muß sowohl auf die Autoren oder Autorengruppen, die bestimmte pädagogische Zielsetzungen aussprechen oder verfechten, als auch auf *die* Gruppen angewendet werden, die bestimmte Erziehungsziele, die von anderen formuliert worden sind, unterstützen oder übernehmen. Angenommen, wir stellten fest, daß z. B. Zielsetzungen, wie sie aus *Weinstocks* Werk zitiert wurden, einerseits von Industriellenkreisen, andererseits von Mittelschullehrer-Verbänden unterstützt würden; dann würde die ideologiekritische Fragestellung sich darauf richten, ob sich diese zustimmenden Stellungnahmen vielleicht durch bestimmte *Interessen* dieser Gruppen an der Verwirklichung jener pädagogischen Ziele erklären lassen. Dabei könnte es sein, daß in beiden Gruppen sehr verschiedene gesellschaftliche Interessen vorliegen, die trotzdem durch jene pädagogischen Zielsetzungen gestützt werden oder wenigstens gestützt zu werden scheinen. Die eine Gruppe unterstützt jene Zielsetzung vielleicht, weil sie den Arbeitskräftebedarf der Industrie für die Zukunft sichern dürfte; die andere stimmt ihr möglicherweise zu, weil jene Zielsetzungen geeignet scheinen, eine selbständige Mittelschule und einen selbständigen Mittelschullehrerstand zu erhalten. Beide Stellungnahmen können entweder selbst ideologisch sein, d. h. falschem Bewußtsein entspringen, oder sie können Ideologien erzeugen.

Abschließend wenden wir unser Interesse noch einmal dem Autor bzw. den Autoren pädagogischer Zielsetzungen zu. Es könnte sein, daß ein Autor oder eine Autorengruppe erst durch eine solche ideologiekritische Analyse erkennt, welche Deutungs- und Wirkungsmöglichkeiten in ihren Zielformulierungen stecken. Vielleicht entdecken sie nun selbst, daß ihren pädagogisch gemeinten Zielsetzungen ein falsches Bewußtsein, *Ideologie* im strengen Sinne dieses Wortes zugrunde lag. Unter Umständen meint ein Autor – denken Sie etwa an Weinstock – mit seiner Formulierung von Erziehungszielen einer vermeintlich erwiesenen Differenzierung der Begabungen in der Bevölkerung zu folgen und müßte sich nun überzeugen, daß er in Wahrheit unreflektiert einen statischen Begabungsbegriff und eine überkommene Gesellschaftsschichtung zugrunde gelegt und mit dazu verholfen hatte, diese Schichtung zu verfestigen.

An den Beispielen der vorangehenden Abschnitte läßt sich verdeutlichen, daß Erziehungsziele weder gesetzt noch durchgesetzt werden im Bereich eines der Wirklichkeit entrückten ›reinen‹ Denkens, sondern daß sie in irgendeiner Weise immer auf bestimmte geschichtliche Situationen bezogen sind. Das bedeutet zugleich, daß sie mit kulturellen, wirtschaftlichen, gesellschaftlichen und politischen Vorgängen, Gruppen und Interessen zusammenhängen. Erziehungsziele, so kann man formulieren, sind Antworten bestimmter Menschen oder Menschengruppen auf bestimmte geschichtliche Situationen unter dem Gesichtspunkt, wie sich die nachwachsende Generation gegenwärtig und zukünftig verhalten soll. Analysiert man diese Formulierung genauer, so ergibt sich: In jedem Erziehungsziel oder in jedem Komplex von Erziehungszielen stecken immer mindestens vier Aspekte, und zwar entweder reflektiert oder unreflektiert sowie jeweils in einer mehr oder minder begrenzten oder umfassenden Perspektive. Die ersten beiden Aspekte beziehen sich auf die Gegenwart, die beiden zuletzt zu nennenden auf die Zukunft:
Die vier Aspekte sind folgende:

1. eine Deutung und Bewertung der *gegebenen* geschichtlichen Situation;
2. eine Auffassung über die Stellung der Jugend als der nachwachsenden Generation in dieser geschichtlichen Situation;
3. ein gedanklicher Vorgriff auf die weitere Entwicklung des betreffenden wirtschaftlichen, gesellschaftlichen, politischen, kulturellen Systems und eine Leitvorstellung für seine Gestaltung;
4. eine Vorstellung von den Möglichkeiten und Aufgaben der nachwachsenden Generation in der so vorweggenommenen Zukunft.

Nun kann die Entstehung von Erziehungszielen, also von bewußten Zielsetzungen für die Erziehung, nur auf dem Hintergrund der allgemeinen Feststellung verstanden werden, daß, wo immer Menschen miteinander zusammenleben, dieses Zusammenleben durch Normen, Regeln, Verhaltensrichtlinien bestimmt wird, wie immer diese begründet sein und wie immer sie durchgesetzt werden mögen. Wir wissen aus dem vorigen Kapitel: Im Extremfalle früher oder primitiver menschlicher Gruppierungen lernt jeder Angehörige der betreffenden Gruppe diese Normen, Regeln, Verhaltensrichtlinien durch bestimmte Sozialisierungsvorgänge im Mitleben in der Gruppe, ohne daß es spezielle Erziehungsinstitutionen gibt und ohne daß die erwachsene Generation ein Bewußtsein von besonderen Erziehungszielen hat. Formelhaft gesprochen: Man weiß gar nicht um die Normen, Regeln und Verhaltensrichtlinien, jedenfalls denkt man nicht darüber nach oder stellt sie in Frage; man erkennt diese Normen an, hält sie ein und vermittelt sie der nachwachsenden Generation im Vollzug des Lebens in der Gruppe – beim Zubereiten des Essens, bei der Feldarbeit und beim Fischfang, bei religiösen Festen usf.

Wir haben jedoch bereits darauf hingewiesen, daß diese scheinbare Selbstverständlichkeit sozio-kultureller Normen, die in einer Gruppe anerkannt werden, keineswegs auf frühe oder sogenannte primitive Kulturen begrenzt ist, sondern auch in hoch entwickelten und differenzierten Kulturen des industriellen Zeitalters und damit auch in unserer Gegenwart zu beobachten ist.

Wie kommt es nun zur Setzung *bewußter* Erziehungsziele? Es kommt dazu vor allem in *Krisensituationen*, d. h. dann, wenn gesellschaftlich-kulturelle Normen, die bislang unreflektiert oder unbestritten anerkannt wurden, in Zweifel gezogen werden oder wenn die Übermittlung solcher Normen durch allgemeine Sozialisationsvorgänge nicht mehr wie bisher gelingt.

Die Erforschung der Ursachen solcher Krisensituationen ist ein Thema der Geschichts- und Sozialwissenschaften, wir können hier nur ein paar Stichworte nennen: Auslöser solcher historischen Krisensituationen können Änderungen in den Wirtschaftsformen sein, z. B. der Übersetzung von vorwiegender Agrarwirtschaft zur Industrialisierung; es kann sich um soziale oder politische Revolutionen handeln, um gewonnene oder verlorene Kriege, folgenreiche Entdeckungen oder Erfindungen, um das Aufkommen neuer kultureller oder religiöser Strömungen oder um ein Zusammenwirken mehrerer der genannten Faktoren. Uns interessieren die Auswirkungen auf die Entwicklung von *Erziehungszielen*. Hier gibt es – idealtypisch vereinfacht – jeweils zwei Grundmöglichkeiten:

Die erste Möglichkeit ist folgende: Die betreffende Kultur oder Gesellschaft oder die einflußreichsten Teilgruppen in einer solchen Kultur oder Gesellschaft halten an den *alten* Normen fest, versuchen nun jedoch, zur Übermittlung dieser Normen bewußt die Erziehung einzusetzen und damit der Normenkrise entgegenzuwirken. Die Normen werden damit also zu *bewußten Erziehungszielen.* Wir führen für diesen Typus der Setzung oder Formulierung von Erziehungszielen den Ausdruck ›konservative Zielsetzungen‹ ein, und zwar in rein beschreibendem, nicht in wertendem Sinne. Meistens laufen einem solchen Vorgang ›konservativer Zielsetzung‹ weitere, insbesondere auch politische Maßnahmen parallel, z. B. eine entsprechende Gesetzgebung.

Die andere Möglichkeit besteht darin, daß aus einer Krisensituation heraus bestimmte Personen oder Personengruppen *neue* Erziehungsziele entwerfen. Diese Personen oder Personengruppen sehen die Krise nicht als eine Situation an, die durch die Wiederherstellung und die Sicherung der *bisherigen* Zustände und Normen überwunden werden muß, sondern als eine Möglichkeit zur Veränderung, zur Entwicklung und Erreichung neuer gesellschaftlicher, kultureller, wirtschaftlicher, politischer, pädagogischer Verhältnisse. Im Zuge solcher Bestrebungen können dann also auch neue Erziehungsziele formuliert werden. Wir legen für diesen zweiten Typus der Setzung von Erziehungszielen den Ausdruck ›progressive Zielsetzungen‹ fest, wiederum zunächst als beschreibende, nicht als wertende Formel.

Beide Typen – ›konservative Zielsetzungen‹ und ›progressive Zielsetzungen‹ – sollen durch Beispiele veranschaulicht werden.

1. Zunächst zum Typus ›konservative Zielsetzungen‹. Einige Beispiele dafür bietet etwa die staatliche preußische Volksschulpolitik nach 1848. Die Jahrzehnte des sogenannten Vormärz – 1815–1847 – und das Jahr 1848 hatten gezeigt, daß gewisse politische Bestrebungen erste, von heute aus gesehen bescheidene Schritte auf dem Wege zur Demokratisierung durchsetzten, die auch von manchen Volksschullehrern und von einigen Direktoren preußischer Volksschullehrerseminare getragen wurden; der führende Kopf dieser Gruppen der Lehrerschaft war der Seminardirektor Friedrich Adolf Wilhelm *Diesterweg*. Gewiß überschätzten der preußische König und seine Behörden den tatsächlichen Einfluß solcher Lehrerseminare auf die Volksschullehrer und *deren* Einfluß auf die Bewußtseinsbildung der Volksschulkinder. Aber für den Prozeß, in dem aus einer Krise heraus herrschende Personen oder Gruppen konservative Erziehungsziele setzen und *durchsetzen*, sind einige Dokumente der Zeit nach 1848 höchst aufschlußreich.

Auf einer Konferenz der Direktoren preußischer Lehrerseminare im Jahre 1849, also ein Jahr nach dem gescheiterten Revolutionsversuch, ließ es sich der preußische König nicht nehmen, den Seminardirektoren persönlich eine geharnischte

Strafpredigt zu halten und dabei klare Zielsetzungen für die zukünftige Volksbildung anzukündigen.
»All das Elend, das im verflossenen Jahre über Preußen hereingebrochen ist, ist Ihre, einzig Ihre Schuld, die Schuld der Afterbildung, der irreligiösen Massenweisheit, die Sie als echte Weisheit verbreiten, mit der Sie den Glauben und die Treue in dem Gemüte meiner Untertanen ausgerottet und deren Herzen von mir abgewandt haben. Diese pfauenhaft aufgestutzte Scheinbildung habe ich schon als Kronprinz aus innerster Seele gehaßt und als Regent alles aufgeboten, um sie zu unterdrükken. Ich werde auf dem betretenen Wege fortgehen, ohne mich irren zu lassen; keine Macht der Erde soll mich davon abwendig machen. Zunächst müssen die Seminarien sämtlich aus den großen Städten nach kleinen Orten verlegt werden, um den unheilvollen Einflüssen eines vergifteten Zeitgeistes entzogen zu werden. Sodann muß das ganze Treiben in diesen Anstalten unter die strengste Aufsicht kommen. Nicht den Pöbel fürchte ich, aber die unheiligen Lehren einer modernen, frivolen Weltweisheit vergiften und untergraben mir eine Bürokratie, auf die bisher ich stolz zu sein glauben konnte. Doch solange ich noch das Heft in Händen führe, werde ich solchem Unwesen zu steuern wissen.«
Es blieb nicht bei dieser Grundsatzerklärung.
1854 erschienen Richtlinien für die Lehrerbildung in den preußischen Lehrerseminaren und für die Volksschule, die für fast 30 Jahre verbindlich blieben; sie werden nach ihrem Verfasser, dem Geheimrat *Stiehl* im preußischen Kultusministerium, die *›Stiehlschen Regulative‹* genannt. In diesen Regulativen heißt es: »Für die innere und geistige Tätigkeit der Schule ist in der neuesten Zeit ein wichtiger Wendepunkt eingetreten ... Es ist daher an der Zeit, das Unberechtigte, Überflüssige und Irreführende auszuscheiden ...«. »Das Leben des Volkes verlangt seine Neugestaltung auf Grundlage und im Ausbau seiner ursprünglich gegebenen und ewigen Realitäten und auf dem Fundament des Christentums, welches Familie, Berufskreis, Gemeinde und Staat in seiner kirchlich berechtigten Gestaltung durchdringen, ausbilden und stützen soll.« Die Schulen haben die Aufgabe, »mitzuwirken, daß die Jugend erzogen werde in christlicher, vaterländischer Gesinnung und in häuslicher Tugend ...«.
»Was die Erziehung im Allgemeinen betrifft, so wird für den künftigen Elementarlehrer eine Zusammenstellung und Erläuterung der in der heiligen Schrift enthaltenen, hierher gehörigen Grundsätze ausreichen. Die Lehre von der Sünde, mensch-

licher Hilfsbedürftigkeit, von dem Gesetz, der göttlichen Erlösung und Heiligung ist eine Pädagogik, welche zu ihrer Anwendung für den Elementarlehrer nur einiger Hilfssätze aus der Anthropologie und Psychologie bedarf. »Im Hinblick auf den Geschichtsunterricht aber heißt es: »Sorgfältige Beobachtungen und Untersuchungen haben ergeben, daß Unterricht in der allgemeinen Weltgeschichte nicht mit dem erwarteten Erfolg in den Seminarien betrieben werden kann, vielmehr Unklarheit und Verbildung erzeugt, und daß über ihm Wichtigeres versäumt wird...«

Wir fügen hier erläuternd ein: In einer solchen allgemeinen Weltgeschichte bestünde ja die Gefahr, daß die Französische Revolution oder die amerikanische Unabhängigkeitserklärung mit ihrer Berufung auf allgemeine Menschenrechte behandelt würden.

Das Regulativ fährt fort:

»Dagegen muß es als eine wichtige Aufgabe der Schullehrer angesehen werden, bei dem heranwachsenden Geschlecht und in ihrer Umgebung Kenntnis der vaterländischen Erinnerungen, Einrichtungen und Personen aus der Vergangenheit und Gegenwart, und damit Achtung und Liebe zu der Herrscherfamilie vermitteln zu helfen.«

2. Wir kommen zum zweiten Typus, zu den ›progressiven‹ pädagogischen Zielsetzungen, und zwar beginnen wir wiederum mit einem Beispiel.

Nach dem Zusammenbruch des nationalsozialistischen Regimes begann in den vier Besatzungszonen Deutschlands auch in pädagogischer Hinsicht an vielen Stellen eine Neubesinnung auf die Ziele der Erziehung. Abgesehen davon, daß sie z. T. im Jahrzehnt zwischen 1950 und 1960 durch die Restauration alter Zielsetzungen verdrängt wurde, zweifeln wir heute, ob selbst jene progressiven Ansätze der Neubesinnung gründlich, realistisch und kritisch genug waren; dementsprechend zeigt sich z. Z. an vielen Stellen das Bemühen, die in den Jahren nach 1945 nicht zu Ende geführte Reflexion über neue Erziehungsziele wieder aufzunehmen und konsequenter durchzuhalten. Zu den zentralen Aspekten gehörten und gehören dabei die Zielsetzungen der politischen Bildung.

Man sah nach 1945 durchaus, daß die sogenannte ›staatsbürgerliche Bildung‹ vor 1933 völlig versagt hatte; sie spiegelte die Tatsache, daß die Mehrheit der Erwachsenen nach 1918 kein demokratisch-politisches Bewußtsein entwickelte, einflußreiche Kreise vielmehr eine antidemokratische Einstellung beibehielten oder ausbildeten. Nach 1945 wurde das Problem der

politischen Bildung von manchen Personen und Personengruppen immerhin schärfer gesehen. Das für unseren Zusammenhang Entscheidende ist der Tatbestand, daß die Krise, d. h. hier die unbewältigte Situation eines Volkes nach einer weitgehend selbstverschuldeten politischen Katastrophe und die Aufgabe, ein neues, demokratisches politisches System aufzubauen, auch zur Entwicklung neuer Erziehungsziele führte.
Als Beispiel wählen wir eine Schrift Theodor *Litts*, die bei ihrem ersten Erscheinen 1954 den Titel ›*Die politische Selbsterziehung des deutschen Volkes*‹ trug. *Litt* beschreibt die Situation der politischen Erziehung in Deutschland nach 1945 folgendermaßen: »... Das allgemeine Leben versagt nicht nur der Erziehung zur Demokratie die Unterstützung, deren sie sich anderwärts erfreuen darf – es arbeitet ihr stellenweise direkt und absichtsvoll entgegen. Fehlt es doch bei uns nicht an Menschen und Gruppen, die der Demokratie im Raum des deutschen Daseins geradezu das Lebensrecht und die Wirkungsmöglichkeit absprechen möchten ... Mit scheinbarer Resignation, die in Wahrheit spöttisches Überlegenheitsbewußtsein ist, versichert man, der Deutsche habe kein ›Talent‹ zur Demokratie, ohne zu Recht sagen zu können, was denn eigentlich bei uns ihre Stelle einnehmen solle.« *Litt* hebt überdies als ein besonderes Kennzeichen der Bemühungen um politische Erziehung in Deutschland folgendes heraus: »Wenn es bei uns Deutschen um politische Erziehung geht, dann handelt es sich hier um einen Erziehungsvorgang, dessen Eigenart darin besteht, daß nicht die Älteren erziehen und die Jüngeren erzogen werden, vielmehr die Älteren so gut wie die Jüngeren zu erziehen sind. Und da nun keine beiden übergeordnete Erziehungsmacht vorhanden ist, an die diese Aufgabe überwiesen werden könnte, so liegt hier der bemerkenswerte Sonderfall pädagogischen Geschehens vor, in dem der zu Erziehende zugleich die Funktion des Erziehenden übernehmen muß.«
Am Rande: Man kann diese Darstellung *Litts* sinngemäß durchaus auf die heutige Situation der Hochschulen übertragen, soweit es dort um die Entwicklung eines politisch-gesellschaftlichen Bewußtseins der Lehrenden und der Studierenden und um die Frage der Mitbestimmungsmöglichkeiten der Studenten geht.
Aber zurück zu *Litts* Schrift ›*Die politische Selbsterziehung des deutschen Volkes*‹. *Litt* entwickelt dort ein gedankliches Modell der Demokratie und leitet von daher neue Ziele der politischen Bildung ab, die er ausdrücklich älteren und zeitgenössischen Zielsetzungen in der Theorie und Praxis der politischen Bil-

dung entgegenstellt. Das zentrale Ziel ist nach *Litts* Auffassung das folgende: Politische Bildung muß die Erkenntnis vermitteln, daß der *Konflikt* die politische Grundsituation der Demokratie ist, und sie muß zur Bereitschaft erziehen, solche Konflikte immer wieder auszulösen und in demokratischen Formen auszutragen.

Es ist an dieser Stelle nicht unsere Aufgabe zu untersuchen, ob das Konfliktprinzip, in der Form, in der *Litt* es zugrunde legt, genügt, ob man die Ursachen von Konflikten und die sehr unterschiedliche Macht der miteinander ringenden Gruppen so unberücksichtigt lassen darf, wie *Litt* das in seiner Theorie der politischen Erziehung tut; [...] Hier begnügen wir uns damit, gezeigt zu haben, wie aus einer Krisensituation heraus neue Erziehungsziele formuliert werden, die – im Verhältnis zum pädagogischen Zielbewußtsein, das bis dahin vorhanden war – als ›progressive pädagogische Zielsetzungen‹ bezeichnet werden können.

Unsere Darstellung zweier idealtypischer Möglichkeiten für die bewußte Setzung von Erziehungszielen mußte zunächst radikal vereinfachen. Die Untersuchung bestimmter historischer Vorgänge zeigt gewöhnlich, daß man dieses Zwei-Typen-Schema mindestens in dreifacher Hinsicht ergänzen muß:

1. Die Setzung von Erziehungszielen erfolgt fast nie als Formulierung eines einzelnen Zieles, sondern im Rahmen eines mehr oder minder systematisch durchdachten *Komplexes* von Zielsetzungen. Es kann dann durchaus so sein, daß manche Teilziele eines solchen Komplexes dem konservativen, andere dem progressiven Typus zugerechnet werden müssen. Z. B. würde eine umfassende Analyse der verschiedenen Beiträge Theodor *Litts* zur Frage der Erziehungsziele nach 1945 auf eine solche Mischung von konservativen und progressiven Teilzielen führen.
2. Situationen der Normenkrise sind immer auch dadurch gekennzeichnet, daß innerhalb einer Gruppe oder einer Institution – z. B. der höheren Schule oder der Universität – unterschiedliche Zielsetzungen erfolgen, die miteinander in Konflikt treten. Innerhalb der grundlegenden Spannung zwischen konservativen und progressiven Erziehungszielsetzungen kann es dann weitere Konflikte zwischen *unterschiedlichen* konservativen oder *unterschiedlichen* progressiven Tendenzen geben. Ein besonders aktuelles Beispiel für eine solche Situation bieten heute die Spannungen an unseren Hochschulen. Sie zeigen überdies, daß die Konflikte zwischen den Verfechtern verschiedener *progressiver* Ziele

oft heftiger sind als ihre grundsätzlichen Auseinandersetzungen mit den Vertretern *konservativer* Zielsetzungen.

3. Auch die sogenannten ›progressiven Zielsetzungen‹ sind nicht geschichtslose utopische Entwürfe. Sie sind nicht nur geschichtlich in dem Sinne, daß sie als Lösungsvorschläge auf eine bestimmte geschichtliche Situation bezogen sind, vielmehr wirken in ihnen fast immer auch historische Vorbilder und Impulse mit. Aber dann handelt es sich um historische Anstöße, die bisher in der Breite der betreffenden Gruppe nicht wirksam, nicht beherrschend geworden sind und die nun *gegen* die herrschenden Traditionen ins Feld geführt werden.

Denken Sie z. B. an folgende progressive Zielsetzungen der Gegenwart: Lösung des jungen Menschen aus undurchschauten Bindungen, m. a. W.: *Emanzipation*, oder: konsequente Erziehung zu demokratischem Bewußtsein und demokratischer Aktivität für eine Gesellschaft, in der Menschen nicht mehr über andere Menschen herrschen. Solche Zielsetzungen knüpfen bewußt an Grundgedanken der europäischen Aufklärung des 18. Jahrhunderts und der Gesellschaftskritik des 19. und 20. Jahrhunderts an, an *Rousseau* und *Montesquieu*, an *Marx* und *Freud* usw. Es gibt also durchaus historische Vorläufer und Anreger solcher progressiver Zielsetzungen, aber es sind historische Impulse, die bisher verdrängt oder unterdrückt worden waren. [...]

2. Erich Fromm
Verwandte Ideen

Zunächst geht es mir um den Zusammenhang zwischen bloßem »Denken« und »Betroffensein« (*concern*). Sowohl Psychologie als auch Soziologie haben den *Menschen* zum Gegenstand. Ich kann eine ganze Menge *über* den Menschen in Erfahrung bringen, wenn ich ihn wie jeden andern Gegenstand beobachte. Ich stehe dann als Beobachter meinem »Gegen-Stand« gegenüber. Ich beobachte, beschreibe, messe und wiege ihn – aber was lebendig an ihm ist, *verstehe* ich nicht, solange er für mich lediglich ein »Gegenstand« bleibt. Ich verstehe den Menschen, insofern ich mit ihm in Beziehung stehe, nur wenn er kein von mir losgelöstes Objekt mehr ist, sondern zu einem Teil von mir wird, wenn er – genauer gesagt – »Ich« wird und dabei gleichzeitig »Nicht-Ich« bleibt. Bleibe ich ein distanzierter Beobachter, so sehe ich nur sein manifestes Verhalten, und wenn ich sonst nichts über ihn wissen will, kann ich mich damit zufriedengeben, ein bloßer Beobachter zu sein. Aber bei dieser Einstellung entgeht mir seine Gesamtpersönlichkeit, seine volle Wirklichkeit. Ich habe ihn dann unter diesem oder jenem Aspekt beschrieben, aber ich bin ihm nie begegnet. Nur wenn ich mich ihm ganz aufschließe und auf ihn reagiere – und genau das bedeutet »zu ihm in Beziehung stehen« – dann sehe ich meinen Mitmenschen wirklich; und wenn ich ihn sehe, dann erkenne ich ihn.

Aber wie kann ich den andern sehen, wenn ich ganz mit mir selbst angefüllt bin? Das ist der Fall, wenn ich mit meinem eigenen Image, mit meiner Gier oder auch mit meiner Angst ganz ausgefüllt bin. Es bedeutet dagegen nicht, daß ich »ich selber« bin. In Wirklichkeit muß ich ich selber sein, wenn ich den andern sehen will. Wie könnte ich wohl seine Angst, seine Traurigkeit, sein Alleinsein, seine Hoffnung und seine Liebe verstehen, wenn ich nicht meine eigene Angst, meine Traurigkeit, mein Alleinsein, meine Hoffnung oder meine Liebe fühle? Wenn ich nicht mein eigenes menschliches Erleben in Bewegung setzen, wenn ich es nicht mobilisieren und mich mit meinem Mitmenschen einlassen kann, dann kann ich wohl eine ganze Menge *über* ihn wissen, aber ich werde *ihn* nie kennenlernen. Für den andern aufgeschlossen sein, ist die Voraussetzung, daß man von ihm erfüllt, sozusagen durchtränkt sein kann; freilich muß *ich* dann *ich* sein, denn wie könnte *ich* mich ihm sonst öffnen? Ich muß ich selbst sein, das heißt, ich muß mein eigenes echtes, einzigartiges Selbst sein, um mich selbst hingeben und um die Illusion der Realität dieses einzigartigen Selbst transzendieren zu können. Solange ich die eigene Identität nicht fest begründet habe, solange ich noch nicht ganz aus dem Mutterschoß, von der Familie, von den Bindungen an Rasse und Nation losgekommen bin – anders gesagt, solange ich noch nicht ganz zu einem Individuum, zu einem freien Menschen geworden bin – kann ich dieses Individuum nicht von mir werfen und auf diese Weise erfahren, daß ich nichts bin als ein Wassertropfen auf dem Kamm einer Welle, als eine eigene Einheit für den Bruchteil einer Sekunde.

Bezogensein, Engagiertsein bedeutet Betroffensein. Wenn ich mich beteiligt fühle und kein distanzierter Beobachter bin, bin ich interessiert (von *inter-esse* – »dazwischen sein«, »darin sein«). »Darin sein« besagt aber »nicht draußen sein«. Wenn ich »darin bin«, dann betrifft mich die Welt und geht sie mich an. Dieses Betroffensein *kann* auch destruktiv sein. Das »Interesse« des Suizidanten an sich selbst bedeutet, daß er daran interessiert ist, sich zu vernichten, genauso wie das Interesse des Mörders an der Welt darauf hinausläuft, diese zu zerstören. Aber ein solches Interesse ist pathologisch, und zwar nicht deshalb, weil der Mensch »an sich« gut ist, sondern weil es eine Eigenschaft des Lebens ist, sich zu erhalten. »In der Welt sein« heißt, vom Leben und vom Wachstum seines Selbst und von dem aller anderen Wesen betroffen sein. Betroffene Erkenntnis ist eine »sich hineinversetzende« Erkenntnis, die zu dem Wunsch führt zu helfen. Es handelt sich, wenn wir das Wort im weitesten Sinne gebrauchen, um eine therapeutisch orientierte Erkenntnis. Diese Qualität der betroffenen Erkenntnis hat ihren klassischen Ausdruck im buddhistischen Denken gefunden. Wenn Buddha einen alten, einen kranken und einen toten Menschen sah, blieb er nicht ein distanzierter Beobachter. Er fühlte sich veranlaßt, darüber nachzudenken, wie man den Menschen vom Leiden befreien könne. Es war sein aus dem Betroffensein resultierender Wunsch, den Menschen zu helfen, welcher Buddha zu der Entdeckung führte, daß der Mensch sich selbst vom Leiden befreien kann, wenn es ihm gelingt, sich von seiner Gier und seiner Unwissenheit zu befreien. Wenn unsere Einstellung zur Welt erst einmal zu einem leidenschaftlichen Betroffensein geworden ist, dann schlägt unser Denken über die Welt andere Wege ein. Das einfachste Beispiel hierfür bietet die Medizin. Wie viele medizinische Entdeckungen wären wohl gemacht worden ohne den Wunsch zu heilen? Auch Freuds Entdeckungen liegt das gleiche Anliegen zugrunde. Hätte ihn nicht der Wunsch getrieben, seelische Störungen zu heilen, so hätte er wohl kaum das Unbewußte in den verschiedenen Verkleidungen entdeckt, in denen es in Symptomen und Träumen erscheint. Ganz offensichtlich führen zufällige und unbeteiligte Beobachtungen nur selten zu bedeutsamen Erkenntnissen. Alle von unserem Verstand gestellten Fragen werden von unserem Interesse bestimmt. Dieses Interesse steht nicht im Gegensatz zu Erkenntnis, sondern ist gerade ihre Bedingung, vorausgesetzt, daß sie mit Vernunft einhergeht, das heißt mit der Fähigkeit, die Dinge so zu sehen, wie sie sind – »sie sein zu lassen«.

Meine Tätigkeit als Psychoanalytiker bedeutete mir in dieser Hinsicht eine große Hilfe. Ich hatte meine Ausbildung nach der streng orthodoxen Freudschen Methode erhalten, bei der man den Patienten analysiert, indem man sich hinter ihn setzt und sich seine Assoziationen anhört. Diese psychoanalytische Technik hatte sich das Experiment im Laboratorium zum Vorbild genommen: Der Patient war das »Objekt«, der Analytiker beobachtete seine freien Assoziationen, seine Träume usw. und analysierte dann das vom Patienten produzierte Material. Der Analytiker sollte ein distanzierter Beobachter und wie ein Spiegel möglichst unbeteiligt sein. Je länger ich aber auf diese Weise arbeitete, um so weniger befriedigte sie mich. Vor allem wurde ich während meiner analytischen Arbeit oft müde und sogar schläfrig. Oft fühlte ich mich geradezu erleichtert, wenn die Analysestunde vorüber war. Noch schlimmer aber war, daß ich immer weniger das Gefühl hatte, den Patienten wirklich zu verstehen. Sicher hatte ich das »Deuten« gelernt, und ich hatte es so gut gelernt, daß ich in der Lage war, derart zu deuten, daß die Assoziationen und Träume der Patienten in der Regel zu meinen theoretischen Erwartungen paßten. Aber ich redete trotzdem *über* den Patienten und nicht *mit ihm* und hatte das Gefühl, daß mir vieles entging, was ich hätte verstehen sollen. Zunächst dachte ich natürlich, alle diese Zweifel kämen von meinem Mangel an Erfahrung. Aber mit wachsender Erfahrung nahmen auch meine Zweifel zu anstatt ab, und ich begann an der von mir angewandten Methode zu zweifeln. Von Kollegen mit ähnlichen Erfahrungen angeregt und ermutigt, begann ich nach einem neuen Weg zu suchen. Schließlich fand ich eine sehr einfache Methode: Anstatt ein unbeteiligter Beobachter zu sein, wurde ich zu einem teilnehmenden; ich engagierte mich mit dem Patienten, und zwar vom Zentrum zum Zentrum anstatt von Peripherie zu Peripherie. Ich entdeckte, daß ich im Patienten allmählich Dinge entdeckte, die ich früher nicht beobachtet hatte, ich fing an, *ihn* zu verstehen, anstatt das zu *deuten*, was er sagte. Auch ermüdete ich kaum noch während der Analysestunde. Gleichzeitig erlebte ich, daß man völlig objektiv und trotzdem ganz engagiert sein kann. »Objektiv« bedeutet hier, daß ich den Patienten so sehe, wie er ist, und nicht wie ich ihn gerne haben möchte. Aber objektiv zu sein ist nur möglich, wenn man nichts für sich selbst will, weder die Bewunderung des Patienten noch dessen Unterwerfung noch selbst seine »Heilung«. Wenn letzteres auch wie ein Widerspruch zu dem zuvor Gesagten klingt, daß gerade der Wunsch zu helfen das eigene Denken befruchtet, so möchte ich doch nachdrücklich behaupten, daß es kein Widerspruch ist. Beim echten Wunsch zu helfen will ich nichts für mich selbst, und es verletzt auch nicht mein Selbstgefühl, wenn sich das Befinden des Patienten nicht bessert, noch macht es mich stolz,

wenn durch »meine« Leistung eine Besserung bei ihm eintritt.
Was für die Psychologie gilt, gilt auch für die Soziologie. Wenn ich nicht wirklich von der Gesellschaft betroffen werde, dann haben die Gedanken, die ich mir über die Gesellschaft mache, keinen Brennpunkt; dann ist es nichts weiter als ein blindes Tasten, selbst wenn sich diese Blindheit hinter einer Sammlung von »Daten« und eindrucksvollen Statistiken verbirgt. Wenn mir der Mensch selbst am Herzen liegt – und das Betroffensein vom einzelnen kann nicht vom Betroffensein von der Gesellschaft, an der ich Anteil habe, getrennt werden – dann bin ich auch vom Leiden betroffen, das durch die Gesellschaft verursacht wurde, und von dem Wunsch, das Leiden zu verringern, um dem Menschen auf diese Weise zu helfen, ganz Mensch zu werden. Wenn man vom Menschen selbst betroffen ist, dann stellen sich einem unweigerlich die Fragen: Wie kann der Mensch frei werden? Wie kann er ganz Mensch werden? Wie kann er zu dem werden, was er potentiell ist? Dieses Betroffensein veranlaßte Marx zu seinen großen Entdeckungen. Sie waren – wie alle anderen wissenschaftlichen Entdeckungen auch – nicht endgültig richtig; tatsächlich ist ja die Geschichte der Wissenschaft zugleich die Geschichte von Irrtümern. Dies gilt für die Theorie von Marx genauso wie für die von Freud. Worauf es ankommt, ist nicht, daß eine neue Einsicht unbedingt die letzte Wahrheit ist, sondern daß sie fruchtbar ist und zu weiteren Entdeckungen führt, vor allem aber, daß bei der Entdeckung der Wahrheit der Mensch sich selber ändert, weil er wacher wird und diese größere Wachheit auf die übertragen kann, die nach ihm kommen.
Die Wechselwirkung zwischen Betroffensein und Erkenntnis hat man oft – und mit Recht – als die zwischen Theorie und Praxis bezeichnet. Marx schrieb: »Die Philosophen haben die Welt nur verschieden *interpretiert*, es kömmt drauf an, sie zu *verändern.*« Tatsächlich ist die Interpretation ohne die Absicht einer Veränderung leer, und eine Veränderung ohne Interpretation ist blind. Interpretation und Veränderung, Theorie und Praxis sind nicht zwei getrennte Faktoren, die man kombinieren kann; sie stehen vielmehr in Wechselwirkung, so daß die Erkenntnis durch Praxis befruchtet wird und die Praxis durch Erkenntnis geleitet wird. Theorie und Praxis verändern beide ihr Wesen, wenn man aufhört, sie voneinander zu trennen.
Das Problem der Wechselwirkung zwischen Theorie und Praxis hat noch einen anderen Aspekt, nämlich den Zusammenhang zwischen *Intelligenz* und *Charakter.* Zweifellos wird jeder

Mensch mit einem bestimmten Intelligenzniveau geboren, und es liegt nicht an psychologischen Faktoren, ob einer ein Idiot oder ein Genie wird. Aber Idioten und Genies sind Ausnahmen. Was mich mehr und mehr beeindruckte, war die Dummheit der allermeisten Menschen, die unter keine dieser beiden extremen Kategorien fallen. Ich meine nicht den Mangel an jener Art von Intelligenz, die man testen kann, sondern die Unfähigkeit, die weniger offensichtlichen Gründe für bestimmte Erscheinungen zu sehen, Widersprüche innerhalb ein und derselben Erscheinung zu begreifen und Zusammenhänge zwischen verschiedenen, nicht offenkundig miteinander in Beziehung stehenden Faktoren zu erfassen. Diese Dummheit zeigt sich am deutlichsten in den Ansichten über persönliche Beziehungen und gesellschaftliche Angelegenheiten. Woher kommt es, daß Menschen die offensichtlichsten Tatsachen in persönlichen und gesellschaftlichen Angelegenheiten nicht sehen und sich statt dessen an Klischees klammern, die sie endlos wiederholen, ohne sie je in Frage zu stellen? Intelligenz ist – abgesehen von der angeborenen Fähigkeit – weitgehend eine Funktion der Unabhängigkeit, des Mutes und der Lebendigkeit; Dummheit ist ihrerseits ein Resultat der Unterwürfigkeit, der Angst und des inneren Abgestorbenseins. Wenn ein wesentlicher Teil der Intelligenz in der Fähigkeit besteht, Zusammenhänge zwischen Faktoren festzustellen, bei denen man bisher nicht bemerkt hatte, daß sie miteinander in Beziehung stehen, dann wird jemand, der sich an Klischees und Konventionen klammert, es nicht wagen, solche Zusammenhänge zu erkennen. Wer Angst davor hat, sich von den andern zu unterscheiden, wird nicht wagen, Fiktionen als das zu erkennen, was sie sind, und wird daher auf starke Hindernisse stoßen, wenn es gilt, die Realität aufzudecken. Das kleine Kind in der Geschichte von des Kaisers neuen Kleidern, das sieht, daß der Kaiser nackt ist, ist schließlich nicht intelligenter als die Erwachsenen, aber es ist nicht so darauf aus, sich den andern anzupassen. Außerdem ist jede neue Entdeckung ein Abenteuer, und Abenteuer erfordern nicht nur ein gewisses Maß an innerer Sicherheit, sondern auch eine Vitalität und Freude, die man nur bei den Menschen findet, für die das Leben mehr ist als Erleichterung von Spannungen und Vermeidung von Schmerz. Um das allgemeine Niveau der Dummheit zu reduzieren, brauchen wir nicht mehr »Intellekt«, sondern eine andere Art von Charakter: Menschen, die unabhängig und unternehmungslustig sind und das Leben lieben.

Ich möchte diese Erörterung des Intellekts nicht beenden, ohne

noch einen anderen Aspekt zu erwähnen, nämlich die Gefahr der Intellektualisierung und des Mißbrauchs der Worte. Man kann Wörter gebrauchen, ohne ihnen die Bedeutung zu geben, die sie eigentlich haben sollten. Wörter können leere Schalen sein, und man kann bestimmte philosophische, religiöse und politische Ideen ebenso lernen wie eine Fremdsprache. *Tatsächlich besteht eine der größten Gefahren, die man unbedingt vermeiden sollte, darin, daß man Worte mit Tatsachen verwechselt; der Fetischismus der Worte hindert am Verständnis der Realität.*
Man kann das auf allen Gebieten beobachten – vor allem wohl auf dem der Religion, der Politik und der Philosophie. Die allermeisten Amerikaner glauben an Gott; aus allen Beobachtungen – aus wissenschaftlich durchgeführten wie auch aus zufällig gemachten – scheint jedoch klar hervorzugehen, daß dieser Glaube an Gott für das Tun und die Lebensführung dieser Menschen nur sehr geringe Konsequenzen hat. Den meisten geht es um ihre Gesundheit, um Geld und »Bildung« (letzteres als Teil des gesellschaftlichen Erfolgs) und keineswegs um die Probleme, die sich ihnen stellen würden, wenn sie sich wirklich ernsthaft mit Gott beschäftigten. Wir sind konsumhungrig und produktions-stolz und weisen genau alle jene Merkmale des Materialismus auf, die wir den »Gottlosen« vorwerfen. Wenn an unserem Bekenntnis zu Gott überhaupt etwas ernst zu nehmen ist, dann ist es die Tatsache, daß Gott für uns zu einem Götzen geworden ist. Nicht zu einem Götzen aus Holz oder Stein, wie sie unsere Vorfahren verehrt haben, sondern zu einem Idol aus Worten, Phrasen und Doktrinen. Wir verletzten immer wieder das Gebot, den Namen des Herrn, unseres Gottes, nicht zu mißbrauchen, das heißt, ihn nicht gedankenlos auszusprechen. Dabei sollte er stammelnder Ausdruck einer unaussprechlichen Erfahrung sein. Wir halten die Menschen für »religiös«, weil sie sagen, sie glaubten an Gott. Fällt es etwa schwer, das zu *sagen*? Ist darin irgendeine Wirklichkeit enthalten, oder sind es nicht bloße Worte?
Ich spreche hier von der Erfahrung, die der hinter den Worten verborgenen Realität zugrunde liegt. Welcher Art ist diese Erfahrung? Es geht darum, sich als Teil der Menschheit zu erfahren, gemäß einem Wertesystem zu leben, dessen Ziel die Erfahrung von Liebe, Gerechtigkeit und Wahrheit ist und dem sich alles andere unterzuordnen hat. Es geht um das ständige Bemühen, die eigenen Kräfte der Vernunft und der Liebe so weit zu entwickeln, daß eine neue Harmonie mit der Welt erreicht werden kann. Es geht um das Streben nach Demut, die

die Identität mit allen Lebewesen zu erkennen vermag und die hilft, die Illusion von einem einzelnen, unzerstörbaren Ich aufzugeben. Und es geht darum, das, was des Kaisers ist, nicht mit dem zu verwechseln, was Gottes ist. Im Reich des Kaisers besitzt der eine Mensch mehr Macht, Talent, Intelligenz und eine größere Tüchtigkeit als der andere. Im Reich des Geistes dagegen ist keiner dem anderen überlegen oder unterlegen. Hier sind wir alle nichts anderes als menschliche Wesen – Heilige *und* Verbrecher, Helden *und* Feiglinge. Diese authentische Erfahrung, in der das Reich des Kaisers und das Reich Gottes nicht mehr verwechselt werden, stellt einen wesentlichen Teil der Realität dar, die mit den Worten der Bibel gemeint ist: »So gebt dem Kaiser, was dem Kaiser gehört, und Gott, was Gott gehört!«

Der Unterschied zwischen den beiden Bereichen berührt sich mit einem anderen höchst bedeutsamen Aspekt der religiösen Erfahrung, mit der Einstellung zur Macht. Das Reich des Kaisers ist das Reich der Macht. In unserer physischen Existenz sind wir alle der Macht unterworfen. Jeder, der eine Pistole besitzt, kann uns töten oder gefangensetzen; jeder, der die Kontrolle über unsern Lebensunterhalt besitzt, kann uns aushungern oder zwingen, das zu tun, was er uns gebietet. Wenn wir leben wollen, müssen wir uns unterwerfen oder kämpfen – vorausgesetzt, daß wir die Chance dazu haben – und oft haben wir sie nicht. Eben weil Macht über Leben und Tod, über Freiheit und Sklaverei entscheidet, beeindruckt sie uns nicht nur körperlich, sondern auch geistig. Wer über besondere Macht verfügt, wird bewundert und hat immer recht. Man hält ihn für allweise und allgütig, auch dann, wenn er uns versklavt; denn wir unterwerfen uns lieber »freiwillig« den »Guten« und »Weisen«, als daß wir es hinnehmen, keine Möglichkeit zu haben, den Bösen den Gehorsam zu verweigern. Solange wir die Macht verherrlichen, akzeptieren wir die Werte des Kaisers; und wenn wir Gott mit der Macht in Beziehung setzen, so begehen wir das äußerste Sakrileg, indem wir Gott in den Kaiser verwandeln. Aber genau das tut der Mensch seit Jahrtausenden. Das echte spirituelle Erlebnis kennt die *Fakten* der Macht – aber es verherrlicht die Macht nicht als Träger der Weisheit und Güte. Sein Motto ist das der Propheten, für die der Herr nicht mit Macht und nicht mit Gewalt, sondern mit dem Geiste spricht.

Die Entwicklung der Religion steht in engem Zusammenhang mit der Entwicklung des Menschen zum Bewußtsein seiner selbst und mit seiner Individuation. Es scheint, daß der Mensch

mit der Entwicklung seines Selbstbewußtseins auch die Erfahrung seiner Einsamkeit und Getrenntheit von den anderen entwickelt hat. Diese Erfahrung führt zu einer intensiven Angst, und um diese Angst zu überwinden, entwickelte der Mensch den leidenschaftlichen Wunsch, mit der Welt eins zu werden und die Trennung zu beenden. Seit Hunderttausenden von Jahren hat er versucht, dorthin zurückzukehren, woher er kam, und mit der Natur wieder eins zu werden. Er wollte mit dem Tier, mit den Bäumen wieder eins werden, er wollte der Last des Menschseins und des Bewußtseins seiner selbst und der Welt entrinnen. Diese neue Einheit versuchte er auf verschiedene Weise zu erlangen. Er verehrte Bäume und Flüsse, er identifizierte sich mit Tieren und suchte die Erfüllung seiner Sehnsucht, indem er wie ein Tier fühlte und handelte. Oder er versuchte sein Bewußtsein auszuschalten, zu vergessen, daß er ein Mensch war, indem er zu Rauschmitteln und Drogen griff und sexuelle Orgien feierte. Schließlich machte er sich Götzenbilder, auf die er alles, was er hatte, projizierte, denen er seine Kinder und sein Vieh opferte, um sich als Teil des Götzen und in dieser Symbiose stark und mächtig zu fühlen. Aber an einem bestimmten Punkt der Geschichte – vor weniger als viertausend Jahren – gab es eine entscheidende Wendung. Der Mensch erkannte, daß er durch das Aufgeben des spezifisch Menschlichen in ihm niemals zur Einheit finden und niemals in die Unschuld des Paradieses zurückkehren kann. Es wurde ihm bewußt, daß er das Problem seines Menschseins – die Natur zu transzendieren und ihr trotzdem unterworfen zu sein – niemals dadurch lösen konnte, daß er rückwärts ging. Ihm wurde klar, daß er sein Problem nur lösen konnte, wenn er vorwärts ging, seine Vernunft und Liebe voll entwickelte und ganz Mensch wurde und auf diese Weise zu einer neuen Harmonie mit dem Menschen und der Natur hinfand, um sich in der Welt wieder zu Hause zu fühlen.
Diese neue Einsicht wurde an vielen verschiedenen Orten der Welt zwischen 1500 und 500 vor Chr. gewonnen. Lao-tse entdeckte sie in China, Buddha in Indien, Echnaton in Ägypten, Moses auf dem Weg nach Palästina und die Philosophen gewannen sie in Griechenland. Die hinter diesen Entdeckungen liegenden Erfahrungen waren vielleicht nicht überall die gleichen. Tatsächlich gibt es nie zwei Menschen, die genau die gleiche Erfahrung machen. Aber im wesentlichen war es doch dieselbe, und trotzdem wurde sie auf völlig verschiedene Weise formuliert. Lao-tse und Buddha sprachen überhaupt nicht von Gott, Lao-tse sprach von »Weg« und Buddha vom Nirwana

und der Erleuchtung. Die griechischen Philosophen sprachen von einem Prinzip, einer primordialen Substanz oder von einem »unbewegten Beweger«. Die Ägypter und Hebräer bedienten sich völlig anderer Begriffe. Da sie ihrer Tradition gemäß in zentralisierten, wenn auch kleinen Staaten mit einem mächtigen König lebten, erfanden sie die Vorstellung eines höchsten Wesens, des Herrschers des Himmels und der Erde. Die Hebräer bekämpften die Götzen und verhinderten, daß irgendein Bildnis von Gott hergestellt wurde. Maimonides, ihr größter Philosoph, erklärte tausend Jahre später, daß selbst die Erwähnung eines positiven Attributes von Gott nicht zulässig sei. Aber die Vorstellung von Gott als der Form, mit der das Unaussprechliche ausgedrückt werden konnte, hielt sich im Judentum und im Christentum und wurde so zur herrschenden Vorstellung im religiösen Erlebnis der westlichen Welt. Im achtzehnten und neunzehnten Jahrhundert griffen viele im Zusammenhang mit ihrem Protest gegen Könige und Kaiser auch diese Vorstellung an. In der Aufklärungsphilosophie und im neuen Humanismus wurde das der religiösen Tradition zugrunde liegende Erlebnis in nicht-theistischen Begriffen ausgedrückt, und das Hauptanliegen wurde nun der Mensch und nicht Gott. Trotzdem aber handelte es sich um das gleiche Anliegen. Es ging um die volle Entwicklung des Menschen, man wollte ihn zu einem Zweck und Ziel anstatt zu einem Mittel machen und gesellschaftliche Bedingungen schaffen, die die geistige Weiterentwicklung des Menschen ermöglichten. Der Sozialismus von Marx, Fourier, Kropotkin, Owen, Jaurès, Rosa Luxemburg und Gorki war die wichtigste echt »religiöse« Bewegung der letzten hundert Jahre. Der Zusammenbruch der humanistischen Tradition, der mit dem Ersten Weltkrieg seinen Anfang nahm, hat dann diese nicht-theistische »religiöse« Bewegung fast völlig zerstört. Nietzsche sagte, daß Gott sei; was sich nach 1914 ereignete, läßt den Schluß zu, daß der Mensch tot ist. Nur in kleinen Kreisen und bei wenigen einzelnen lebte die humanistische geistige Tradition noch weiter. Ihre größten Vertreter in unserer Zeit sind Männer wie Gandhi, Einstein und Albert Schweitzer.

Der Fetischismus der Worte ist im Bereich der Politik ebenso gefährlich wie in dem der religiösen Ideologie. Man muß die Worte im Zusammenhang mit den Taten und der Gesamtpersönlichkeit derer sehen, die sie äußern. Worte haben nur im Gesamtkontext des Handelns und des Charakters einen Sinn. Wenn diese Faktoren keine Einheit bilden, dann dienen die Worte nur dazu, andere und sich selbst zu täuschen. Anstatt die

Wahrheit zu enthüllen, verbergen sie sie. Die geschichtliche Epoche, die wir durchlebt haben, hat dies vielen klargemacht. Die meisten sozialistischen Führer, die vor dem 2. August 1914 die Sprache des Internationalismus und des Friedens gesprochen hatten, verfielen einen Tag später der allgemeinen Kriegshysterie. Die gleichen Führer haben vier Jahre später jede wirksame Sozialisierung nach der deutschen Revolution dadurch verhindert, daß sie auch vom Sozialismus, der auf dem Vormarsch sei, sprachen. Der Sozialist Mussolini wurde zum Führer des Faschismus, und doch unterschieden sich seine Worte bis zum Tag seines Verrats nicht von denen anderer Sozialisten. Hitler bezeichnete sein System, dessen Ziel es war, der deutschen Schwerindustrie und dem deutschen Expansionismus nach Osten und Westen hin zu dienen, als »Nationalsozialismus«. Stalin nannte sein System »Sozialismus«, ein System, das dem raschen Aufbau eines industrialisierten Rußland ohne jede Rücksicht auf jene menschlichen Werte diente, die den marxistischen Sozialismus kennzeichneten. Trotzdem nahmen seine Freunde wie seine Gegner diese Worte für bare Münze. Wir tun das gleiche, wenn wir Franco und andere Diktatoren als »Repräsentanten der Freien Welt« bezeichnen.

Der Fetischismus der Worte ist das Gegenteil von Wirklichkeitserkenntnis. Das Suchen des Menschen nach der Wirklichkeit und seine allmähliche Annäherung an diese kennzeichnen seine Entwicklung. Seine Suche nach der Wirklichkeit bedeutet gleichzeitig die Negierung seiner Illusionen. Buddha, Moses, die griechischen Philosophen, die neue Naturwissenschaft, die Philosophen der Aufklärung, die großen Künstler, die großen Physiker, Biologen und Chemiker, wie auch Marx und Freud – sie alle waren erfüllt von dem leidenschaftlichen Wunsch, durch den trügerischen Schleier der Maja, den uns unsere Sinne und unser »gesunder Menschenverstand« vorgaukeln, hindurchzudringen und zur Wahrnehmung der geistigen und materiellen Wirklichkeit im Bereich des Menschen und der Natur zu gelangen. Ihr Tätigkeitsfeld und ihre Methoden waren verschieden, doch war ihr Streben und ihr Ziel zweifellos dasselbe. Alles, was die Menschheit auf geistigem und materiellem Gebiet jemals erreichte, verdankt sie den Zerstörern von Illusionen und denen, die nach der Wirklichkeit suchen.

Die Suche nach der Wirklichkeit und die Enthüllung von Illusionen erzeugen nicht nur Einsicht und Wissen, auch der Mensch ändert sich in diesem Prozeß. Es gehen ihm die Augen auf, er erwacht, er sieht die Welt so, wie sie ist, und lernt dementsprechend die eigenen intellektuellen und affektiven Kräfte zu gebrauchen und zu entwickeln, um es mit der Realität aufzunehmen. Nur der, dem die Augen aufgegangen sind, ist ein Realist. Es ist kein Zufall, daß heute die schöpferischsten Männer und Frauen auf dem Gebiet von Kunst und Wissenschaft mit sehr wenigen Ausnahmen auf ein und derselben Seite stehen. Sie alle sind der Überzeugung, daß eine internationale Verständigung und die politische und wirtschaftliche Emanzipation der nicht-industrialisierten Völker, Beendigung des Krieges und des Wettrüstens umumgänglich sind, und sie alle glauben daran, daß der Mensch die Fähigkeit besitzt, ganz Mensch zu werden, und daß er sich für das Leben und gegen den Tod entscheiden muß. Und trotzdem werfen die »Realisten« diesen Führern unserer Zivilisation vor, sie seien »sentimental«, »zu weich« und »unrealistisch«. Die Wortführer des »Realismus« behaupten – entgegen aller geschichtlichen Erfahrung – daß ein immer schärferes Wettrüsten den Frieden erhalten könne. Sie spielen mit einer Vernichtungsbilanz, nach der sechzig Millionen toter Amerikaner noch »annehmbar« wären, während hundert Millionen vielleicht nicht mehr »akzeptabel« sein könnten. Sie reden von Programmen zum Schutz der Zivilbevölkerung und erfinden phantastische Argumente, um nicht zugeben zu müssen, daß im Falle eines Atomkrieges aller Wahrscheinlichkeit nach fast sämtliche Bewohner unserer großen Städte innerhalb kürzester Zeit umkämen, gleichgültig, welche Schutzmaßnahmen getroffen würden. Diese »Realisten« wissen nicht, daß sie höchst unrealistisch denken. In der Vergangenheit waren die verschiedenen Teile der Menschheit so unabhängig voneinander, daß andere Zivilisationen sich noch immer weiterentwickeln konnten, wenn die »Realisten« einer bestimmten Kultur deren Vernichtung herbeiführten. Heute aber ist die Menschheit so eng miteinander verflochten, daß eine Gruppe wahnwitziger »Realisten« den tapferen Anstrengungen von Hunderten von Generationen ein Ende zu setzen vermag.

Literatur

Bandura, A.: Sozial-kognitive Lerntheorie, Stuttgart 1979.
Bohne, G.: Grundlagen der Erziehung, 2 Bde., Hamburg 1951.
Bollnow, O. F.: Existenzphilosophie und Pädagogik, Stuttgart ^{2}1912.
Brezinka, W.: Erziehung als Lebenshilfe, Wien 1957.

Dewey, J.: Psychologische Grundfragen der Erziehung, München/Basel 1974.
Elzer, H.-M.: Philosophische Vergewisserung, Ratingen 1974.
Erikson, E. H.: Einsicht und Verantwortung, Stuttgart 1964.
Ders.: Kindheit und Gesellschaft, Stuttgart [2]1965.
Klafki, W.: Aspekte kritisch-konstruktiver Erziehungswissenschaft, Weinheim und Basel 1976.
Litt, T.: Freiheit und Lebensordnung. Zur Philosophie und Pädagogik der Demokratie, Heidelberg 1962.
Nohl, H.: Die sittlichen Grunderfahrungen. Eine Einführung in die Ethik, Frankfurt 1939/1949.
Piaget, J.: Erkenntnistheorie der Wissenschaften vom Menschen, Berlin 1972.
Spranger, E.: Philosophische Pädagogik, Heidelberg 1973.

VI. Kommunikationswissenschaften und Sprachphilosophie

Gerd Kadelbach
Einführung

Nicht um Neuigkeiten und um Neuentdeckungen geht es in der Philosophie, sondern um Selbstverständnis und um Selbstverständlichkeiten, die den Menschen bestimmen. Sie zu erkennen und zu begründen, bedarf er der Kritik und der Aufklärung über sich. Diesen Dienst bieten die exakten Wissenschaften an. Natur- und Humanwissenschaften ermitteln objektiv die Bedürfnisse der Menschen, Übereinstimmungen und Differenzen in diesen Bedürfnissen und schließlich Übereinstimmungen wie Differenzen, die sich aufgrund dieser Bedürfnisse zwischen den Menschen ergeben können.[1] Die Konfrontation zwischen den Bedürfnissen und den ermittelten Fakten der exakten Wissenschaften führt zu einem immerwährenden, fundamentalen Disput, der sich auch auf sich selbst bezieht. Das heißt, er kann nicht einmal bestimmte Diskussionsregeln undiskutiert von andersher übernehmen. Philosophie ist philosophieren, ist Kommunikationsgemeinschaft im idealtypischen Sinn.
Instanz des Disputs ist die argumentierende Vernunft, die bereit ist, ihre Aussagen zu begründen. Dabei gibt es kein Ansehen der Person: Kann einer mit Recht widersprechen, dann können es alle. »Es liegt daher im Sinne der Verständigungsabsicht, gerade mit dem, dessen Vormeinung der These am schärfsten widerspricht, zu einer Verständigung gelangen zu wollen.«[2] Diese Sicht bestimmt auch den Selbstdisput des einsamen Denkers: Er denkt angesichts des möglichen Einspruchs anderer und ist darum zu Frage und Zweifel bereit.
Martin Buber, der große jüdische Religionsphilosoph, hat in seiner Schrift »Ich und Du« Formen einer idealen Kommunikationsgemeinschaft in zeitloser Gültigkeit beschrieben und ihre sowohl monologischen wie dialogischen Strukturen benannt, die schließlich zu einer Begegnung führen, deren Ich-Du-, Ich-Es-, Es-Wir-Bezüge jenen Disput sprachlich in Gang halten, der zur Wahrheit und damit zur Freiheit führt. *Marshall*

McLuhan, der vor kurzem gestorbene kanadische Kommunikationswissenschaftler, bekannt geworden durch die verblüffende, doch gleichwohl einleuchtende Formulierung »The medium is the massage«, untersucht die modernen elektronischen Medien auf ihre Tauglichkeit zu einem Beitrag für eine Kommunikationsgemeinschaft und notiert ihre Chancen, Möglichkeiten und Grenzen, wenn es darum geht, vernünftig – und das heißt immer: begründet – zu argumentieren.

Anmerkungen

1 Jörg Splett, Christliche Philosophie? In: Stimmen der Zeit, 10/1980, S. 703.
2 H. G. Gadamer, Platos dial. Ethik und andere Studien zur platonischen Philosophie, Hamburg 1968, S. 32.

1. Martin Buber
Ich und Du

Stehe ich einem Menschen als meinem Du gegenüber, spreche das Grundwort Ich-Du zu ihm, ist er kein Ding unter Dingen und nicht aus Dingen bestehend.
Nicht Er oder Sie ist er, von andern Er und Sie begrenzt, im Weltnetz aus Raum und Zeit eingetragener Punkt; und nicht eine Beschaffenheit, erfahrbar, beschreibbar, lockeres Bündel benannter Eigenschaften. Sondern nachbarnlos und fugenlos ist er Du und füllt den Himmelskreis. Nicht als ob nichts andres wäre als er: aber alles andre lebt in *seinem* Licht.
Wie die Melodie nicht aus Tönen sich zusammensetzt, der Vers nicht aus Wörtern und die Bildsäule nicht aus Linien, man muß dran zerren und reißen, bis man die Einheit zur Vielheit zubereitet hat, so der Mensch, zu dem ich Du sage. Ich kann die Farbe seiner Haare oder die Farbe seiner Rede oder die Farbe seiner Güte aus ihm holen, ich muß es immer wieder; aber schon ist er nicht mehr Du.
Und wie das Gebet nicht in der Zeit ist, sondern die Zeit im Gebet, das Opfer nicht im Raum, sondern der Raum im Opfer, und wer das Verhältnis umkehrt, hebt die Wirklichkeit auf, so finde ich den Menschen, zu dem ich Du sage, nicht in einem Irgendwann und Irgendwo vor. Ich kann ihn hineinstellen, ich muß es immer wieder, aber nur noch einen Er oder eine Sie, ein Es, nicht mehr mein Du. [...]

Den Menschen, zu dem ich Du sage, erfahre ich nicht. Aber ich stehe in der Beziehung zu ihm, im heiligen Grundwort. Erst wenn ich daraus trete, erfahre ich ihn wieder. Erfahrung ist Du-Ferne.
Beziehung kann bestehn, auch wenn der Mensch, zu dem ich Du sage, in seiner Erfahrung es nicht vernimmt. Denn Du ist mehr, als Es weiß. Du tut mehr, und ihm widerfährt mehr, als Es weiß. Hierher langt kein Trug: hier ist die Wiege des Wirklichen Lebens.

[...] Die Gestalt, die mir entgegentritt, kann ich nicht erfahren und nicht beschreiben; nur verwirklichen kann ich sie. Und doch schaue ich sie, im Glanz des Gegenüber strahlend, klarer als alle Klarheit der erfahrenen Welt. Nicht als ein Ding unter den »inneren« Dingen, nicht als ein Gebild der »Einbildung«, sondern als das Gegenwärtige. Auf die Gegenständlichkeit geprüft, ist die Gestalt gar nicht »da«; aber was wäre gegenwärtiger als sie? Und wirkliche Beziehung ist es, darin ich zu ihr stehe: sie wirkt an mir wie ich an ihr wirke.
Schaffen ist Schöpfen, Erfinden ist Finden. Gestaltung ist Entdeckung. Indem ich verwirkliche, decke ich auf. Ich führe die Gestalt hinüber – in die Welt des Es. Das geschaffene Werk ist ein Ding unter Dingen, als eine Summe von Eigenschaften erfahrbar und beschreibbar. Aber dem empfangend Schauenden kann es Mal um Mal leibhaft gegenübertreten.

– Was erfährt man also vom Du?
– Eben nichts. Denn man erfährt es nicht.
– Was weiß man also vom Du?
– Nur alles. Denn man weiß von ihm nichts Einzelnes mehr.

Das Du begegnet mir von Gnaden – durch Suchen wird es nicht gefunden. Aber daß ich zu ihm das Grundwort spreche, ist Tat meines Wesens, meine Wesenstat.
Das Du begegnet mir. Aber ich trete in die unmittelbare Beziehung zu ihm. So ist die Beziehung Erwähltwerden und Erwählen, Passion und Aktion in einem. Wie denn eine Aktion des ganzen Wesens, als die Aufhebung aller Teilhandlungen und somit aller – nur in deren Grenzhaftigkeit gegründeter – Handlungsempfindungen, der Passion ähnlich werden muß.
Das Grundwort Ich-Du kann nur mit dem ganzen Wesen

gesprochen werden. Die Einsammlung und Verschmelzung zum ganzen Wesen kann nie durch mich, kann nie ohne mich geschehen. Ich werde am Du; Ich werdend spreche ich Du. Alles wirkliche Leben ist Begegnung.

Die Beziehung zum Du ist unmittelbar. Zwischen Ich und Du steht keine Begrifflichkeit, kein Vorwissen und keine Phantasie; und das Gedächtnis selber verwandelt sich, da es aus der Einzelung in die Ganzheit stürzt. Zwischen Ich und Du steht kein Zweck, keine Gier und keine Vorwegnahme; und die Sehnsucht selber verwandelt sich, da sie aus dem Traum in die Erscheinung stürzt. Alles Mittel ist Hindernis. Nur wo alles Mittel zerfallen ist, geschieht die Begegnung.

Vor der Unmittelbarkeit der Beziehung wird alles Mittelbare unerheblich. Es ist auch unerheblich, ob mein Du das Es anderer Ich (»Objekt allgemeiner Erfahrung«) schon ist oder erst – eben durch die Auswirkung meiner Wesenstat – werden kann. Denn die eigentliche Grenze, freilich eine schwebende, schwingende, führt weder zwischen Erfahrung und Nichterfahrung, noch zwischen Gegebenem und Ungegebenem, noch zwischen Seinswelt und Wertwelt hin, sondern quer durch alle Bezirke zwischen Du und Es: zwischen Gegenwart und Gegenstand.

Gegenwart, nicht die punkthafte, die nur den jeweilig im Gedanken gesetzten Schluß der »abgelaufenen« Zeit, den Schein des festgehaltenen Ablaufs bezeichnet, sondern die wirkliche und erfüllte, gibt es nur insofern, als es Gegenwärtigkeit, Begegnung, Beziehung gibt. Nur dadurch, daß das Du gegenwärtig wird, entsteht Gegenwart.
Das Ich des Grundworts Ich-Es, das Ich also, dem nicht ein Du gegenüber leibt, sondern das von einer Vielheit von »Inhalten« umstanden ist, hat nur Vergangenheit, keine Gegenwart. Mit anderm Wort: insofern der Mensch sich an den Dingen genügen läßt, die er erfährt und gebraucht, lebt er in der Vergangenheit, und sein Augenblick ist ohne Präsenz. Er hat nichts als Gegenstände; Gegenstände aber bestehen im Gewesensein.
Gegenwart ist nicht das Flüchtige und Vorübergleitende, sondern das Gegenwartende und Gegenwährende. Gegenstand ist nicht die Dauer, sondern der Stillstand, das Innehalten, das

Abbrechen, das Sichversteifen, die Abgehobenheit, die Beziehungslosigkeit, die Präsenzlosigkeit.
Wesenheiten werden in der Gegenwart gelebt, Gegenständlichkeiten in der Vergangenheit.

Diese grundhafte Zwiefältigkeit wird auch nicht durch die Anrufung einer »Ideenwelt« als eines Dritten und Übergegensätzlichen überwunden. Denn ich rede von nichts anderem als von dem wirklichen Menschen, dir und mir, von unserem Leben und unserer Welt, nicht von einem Ich an sich und nicht von einem Sein an sich. Für den wirklichen Menschen aber geht die eigentliche Grenze auch quer durch die Welt der Ideen.
Freilich, mancher, der sich in der Welt der Dinge damit begnügt, sie zu erfahren und zu gebrauchen, hat sich einen Ideen-Anbau oder -Überbau aufgerichtet, darin er vor der Anwandlung der Nichtigkeit Zuflucht und Beruhigung findet. [...]
Aber die Es-Menschheit, die einer imaginiert, postuliert und propagiert, hat mit einer leibhaften Menschheit, zu der ein Mensch wahrhaft Du spricht, nichts gemein. Die edelste Fiktion ist ein Fetisch, die erhabenste Fiktivgesinnung ist ein Laster. Die Ideen thronen ebensowenig über unsern Köpfen, wie sie in ihnen hausen; sie wandeln unter uns und treten uns an; beklagenswert, wer das Grundwort ungesprochen läßt, aber erbärmlich, wer sie statt dessen mit einem Begriff oder einer Parole anredet, als wäre es ihr Name!

Daß die unmittelbare Beziehung ein Wirken am Gegenüber einschließt, ist an einem der drei Beispiele offenbar: die Wesenstat der Kunst bestimmt den Vorgang, in dem die Gestalt zum Werk wird. Das Gegenüber erfüllt sich durch die Begegnung, es tritt durch sie in die Welt der Dinge ein, unendlich fortzuwirken, unendlich Es, aber auch unendlich wieder Du zu werden, beglückend und befeuernd. Es »verkörpert sich«: sein Leib steigt aus der Flut der raum- und zeitlosen Gegenwart an das Ufer des Bestands.
Nicht so offenbar ist die Wirkensbedeutung an der Beziehung zum Menschen-Du. Der Wesensakt, der hier die Unmittelbarkeit stiftet, wird gewöhnlich gefühlhaft verstanden und damit verkannt. Gefühle begleiten das metaphysische und metapsychische Faktum der Liebe, aber sie machen es nicht aus; und die Gefühle, die es begleiten, können sehr verschiedener Art sein.

Das Gefühl Jesu zum Besessenen ist ein andres als das Gefühl zum Lieblingsjünger; aber die Liebe ist eine. Gefühle werden »gehabt«; die Liebe geschieht. Gefühle wohnen im Menschen; aber der Mensch wohnt in seiner Liebe. Das ist keine Metapher, sondern die Wirklichkeit: die Liebe haftet dem Ich nicht an, so daß sie das Du nur zum »Inhalt«, zum Gegenstand hätte, sie ist *zwischen* Ich und Du. Wer dies nicht weiß, mit dem Wesen weiß, kennt die Liebe nicht, ob er auch die Gefühle, die er erlebt, erfährt, genießt und äußert, ihr zurechnen mag. Liebe ist ein welthaftes Wirken. Wer in ihr steht, in ihr schaut, dem lösen sich Menschen aus ihrer Verflochtenheit ins Getriebe; Gute und Böse, Kluge und Törichte, Schöne und Häßliche, einer um den andern wird ihm wirklich und zum Du, das ist, losgemacht, herausgetreten, einzig und gegenüber wesend; Ausschließlichkeit ersteht wunderbar Mal um Mal – und so kann er wirken, kann helfen, heilen, erziehen, erheben, erlösen. Liebe ist Verantwortung eines Ich für ein Du: hierin besteht, die in keinerlei Gefühl bestehen kann, die Gleichheit aller Liebenden, vom kleinsten bis zum größten und von dem selig Geborgenen, dem sein Leben in dem eines geliebten Menschen beschlossen ist, zu dem lebelang ans Kreuz der Welt Geschlagnen, der das Ungeheure vermag und wagt: *die Menschen* zu lieben. [...]

Beziehung ist Gegenseitigkeit. Mein Du wirkt an mir, wie ich an ihm wirke. Unsre Schüler bilden uns, unsre Werke bauen uns auf. Der »Böse« wird offenbarend, wenn ihn das heilige Grundwort berührt. Wie werden wir von Kindern, wie von Tieren erzogen! Unerforschlich einbegriffen leben wir in der strömenden All-Gegenseitigkeit.

– Du redest von der Liebe, als wäre sie die einzige Beziehung zwischen Menschen; aber darfst du sie auch nur als das Beispiel gerechterweise wählen, da es doch den Haß gibt?
– Solange die Liebe »blind« ist, das heißt: solang sie nicht ein *ganzes* Wesen sieht, steht sie noch nicht wahrhaft unter dem Grundwort der Beziehung. Der Haß bleibt seiner Natur nach blind; nur einen Teil eines Wesens kann man hassen. Wer ein ganzes Wesen sieht und es ablehnen muß, ist nicht mehr im Reich des Hasses, sondern in dem der menschlichen Einschränkung des Dusagenkönnens. Daß dem Menschen widerfährt, zu seinem menschlichen Gegenüber das Grundwort, das stets eine

Bejahung des angesprochenen Wesens einschließt, nicht sprechen zu können, entweder den andern oder sich selbst ablehnen zu müssen: das ist die Schranke, an der das In-Beziehung-Treten seine Relativität erkennt und die erst mit dieser aufgehoben wird.
Doch der unmittelbar Hassende ist der Beziehung näher als der Lieb- und Haßlose.

Das aber ist die erhabene Schwermut unsres Loses, daß *jedes* Du in unsrer Welt zum Es werden muß. So ausschließlich gegenwärtig es in der unmittelbaren Beziehung war: sowie sie sich ausgewirkt hat oder vom Mittel durchsetzt worden ist, wird es zum Gegenstand unter Gegenständen, zum vornehmsten etwa, dennoch zu einem von ihnen, in Maß und Grenze gesetzt. Am Werk bedeutet Verwirklichung im einen Entwirklichung am anderen Sinn. Echte Anschauung ist kurz bemessen; das Naturwesen, das sich mir eben erst im Geheimnis der Wechselwirkung erschloß, ist nun wieder beschreibbar, zerlegbar, einreihbar geworden, der Schnittpunkt vielfältiger Gesetzeskreise. Und die Liebe selber kann nicht in der unmittelbaren Beziehung verharren; sie dauert, aber im Wechsel von Aktualität und Latenz. Der Mensch, der eben noch einzig und unbeschaffen, nicht vorhanden, nur gegenwärtig, nicht erfahrbar, nur berührbar war, ist nun wieder ein Er oder eine Sie, eine Summe von Eigenschaften, ein figurhaftes Quantum geworden. Nun kann ich aus ihm wieder die Farbe seiner Haare, die seiner Rede, die seiner Güte holen; aber solang ich es kann, ist er mein Du nicht mehr und noch nicht wieder.
Jedem Du in der Welt ist seinem Wesen nach verhängt, Ding zu werden oder doch immer wieder in die Dinghaftigkeit einzugehn. In der gegenständlichen Sprache wäre zu sagen: jedes Ding in der Welt kann, entweder vor oder nach seiner Dingwerdung, einem Ich als sein Du erscheinen. Aber die gegenständliche Sprache erhascht nur einen Zipfel des wirklichen Lebens.
Das Es ist die Puppe, das Du der Falter. Nur daß es nicht immer Zustände sind, die einander reinlich ablösen, sondern oft ein in tiefer Zwiefalt wirr verschlungnes Geschehen.

Im Anfang ist die Beziehung.
Man betrachte die Sprache der »Primitiven«, das heißt jener Völker, die gegenstandsarm geblieben sind und deren Leben sich in einem schmalen Umkreis gegenwartsstarker Akte auf-

baut. Die Zellkerne dieser Sprache, die Satzworte, vorgrammatische Urgebilde, aus deren Sprengung die Mannigfaltigkeit der Wörterarten entsteht, bezeichnen zumeist die Ganzheit einer Beziehung. Wir sagen: »weit fort«, der Zulu sagt dafür ein Satzwort, das bedeutet: »da wo einer aufschreit: ›o Mutter, ich bin verloren‹«; und der Feuerländer überflügelt unsre analytische Weisheit mit einem siebensilbigen Satzwort, dessen genauer Sinn ist: »man blickt einander an, jeder erwartend, daß der andre sich erbiete zu tun, was beide wünschen, aber nicht tun mögen«. In dieser Ganzheit sind die Personen, die substantivischen und die pronominalen, noch reliefhaft, ohne gerundete Selbständigkeit, eingebettet. Es kommt nicht auf diese Produkte der Zerlegung und Überlegung, es kommt auf die wahre ursprüngliche Einheit, die gelebte Beziehung an.
Wir grüßen den uns Begegnenden, indem wir ihm Gutes wünschen oder ihn unsrer Ergebenheit versichern oder ihn Gott anempfehlen. Aber wie mittelbar sind diese abgescheuerten Formeln (was ahnt man noch in »Heil!« von der ursprünglichen Machtverleihung!) gegen den ewig jungen, leiblichen Beziehungsgruß des Kaffern: »Ich sehe dich!« oder dessen amerikanische Variante, das lächerliche und sublime »Rieche mich!«.
Man darf vermuten, daß sich die Beziehungen und Begriffe, aber auch die Vorstellungen von Personen und Dingen aus Vorstellungen von Beziehungsvorgängen und Beziehungszuständen herausgelöst haben. Die elementaren, geistweckenden Eindrücke und Erregungen des »Naturmenschen« sind die von Beziehungsvorgängen, Erleben eines Gegenüber, und Beziehungszuständen, Leben mit einem Gegenüber, herrührenden. Über den Mond, den er allnächtlich sieht, macht er sich keine Gedanken, bis der, im Schlaf oder im Wachen, leiblich auf ihn zu, ihm nahe kommt, ihn mit Gebärden bezaubert oder ihm mit Berührungen etwas antut, Schlimmes oder Süßes. Davon behält er nicht etwa die optische Vorstellung der wandernden Lichtscheibe und auch nicht die eines ihr irgendwie zugehörigen dämonischen Wesens, sondern zunächst nur das motorische, den Leib durchströmende *Erregungsbild* jenes Mondwirkens, woraus sich das Personbild des wirkenden Monds erst allmählich distanziert: jetzt erst nämlich beginnt das Gedächtnis des allnächtlich Aufgenommenen und Ungewußten sich zum Vorstellen des Täters und Trägers jener Wirkung zu entzünden und seine Vergegenständlichung, das Er- oder Sie-Werden eines ursprünglich unerfahrbaren, nur eben erlittenen Du zu ermöglichen.

Aus diesem anfänglichen und lang fortwirkenden Beziehungscharakter aller wesentlichen Erscheinung wird auch ein von der gegenwärtigen Forschung viel beachtetes und besprochenes, aber noch nicht hinlänglich erfaßtes geistiges Element des primitiven Lebens verständlicher, jene geheimnisvolle Macht, deren Begriff in mancherlei Abwandlungen in dem Glaubensbestand oder der Wissenschaft (beide sind hier noch eins) vieler Naturvölker aufgefunden worden ist, jenes Mana oder Orenda, von dem ein Weg bis zum Brahman in seiner Urbedeutung und noch bis zu den Dynamis, Charis der Zauberpapyri und der apostolischen Briefe führt. Man hat es als eine übersinnliche und übernatürliche Kraft bezeichnet, beides von unseren Kategorien aus, die denen des Primitiven nicht gerecht werden. Die Grenzen seiner Welt zieht sein leibliches Erleben, zu dem etwa die Besuche der Toten völlig »natürlich« gehören; Unsinnliches als vorhanden anzunehmen muß ihn widersinnig dünken. Die Erscheinungen, denen er die »mystische Potenz« zuschreibt, sind alle elementaren Beziehungsvorgänge, also überhaupt alle Vorgänge, über die er sich Gedanken macht, weil sie seinen Leib erregen und ein Erregungsbild in ihm hinterlassen. Der Mond und der Tote, die ihn nachts mit Pein oder Wollust heimsuchen, haben jene Potenz, aber auch die Sonne, die ihn brennt, und das Tier, das ihn anheult, der Häuptling, dessen Blick ihn zwingt, und der Schamane, dessen Gesang ihn zur Jagd mit Kraft lädt. Mana ist eben das Wirkende, das, was die Mondperson da drüben am Himmel zum blutbewegenden Du gemacht hat, und dessen Erinnerungsspur blieb, als aus dem Erregungsbild das Gegenstandsbild sich ablöste, wiewohl es selber nie anders als in dem Täter und Träger einer Wirkung erscheint; es ist das, womit man, wenn man es, etwa in einem wunderbaren Stein, besitzt, selber so wirken kann. Das »Weltbild« des Primitiven ist magisch, nicht weil die menschliche Zauberkraft in dessen Mitte stünde, sondern weil diese nur eine besondre Abart der allgemeinen ist, der alle wesentliche Wirkung entstammt. Die Kausalität seines Weltbilds ist kein Kontinuum, sie ist ein immer neues Aufblitzen, Ausfahren und Sichhinwirken der Kraft, eine vulkanische Bewegung ohne Zusammenhang. Mana ist eine primitive Abstraktion, vermutlich primitiver als etwa die Zahl, aber nicht übernatürlicher als sie. Die sich schulende Erinnerung reiht die großen Beziehungsereignisse, die elementaren Erschütterungen aneinander; das für den Erhaltungstrieb Wichtigste und für den Erkenntnistrieb Merkwürdigste, eben das »Wirkende«, tritt am stärksten hervor, hebt sich ab, verselbständigt sich; das Unwichtigere, das

Ungemeinsame, das wechselnde Du der Erlebnisse tritt zurück, bleibt isoliert im Gedächtnis, vergegenständlicht sich allmählich und schließt sich sehr allmählich zu Gruppen, zu Gattungen zusammen; und als Drittes, schaurig in seiner Abgelöstheit, zuweilen spukhafter als der Tote und der Mond, aber immer unabweisbarer deutlich, erhebt sich der andere, der »gleichbleibende« Partner: »Ich«.
Dem ursprünglichen Walten des »Selbst«-Erhaltungstriebs haftet das Ichbewußtsein ebensowenig an wie dem der anderen Triebe; nicht das Ich will sich da fortpflanzen, sondern der Leib, der noch von keinem Ich weiß; nicht das Ich, sondern er will Dinge machen, Werkzeug, Spielzeug, will »Urheber« sein; und auch in der primitiven Erkenntnisfunktion ist ein cognosco ergo sum in noch so naiver Gestalt, die noch so kindliche Konzeption eines erfahrenden Subjekts unauffindbar. Das Ich tritt aus der Zerscheidung der Urerlebnisse, der vitalen Urworte Ich-wirkend-Du und Du-wirkend-Ich, nach der Substantivierung, Hypostasierung des Partizips, elementhaft hervor.

Der fundamentale Unterschied zwischen den zwei Grundworten kommt in der Geistesgeschichte des Primitiven darin zutage, daß er schon in dem ursprünglichen Beziehungsereignis das Grundwort Ich-Du auf naturhafte, gleichsam vorgestaltliche Weise spricht, also ehe er sich als Ich erkannt hat, wogegen das Grundwort Ich-Es überhaupt erst durch diese Erkenntnis, durch die Ablösung des Ich möglich wird.
Das erste zerlegt sich wohl in Ich und Du, aber es ist nicht aus ihrer Zusammenlegung entstanden, es ist vorichhaft; das zweite ist aus der Zusammenlegung von Ich und Es entstanden, es ist nachichhaft.
Im primitiven Beziehungsereignis ist das Ich eingeschlossen: durch dessen Ausschließlichkeit. Indem es ihm nämlich seinem Wesen nach nur die zwei Partner, den Menschen und sein Gegenüber, in ihrer vollen Aktualität gibt, indem die Welt in ihm zum dualen System wird, verspürt der Mensch darin schon jene kosmische Pathetik des Ich, ohne noch dessen selbst innezuwerden.
Dagegen ist in der naturhaften Tatsache, die in das Grundwort Ich-Es, das ichbezogene Erfahren, übergehen wird, das Ich noch nicht eingeschlossen. Diese Tatsache ist die Abgehobenheit des menschlichen Leibes, als des Trägers seiner Empfindungen, von seiner Umwelt. Der Leib lernt sich in dieser seiner Eigentümlichkeit kennen und unterscheiden, aber die Unter-

scheidung verbleibt im reinen Nebeneinander, und so kann sie den Charakter der implizierten Ichhaftigkeit nicht annehmen.
Aber wenn das Ich der Beziehung hervorgetreten und in seiner Abgelöstheit existent geworden ist, fährt es auch, sich seltsam verdünnend und funktionalisierend, in die naturhafte Tatsache der Abgehobenheit des Leibes von seiner Umwelt und erweckt die Ichhaftigkeit darin. Jetzt erst kann der bewußte Ichakt, die erste Gestalt des Grundworts Ich-Es, des ichbezogenen Erfahrens entstehen: das hervorgetretene Ich erklärt sich als den Träger der Empfindungen, die Umwelt als deren Gegenstand. Das geschieht freilich eben in »primitiver« und nicht in »erkenntnistheoretischer« Form; aber ist der Satz »Ich sehe den Baum« erst so ausgesprochen, daß er nicht mehr eine Beziehung zwischen Menschen-Ich und Baum-Du erzählt, sondern die Wahrnehmung des Baum-Gegenstands durch das Menschen-Bewußtsein feststellt, hat er schon die Schranke zwischen Subjekt und Objekt aufgerichtet; das Grundwort Ich-Es, das Wort der Trennung, ist gesprochen.

2. Marshall McLuhan
Wohin die Welt strebt

Wenn der Mensch seinen gegenwärtigen Wissensstand der elektrischen Technologie beibehält, dann werden ihre bereits manifest gewordenen Auswirkungen wohl weiter zunehmen. Die bemerkenswerteste Auswirkung hat sich bereits in einer erheblichen Verlagerung der Formen menschlicher Dienstleistungen und Organisationen vom »Dinglichen« zum »Verfahrensmäßigen«, von der Schwerindustrie zu einer erhöhten Bedeutung des Designs und der Information gezeigt. Jede technische Entwicklung des Menschen beginnt als eine direkte Dienstleistung oder Hilfe für eine bestehende Aufgabe, und diese Hilfe schafft sehr bald ihren eigenen, damit verbundenen Bereich von Dienstleistungen und Tätigkeiten, die ihrerseits neue Dienstleistungen und Bedarfsdeckungen hervorrufen. Von diesen geraten natürlich viele in Konflikt mit früheren Dienstleistungen und Bedarfsdeckungen vorangegangener Technologien. Das Automobil kann als Beispiel dienen für die dynamische Entwicklung von Dienstleistungen und Bedarfsdeckungen im gegenwärtigen Jahrhundert. In Nordamerika

dient das Automobil nicht bloß als ein schnelles Transportmittel, sondern einem viel tiefer sitzenden Bedürfnis nach Alleinsein in einer Welt, in der ein Alleinsein zu Hause nicht existiert. Das Automobil ist ein Extrembeispiel für eine Entwicklung von »Dinglichem« oder Schwerindustrie, die zum Entstehen eines riesigen Umfelds anderer schwerindustrieller Dienstleistungen geführt hat wie Autobahnen, Fabriken und Ölraffinerien. Und doch ist das Automobil als ein Stück Industrieprodukt nur wenige Dollar wert, während das Design des Autos viele Millionen wert sein mag. Das Auto existiert heute in einem neuen verfahrensbezogenen Milieu elektrischer Information, das sozusagen seinen Panzer zu durchdringen beginnt. Das Fernsehen hat begonnen, die Außenwelt ins Heim und die Innenwelt ins Freie zu bringen. In bedeutendem Maße hat das Verfahrensmäßige des Fernsehens begonnen, die Aufgabe des Autos als Instrument des Alleinseins zu usurpieren. Dies ist nur ein kleiner Aspekt der Verwandlung des Dinglichen durch das Verfahrensmäßige und umgekehrt. Die neuen Verfahrens- oder Informationsdienstleistungen des Rundfunks und des Fernsehens bewirken eine Veränderung des Geschmacks und der Präferenzen. Die Menschen beginnen wiederum die Wichtigkeit von Tieren und die Anziehungskraft der »Do-it-yourself«-Betätigung zu entdecken, und auch das Fahrrad ist wieder in Erscheinung getreten, gleichsam wie ein »treues Pferd«.
Wenn die Ausbreitung von Information mit Elektrizitätsgeschwindigkeit auf natürliche Weise dazu tendiert, die Forschung und Entwicklung des Menschen vom Sachbezogenen zum Verfahrensbezogenen zu verlagern, dann zeigt sich eine ähnliche Neugestaltung der Formen menschlicher Organisation und Assoziation auf allen Ebenen der Gesellschaft. Kurz gesagt, die mit der Geschwindigkeit des elektrischen Stroms verbreitete Information erlaubt nicht nur Organisation und Steuerung aus der Ferne, sondern führt gleichzeitig zu einer Umformung menschlichen Tuns in eine Richtung, die im Gegensatz zum Spezialistentum des industriellen oder sachbezogenen Zeitalters steht. In dem Maße, in dem jegliche Art von Information sofort verfügbar wird, lösen sich die Wissensmonopole auf, und der Mensch wird wieder zu einem paläolithischen Jäger, der indessen nicht nach Nahrung und Unterkunft sucht, sondern vielmehr nach Information und Erkenntnis. Während der Mensch im sachbezogenen Zeitalter jeden Morgen sein Heim verließ, um sich zu seiner Arbeit zu begeben, so spielen sich im Zeitalter der Information sein Leben und seine Arbeit zunehmend in seinem Heim ab. Das Spezialistentum

und die Sachbezogenheit, die Leben und Arbeit voneinander getrennt hatten, weichen einem verhältnismäßig »spielerischen« Charakter der Arbeit, die in Form von Lernen und Spielen gestaltet ist. Diese Veränderung könnte man als Verlagerung von der Berufstätigkeit zum Rollenspiel, von singulären zu multiplen Interessen und Betätigungen betrachten. Da Information und Design im elektrischen Zeitalter zunehmend den Arbeitsvorgang bestimmen, beginnen die Menschen in zunehmendem Maße ihre Arbeit als eine Form der künstlerischen Tätigkeit zu erkennen.

Wenn ein Informationsmilieu Arbeit und Spiel zusammenführt, dann führt dieselbe Situation im Bereich der Politik zum Übergang von der Debatte zum Dialog. Als die sachbezogene Welt in ihrer letzten Phase auf die Informationswelt stieß, entstanden die »multinationalen Konzerne«. In einem Informationsmilieu wird die Aufrechterhaltung nationaler Grenzen immer schwieriger. Angesichts der Geschwindigkeit von Düsenflugzeugen werden nationale Grenzen zu etwas ziemlich Abstraktem. Paradoxerweise kommt es indessen bei elektrischer Geschwindigkeit zu einer bedeutenden Stärkung ethnischer und stammesmäßiger Raum- und Territorialgrenzen; jedoch wird in einer Zeit, in der jedermann an allgemeinen Dienstleistungen partizipiert, Politik im alten Sinne von Parteien mit Parteiprogrammen und kontrastierenden Auffassungen langsam verschwinden. Die bürokratische Leitung von Dienstleistungsmilieus tendiert zur Verdrängung der Politik alten Stils und bewegt sich in Richtung auf ein korporatives oder kollektives Bewußtsein, in dem jeder mit jedem in Beziehung steht.

Das Problem der menschlichen Identität steht naturgemäß in Zeiten der Neuerungen im Vordergrund. Man kann sich keine größere Veränderung der persönlichen Identitätsbilder vorstellen als jene, die im Laufe des Übergangs von der Industrie und den Märkten des 19. Jahrhunderts zu jenen des Informationsmilieus des 20. Jahrhunderts eintrat. Es war dies ein Zeitalter der lang anhaltenden Identitätskrise, in der das Verschwinden der traditionellen Zielsetzungen dem Menschen Ziel und Richtung zu rauben schien. Das Leben im »Weltdorf« bringt uns wiederum viele Aspekte des dörflichen Lebens von überall, denn ein Paradoxon der elektrischen Sofortinformation besteht darin, daß sie den extremen Zentralismus und den extremen Dezentralismus gleichzeitig fördert. Der Zentralismus führt unvermeidlich zu Gigantismus und dem Verlust des menschlichen Maßes in menschlichen Bezügen. Was in den Verwendungsweisen der elektrischen Technologie als eine Tendenz zur Zentralisierung erschien, wich langsam neuen Formen einer bescheidenen und beiläufigen Art. Die elektrischen Dezentralisierungstendenzen ergeben sich aus dem sofortigen Zugang zu Menschen und Dingen, und diese Geschwindigkeit begünstigt eher die menschlichen als die bürokratischen Anwendungen von Macht und Energie. Stets wird es eine Wechselwirkung zwischen den rivalisierenden Ansprüchen des Individuums und der Gesellschaft geben, aber unter elektrischen Bedingungen tendieren diese Ansprüche zur Entwicklung einer Art von internem Dialog in einem zunehmend kollektiven Bewußtsein.

In einer Welt der simultanen Information wird die typische Form des Zusammenschlusses und der Organisation eher akustischer als visueller Art sein, eher eine Welt des schwingenden Intervalls als eine Welt des rationalen oder zusammenhängenden kontinuierlichen und statischen Raums. Die Gefahr des akustischen Raums besteht natürlich in der Tendenz zu völligem Aufgehen und Verlust des Abstands. Musterbeispiele für solche akustische Organisationsformen und Erfahrungen sind in den anthropologischen Untersuchungen schriftenkundlicher Gesellschaften leicht zu finden. Der elektrische Mensch der schriftenkundlichen Epoche hat ein tiefes Bedürfnis, die Gefahren seines Zustands zu begreifen und die kompensierenden strukturellen Werte der visuellen Ordnung entsprechend zu nutzen. Der überragende Vorteil einer akustischen Ordnung ist ihr umfassender und ökologischer Charakter, ihr Anerkennen von Gleichgewichtsprinzipien, die eher umfassender als ausschließender Art sind. An dieser Stelle sollte vielleicht eine potentielle Veränderung großen Maßstabs erwähnt werden, die uns bevorzustehen scheint. Unser Übergang im Informationszeitalter von der Sachbezogenheit zur Verfahrensbezogenheit verwies auf den Aspekt der Schwerkraft als ein totales Feld gleichzeitig wirksamer Kräfte, das dem Wesen nach akustisch ist. In diesem Jahrhundert des Flugzeugs und des Raumschiffs gibt es antischwerkraftliche Vorgänge in reichem Maße, das heißt, wir spüren seit langem die Wirkungen, wenn nicht die Ursachen der antischwerkraftlichen Energie. Das ist nur natürlich, denn da die Wirkungen stets der Ursache vorausgehen müssen, steht zu erwarten, daß die *Gestalt* der Atomschwerkraft aus diesem neuen mächtigen *Hintergrund* der Antischwerkraftwirkungen hervorwächst. So ist es stets bei allen Neuerungen gewesen. Das Milieu der antigravitationalen Dienstleistungen, das gleichermaßen aus Sachgütern und Information besteht, wird mit jedem Tag umfangreicher und trägt damit zur »Energiekrise« bei. Natürlich könnte ein plötzlicher Durchbruch zur antigravitationalen *Gestalt* oder Ursache mehr Energie herbeiführen, als wir bewältigen könnten!

Literatur

Holzer, H.: Gescheiterte Aufklärung? München 1971.
Laing, R. D.: Interpersonelle Wahrnehmung, Frankfurt 1971.
Langenbucher, W.: Politische Kommunikation, München 1974.
Watzlawik, P.: Menschliche Kommunikation, München 1969.
Ders.: Wie wirklich ist die Wirklichkeit? München 1976.

VII. Medizin, Naturwissenschaft und Technik

Gerhard Plumpe

Einführung

Zu den prägenden Ideen der Neuzeit gehört die Vorstellung, daß das Glück der Menschen an progressive Naturbeherrschung geknüpft sei. Damit waren Naturwissenschaft und Technik ethisch von vornherein legitimiert; sie galten als essentielle Voraussetzungen des universalen politisch-moralischen Fortschritts der Menschheit.

Wir sehen heute, daß die ethische Dimension naturwissenschaftlicher Erkenntnisse und technischer Verfahren sehr viel problematischer ist. Jene »prästabilisierte Harmonie« zwischen Wissenschaftsentwicklung und Menschheitsfortschritt hat sich als Illusion erwiesen. Die Organisierung der Naturwissenschaften als autonome Forschungspraxis, ihre Abkoppelung von »sachfremden« Erkenntnisinteressen, ihre Verpflichtung auf je bereichsspezifische Wahrheitsbegriffe, kurz: ihre Ausdifferenzierung als soziales Teilsystem eigener Logik und Dynamik hat erst zu jenen beeindruckenden Resultaten geführt, die unsere moderne Lebenswelt mehr und mehr bestimmen; unübersehbar ist jedoch auch, daß die Ergebnisse naturwissenschaftlichen Wissens moralisch indifferent sind und für unterschiedliche ökonomische oder politische Interessen in Dienst genommen werden können. Dieses Auseinandertreten zwischen dem, was wißbar und machbar, und dem, was moralisch verantwortbar ist, d. h. die reale Dissoziation wissenschaftlicher Forschung und ethischer Reflexion in weithin autonome und kommunikativ unverbundene institutionelle Teilsysteme der Gesellschaft hat zum Ergebnis, daß die moralische Diskussion der Konsequenzen des Wiß- und Machbaren immer erst im nachhinein erfolgen kann und zumeist den Charakter eines bloßen Appells hat, der die interne Orientierung der Forschung kaum erreicht.

In dem Maße nun, in dem die Auswirkungen fortschreitender Naturbeherrschung in einer breiten Öffentlichkeit zunehmend als destruktiv empfunden werden, stellt sich die Dringlichkeit einer Besinnung auf Maßstäbe sinnvollen Lebens in der Welt mit neuer Intensität: Maßstäbe, an denen Wissenschaft und Technik zu messen sind. Solche Maßstäbe bleiben freilich wirkungslos, solange sie abstrakt an die Fortschritte und Möglichkeiten der Wissenschaften angelegt werden. Sie müssen vielmehr in die öffentliche Diskussion über soziale Entwicklungsperspektiven, in die politische Entscheidung ökonomischer und technologischer Optionen und in die mittel- und langfristige Planung von Forschungsschwerpunkten orientierend einbezogen werden.

Die nachfolgend abgedruckten Texte erörtern zwei unterschiedliche Aspekte der moralischen Dimension des modernen naturwissenschaftlichen und technischen Wissens. Die Nuklearttechnik ist heute das meistdiskutierte Beispiel für die Problematik großtechnologischer Eingriffe in die Natur. Während der Atomphysiker und Philosoph *Carl Friedrich von Weizsäcker* die in den Industrienationen bereits faktisch gefallene Entscheidung zugunsten der Kernenergie als pragmatisch richtig und ethisch gerechtfertigt zu begründen versucht, postuliert der deutsch-amerikanische Philosoph *Hans Jonas* auf der Grundlage einer »neoaristotelischen« Naturkonzeption eine Art »Notstandsethik«, um angesichts der bedrohten Biosphäre das den Menschen umgreifende Eigenrecht der Natur wieder zur Geltung zu bringen und zu bewahren. Ein anderes Beispiel bietet die moderne Medizin. Auch in ihr ist die Diskrepanz zwischen dem, was technisch machbar, und dem, was moralisch verantwortbar ist, zunehmend größer geworden, wie der Internist *Günther Alexander Neuhaus* anhand konkreter Probleme der apparativen Medizin in der Intensivtherapie darlegt. Eine allgemeinere Frage wirft der französische Philosoph *André Gorz* auf: Er kritisiert die Spezialisierung und Professionalisierung der Medizin und stellt ihre fast ausschließliche Orientierung am Paradigma der Naturwissenschaft in Frage. Demgegenüber versteht er die medizinische Tätigkeit als praktische Disziplin, die einem umfassenden Begriff »guten Lebens« verpflichtet ist, das neben biologischen Aspekten auch ökonomische, ökologische, soziale und psychische umgreift.

1. Carl Friedrich von Weizsäcker
Friedliche Nutzung der Kernenergie – Chancen und Risiken

[...]
In modernen Industrieländern, insbesondere in unserem eigenen Lande, war die Kernenergie in den letzten Jahren Gegenstand einer leidenschaftlichen Debatte. Die längst getroffene Entscheidung der Regierungen für Kernenergie ist durch starke, unkonventionelle öffentliche Bewegungen in Frage gezogen, in der Ausführung fühlbar verlangsamt, aber im Endergebnis, so kann man heute sagen, auch in unserem Lande nicht umgestoßen worden. Dieser Ausgang der Debatte war meines Erachtens vorherzusehen. In manchen Expertengesprächen der letzten drei Jahre habe ich mir erlaubt, als persönliche Vermutung den Sieg der Kernenergie für den Augenblick vorherzusagen, in dem die Mehrheit der Bevölkerung ihre Meinung bilden und zur Geltung bringen würde. Man durfte erwarten, daß sich die nahe Angst vor der Arbeitslosigkeit gegenüber der fernen Angst vor der Radioaktivität durchsetzen würde, und zwar unabhängig davon, ob dies die richtige oder die falsche Entscheidung ist.
Der gegenwärtige Vortrag geht von der gefallenen politischen Entscheidung aus und akzeptiert sie. Sie ist nicht nur legal zustande gekommen, ich halte sie auch unter den gegebenen wirtschaftlichen Verhältnissen für fast unvermeidlich und im Prinzip für vertretbar. Aber die getroffene Entscheidung verlangt eine umfassende Nacharbeit. Technisch steht eine Fülle von schwerwiegenden Einzelentscheidungen jetzt erst vor uns; ich nenne die Entscheidungen über die Quantität des Ausbaus der Kernenergie, über Hochtemperatur- und Brutreaktoren, über Wiederaufarbeitung und Entsorgung, über internationale Zusammenarbeit und Vorsorge gegen Verbreitung von Kernwaffen bei Nationen und Terrorgruppen. Und politisch haben meines Erachtens die unterlegenen Gegner der Kernenergie, die durch echte und begründete Sorge um unsere gemeinsame Zukunft motiviert sind, einen demokratisch legitimierten Anspruch auf Mitdenken und Gehör bei diesen anstehenden Folgeentscheidungen. Gerade in Fragen, in denen es zu einer leidenschaftlichen Polarisierung der Affekte gekommen ist, ist es für die liberale Demokratie lebenswichtig, nicht durch den notwendigen Sieg der Mehrheit ihre eigene Kraftquelle zu verstopfen, die fortdauernde öffentliche Wahrheitssuche in der freien Diskussion.

Aus diesem Grunde zitiere ich, ehe ich auf die Sachfragen eingehe, die Gefühle beider Seiten, die ich in zahllosen Gesprächen kennengelernt habe. Wir werden ja nicht miteinander sachlich sprechen können, wenn wir nicht gegenseitig die Anstrengung machen, auch die Affekte der anderen Seite als Affekte verantwortlicher Menschen ernst zu nehmen. Ich zitiere also.

Mehrfach haben mich altgediente Kernenergieexperten, fassungslos angesichts der gegnerischen emotionalen Lohe, die ihnen ins Gesicht schlug, gefragt: »Ist eigentlich der Menschheit die kühle Überlegung abhanden gekommen? Kein technisches Verfahren ist in bezug auf Gefahren und Vorsorge gegen Gefahren schon vor seiner Einführung so minuziös studiert worden wie die Kernenergie. Jedes Beispiel möglicher Unfälle, das unsere Gegner vorbringen, stammt aus unseren eigenen Studien. Aber bei jedem Beispiel dreht man uns das Wort im Munde herum, liest eine behutsame Gefahrenabwägung wie einen Versuch, eine drohende Katastrophe zu verharmlosen, und behandelt uns wie egoistische Interessenvertreter, ja wie entlarvte Verbrecher. Aus welchen seelischen Tiefen steigen eigentlich diese Angstvorstellungen? Denn der manifeste politische Mißbrauch dieser Ängste ist doch nur möglich, wenn die Ängste den Menschen wirklich Eindruck machen.« Ebenso fassungslos angesichts der Zuversicht der Technokraten fragen ihre Gegner: »Sind diese Leute wirklich ihrer Gottähnlichkeit so sicher? Wagen sie im Ernst, auf Grund ihrer jedes Jahr wieder korrigierten Abschätzungen eine Technik einzuführen, die unwiderruflich das Schicksal von dreißig Generationen nach uns bestimmt und vielleicht ihr Leben zugrunde richtet? Sind wir, die Betroffenen, nicht die Opfer einer Verschwörung derer, die sich für Wissende halten? Kann ein Experte sich noch zu seinen Fehlern bekennen, der jahrzehntelanger Arbeit im Dienst dieser Sache seine Karriere, sein Ansehen, seine Villa, seine Italienreisen und das Geld für das Studium seiner Kinder verdankt?«

Die nächstliegende Rückfrage des Zuhörers bei dieser Konfrontation ist: »Sind denn die Sachfragen wirklich kontrovers, und soweit ja, warum sind sie nicht ausdiskutiert?« Es ist das wesentliche Ziel meines heutigen Vortrags, einen knappen Überblick über den heutigen Stand der Sachdiskussion zu geben, so wie sich dieser mir, in meiner subjektiven Sichtweise, darstellt. Die notwendige Einschränkung »in meiner subjektiven Sichtweise« deutet die Schwierigkeit der Probleme an und mag auch den überzeugten Anhängern der Kernenergie viel-

leicht das Verständnis für die Empfindung der Ausgeliefertheit an etwas Undurchschaubares erleichtern, die so viele der Gegner beherrscht. Ich darf daher präzisieren, wie ich zu meiner subjektiven Sichtweise der Probleme komme.
Ich bin ausgebildeter theoretischer Kernphysiker, habe zwar seit 1945 nicht mehr selbst über Reaktortheorie gearbeitet, habe aber seit etwa vier Jahren systematisch zahlreiche Gespräche mit Fachleuten geführt und verdanke meiner Ausbildung wenigstens das Vokabular, in dem ich meine Gesprächspartner befragen – wie man im Umgangston sagt: »löchern« – konnte. Jede positive Behauptung, die ich im heutigen Vortrag aussprechen werde, habe ich zuvor der Kritik mehrerer Fachleute unterbreitet. Aber ich bekenne offen und mit Absicht, daß ich in fast keiner dieser Behauptungen hinreichenden eigenen speziellen Sachverstand besitze, um sie rein sachlich zu verteidigen. Ich bin überall bei meiner Meinungsbildung nicht nur auf mein Urteil über Sachen, sondern auch wesentlich auf mein Urteil über Menschen angewiesen. Ich muß mir bei jedem meiner Gesprächspartner selbst eine Meinung darüber bilden, welches sein Kenntnisstand, sein Partikularinteresse, seine Leidenschaft und der Grad seiner Intelligenz, seiner Selbstkritik und seiner Redlichkeit ist.
Jeder Entscheidungsträger in Politik und Wirtschaft kennt diese Situation. Ich weise nur darauf hin, daß auch die Gemeinschaft der Wissenschaftler nicht eine Gemeinschaft der fraglos Wissenden, sondern eine Gemeinschaft der in der Wahrheitssuche einander kritisch Vertrauenden ist.
Ich werde in diesem Vortrag die Kernenergie im allgemeinen Rahmen der Energiewirtschaft unter den drei Titeln des Bedarfs, der Ressourcen und der Gefahren der Energienutzung besprechen und nach einer kurzen prinzipiellen Erwägung über die Probleme des Wirtschaftswachstums mit einigen allgemein gehaltenen Vorschlägen enden. Ich werde die Argumentation zwar um des Umfangs der Fragen willen, zumal in viel erörterten Details sehr knapp, aber grundsätzlich führen. Das heißt, ich werde in den Argumenten die politisch gefallene und von mir anerkannte Entscheidung für die Kernenergie noch einmal wie eine offene Entscheidung behandeln. Denn nur das Verständnis der grundsätzlichen Argumente kann als Leitfaden für die heute politisch noch offenen Einzelfragen dienen.

Die Bedarfsschätzung ist eine der schwierigsten Aufgaben der Energiepolitik, zumal im Blick auf die Kernenergie. Der Bau eines Reaktors dauert heute vom Planungsbeginn bis zum Beginn des Betriebs nicht viel weniger als ein Jahrzehnt. So weit – wir wollen das mittelfristig nennen – sollte man also den Bedarf sogar für eine einzelne Bauentscheidung vorausschätzen können. Die Einführung eines neuen Systems der Energielieferung dauert, nach allen Erfahrungen mit Kohle, Erdöl und Erdgas und allen Prognosen für nukleare oder solare Energie, von der technischen Verfügbarkeit bis zu einem hohen Marktanteil nicht weniger als ein rundes halbes Jahrhundert. Die Entscheidung für die Kernenergie als zusätzliche Energiequelle ist nur als Entscheidung für die lange Frist mehrerer Jahrzehnte sinnvoll. Angesichts der Verflechtung unserer nationalen Wirtschaft in die Weltwirtschaft kann man diese Entscheidung auch nur im Blick auf die weltweite Entwicklung von Bedarf und Ressourcen treffen. Wir müssen daher vorweg wenigstens nach dem globalen, langfristigen Rahmen fragen, nach dem Spielraum, in dem sich Bedarfsschätzungen vernünftigerweise bewegen sollten. Ich stütze mich hierfür auf eine noch nicht veröffentlichte Laxenburger Studie (W. Häfele und W. Sassin, Ressources and Endowments. An Outline on Future Energy Systems. Ich danke den Verfassern für die frühzeitige Mitteilung ihrer Studie), die ich freilich zum Teil etwas eigenwillig interpretiere.
Die Grundlage einer langfristigen globalen Energiebedarfsschätzung heißt: Für wie viele Menschen erwarten wir welchen Energiebedarf pro Kopf? Zuerst also: Wie viele Menschen werden in dreißig, in fünfzig Jahren leben? Die Weltbevölkerung wächst noch immer etwas exponentiell. Die langfristigen demographischen Prognosen nehmen meist das Umbiegen der Kurve zu einem Sättigungswert irgendwann im nächsten Jahrhundert an. Aber, was immer die Gründe des erhofften Stillstands sein werden, vom heutigen Zustand der Welt aus gesehen wird man das Umbiegen zu ihm nicht früher als in einem halben Jahrhundert erwarten dürfen. Es erscheint optimistisch zu glauben, man werde weltweit in fünfzig Jahren nur doppelt so viele Menschen ernähren müssen wie heute, und danach werde ihre Anzahl nicht mehr erheblich wachsen. Freilich könnte die Menschheit in der heutigen Wirtschaftsform gegenseitiger Abhängigkeit leichter als jemals in der bisherigen Geschichte durch politisch erzeugte Katastrophen des techni-

schen Versorgungssystems dezimiert werden. Aber heute muß eine verantwortliche Planung die ökonomische Versorgung von acht Milliarden Menschen als Mindestziel ins Auge fassen.
Wie viel Energie werden diese Menschen dann pro Kopf brauchen? Es erscheint nach heutiger Denkweise unerträglich bescheiden zu antworten: im Weltdurchschnitt so viel wie heute; es erscheint noch immer als eine bescheidene Extrapolation zu sagen: das Doppelte oder Dreifache des heutigen Weltdurchschnitts. Heute ist der Weltdurchschnitt ein Verbrauch von nahezu 2 kW pro Kopf; 70 Prozent der Weltbevölkerung hat weniger als dies, 6 Prozent haben mehr als 7 kW pro Kopf; in mehr als achtzig Ländern der Vereinten Nationen ist der durchschnittliche Verbrauch nur 0,2 kW pro Kopf, ein Zehntel des Weltdurchschnitts. Gewiß können ökonomische Katastrophen auch den Energieumsatz scharf senken. Wollen wir aber verantwortlich planen, so wäre schon der Übergang zu einer bewußt asketischen Weltkultur nötig, um den Energieumsatz pro Kopf im Weltdurchschnitt nicht höher steigen zu lassen als heute; ich komme auf diese radikale Möglichkeit am Schluß des Vortrags zurück. Denken wir so, wie man heute allgemein denkt, so müssen wir wenigstens bescheidenes Wachstum in den heutigen Industrieländern, ein stärkeres Wachstum in den Entwicklungsländern fordern. Einem quantitativen Modell dieser ökonomisch »verantwortbaren« Entwicklung legt die Laxenburger Studie eine Vergrößerung des Energiekonsums im Weltdurchschnitt auf 4,4 kW pro Kopf in fünfzig Jahren zugrunde. Das würde eine Wachstumsrate des *globalen* Energiekonsums von etwas mehr als 3 Prozent jährlich (knappe Verfünffachung in fünfzig Jahren) bedeuten; die Autoren schätzen dabei 2,5 Prozent jährliche Wachstumsrate für die Industrieländer, 3,5 Prozent für die Entwicklungsländer.
Vor dem Hintergrund dieser mehr moralischen als prognostischen Schätzungen haben wir die nationalen mittelfristigen Bedarfsprognosen zu beurteilen, die den heutigen politischen Entscheidungen zugrunde liegen. Wie wird sich die Energienachfrage unserer nationalen Wirtschaft in – sagen wir – den nächsten zehn bis zwanzig Jahren entwickeln? Das vorherzusagen ist nicht leicht.
Zunächst ist der Begriff des Energiebedarfs nicht wohldefiniert. Eine ökonomische Analyse kann nur versuchen, die Nachfrage nach Energie zu ermitteln. Genauer die Nachfragefunktion, welche die nachgefragte Menge in Abhängigkeit vom Preis angibt. Zusammen mit der Angebotsfunktion wird diese dann den faktischen Energieumsatz bestimmen. In der quali-

tativen Betrachtungsweise, auf die ich mich hier beschränken muß, kann ich nur versuchen, die wichtigsten Bedürfnisse zu charakterisieren, die auf die Nachfragefunktion einwirken.

Die Forderung des Energiewachstums wird mit der Forderung weiteren Wirtschaftswachstums begründet und diese heute in unserem Lande vor allem mit der Sicherung der Arbeitsplätze. Wie stellen sich diese Zusammenhänge bei genauerer Betrachtung dar?

Die Wachstumsrate des Sozialprodukts ist nicht gleichbedeutend mit der Wachstumsrate des Energieumsatzes. Bei technisch festgelegter Form der Energieerzeugung und des Energiekonsums kann man beide Wachstumsraten im statistischen Mittel durch einen festen Faktor (sogenannte Elastizitätskoeffizienten) verknüpfen. In den letzten Jahrzehnten war dieser Faktor im Mittel etwa gleich eins, freilich gerade für elektrische Energie etwa 1,25. Sozialprodukt und Energieumsatz wuchsen im Mittel etwa gleich schnell. Dies war eine Zeit der Politik der billigen Energie. Wenn man, wie zu erwarten ist, in Zukunft eine Politik der Energieeinsparung betreibt, wird es möglich sein, das Energiewachstum fühlbar hinter dem Wachstum des Sozialprodukts zurückbleiben zu lassen. Eine neue Essener Studie (K. M. Meyer-Abich [Hg.]: Wirtschaftspolitische Steuerungsmöglichkeiten zur Einsparung von Energie durch alternative Technologien. Studie der Arbeitsgruppe Umwelt, Gesellschaft, Energie [AUGE] der Universität Essen und des energiewirtschaftlichen Instituts der Universität Köln [EWI], Essen 1978) schätzt, daß ohne Konsumeinschränkung, also schon ohne die Forderung, »den Gürtel enger zu schnallen«, für die absehbare Wirtschaftsentwicklung durch angebbare administrative und technische Maßnahmen bis 2000 in der Bundesrepublik eine Einsparung von 20 bis 25 Prozent des Energieumsatzes gegenüber dem ohne diese Maßnahmen zu erwartenden Umsatz möglich wäre. Energieeinsparung ist also von hoher wirtschaftlicher Relevanz und mag die Wachstumsraten des Energieumsatzes längerfristig vielleicht bis zur Hälfte der Wachstumsraten des Sozialprodukts zu senken erlauben, sofern dies von der Seite des Angebots und der sozialen Kosten der Energiewirtschaft als wünschenswert erscheint. Sie wird aber, für sich genommen, den Wachstumstrend nicht umkehren. Auch werde ich unter dem Titel »Ressourcen« die hohen Kapitalkosten neuer Energieformen nennen müssen, welche den Elastizitätskoeffizienten später wohl wieder stark steigen lassen werden.

Auf welche Wachstumsraten der Wirtschaft hat sich unsere

Energieplanung nun einzustellen? Hier besteht seit mehreren Jahren ein Konflikt zwischen Wunsch und Wirklichkeit, eine nicht weichende weltwirtschaftliche Rezession. Sie hat schon zu einer drastischen Reduktion der Prognosen mittelfristiger Energienachfrage geführt. Wir sollten daher unterscheiden, welche Wachstumsraten uns erwünscht erscheinen und welche wir bei vorsichtiger Prognose erhoffen dürfen.

Die Wünsche. Warum wünschen wir angesichts des geschichtlich beispiellosen erreichten Wohlstands weiteres Wachstum unserer nationalen Wirtschaft? Man kann, so scheint mir, drei plausible Gründe dafür angeben, die durch die drei Begriffe Stabilität, weltwirtschaftliche Verflechtung, Arbeitsmarkt zu bezeichnen sind.

Die Stabilität, ein schwer quantitativ zu fassender Begriff, ist vielleicht der tiefste Grund der Nötigung zum Wachstum. Das Wirtschaftssystem, dem die Industriegesellschaft entstammt, wächst seit wenigstens zweihundert Jahren; alle seine Regulierungsmechanismen, alle eingeschliffenen Reaktionen der Menschen sind auf weiteres Wachstum eingestellt; Wachstumsstillstand bedeutet in diesem System faktisch soziale Instabilität. Die weltwirtschaftliche Verflechtung äußert sich für uns am fühlbarsten in unserer Exportabhängigkeit. Der Weltmarkt aber hat ein noch unbegrenztes Wachstumspotential. Wachsen wir nicht, so geht unser Anteil an ihm zurück, und das bedeutet für uns faktisch eine Stabilitätskrise. Der Arbeitsmarkt ist das heute sichtbarste Beispiel der Instabilität bei niedrigen Wachstumsraten. Rationalisierung ist die im Markt selbstverständliche Reaktion der Unternehmer auf die hohen Arbeitslöhne. Man mag die Erhöhung der Produktivität der Arbeitsstunde durch Rationalisierung im Durchschnitt, auf die gesamte arbeitende Bevölkerung (einschließlich Dienstleistungen) bezogen, heute vielleicht auf 2,5 Prozent pro Jahr schätzen. 2,5 Prozent wäre dann die mindeste Wachstumsrate der Gesamtwirtschaft, die notwendig wäre, um auch nur die Nachfrage nach Arbeit gegenwärtig konstant zu halten.

Vorsichtige Prognosen. Unser Wirtschaftssystem hat in der Vergangenheit seine Wachstumsraten aufrechterhalten durch die Schaffung neuer Konsumbedürfnisse. Technisch wird das auch in Zukunft möglich sein. Ich bezweifle aber, daß unsere Industriegesellschaften in den kommenden Jahrzehnten wieder durchschnittliche Wachstumsraten von der Größenordnung erleben werden wie in den drei Jahrzehnten nach dem Zweiten Weltkrieg. Dieses Urteil stützt sich auf ein sozialpsychologisches und ein ökonomisches Argument. Das sozialpsychologi-

sche Argument besagt, daß nur in denjenigen Ländern die bisherigen Wachstumsanreize unvermindert anhalten werden, in denen, bei vorerst fortschreitendem Bevölkerungswachstum, die elementaren Lebensbedürfnisse noch bei weitem nicht befriedigt sind; dort würde ein Scheitern des Wachstums von der Bedarfsseite her als Katastrophe erlebt werden. In den Wohlstandsregionen der Welt hingegen ist es, kulturpsychologisch gesprochen, nicht selbstverständlich, daß die Nachfrage nach den so produzierten Gütern geschaffen werden kann.
Das ökonomische Argument, bei dem ich von einer neuen Starnberger Studie (F. Fröbel, J. Heinrichs, O. Kreye, Die neue internationale Arbeitsteilung, Rowohlt 1977) Gebrauch mache, betrifft die Produktionsbedingungen. Es besagt, daß bei der heutigen Rationalisierung der Produktionstechniken und Mobilität der Güter eine wachsende Verlagerung der Produktion für den Weltmarkt in Länder mit niedrigen Arbeitslöhnen möglich und daher, wenn der Welthandel nicht drastisch schrumpft, auch zu erwarten ist. Dies bedeutet voraussichtlich kurz- und mittelfristig keinen sozialen Ausgleich innerhalb der Gesellschaft der Entwicklungsländer, eher im Gegenteil; aber es bedeutet eine territoriale Verschiebung der Wachstumsimpulse in die Regionen niedriger Arbeitslöhne.
Ich versuche, im Bewußtsein der Ungewißheit, diese komplexen Überlegungen in eine quantitative Schätzung zusammenzuziehen. Welches ist die niedrigste Wachstumsrate des Energieumsatzes, welche unsere Gesellschaft ohne tiefgreifende, ihre Struktur gefährdende Krisen würde ertragen können? Global und langfristig habe ich vorhin dafür 2,5 Prozent in Industriegesellschaften angenommen. Mittelfristig und national scheint sich nun etwa dieselbe Zahl als Minimum zu ergeben. Sie entspräche bei starker Energieeinsparung einem Wachstum des Sozialprodukts um einen Wert zwischen 3 und 4 Prozent. Ich sage nicht, daß wir diese Wachstumsraten erreichen werden. Ich sage nur, daß die Fortführung unseres Wirtschaftssystems ihrer voraussichtlich bis auf weiteres bedürfen würde.

Ressourcen

Zum Problem der Energieressourcen genügen knappe Überlegungen, da die wesentlichen Daten bekannt und hinreichend öffentlich diskutiert sind. Es sei erlaubt, das Problem zuerst in den Rahmen der Frage nach der möglichen weltweiten Ver-

knappung materieller Ressourcen überhaupt zu stellen. In den letzten zehn Jahren hat sich in unserer Gesellschaft die Angst verbreitet, unbegrenztes weiteres Wirtschaftswachstum werde die Ressourcen der Erde erschöpfen. Diese Angst war eine undifferenzierte Begleiterscheinung der völlig berechtigten ökologischen Besorgnis, der Sorge um die Bewahrung unserer organischen Umwelt. In einer noch immer sehr rohen Annäherung kann man nämlich sagen: organische Ressourcen können bei der heutigen Wirtschaftsform weltweit knapp werden, anorganische in der Mehrzahl der Fälle nicht. Dies liegt daran, daß die organische Materie ein kleiner Bruchteil der uns zugänglichen Materie auf der Erde ist; das organische Leben ist, materiell gesprochen, eine sehr dünne und löcherige Haut unseres Planeten. Um es an der wichtigsten organischen Ressource, der Nahrung, zu erläutern: In den Körpern der Menschen und ihrer Haustiere befindet sich heute wohl mehr als die Hälfte des tierischen Eiweißes, das es auf der festen Erde gibt, und ein nennenswerter Prozentsatz allen Eiweißes überhaupt, das der Pflanzen, Bakterien und Meerestiere eingeschlossen; es liegt folglich auf der Hand, daß die Bevölkerungsbewegungen des Menschen die Ökosphäre bis an den Rand ihrer Elastizität strapazieren.
Daß hingegen die heute benutzten oder bekannten Lagerstätten mancher mineralischer Rohstoffe nur noch für wenige Jahrzehnte ausreichen, liegt nur daran, daß das Prospektieren teuer ist. Bei fortdauernder Nachfrage wird man schwerer zugängliche Lagerstätten und ärmere Erze erschließen, der Preis der Rohstoffe wird nach Marktgesetzen steigen, ebenso der Energiebedarf beim Abbau. Die Zeit, zu der bei fortdauernd exponentiell wachsender Ausbeutung relevante Mineralien absolut knapp würden, liegt meist um Jahrtausende jenseits unserer Ära; längst vorher wird das Wirtschaftswachstum wegen der Begrenztheit der möglichen Expansion der Ökosphäre zum Stehen gekommen sein.
Das Gesagte gilt in geeigneter Anwendung auch für die Energieressourcen. Die fossilen, also organisch erzeugten Brennstoffe werden wir bei heutiger Wirtschaftsform in vorhersehbarer Zeit erschöpfen. Die gesamten Energieressourcen aber sind, rein quantitativ betrachtet, für jedes uns vorstellbare Wachstum der Weltbevölkerung und für jeden technisch sinnvollen Energieumsatz unbeschränkt. Die konkreten Probleme der kommenden Jahrzehnte liegen in der begrenzten Zugänglichkeit der Energieträger für bestimmte geographische Regionen, zum Beispiel unser kleines nördliches Land, in den Kosten

und in den technisch möglichen Wachstumsraten der Installation neuer Energiequellen, und schließlich in den mit der Energietechnik verbundenen Gefahren.
Ich fasse die heute vorliegenden konkreten Schätzungen zusammen. Nach der heute meistzitierten amerikanischen sogenannten WAES-Studie (C. L. Wilson: Energy, Global Prospects 1985–2000. Report of the Workshop on Alternative Energy Strategies, McGraw-Hill, New York 1977) ist das Maximum der weltweiten Erdöl-Produktion noch vor dem Jahre 2000 zu erwarten. Die Schere zwischen einem mit 2,5 Prozent pro Jahr wachsenden Energieumsatz und dem verfügbaren Öl wird sich um so früher öffnen, je früher die OPEC-Länder, zumal Saudi-Arabien, zu der für sie vernünftigen Politik übergehen, ihre Produktion nicht mehr zu erhöhen. Die Fachleute erwarten daher die unvermeidliche nächste Ölkrise etwa in der Mitte der achtziger Jahre. Erdöl und Erdgas werden bei den angenommenen Wachstumsraten im ersten Viertel des kommenden Jahrhunderts in den zweiten oder dritten Rang als Energielieferanten zurücktreten, auch wenn intensivere Ausbeutungsmethoden der Erdöllager die gewinnbare Menge verdoppeln mögen. Kohle würde mengenmäßig ausreichen, um den vorhin geschätzten Bedarf, wenn sein Wachstum in der Mitte des kommenden Jahrhunderts zum Stehen käme, noch für mehrere Jahrhunderte zu decken. Uran, ohne Brutreaktoren, reicht vielleicht etwa so weit wie Erdöl. Die Einführung von Brutreaktoren würde dem Uran statt eines reichlichen halben Jahrhunderts eine Wirkungsdauer von mehreren Jahrtausenden versprechen, wieder unter der Voraussetzung, daß der Energieumsatz bei etwa dem Zehnfachen des heutigen Werts zum Stehen kommt. Fusion, bei der heute ins Auge gefaßten Technik, welche Lithium benutzt, würde eine ähnliche zeitliche Reichweite haben wie Brutreaktoren. Die solare Energie ist für jedes der Menschheit erwägenswerte Zeitmaß konstant und mengenmäßig ausreichend. Alle anderen Energiequellen, wie Wasser, Wind, Gezeiten, Geothermik, können global betrachtet wohl nur subsidiäre Bedeutung gewinnen.
Dieser Überblick, kombiniert mit der Bedarfsschätzung, läßt nur die Folgerung zu, daß wir in dem von uns ins Auge gefaßten Zeitraum bis 2030 weltweit die Energieversorgung auf andere Primärenergieträger als das Erdöl umstellen müssen. Zunächst erscheinen dabei Kohle und Kernenergie (Fission) als die einzigen aussichtsreichen Kandidaten; alle heute erkennbare Plausibilität spricht dafür, daß beide zugleich den maximal möglichen Fortschritt machen werden. Die Sonnenenergie

kann in diesen Jahrzehnten zum mindesten eine wichtige Teilrolle in der Raumheizung und vielleicht in tropischer Klein-Energietechnik spielen. Die technischen Chancen der Fusion sind auch heute noch nicht mit voller Sicherheit zu beurteilen, und eine führende Rolle wird sie allenfalls nach dem Zeitpunkt übernehmen können, bis zu dem wir hier vorausblicken.
Das eigentliche Problem der quasi unerschöpflichen nichtfossilen Energiequellen liegt aber in den außerordentlich hohen Kapitalkosten und damit auch Energiekosten der zu ihrer Verwendung notwendigen Installationen. Holz, Öl und Kohle braucht man, stilisiert gesagt, nur in einen Ofen zu stecken und anzuzünden. Fissionsenergie braucht die komplizierte Technik des Umgangs mit radioaktiven Stoffen; Fusionsenergie zusätzlich dazu extreme Drucke und Temperaturen; Sonnenenergie braucht, soll sie großtechnisch verwendet werden, Kollektoren, welche die Fläche ganzer Länder bedecken. Die eingangs genannte Laxenburger Studie vermutet daher, die Jahrzehnte des Übergangs zu diesen Techniken als hauptsächlicher Energiequelle, also wohl die ersten Jahrzehnte des nächsten Jahrhunderts, würden die Ära größter Energieknappheit werden; einmal installiert aber wären sie – so die Studie – ein dauerhafter Besitz der ins ökonomische Gleichgewicht gekommenen Menschheit.

Gefahren

Die möglichen Gefahren sind der Angelpunkt der Kernenergiedebatte. Deshalb seien zu Beginn dieses Abschnitts ein paar grundsätzliche Bemerkungen über Gefahren erlaubt.
Jede technische Entwicklung erzeugt Gefahren; es kommt darauf an, das Maß ihrer Größe und Beherrschbarkeit zu kennen. Was überhaupt wirkt, ist auch gefährlich. Das gilt von physischen Geräten wie von meditativen Übungen. Unter Medizinern gibt es den Spruch: ein Medikament, das, falsch dosiert, den Patienten nicht umbringen kann, kann ihm auch nicht helfen. Dies ist nicht die Aufforderung zum Leichtsinn; es ist die Aufforderung zur Präzision.
Wir haben die Gefahren der Kernenergie im Rahmen der Gefahren der Energietechnik überhaupt und der Gewaltanwendung überhaupt abzuschätzen. Wenn ich nun die Ansicht darstelle, die ich mir von diesem Fragenkreis gebildet habe, so muß ich daran erinnern, daß sie zwar durch intensive Expertenbefragung entstanden ist, daß aber das Urteil über Menschen

und ihre Interessen notgedrungen in meine Meinungsbildung eingegangen ist. Ich hoffe daher, dem Bedürfnis nach methodischer Kontrollierbarkeit zu dienen, wenn ich etwas über die Kriterien und Resultate dieses meines versuchten Urteils über Menschen sage. Im Publikum hat sich die Meinung verbreitet, jede ökonomische oder politische Interessengruppe finde auch die Experten, die sogenannten Sachverständigen, die zu ihren Gunsten aussagen. Dies ist eine verzerrte Verallgemeinerung einer Beobachtung, die jeder von uns schon hat machen können. Experten sind auch Menschen, sie sind dem Irrtum und der Versuchung, auch der Versuchung zum Selbstbetrug, zugänglich wie wir alle. Hierzu sind nun Differenzierungen nötig und möglich; ich stelle sie dar, indem ich gleichsam den Ball zweimal hin und her über das Spielfeld dieser erhitzten Debatte treibe.

Erstens spricht sich unter Experten schnell herum, wer seinen Sachverstand an einen Geldgeber oder an die Leidenschaften seiner eigenen Seele und derjenigen seiner Freunde verkauft hat. Auch – und das treibt den Ball noch in derselben Richtung – gibt es trotz mancher Meinungsdifferenzen im Expertenkreis den vom Publikum wahrgenommenen Krieg zwischen den Sachverständigen gar nicht. Denn nicht jeder, der ein naturwissenschaftliches Fach studiert hat, ist ein Sachverständiger für Kernenergie; er wird es selbst dadurch noch nicht, daß er aus Engagement heraus die ihn beunruhigenden Aspekte dieser Technik ein paar Jahre lang studiert hat und sogar einem Fachmann unangenehme Fragen stellen kann, die dieser nicht ohne Vorbereitung und nicht ohne guten Willen beim Frager befriedigend beantworten kann. Unter den eigentlichen Sachkennern der Reaktortechnik herrscht über Prinzipien und über viele relevante Einzelheiten eine den Befrager beeindruckende Einigkeit.

Zweitens aber – und nun wird der Ball zurückgespielt – liegt diese Einigkeit zumal heute im offenkundigen ökonomischen Interesse dieser Menschengruppe. Und – so treibe ich den Ball weiter – im Rückblick sieht man, wie, trotz der auf Reaktorsicherheit verwendeteten Dollarmillionen und Mannjahre, die Sicherheitsvorschriften ständig verbessert werden mußten, unerwartete Störfälle eintraten oder doch neu in Erwägung gezogen wurden, wie triviale Gefahren überanalysiert, nichttriviale vergessen wurden. Als Antwort genügt die an sich zutreffende Bemerkung nicht, daß manche der inzwischen geschaffenen Sicherheitsvorschriften auch nach dem heutigen Urteil der Experten vermutlich überflüssig, ja schädlich, und nur von der

Erregung des Publikums auf dem Wege über Legislative und Gerichtsurteile durchgesetzt worden sind.
Denn gegen diese kleine Beobachtung ist die andere kleine Beobachtung zu setzen, daß in den großen Firmen, staatlichen Administrationen und Forschungszentren selbstverständlich nicht die volle Äußerungsfreiheit herrscht. Nicht nur im sozialistischen, sondern auch in unserem liberalen System gilt, daß man seine Karriere leichtermacht, wenn man privat und öffentlich das sagt, was die Vorgesetzten privat und öffentlich hören wollen. Wie kann der Frager wissen, welche Antwort er glauben darf?
Ich gestehe, daß ich vor etwa drei Jahren selbst von dieser Skepsis sehr beunruhigt war. Es war – und das ist der dritte Anstoß, der wieder zurück übers Spielfeld führt – eine wiederum kleine Beobachtung, die mich lehrte, die Skepsis auf das gebührende Maß einzuschränken. Ich begegnete auf meinen Reisen einem hervorragend ausgewiesenen Fachmann für Reaktorsicherheit, der sich mir gegenüber unter vier Augen bitter über den auch in seiner Institution geübten Meinungszwang zugunsten der Kernenergie beklagte. Ich nahm mir zwei Tage Zeit für ihn und bat ihn, mir alle die Gefahren, die er für unzureichend berücksichtigt hatte, im einzelnen aufzuzählen. Nach diesem Gespräch war ich im wesentlichen beruhigt. Er hatte eine Reihe von Gefahren genannt, denen gegenüber die Sorgfaltspflicht weitere Forschung und bessere Vorkehrungen gebot. Er hatte nicht *eine* Gefahr genannt, die mir als eine das Maß anderer Techniken überschreitende Gefährdung der Menschheit erscheinen konnte. In diesem Urteil bin ich durch weitere Expertenbefragungen nicht mehr grundlegend erschüttert worden.
Nach dieser mit Absicht ausführlichen Schilderung der Methode meiner Meinungsbildung gebe ich einen knappen Abriß der Resultate. Für vieles darin kann ich auf die bestehende Literatur verweisen.
Zunächst werde unterschieden zwischen Gefahren, die ohne menschliche Arbeit eintreten, also im Normalbetrieb, oder durch technisches oder auch menschliches Versagen, und Gefahren, die von Menschen bewußt hervorgebracht werden. Bei ersteren erscheint die Kernenergie nach der breitgeführten Debatte der letzten Jahre zwar als Gegenstand besonderer Sorgfaltspflicht, aber schwerlich gefährlicher als andere Techniken, das eigentliche Problem stellen die letzteren dar. Beides sei im einzelnen erläutert.
Im Normalbetrieb darf man einen Kernreaktor unbedenklich

umweltfreundlicher nennen als ein fossil befeuertes Kraftwerk. Eine Zierde der Landschaft sind beide nicht, und wenn die Menschheit eines Tages wieder ihren sensibelsten Seismographen für Zuträglichkeit, den Schönheitssinn, befragen wird, wird sie viel im technischen Bereich radikal ändern. Halten wir aber unsere Kriterien im Rahmen heute herrschender Vorurteile, so bleibt kaum ein Zweifel, daß auch nach heutigen Vorschriften die Abgase fossiler Verbrennung schädlicher sind als Reaktorabgase. Insbesondere schwebt über uns das Damoklesschwert der langfristigen Klimaänderung durch das bei der Verbrennung entstehende Kohlendioxid. Wir betreiben mit diesem Problem heute im fossilen Bereich eben die Vogel-Strauß-Politik, die man vielfach den Vertretern der Kernenergie nachsagt: wir erzeugen eine nicht wiedergutzumachende langsame ökologische Veränderung, deren Folgen unsere Urenkel zu tragen haben werden. Bemerkt sei, daß man auch die ökologischen Störungen durch einen, heute aus Preisgründen irrealen, großtechnischen Betrieb der Sonnenenergie nicht wird vernachlässigen können.
Unbestreitbar ist, daß ein kerntechnischer Betrieb aus Gründen technischen oder menschlichen Versagens zu Einzelkatastrophen Anlaß bietet, die größer sind als die möglichen Einzelkatastrophen fossiler Kraftwerke, freilich nicht größer als beim Bruch des Staudamms eines Wasserkraftwerks. Ich kann hier auf die Debatte über den Rasmussen-Bericht und auf den ihm folgenden, demnächst abgeschlossenen deutschen Bericht verweisen (vgl. A. Birkhofer, Stand der deutschen Risikostudie für Druckwasserreaktoren, Vortrag beim Jahreskolloquium 1977 des Projekts Nukleare Sicherheit, Karlsruhe, 1. 12. 1977).
Mit der Forderung, die mögliche Zahl der Opfer und erst recht die Wahrscheinlichkeit eines Reaktorunfalls abzuschätzen, dessen Folgen für die Umgebung nicht mehr durch die Sicherheitseinrichtungen beherrscht werden, bringt man die Experten in eine gerade für gewissenhafte Menschen sehr unangenehme Lage. Es hat bisher bei den kommerziellen Reaktoren noch keinen einzigen Unfall im Sinne dieser Definition gegeben, durch den ein Bewohner der Umgebung in irgendeiner Weise zu Schaden gekommen wäre. Das ist kein Zufall, denn die denkbaren Störfälle sind vorweg erwogen, und gegen sie sind mehrfache Sicherungsbarrieren vorgesehen, die in den bisher eingetretenen Störfällen stets standgehalten haben. Was zu tun bleibt, ist, die sehr kleine Wahrscheinlichkeit dafür auszurechnen, daß die mehrfachen Sicherungen gleichzeitig ver-

sagen. Rasmussen schätzt die Wahrscheinlichkeit eines Kernschmelzunfalls mit noch immer geringen Folgen auf 5.10^5 pro Jahr; das heißt bei gleichzeitigem Betrieb von hundert Reaktoren käme im Durchschnitt ein solcher Unfall in zweihundert Jahren.

Wenn diese Schätzungen auch nur einigermaßen richtig sind, bleibt die Zahl der Todesfälle, die durch Betriebsunfälle an Leichtwasserreaktoren bei vollem Ausbau der Kernenergie für das ganze nächste halbe Jahrhundert zu erwarten ist, unter den 15 000, die wir zur Zeit alljährlich auf den Straßen töten. Dies mag eher ein Argument für eine heute undurchsetzbare Änderung unseres Verkehrssystems sein als für die Kernenergie; es zeigt aber, mit wie ungleichen Maßstäben wir messen. Fingieren wir, das Auto sei erst erfunden worden, und eine Industriegruppe schlage die Einrichtung eines Straßennetzes mit Personen- und Gütertransport per Auto vor, und sie begleite das mit realistischen Abschätzungen der zu erwartenden Unfallquote; nach allen heute geltenden Kriterien müßte der Bundestag eine dahingehende Gesetzesvorlage oder Mittelbewilligung ablehnen. Im übrigen werden wir uns alsbald vergegenwärtigen müssen, daß die heutige Welt sehr viel größere Gefahren läuft als Autoverkehr und Kernreaktorunfälle.

Die Gefahren weiter fortgeschrittener Reaktortypen, wie des Hochtemperaturreaktors und des Schnellen Brüters, sind ebenfalls sorgfältig studiert worden, wenn auch noch nicht so ausführlich wie beim Leichtwasserreaktor. Insbesondere beim Brüter hat unter anderem der britische Flowers-Report Sicherheitsbedenken angemeldet. Aus der weiteren Diskussion gewinne ich den entschiedenen Eindruck, daß die Fachleute diese Gefahren für überschätzt und jedenfalls überwindbar halten. Auch in den Bereichen der Zwischenlagerung und Wiederaufbereitung von Brennelementen scheinen sich keine unüberwindbaren Probleme technischer Gefahren zu zeigen. In all diesen Bereichen gibt es heute ja schon praktische Erfahrungen, wenngleich nicht in der zur vollen Sicherheit erforderlichen Breite und Zeitdauer. Dabei ist nicht zu leugnen, daß man in der Vergangenheit Fehler gemacht hat, die unserer Gegenwart zum mindesten große finanzielle Kosten aufbürden, so bei der Lagerung der Rückstände der militärischen Plutonium-Produktion in Hanford (USA).

Großen Anlaß zur Beunruhigung hat eine Zeitlang die Endlagerung der radioaktiven Rückstände gegeben. Ohne auch hier in die Einzelheiten einzutreten (»Grundsätzliche sicherheitstechnische Realisierbarkeit des Entsorgungszentrums – Beur-

teilung und Empfehlungen der Reaktor-Sicherheitskommission [RSK] und der Strahlenschutzkommission [SSK] – 20. Oktober 1977«. Geschäftsstelle der Reaktor-Sicherheitskommission [GRS], Köln), möchte ich sagen, daß das deutsche Programm der Endlagerung eingeschmolzener Rückstände in geologisch seit vielen Jahrmillionen stabilen Salzstöcken als eines der besten, wenn nicht das beste heute in der Welt bekannte gilt. Ich glaube persönlich, daß wir unseren Nachkommen viele Erbschaften hinterlassen, die ihnen mehr Gefahr bringen als diese sorgfältig versenkte Radioaktivität.
In all diesen Erwägungen ist freilich noch abgesehen von dem eigentlichen Gefahrenmoment, dem menschlichen Willen. Diese Gefahren sind in doppelter Weise je zweifach zu untergliedern, im ganzen also vierfach.
Es gibt willentliche Gefahr
1. durch Verletzung friedlich kerntechnischer Anlagen,
2. durch Verbreitung von Kernwaffen.
   Beides kann geschehen
   a) durch souveräne Nationen,
   b) durch Terrorgruppen.

Dem Eingehen auf die Einzelheiten sei wiederum eine grundsätzliche Erwägung vorangestellt.
Wir werden finden, daß in jedem der vier Bereiche echte große Gefahren bestehen. Nun existieren aber die Gefahren des Terrorismus und des Kriegs, auch des Atomkriegs, schon unabhängig vom Ausbau der Kerntechnik zu friedlicher Nutzung. Die Entscheidung über die Fortführung dieses Ausbaus kann dann nur von der Frage abhängen, in welchem Grade diese ohnehin bestehenden Gefahren durch den Ausbau der friedlichen Kerntechnik erhöht werden. Es scheint mir nun, daß diese Erhöhung der Gefahr durch die friedliche Kerntechnik in jedem der vier Fälle sehr erheblich hinter der schon ohne sie bestehenden Gefahr zurückbleibt. Es ist für eine Regierung eine schwere Entscheidung, ob sie sich diese Abschätzung zu eigen machen und, auf sie gründend, den weiteren Ausbau der Kernenergie gestatten will.
Persönlich kann ich dazu nur sagen, daß diese Entscheidung in allen technisch hinreichend entwickelten Ländern getroffen worden ist, und meines Erachtens heute nicht der Verzicht, sondern die zumal technisch möglichst gute Sicherung auch gegen diese Gefahren die Aufgabe ist. Im einzelnen:

1.(a) Verletzung kerntechnischer Anlagen im Krieg

Es wäre ein unzureichendes Argument, wenn man sagte, im Krieg würden ohnehin Atombomben fallen, und dann könne der Schaden durch Reaktoren nicht größer werden. Ich habe vor drei Jahren eine Studie über die Vereinbarkeit von Reaktoren in unserem Lande mit der NATO-Strategie der flexiblen Reaktion gefordert. Eine solche Studie ist inzwischen erstellt worden, deren Ergebnisse aber aus militärischen Gründen geheim bleiben. Eigene Überlegungen, die ich inzwischen angestellt habe, führen aber, soweit ich urteilen kann, zu ähnlichen Ergebnissen wie die Studie. Es ist prinzipiell möglich, einen Reaktor mit zielgenauen Waffen, auch mit konventionellen Sprengköpfen, zu zerstören. Es wird nicht leicht sein, dabei einen größeren Unfall als den GAU zu erzeugen. Dazu müßte wohl durch einen ersten Schuß die Betonhülle zerstört, durch einen zweiten das Core verdampft werden; durch zwei sukzessive taktische Kernwaffen wäre dies jedenfalls zu erreichen.
Die Frage ist, ob man sich eine militärisch sinnvolle Strategie vorstellen kann, welche einerseits auf den großen Atomschlag verzichtet, andererseits solche Schläge gegen Reaktoren führt. Die Frage erscheint mir deshalb wichtig, weil ich es für reines Wunschdenken halte, darauf zu rechnen, in den rund hundert Jahren, für die wir unsere Landschaft wenigstens mit Reaktoren bestücken, werde es niemals zu einem Krieg auf unserem Boden kommen. Auch Länder der dritten Welt, denen wir Reaktoren verkaufen, werden sich diese Überlegung nicht ersparen können.
Ich neige freilich dazu, die Frage negativ zu beantworten. Im Anfang eines Krieges jedenfalls, solange rationale Militärstrategie noch erwartet werden darf, ist es schwer vorstellbar, daß eine kriegführende Partei ohne sichtbaren militärischen Gewinn das antinukleare Tabu in solcher Weise verletzt. Das Ende eines langhingezogenen modernen Kriegs der Supermächte auf unserem Boden freilich würden vielleicht unsere Reaktoren, aber wohl auch unsere Nation kaum überleben. Diese Katastrophe werden wir, wenn wir sie vermeiden, durch Politik, aber nicht durch Verzicht auf Reaktoren vermeiden. Mehr Trost habe ich nicht anzubieten.
Ich benutze aber die Gelegenheit dieses Vortrags, um auf ein Problem hinzuweisen, das nicht speziell mit Reaktoren zu tun hat. Gerade im militärischen Bereich führt die natürliche Tendenz der öffentlichen Meinung, unangenehme Vorstellun-

gen schlicht zu verdrängen, leicht dazu, daß man für Fälle unvorbereitet bleibt, auf die eine sinnvolle Vorbereitung möglich wäre. Denkt man, der Krieg müsse durch Abschreckung verhindert werden, und der Kriegsfall selbst bedürfe deshalb keiner ernsthaften Erwägung – und so denkt ja die Mehrzahl der Menschen in unserem Lande –, so vergißt man den Fall, daß unser Land Opfer einer politischen Erpressung durch die bloße Androhung begrenzter kriegerischer Handlungen werden könnte. Viel verletzbarer als die sorgfältig gesicherten Reaktoren ist aber zum Beispiel unser zentrales Energieversorgungssystem, ebenso die Lebensmittelversorgung. Die gegenseitige Abhängigkeit der Betriebe macht einen modernen Industriestaat ungleich verletzlicher, als dies noch im Zweiten Weltkrieg der Fall war, an dessen Ende noch immer die lokalen Elektrizitätswerke und die lokalen Bäckereien funktionierten. Dezentralisierung der Versorgung ist für die Überlebensfähigkeit und damit auch für die Widerstandsfähigkeit gegen Erpressung wichtiger als das gesamte Reaktorproblem.

1.(b) Verletzung kerntechnischer Anlagen durch Terroristen

Diese Frage wird heute natürlich von Sicherheitsexperten sorgfältig studiert. Das Prinzip der mehrfachen Sicherung wird auch hier angewandt. Eine Terrorgruppe, die versuchen würde, in einen Reaktor einzudringen und einen wirklichen Unfall auszulösen, müßte nicht nur Reaktorfachleute enthalten, sie müßte voraussichtlich zum Selbstopfer bereit sein; auch dann ist ihr Erfolg höchst zweifelhaft. Zu einem Angriff mit Raketen sind Terroristen, wenn sie Raketen besitzen, in der Lage. Wenn man solche Bedrohungen sehr ernst nimmt, wäre an zusätzliche Sicherungen, zum Beispiel unterirdische Bauweise von Reaktoren, zu denken.
Vielleicht ist in unserem Lande noch größer als die doch begrenzte physische Gefahr die psychologische beim Zusammentreffen der zwei größten Arten des Bürgerschrecks: Terroristen und Kernenergie. Gleichwohl gestehe ich, daß ich die von einigen Autoren etwas hochgespielte Gefahr des Polizeistaates nicht gerade im Zusammenhang mit den Kernreaktoren zu sehen vermag. Die Nötigung, Reaktoren zu bewachen, mag die Anzahl der benötigten Polizisten erhöhen, aber der Verzicht auf die Reaktoren wird schwerlich das angstvolle Mißtrauen gegen innenpolitische Gegner, den eigentlichen Kern der Polizeistaatsgefahr, einschränken. Und Terroristen haben auch andere mögliche Ziele als die Reaktoren. Es scheint mir also,

daß Terroristen und Polizeistaat *ein* Problem sind, Kernreaktoren ein anderes, und daß die Angst, die beide verknüpft, beide Probleme undeutlich sieht.

2.(a) Kernwaffenausbreitung unter Nationen

Hierüber habe ich andernorts ausführlich berichtet. Jetzt nur die für die Entscheidung über den Umgang mit der friedlichen Nukleartechnik wichtigen Punkte. Die Ausbreitung der Kernwaffen ist in den vier Jahrzehnten seit Hahns Entdeckung langsam und unaufhaltsam fortgeschritten. Alle Wahrscheinlichkeit spricht dafür, daß sie weiterhin langsam und unaufhaltsam fortschreiten wird. Im Zusammenhang mit dem deutschen Reaktorverkauf nach Brasilien ist es über die Kopplung der Waffenproliferation mit der Ausbreitung der Reaktortechnik, speziell der Plutonium-Isolierung in Wiederaufbereitungsanlagen, zu einer schwerwiegenden Kontroverse mit den Vereinigten Staaten gekommen. Eine weltweite politisch akzeptable technische Lösung ist noch nicht gefunden.
Das Anliegen des Präsidenten Carter und seiner Berater, die Waffenverbreitung durch internationale Übereinkunft soweit als möglich einzuschränken, verdient jede Unterstützung. Nichts kann törichter (und übrigens auch dem deutschen Ruf im freundlichen Ausland abträglicher) sein als die eine Zeitlang in unserer öffentlichen Meinung verbreitete Behauptung, das wesentliche Motiv der Amerikaner in diesem Punkt seien ihre eigenen Exportinteressen. Man muß nur die Kritik amerikanischer Kernenergieproduzenten an der Politik ihrer eigenen Regierung verfolgen, um sich hierüber eines Besseren zu belehren. Die Amerikaner haben andererseits eine Zeitlang nicht gesehen, daß das vom Ford-Mitre-Report (Report of the Nuclear Energy Policy Study Group, Ford-Foundation, »Nuclear Power, Issues and Choices«. Cambridge, Mass., Ballinger Publishing Co. 1977) propagierte vorerst unbegrenzte Hinausschieben von Wiederaufbereitung und Brüterprogramm für so ressourcenarme Länder wie die Bundesrepublik eine inakzeptable Bedrohung des eigenen Kernenergieprogramms bedeuten kann.
Entscheidend ist jedoch, ob eine für die Empfängerländer der Kerntechnik *politisch* akzeptable Lösung des Problems gefunden wird. Denn technisch sind die kommerziellen Wiederaufbereitungsanlagen zur Waffenherstellung nicht nötig. Wenn wir die Schwellenmächte der Zustimmung zur Nichtverbreitungspolitik politisch entfremden, so genügt keine Verweigerung der

Lieferung kommerzieller Technologien, um sie an der Herstellung von Atomwaffen zu hindern.

2.(b) Kernwaffenausbreitung bei Terrorgruppen

Die begründete Furcht vor der »Plutonium-Ökonomie«, also der weltweiten Zirkulation separierten Plutoniums, betrifft die Entwendung dieses Materials durch terroristische Organisationen. Über die Selbstgefährdung solcher Gruppen durch das toxische Material und über die Sprengwirkung selbstgebastelter Bomben – auch etwa über die Entwendbarkeit fertiger Kernwaffen aus nationalen Arsenalen – hört man auseinandergehende Urteile. Die Gefahren sind offenkundig; jede technische Sicherung, auch wenn sie ökonomische Erschwerungen mit sich bringt, ist anzuraten, und volle Sicherheit dürfte unerreichbar sein. Im übrigen weiß ich zu dem Problem keinen anderen Kommentar zu geben als weiter oben schon zum Terrorismus.

Alternative: eine asketische Weltkultur?

Ehe ich schließe, möchte ich einen kurzen grundsätzlichen Rückblick auf das in diesem Vortrag Gesagte werfen. Ich schneide damit eine Frage an, die einer anderen und wichtigeren ausführlichen Erwägung bedürfte, eine Frage, die heute aber wenigstens genannt werden soll.

Ich habe in diesem Vortrag, bei aller Vorsicht der Abwägung, doch offensichtlich für die Kernenergie argumentiert: langfristig gesehen eindeutig in den Abschnitten über Bedarf und Ressourcen, behutsam aber auch im Abschnitt über Gefahren. Aber mein Argument war nicht, die Kernenergie sei gefahrlos. Es lautete nur, die ohnehin bestehenden Gefahren würden durch den Verzicht auf Kernenergie nicht wesentlich vermindert werden.

Dem grundsätzlichen Blick muß in der Tat unsere technische Zivilisation umstellt erscheinen von selbsterzeugten Gefahren. Die Menschheit braucht Wirtschaftswachstum, um auch nur die Menschen zu ernähren, die unsere Medizin schon zum Leben verurteilt hat. Unser Gesellschaftssystem braucht weiteres Wachstum, um die Strukturänderungen zu ertragen, zu denen das bisherige Wachstum es zwingt. Keine der bald verfügbaren Energiequellen ist ohne Gefahren, klimatisch-ökologisch die fossilen Brennstoffe, anfällig vielleicht gegen Unfälle, gewiß gegen Gewalttat die Kernenergie. Haben nicht jene Kulturkritiker recht, die einen grundsätzlichen Verzicht auf die sogenannte Wachstumsideologie fordern, auf die Erzeugung immer neuer Bedürfnisse, die nur der Aufrechterhaltung des Wachstums dienen, ohne unser Glück zu vermehren? Muß unser eigentliches Ziel nicht eine neue Bewußtseinsstufe der Menschheit sein, die auf gefährdenden Überfluß zu verzichten lernt? Wäre das heilsame Ziel nicht eine asketische Weltkultur? Ich verweise auf Fritz Schumacher, ›*Small is Beautiful*‹, als den wohl abgewogensten Autor dieser Denkrichtung (E. F. Schumacher, Small is Beautiful, deutsch: »Die Rückkehr zum menschlichen Maß. Alternativen für Wirtschaft und Technik«, Rowohlt 1977).

Wenn die Minuten zur Erörterung einer Frage knapp sind, wird man genötigt, sich in der Form persönlicher Bekenntnisse zu äußern. Ich bekenne mich zu einer elementaren Sympathie für den Gedanken asketischer Kultur. Askese heißt Selbstbeherrschung. Wie sollen wir unsere Probleme meistern, wenn wir uns nicht zu beherrschen vermögen? Aber folgt daraus, daß, wer heute politische und wirtschaftliche Verantwortung trägt, auf die bescheidenen Wachstumsraten verzichtet, die ich im Abschnitt über Bedarf genannt habe? Ich glaube nicht.

Zunächst, so scheint mir, spiegeln alle Gefahren, die wir vor uns sehen, keine technischen Ausweglosigkeiten, sondern eher umgekehrt die Unfähigkeit unserer Kultur, mit den Geschenken ihrer eigenen Erfindungskraft vernünftig umzugehen. Maschinen können automatisiert werden, ein Gesellschaftssystem aber bedarf der Träger, die dieses System verstehen und ihm mit ihrem Willen zustimmen. Verzicht auf die fortschreitende Technik ist, auch wo er heilsam wäre, in einer unerleuchteten Menschheit wie der heutigen politisch und ökonomisch nicht durchsetzbar; in einer ihrer Situation bewußteren Menschheit aber wäre er vermutlich überflüssig. Bewußtseinsentwicklung ist die Aufgabe, welche die technische Entwicklung uns stellt.

Ich bin gelegentlich gefragt worden, woher ich das Vertrauen auf die Vernunft nehme. Mein Vertrauen auf die heute wirksame Vernunft ist nicht groß; meine Gegenfrage wäre nur, ob der Frager mir Vertrauen auf die Unvernunft empfehlen will. Wir haben in der Tat keine andere Wahl als die, uns durch unsere selbsterzeugten Probleme bewußt unter denjenigen Leidensdruck setzen zu lassen, ohne den nie eine Bewußtseinsreifung geschieht. Und ohne Bewußtseinsreifung meistern wir unsere Probleme nicht.

Erst in diesem Zusammenhang würde man ernstlich von einer asketischen Kultur sprechen können. Bewußte Askese, selbstbeherrschende Zurückhaltung, ist etwas anderes als die Be-

scheidenheit des Armen, der sich mit dem begnügt, was er haben kann. Bewußte Askese ist bisher stets von Minderheiten geübt worden, die dadurch das Bewußtsein ihrer Aufgabe wachhielten. So die tiefe Erfahrenswelt, welche die religiöse Askese aufschließt. So die Selbstzucht, ohne welche herrschende Eliten niemals lange zu dauern vermochten, bis hin zu den Leistungsanforderungen, die jeder heutige Technokrat an sich stellen muß. So die eindrucksvollen Ansätze intellektueller Minderheiten unserer Tage, zu einem bedürfnislosen Leben zurückzukehren.
Eine demokratische Askese aber, eine asketische Demokratie, hat es bis heute nicht gegeben. Die heutige Menschheit ist in ihrer Mehrheit arm, aber weder die reiche Minderheit noch die arme Mehrheit ist asketisch. Diejenigen, welche für diese Menschheit politisch planen, müssen Wege suchen, die für diese Menschheit gangbar sind; erzieherische Wege gewiß, aber nicht solche, die sich durch undurchsetzbare Forderungen selbst zur Ungangbarkeit verurteilen. Nicht jeder muß freilich politisch planen; es ist eine wichtige Funktion einer kulturellen Minderheit, einer Avantgarde, sich dem Tageserfolg zu versagen, um ein höheres Ideal vorzuleben. Mein heutiger Vortrag aber war an die politisch Planenden gerichtet.

Folgerungen

Ich schulde Ihnen ein Resümee meiner praktischen Empfehlungen. Mir scheint:
1. Wir sind zur Förderung eines maßvollen Wachstums des Sozialprodukts gezwungen, also auch eines Wachstums des Energieumsatzes.
2. Erste Priorität sollte die Energieersparnis haben, ganz besonders diejenige, die nicht das Wachstum des Sozialprodukts, sondern nur den Elastizitätskoeffizienten zwischen Energie und Sozialprodukt herabsetzt.
3. Fossile Brennstoffe, auch Kohle, sind aus ökologischen Gründen langfristig wahrscheinlich schädlicher als Kernenergie, sollten also nicht vorrangig gefördert werden.
4. Die Sicherheit der Kernenergie ist vor allem ein Problem der Sicherung gegen Gewalt. Hier sind vor allem weitere technische Verbesserungen zu suchen. Langfristig mag die Vereinigung mehrerer Techniken in einem Gelände, wie jetzt schon beim deutschen Entsorgungszentrum geplant, die Form nuklearer Parks annehmen.

Ich beschränke mich auf diese Punkte. Detailvorschläge sind nicht Sache dieses Vortrags, gehen auch über meine Fachkompetenz hinaus. Längerfristige Entwicklungspläne sind ebenfalls mehr, als ich hier zu geben vermag; Kriterien zu ihrer Beurteilung habe ich zu liefern versucht.

2. Hans Jonas
Zukunft der Menschheit und Zukunft der Natur

Solidarität des Interesses mit der organischen Welt

Die Zukunft der Menschheit ist die erste Pflicht menschlichen Kollektivverhaltens im Zeitalter der modo negativo »allmächtig« gewordenen technischen Zivilisation. Hierin ist die Zukunft der Natur als *sine-qua-non* offenkundig mitenthalten, ist aber auch unabhängig davon eine metaphysische Verantwortung an und für sich, nachdem der Mensch nicht nur sich selbst, sondern der ganzen Biosphäre gefährlich geworden ist. Selbst wenn sich beides trennen ließe – das heißt, auch wenn mit einer verödeten (und großenteils durch Kunst ersetzten) Lebensumwelt ein menschlich zu nennendes Leben für unsere Nachkommen möglich wäre – hätte doch die in langem Schöpfertum der Natur hervorgebrachte und uns jetzt ausgelieferte Lebensfülle der Erde um ihrer selbst willen Anspruch auf unsere Hut. Da beides sich jedoch, ohne eine Karikatur des Menschenbildes, in der Tat nicht trennen läßt, da vielmehr im Entscheidenden, nämlich der Alternative »Erhaltung oder Zerstörung«, das Interesse des Menschen mit dem des übrigen Lebens als seiner Weltheimat im sublimsten Sinn zusammenfällt, so können wir die beiden Pflichten unter dem Leitbegriff der *Pflicht zum Menschen* als eine behandeln, ohne darum in anthropozentrische Verengung zu fallen. Die Verengung auf den Menschen allein und als von aller übrigen Natur verschieden kann nur Verengung, ja Entmenschung des Menschen selbst bedeuten, die Verkümmerung seines Wesens auch im Glücksfall biologischer Erhaltung – widerspricht also ihrem vorgeblichen, eben von der Würde seines Wesens beglaubigten Ziel. Im wahrhaft menschlichen Blickpunkt bleibt der Natur ihre Eigenwürde, die der Willkür unserer Macht entgegensteht. Als von ihr hervorgebracht schulden wir dem verwandten Ganzen ihrer Hervorbringungen eine Treue, wovon die zu unserem eigenen Sein nur die höchste Spitze ist. Diese aber, recht verstanden, befaßt alles andere unter sich.

Egoismus der Arten und sein symbiotisches Gesamtergebnis

In der Wahl zwischen Mensch und Natur, wie sie sich im Daseinskampf von Fall zu Fall immer wieder stellt, kommt allerdings der Mensch zuerst und die Natur, auch wenn ihre Würde zugestanden ist, muß ihm und seiner höheren Würde weichen. Oder, wenn die Idee irgendeines »höheren« Rechtes hier bestritten wird, so geht doch, gemäß der Natur selbst, der Egoismus der Art immer voran und die Ausübung der Menschenmacht gegen die übrige Lebenswelt ist ein natürliches, aus dem Können allein begründetes Recht. Das war praktisch der Standpunkt aller Zeiten, in denen die Natur im Großen unverletzlich und deshalb in allem Einzelnen dem Menschen zum unbekümmerten Gebrauch freizustehen schien. Aber selbst wenn weiterhin die Pflicht zum Menschen als die absolute gilt, so schließt sie doch nun die zur Natur als der Bedingung seiner eigenen Fortdauer *und* als einem Element seiner eigenen existentiellen Vollständigkeit ein. Wir gehen darüber hinaus und sagen, daß die in der Gefahr neuentdeckte Schicksalsgemeinschaft von Mensch und Natur uns auch die selbsteigene Würde der Natur wiederentdecken läßt und uns über das Utilitarische hinaus ihre Integrität bewahren heißt. Es braucht kaum gesagt zu werden, daß ein sentimentales Verständnis dieses Gebotes ausgeschlossen ist durch das Gesetz des Lebens selbst, das offenbar in die zu erhaltende »Integrität« mit einbezogen ist, also selber erhalten werden muß. Denn Übergriff in anderes Leben ist mit der Zugehörigkeit zum Lebensbereich eo ipso gegeben, da jede Art von anderen lebt oder deren Umwelt mitbestimmt und daher die bloße, von Natur betriebene Selbsterhaltung einer jeden einen fortwährenden Eingriff in das übrige Lebensgefüge darstellt. Simpel gesagt: Fressen und Gefressenwerden ist Existenzprinzip eben der Mannigfaltigkeit, die das Gebot um ihrer selbst willen bejaht. (Stoffwechsel lediglich mit der anorganischen Natur – womit das Ganze einmal begonnen haben muß – findet nur an der untersten Grenze statt.) Die Summe dieser gegenseitig limitierenden, immer mit Vernichtung im einzelnen einhergehenden Eingriffe ist im Ganzen symbiotisch, obwohl nicht statisch, mit jenem Kommen, Gehen und Bleiben, das uns aus der Dynamik vormenschlicher Evolution bekannt ist. Das harte Gesetz der

Ökologie (zuerst von Malthus gesehen) verhinderte jeden übermäßigen Raub der einzelnen Lebensform am Ganzen, jedes Überhandnehmen eines »Stärksten«, und der Bestand des Ganzen war sicher im Wandel seiner Teile. Hiervon machte selbst das zunehmend einseitige Eingreifen des Menschen bis vor kurzem noch keine entscheidende Ausnahme.

Störung des symbiotischen Gleichgewichts durch den Menschen

Erst mit der Überlegenheit des Denkens und mit der Macht der hierdurch ermöglichten technischen Zivilisation ist *eine* Lebensform, »der Mensch«, in die Lage versetzt worden, alle anderen (und damit auch sich selbst) zu gefährden. Kein größeres Wagnis konnte »die Natur« eingehen, als den Menschen entstehen zu lassen, und jede aristotelische Vorstellung von der sich selbst dienenden und zum Ganzen integrierenden Teleologie der Gesamtnatur (*Physis*) ist durch dies, das auch ein Aristoteles noch nicht ahnen konnte, widerlegt. Für ihn war es die *theoretische* Vernunft im Menschen, die über die Natur hinausragt, ihr aber mit ihrer Kontemplation gewiß nichts zuleide tut. Der emanzipierte praktische Intellekt, den die »Wissenschaft«, ein Erbe jenes theoretischen Intellekts, erzeugt hat, stellt der Natur nicht nur sein Denken, sondern auch sein Tun in einer Weise gegenüber, die mit dem unbewußten Funktionieren des Ganzen nicht mehr vereinbar ist: *Im Menschen hat die Natur sich selbst gestört und nur in seiner moralischen Begabung (die wir wie das andere ihr noch zuschreiben dürfen) einen unsicheren Ausgleich für die erschütterte Sicherheit der Selbstregulierung offengelassen.* Es hat etwas Erschreckendes an sich, daß hierauf nun ihre Sache stehen soll – oder sagen wir bescheidener: so viel von ihrer dem Menschen sichtbaren Sache. Nach den Zeitmaßen der Evolution und sogar den soviel kürzeren der Menschengeschichte ist dies eine fast plötzliche Wendung im Schicksal der Natur. Ihre Möglichkeit lag im Wesen des weltunabhängigen Wissens und Willens, das mit dem Menschen in die Welt einbrach, aber ihre Wirklichkeit reifte langsam und war dann plötzlich da. In diesem Jahrhundert ist der lange vorbereitete Punkt erreicht worden, wo die Gefahr offenbar und kritisch wird. Macht im Verein mit Vernunft führt an sich Verantwortung mit sich. Dies hat sich von jeher für den zwischenmenschlichen Bereich verstanden. Daß die Verantwortung sich neuerdings darüber hinaus auf den Zustand der Biosphäre und das künftige Überleben der

Menschenart erstreckt, ist schlicht mit der Ausdehnung der Macht über diese Dinge gegeben, die in erster Linie eine Macht der Zerstörung ist. Macht und Gefahr machen eine Pflicht offenbar, die durch die wahlentzogene Solidarität mit dem Übrigen sich auch ohne besondere Zustimmung vom eigenen Sein auf das allgemeine erstreckt.

Die Gefahr enthüllt das Nein zum Nichtsein als primäre Pflicht

Wiederholen wir: Die Pflicht, von der wir hier sprechen, ist erst mit der Gefährdung dessen, worum es in ihr geht, hervorgetreten. Vorher hätte es keinen Sinn gehabt, von dergleichen zu reden. Was auf dem Spiele steht, meldet sich zum Wort. Plötzlich steht das schlechthin Gegebene, als selbstverständlich Hingenommene, niemals fürs Handeln Bedachte: daß es Menschen gibt, daß es Leben gibt, daß es eine Welt hierfür gibt, im Wetterlichte der Bedrohung durch menschliches Tun. In eben diesem Lichte erscheint die neue Pflicht. Aus der Gefährdung geboren, dringt sie notwendig zuallererst auf eine Ethik der Erhaltung, der Bewahrung, der Verhütung und nicht des Fortschritts und der Vervollkommnung. Trotz dieser Bescheidenheit des Zieles können ihre Gebote schwer genug sein, opferheischender vielleicht als alle, die bisher der Verbesserung des Menschenloses galten. Wir sagten zu Anfang des vorigen Kapitels, daß der Mensch, nicht mehr einfach weiterer Vollstrecker, sondern auch potentieller Zerstörer der Zweckarbeit der Natur, ihr allgemeines Ja in sein Wollen übernehmen und das Nein zum Nichtsein seinem Können auferlegen muß. Die negative Macht der Freiheit bringt es mit sich, daß Dürfen und Nichtdürfen vor dem positiven Sollen kommt. Dies ist erst der Anfang der Moral und natürlich unzureichend für eine positive Pflichtenlehre. Zum Glück für unser theoretisches Unterfangen und zum Unglück für unsere heutige Lage brauchen wir uns auf eine Theorie vom bonum humanum und vom »besten Menschen«, die sich aus einer Erkenntnis seines Wesens herleiten müßte, nicht einzulassen. Für den Augenblick tritt alle Arbeit am »eigentlichen« Menschen zurück hinter der bloßen Rettung der *Voraussetzung* dafür – der *Existenz* einer Menschheit in einer zulänglichen Natur. Von der immer offenen *Frage, was* der Mensch sein soll, deren Anwort wandelbar ist, sind wir in der totalen Gefahr des welthistorischen Jetzt zurückgeworfen auf das erste, jener Frage immer schon zugrun-

de liegende, aber bisher nie aktuell gewordene *Gebot, daß* er sein soll – allerdings als Mensch. Dies »als« bringt das Wesen, soviel wir davon wissen oder ahnen, in den Imperativ des »daß« als den letzten Grund seiner Unbedingtheit mit hinein und muß seine Befolgung davor hüten, daß der Abgrund ihrer Opfer die ontologische Sanktionierung mitverschlinge – also die ontisch gerettete Existenz eine nicht mehr menschliche sein wird. Bei der Härte der Opfer, die nötig sein können, mag dies der prekärste Aspekt der Ethik des Überlebens werden, die uns jetzt auferlegt ist und worüber noch manches zu sagen sein wird: ein Grat zwischen zwei Abgründen, wo die Mittel den Zweck zerstören können. Diesen Grat müssen wir wandeln im ungewissen Licht unseres Wissens und in Achtung dessen, was der Mensch in Jahrtausenden der Kulturbemühung aus sich gemacht hat. Aber worauf es jetzt ankommt, ist nicht, ein bestimmtes Menschenbild zu perpetuieren oder herbeizuführen, sondern zuallererst den Horizont der *Möglichkeit* offenzuhalten, der im Fall des Menschen mit der Existenz der Art als solcher gegeben ist und – wie wir dem Versprechen der »imago Dei« glauben müssen – der menschlichen Essenz immer neu ihre Chance bieten wird. Also ist das *Nein zum Nichtsein* – und zuerst zu dem des Menschen – im Augenblick und bis auf weiteres des Erste, womit eine Notstandsethik der bedrohten Zukunft das *Ja zum Sein*, das dem Menschen vom Ganzen der Dinge zur Pflicht wird, in kollektive Tat umsetzen muß [...]
All dies gilt, wenn es wahr ist, wie hier angenommen, daß wir in einer apokalyptischen Situation leben, das heißt im Bevorstand einer universalen Katastrophe, wenn wir den jetzigen Dingen ihren Lauf lassen. Hierüber müssen wir jetzt einiges, wenn auch Wohlbekanntes, sagen. Die Gefahr geht aus von der Überdimensionierung der naturwissenschaftlich-technisch-industriellen Zivilisation. Was wir das Baconische Programm nennen können, nämlich das Wissen auf Herrschaft über die Natur abzustellen und die Herrschaft über die Natur für die Besserung des Menschenloses nutzbar zu machen, hat zwar in der kapitalistischen Durchführung von Anfang an weder die Rationalität noch die Gerechtigkeit besessen, mit denen es an sich vereinbar gewesen wäre; aber seine notwendig zur Maßlosigkeit der Produktion und des Konsums führende Erfolgsdynamik hätte bei der Kurzfristigkeit menschlicher Zielsetzung, ja der wirklichen Unvorhersehbarkeit der Ausmaße des Erfolgs, vermutlich jede Gesellschaft überwältigt (denn keine besteht aus Weisen).

Die Katastrophengefahr des Baconischen Ideals der Herrschaft über die Natur durch die wissenschaftliche Technik liegt also in der Größe seines *Erfolgs*. Dieser ist in der Hauptsache zweifacher Art, ökonomisch und biologisch: ihr notwendig zur Krise führendes Verhältnis untereinander liegt heute offen zutage. Der lange allein gesehene ökonomische Erfolg war vermehrte per capita Güterproduktion nach Menge und Arten, mit Verringerung menschlichen Arbeitsaufwands, daher erhöhter Wohlstand zunehmend Vieler, ja selbst unfreiwillig erhöhter Verbrauch Aller innerhalb des Systems – also enorm gesteigerter Stoffwechsel des sozialen Gesamtkörpers mit der natürlichen Umwelt. Dies allein hatte seine Gefahren der Überanstrengung endlicher Naturvorräte (von denen der inneren Korrumpierung soll hier abgesehen werden). Aber diese Gefahren sind potenziert und beschleunigt durch den zuerst weniger wahrgenommenen biologischen Erfolg: das zahlenmäßige Anschwellen eben dieses stoffwechselnden Kollektivkörpers, das heißt die exponentielle Vermehrung der Bevölkerung im Auswirkungsbereich der technischen Zivilisation, also neuerdings über den ganzen Planeten hinweg. Nicht nur, daß dies die Rate der ersteren Entwicklung nochmals, sozusagen von außen, beschleunigt und ihren Effekt multipliziert, es nimmt ihr beinah auch die Möglichkeit, sich selber Halt zu gebieten. Eine statische Bevölkerung könnte an einem bestimmten Punkt sagen: Genug!, aber eine wachsende steht unter dem Zwang zu sagen: Mehr! Heute beginnt erschreckend klar zu werden, daß der biologische Erfolg nicht nur den ökonomischen in Frage stellt, also vom kurzen Fest des Reichtums wieder zum chronischen Alltag der Armut zurückführt, sondern auch zu einer akuten Menschheits- und Naturkatastrophe ungeheuerlichen Ausmaßes zu führen droht. Die Bevölkerungsexplosion, als planetarisches Stoffwechselproblem gesehen, nimmt dem Wohlfahrtsstreben das Heft aus der Hand und wird eine verarmende Menschheit um des nackten Überlebens willen zu dem zwingen, was sie um des Glückes willen tun oder lassen konnte: zur immer rücksichtsloseren Plünderung des Planeten, bis dieser sein Machtwort spricht und sich der Überforderung versagt. Welches Massensterben und Massenmorden eine solche Situation des »rette sich, wer kann« begleiten werden, spottet der Vorstellung. Die solange durch Kunst hintangehaltenen Gleichgewichtsgesetze der Ökologie, die im Naturzustand das Überhandnehmen jeder einzelnen Art verhindern, werden ihr um so schrecklicheres Recht fordern, gerade wenn man ihnen das Extrem ihrer Toleranz abgetrotzt hat. Wie danach ein Menschheitsrest auf verödeter Erde neu beginnen mag, entzieht sich aller Spekulation.

Dialektik von Macht über die Natur und Zwang zu ihrer Ausübung

Dies ist die apokalyptische Perspektive, die berechenbar in der Dynamik des gegenwärtigen Menschheitskurses angelegt ist. Man muß verstehen, daß hier eine Dialektik der Macht vorliegt, der nur mit einer weiteren Stufe der Macht selber, nicht mit einem quietiven Verzicht auf Macht, beizukommen ist. Die Baconische Formel sagt, daß Wissen Macht ist. Nun hat aber das Baconische Programm für sich, das heißt in eigener Regie, auf der Höhe seines Triumphes sein Ungenügen, ja seinen Selbstwiderspruch offenbart, nämlich im Verlust der Kontrolle über sich selbst, welcher die Unfähigkeit bedeutet, nicht nur den Menschen vor sich selbst, sondern auch die Natur vor dem Menschen zu schützen. Beider Schutzbedürftigkeit ist eingetreten eben durch das Ausmaß der Macht, das im Verfolg des technischen Fortschritts erreicht worden ist und bei der parallel anwachsenden Notwendigkeit ihres Gebrauchs zu der wunderlichen *Ohnmacht* geführt hat, dem immer weiteren und vorhersehbar selbstzerstörerischen Fortschritt ihrer selbst und ihrer Werke noch Einhalt zu gebieten. Die tiefe, von Bacon nicht geahnte Paradoxie der vom Wissen verschafften Macht liegt darin, daß sie zwar zu so etwas wie »Herrschaft« über die Natur (das heißt ihre potenzierte Nutzung), aber mit dieser zugleich zur vollständigsten *Unterwerfung unter sich selbst* geführt hat. Die Macht ist selbstmächtig geworden, während ihre Verheißung in Drohung umgeschlagen ist, ihre Heilsperspektive in Apokalyptik. Was nun nötig geworden ist, wenn der Halt nicht erst von der Katastrophe selbst geboten wird, ist Macht über die Macht – die Überwindung der Ohnmacht gegenüber dem selbstgenährten Zwang der Macht zu ihrer progressiven Ausübung. Nachdem die Macht ersten Grades, die sich auf eine unerschöpflich scheinende Natur direkt gerichtet hatte, in eine Macht zweiten Grades übergegangen ist, die jene der Kontrolle des Nutzers entwand, ist die Selbstbeschränkung der den Herrscher mit sich schleifenden Herrschaft, bevor sie an den Schranken der Natur zerschellt, Sache einer Macht dritten Grades geworden: einer Macht also über jene Macht zweiten

Grades, die schon nicht mehr die des Menschen ist, sondern die der Macht selber, ihrem vermeintlichen Besitzer ihren Gebrauch zu diktieren, ihn zum willenlosen Vollstrecker seines Könnens zu machen, also anstatt den Menschen zu befreien ihn zu verknechten.

3. Günther Alexander Neuhaus
Die Ethik der Intensivtherapie

Ich möchte mit der Feststellung beginnen, daß die Erfolge der Intensivmedizin und die wissenschaftlichen Fortschritte, die wir diesen Erfolgen verdanken, in ihrer Bedeutung und ihrem Wert unbestreitbar sind. Dies schließt die Feststellung ein, daß durch die Intensivmedizin vielen Menschen Leid und Sorge erspart wurde, daß zahllose Patienten ihr Leben buchstäblich der gemeinsamen Anstrengung von Ärzten und Personal der Intensivstationen verdanken.
Trotzdem sorgt man sich aus verschiedenen Gründen und von unterschiedlichen Standpunkten her heute zunehmend um ethische Probleme der Intensivmedizin.
Auf einem Symposium, das der »Bekämpfung des infektiösen Hospitalismus durch antimikrobielle Dekontamination[1]« gewidmet war, formulierte der Würzburger Mikrobiologe H. P. R. Seeliger [...]: Der durch Strahlen, Zytostatika und Immunsuppressiva[2] seiner Abwehrfunktion beraubte Kranke »sieht sich zusätzlich der Behandlung mittels hochdifferenzierter Apparate ausgesetzt, die den Erfordernissen einer regelmäßigen und wirksamen Entkeimung oft nicht gewachsen sind, gleichwohl aber verwendet werden. Und schließlich wird der nun zum Risikopatienten gewordene Kranke oft in einem räumlich unzureichenden, mit hektischer Betriebsamkeit erfüllten Milieu mit zahlreichen, sich im Schichtbetrieb abwechselnden Ärzten, Technikern und Pflegekräften umsorgt, die ihrerseits – oft durch die Gegebenheiten überfordert – das tatsächliche Risiko des Betroffenen recht unterschiedlich bewerten«. Auf der gleichen Tagung berichtete E. Kanz [...] über die Zunahme von Problemkeimen[3] in Intensivstationen, aber auch über die Infektionswege und Infektionsmöglichkeiten, die im Zusammenhang mit diagnostischen, therapeutischen und pflegerischen Maßnahmen unbeabsichtigt eröffnet oder in Kauf genommen werden. Aus der Sicht des Rechtsmediziners legte E.

Schulz [...] Erfahrungen über schädigende Auswirkungen der Therapie und Diagnostik in Intensivpflegebereichen vor, wobei insbesondere eine Häufung von Streßläsionen der Schleimhaut des oberen Intestinaltraktes[4] zahlenmäßig parallel zum Anstieg der Behandlungszahlen auffielen.
Solche Berichte, die Teilaspekte oder negative Begleiterscheinungen der Intensivmedizin zum Inhalt haben und die durch weitere Zitate ergänzt werden könnten, stellen den *allgemeinen Nutzen* dieser Therapie für den einzelnen Kranken und für die Fortschritte der Heilkunde *nicht* in Frage, sie appellieren aber an das Verantwortungsbewußtsein des ärztlichen und nichtärztlichen Personals, auch unter den besonders schwierigen Umständen der vitalen Bedrohung des einzelnen Kranken, die auch sonst übliche Sorgfalt nicht außer acht zu lassen. [...]
Aus einem anderen Blickwinkel heraus, aus der Sorge um die personale Würde des Kranken im Bereich der Intensivmedizin, nicht selten verbunden mit Befürchtungen, daß die letzten Lebensstunden eines Patienten von einer leerlaufenden Technik bestimmt sein könnten, erwächst eine *prinzipielle* Kritik an der Intensivmedizin. Der von Rudolf Kautzky [...] herausgegebene Bericht der Ehefrau des Patienten N., der nach langem Krankenlager einem Reinfarkt trotz aller intensivmedizinischen Maßnahmen im kardiogenen Schock mit Nierenversagen erlag, mag hierfür stehen: In zweifellos auswegloser Situation kam es nach Ausschöpfung aller therapeutischen Möglichkeiten zum finalen Kammerflimmern. Kurz zuvor war Frau N. vom Krankenhaus zu dem Sterbenden gerufen worden. »Als ich an sein Bett trat, erkannte er mich noch und sagte: ›Endlich bist du da.‹ Seine Augen strahlten noch einmal auf, dann starb er innerhalb von einer halben Minute. Ich war mit meinem Mann allein, aber von draußen hatte man die kurze Unruhe bemerkt, die ihn befiel. Mein Mann lag schon mit gebrochenen Augen da, über den EKG-Monitor ging noch ein letztes Flimmern. Und statt die Würde des letzten Augenblickes zu wahren, wurde ich von den hereinstürmenden Ärzten augenblicklich aus der Nähe des Toten entfernt... Ich konnte nur noch hilflos sagen, man möge ihn doch endlich tot sein lassen. Aber das unmenschliche Ethos des Arztes, Leben auf alle Fälle zu verlängern, war stärker.«
Ist es nicht verständlich, daß Frau N. das ganze System »perfektionierter Technik der Gesundheitsfürsorge« anklagt, »das den Menschen nicht mehr menschlich nimmt, das die Würde des Sterbens nicht mehr wahrt, das die Verlängerung der Herzfunktion für das einzig Erstrebenswerte und Gute hält?« [...]

Lassen Sie mich als Grundlage für unsere Überlegungen abschließend noch einen weiteren, dieses Mal sachverständigen Zeugen anführen, der die beiden bisher besprochenen Aspekte in seiner Aussage vereinigt. Der um die Entwicklung der modernen Intensivmedizin in Großbritannien hochverdiente Professor für Anästhesiologie der Universität Birmingham, J. S. Robinson, erlebte als Patient auf seiner eigenen Abteilung nach einer zerebralen Angiographie[5], die zu einer längeren Atemlähmung mit anfänglicher Bewußtlosigkeit geführt hatte, die Ängste und den Verlust des Orientierungs- und Kommunikationsvermögens in der Phase des langsam zurückkehrenden Bewußtseins und der später wieder einsetzenden Atmungsfunktion. Er hat hierüber im einzelnen berichtet [...]. Während er tatsächlich schon einige Tage bei Bewußtsein war, hielt ihn das ärztliche Personal noch für bewußtlos und diskutierte vor ihm seine Überlebensaussichten, als er durch die Dauerbeatmung an jeder Kommunikation gehindert war. [...]
Der Verlust des zeitlichen und räumlichen Orientierungsvermögens in der ständig beleuchteten und von Geräuschen erfüllten Intensiveinheit war für Robinson besonders quälend. Eine andere Patientin beschrieb diesen erlebten Orientierungsverlust auf einer Intensivstation so: »Die Hölle ist aus der Zeit, aus der Stadt, aus Land und Raum gehoben, sie wird zur im All taumelnden Kugel, in deren Innenraum gestorben wird.« [...]
Schlimmer als der für den Spezialisten eher beruhigende unaufhörliche Geräuschpegel wurden von Robinson plötzliche und unerwartete Geräusche wie das Schlagen der automatischen Haupttür empfunden: »Ich wartete jedesmal mit angestrengter Anspannung, bis sie wieder ins Schloß fiel.« Sie war für ihn »ein Alp«, der ein Ausruhen unmöglich machte. Die bereits erwähnte Patientin schilderte in ihren Worten die Geräuschbelästigung der Intensivstation so: »Durch die weitgeöffnete Tür schallt ungehindert die mannigfaltige Kakophonie des Spitalspektakels. Da wäre dumpfes Anschlagen der Bohnerbesen gegen Wandleisten, sirrendes Geschnatter vieler Frauenstimmen, Klirren von Tellern und Tassen, auch Gläsern, das an Werkkantinenklamauk bei Mittagspause erinnert, dazwischen ›Pieper‹, Holzlatschengeklotz, freizügiges Rumpsen der Türen.«
Als entscheidende Orientierungshilfe empfand Robinson die Besuche seiner Frau auf der Intensivstation. Diese aus angeblicher Furcht vor Kreuzinfektionen und aus Gründen des Betriebsablaufes vom Personal der Station nur ungern gesehenen Besuche – der erste Einwand ist übrigens widerlegt, da Kreuz-

infektionen meist vom Personal und nicht von Besuchern ausgehen – blieben dem Patienten »wie klare Inseln« im Gedächtnis.

Die Beachtung der psychologischen Seite der Heilkunde ist auch in der Intensivmedizin von größter Wichtigkeit, als Ergänzung zum naturwissenschaftlich begründeten Handeln kann sie *entscheidend* zur Heilung des Kranken beitragen.

Wir haben Einwände gegen die heutige Intensivmedizin kennengelernt, die miteinander verbunden sind und die stark vereinfacht auf Phänomene zurückführbar sind, die uns auch außerhalb des medizinischen Bereiches zu schaffen machen: Fortschrittsgläubigkeit und daraus abgeleitete unbegrenzte Ansprüche an Institutionen, deren reibungsloses Funktionieren personale Beziehungen verkümmern läßt; die Absage an persönliche Verantwortlichkeit des einzelnen zu Lasten von Institutionen (man möchte sich gegen alles und jedes »versichern«!) und das mit dem Vertrauensverlust wachsende Mißtrauen gegen die Allmacht dieser Institutionen und schließlich die Verdrängung der ethischen Wirklichkeit, daß jedes menschliche Handeln oder Unterlassen mit Schuld verbunden ist. Fehler werden zu »Pannen« im technischen Funktionieren und damit dem Bereich der persönlichen Verantwortung entzogen.

Signalisieren die zitierten Äußerungen einzelner eine Wende oder sind sie nur Ausdruck eines ohnmächtigen Aufbäumens?

Das Verhältnis der heute lebenden Menschen zum Tode, oder richtiger ausgedrückt zum Sterben ist zwiespältig: Ihr Verlangen reicht von der Forderung nach höchstem Einsatz aller therapeutischen Möglichkeiten der Intensivmedizin, gleichzeitig aber zum vorher selbst bestimmten Verzicht auf solche Maßnahmen bis hin zum Unterlassen aller therapeutischen Maßnahmen bei hoffnungslos Kranken oder Sterbenden.

Dieser Zwiespalt ist ein charakteristisches Symptom der Hilflosigkeit: Der Vorgang des Sterbens wird tabuisiert; aus dem »Nächsten« wird ein in die Klinik »Entfernter«, um der Familie, nicht dem Kranken selbst die als unerträglich empfundene allzu enge Teilnahme an der Existenz des anderen zu ersparen. Die von manchem Angehörigen den Ärzten gegenüber gezeigte Anspruchshaltung dient der Kompensation der sich selbst nicht eingestandenen Lieblosigkeit; sie wird im Todesfalle in den Übertreibungen der Todesanzeigen fortgesetzt.

Andererseits entstehen aus der Erfahrung, »daß in dem Wohlfahrtshospital ›Egalité‹ das Leben bitter ist und das Sterben ohne Weinlaub im Haar« (G. Benn) [...] und aus der gelegentlichen Beobachtung ärztlicher Mutlosigkeit, aus der heraus fortgesetzt wird, was nach abgewogener ärztlicher Entscheidung [...] beendet werden sollte, Bestrebungen, die dem Gesetzgeber Regelungen und dem Juristen Entscheidungen zumuten wollen, die man dem Arzt nicht mehr überlassen will.

Ob die in gesunden Tagen vorsorglich schriftlich niedergelegte Selbstbestimmung für das eigene Sterben ein tauglicher Leitfaden in der Not des Schwerkranken ist, darf nach aller ärztlicher Erfahrung bezweifelt werden. Erfahrene Notare wissen um die Motivation, mit der ein zukünftiger Erblasser die Regelung seiner materiellen Angelegenheiten betreibt: Er will über seinen Tod hinaus sorgen, verfügen und Macht ausüben. Sein Vorausdenken schließt das eigene Sterben nicht wirklich ein, zu seinem späteren Tod steht er in theoretischer Distanz.

Bis zur Mitte des 18. Jahrhunderts war das Testament mehr als ein privatrechtlicher Akt der Erbschaftsübergabe: »Das Testament bot jedem Menschen die Möglichkeit, seine tiefsten Gedanken und Überzeugungen zu beglaubigen« (Ph. Ariès) [...], der eigene Tod wurde schon zu Lebzeiten, das spätere Sterben im Familienkreis eingeschlossen, ernst genommen. Tod und Sterben begannen erst mit dem 19. Jahrhundert dem Menschen wirklich Angst einzuflößen, »die Angst vor dem Scheintod war die erste akzeptierte und gebilligte Form von Todesangst«.

Der Gesetzgeber hat festgelegt (§ 2229 BGB), daß der Erblasser die Testierfähigkeit nicht mehr besitzt, wenn er »wegen krankhafter Störung der Geistestätigkeit, wegen Geistesschwäche oder wegen Bewußtseinstrübung nicht in der Lage ist, die Bedeutung einer von ihm abgegebenen Willenserklärung einzusehen und nach dieser Einsicht zu handeln«.

Das bedeutet, daß der testierfähige Erblasser seine Verfügungen aufgrund einer rationalen Analyse aller Voraussetzungen und Folgen treffen sollte. Es wird von ihm unterstellt – denn sonst wäre das Institut des Testamentes fragwürdig –, daß die ihm bekannten Tatsachen und Voraussetzungen, die der letztwilligen Verfügung zugrunde liegen, auch zur Zeit seines späteren Todes und danach noch in der gleichen Weise zutreffen wie zur Zeit der Abfassung des Testamentes. Das erwartete Ziel der Verfügung wird um so sicherer erreicht, je weniger emotionale Komponenten von seiten des Erblassers in die Analyse eingeflossen sind.

Demgegenüber können Handlungsanweisungen, die andere Personen für den Fall einer schweren, unter Umständen zum

Tode führenden Erkrankung eines Patienten vorab festlegen und binden sollen – wie es zum Beispiel in dem Buch von Milton D. Heifetz [...] vorgeschlagen und in einem Gesetz des US-Bundesstaates Kalifornien festgeschrieben wurde – *grundsätzlich* nicht auf rationalen Analysen beruhen. Weder können der Zeitpunkt noch die Art der eventuell zum Tode führenden Erkrankung, noch die dann vorliegenden Lebensumstände, noch die »anderen Personen«, denen die Verfügung gilt – die Ärzte und das Pflegepersonal – zum Zeitpunkt der Verfügung bekannt sein. Auch die vorgeschlagene Erneuerung des Testates in bestimmten Zeitabständen ändert nichts an dieser Feststellung.

Schon gar nicht können im vorhinein die therapeutischen Chancen bei der noch unbekannten Erkrankung ins Kalkül einbezogen werden und damit auch nicht die Beschwerden und Risiken abgeschätzt werden, die bei einer erfolgreichen Behandlung in Kauf genommen werden müssen. Aber selbst wenn alles dieses einer Vorabanalyse zugänglich wäre, bleibt zu bedenken, daß die Haltung eines Menschen durch die erfahrene oder geargwöhnte Gewißheit des bevorstehenden definitiven Endes seiner eigenen Existenz so unvorhersehbar geändert wird, daß die ursprüngliche Motivation aus gesunden Tagen – zum Beispiel die Angst vor einem längeren Krankenlager mit Schmerzen oder vor der Abhängigkeit von anderen Menschen in den einfachsten Körperfunktionen – zur Belanglosigkeit absinkt vor anderen Motiven, die unvermutet im Rang steigen, wie die Sorge für Angehörige und Freunde, die Ordnung der Lebensumstände, die Beendigung einer begonnenen Aufgabe oder die Selbstfindung in der Krankheit.

Die Voraussetzungen für eine gültige Selbstbestimmung des Sterbens müßten von weit höherer ethischer Qualität sein wie die bürgerlich-rechtlichen Voraussetzungen der Testierfähigkeit: Der Selbstbestimmung müßte das Selbst-Bewußtwerden der spezifisch menschlichen Identität vorausgegangen sein.

Der in hoffnungslos erscheinender schwerer Krankheit im Grunde seiner Existenz zutiefst erschütterte Kranke verlangt häufig genug für sich viel eher das »Recht auf Leben« denn das »Recht auf Sterben«. Vor allem für Nichtärzte sei auf den 1975 von Ferdinand Hoff gehaltenen Festvortrag »Der Krebskranke, der Arzt und die Wahrheit« [...] hingewiesen, in dem eindrucksvolle Auswirkungen auch auf den körperlichen Zustand der Kranken aufgezeigt werden. Freilich fanden diese Patienten einen Arzt an ihrer Seite, der den Mut aufbrachte, die Führungsrolle zu übernehmen und die Konsequenzen der für

notwendig erachteten Entscheidungen zusammen mit den Angehörigen zu tragen.
Nun ist die Entscheidungs- und Handlungssituation des Arztes angesichts des drohenden »unzeitigen Todes« unterschiedlich von derjenigen beim drohenden »nicht abwendbaren Tod«. Sonderprobleme stellen sich beim »intravitalen Hirntod« und bei ausgedehnten Rindennekrosen des Gehirns.
Der Begriff des »*unzeitigen Todes*« soll die vorzeitige Beendigung der natürlichen Lebensspanne eines Menschen durch eine Erkrankung oder einen Unfall beschreiben, der durch eine zweckmäßige, meist intensivmedizinische Therapie prinzipiell zu verhindern ist.
Der Begriff des »*nicht abwendbaren Todes*« soll in Zusammenhang mit Krankheitszuständen gebracht werden, die von einem bestimmten, meist fortgeschrittenen Stadium ab nach unserem derzeitigen Wissen nicht mehr heilbar sind und den »natürlichen Tod«, der im Alter nach Ablauf der natürlichen Lebensspanne eintritt, einschließen.
Beim »*intravitalen Hirntod*« liegt ein Totalinfarkt des Gehirns nach akuter Hirnschwellung mit Zirkulationsunterbrechung an der Schädelbasis vor. [...] Diesem Zustand folgt auch unter den Möglichkeiten der Intensivmedizin nach wenigen Stunden ein Zusammenbruch der die Organfunktionen integrierenden Vitalsysteme [...], das heißt, ein kontinuierlicher Fortgang des mit der Hirnschwellung einsetzenden Sterbevorganges [...]. Therapeutische Maßnahmen werden von keinem Arzt mehr verlangt, wenn der Sterbevorgang unzweifelhaft begonnen hat. Der Begriff des »Todeszeitpunktes« hat nur eine rechtliche, aber keine biologische Bedeutung. Sterben ist ein Vorgang, dessen zeitlicher Ablauf von Gewebe zu Gewebe unterschiedlich ist und der zudem von der Todesart und den Todesumständen beeinflußt wird. [...].
Dem »*Coma vigile*« liegt eine mehr oder weniger vollständige Hirnrindennekrose zugrunde, die Folge eines akuten Sauerstoff- oder Substratmangels ist. Diese irreversible Schädigung ist von einer bleibenden tiefen Bewußtlosigkeit begleitet, nicht jedoch wegen der unterschiedlichen Vulnerabilität des Nervengewebes regelhaft auch von einer Desintegration der vitalen Regulationssysteme. Nach einem kritischen, durch die Verfahren der Intensivmedizin überbrückbaren Intervall können einzelne Vitalfunktionen vom Organismus wieder selbst geleistet werden. Obwohl sich bei Kranken mit einem Coma vigile alle Körperfunktionen – bis auf das Bewußtsein – wieder stabilisieren können, bleibt die biologische Widerstandskraft dieser

Kranken so gemindert, daß sie besonders anfällig gegen Infekte werden, denen sie früher oder später erliegen. Insofern handelt es sich um einen Zustand, bei dem der Tod letztlich nicht abwendbar ist.
Nach kürzerem Sauerstoffmangel können wir die gleichen Großhirnrindennekrosen aus gleicher Ursache wie beim Coma vigile finden, nur in geringerer Ausprägung. Im Beginn ist beim bewußtlosen, atemgelähmten Patienten eine diagnostische Differenzierung nicht möglich. Nach längerer intensivmedizinischer Behandlung kann jedoch unter glücklichen Umständen, vor allem bei jüngeren Patienten, eine vollständige Restitutio ad integrum eintreten.
Schwere ärztliche Entscheidungsprobleme stellen sich in *jeder Phase* einer akut mit Bewußtseinsverlust einhergehenden Erkrankung. Durch die hohe Vulnerabilität des Zentralnervensystems führt ein Kreislaufstillstand durch eine anfangs noch reversible Funktionsstörung der Hirnrindenzellen *unmittelbar* zur Bewußtlosigkeit und schon nach *wenigen Minuten* zu irreversiblen Ausfällen. Entwicklungsgeschichtlich ältere Teile des ZNS sind zwar weniger vulnerabel, das Begleitödem kann anfangs aber auch deren Funktion beeinträchtigen. Dies macht die prognostische Analyse des Ausmaßes des eingetretenen Gesamtschadens im Beginn der Therapie unmöglich [...].
Bei akuten Erkrankungen mit Bewußtseinsverlust ist es bei bis dahin unbekannten Patienten häufig nicht zu entscheiden, ob das zerebrale Koma Folge einer *primären* Erkrankung des Zentralnervensystems oder zusätzlich und vor allem *indirekte* Folge zirkulatorischen, ventilatorischen oder metabolischen Versagens[6] peripherer Organe ist.
Niemals ist bei einem bis dahin unbekannten Kranken mit akutem Atem- oder Herzstillstand mit der notwendigen Sicherheit in der hierfür zur Verfügung stehenden Zeit von wenigen Minuten zu entscheiden, ob die Ausfallserscheinungen des Zentralnervensystems primärer oder sekundärer Natur sind und ob sie *noch* Korrelate reversibler Funktionsstörungen oder *schon* Ausdruck irreversibler Schäden sind, mit anderen Worten, ob der Kranke von einem »unzeitigen Tod« bedroht ist, oder ob es sich um den Anfang eines nicht mehr umkehrbaren Sterbevorganges handelt.
Deswegen ist der Arzt in dieser prognostisch unklaren Situation *stets* verpflichtet, *ohne Zeitverzug* die Vitalfunktion durch den Einsatz aller therapeutischen Möglichkeiten der modernen Intensivmedizin zu sichern.
Das Beispiel des ohne Intensivtherapie fast immer tödlichen

Kammerflimmerns nach einem Myokardinfarkt[7] mag für andere Beispiele stehen: Der »elektrische Unfall«, der mehr nach statistischen Gesetzen als nach der Größe des Infarktes das Leben des Kranken »zur Unzeit« bedroht, mindert nach erfolgreicher Behandlung die Lebenserwartungen dieser Kranken nicht, wenn wir sie an derjenigen von Infarktkranken vergleichbaren Schweregrades ohne Kammerflimmern messen [...].
Wenn wir aus der geschilderten prognostischen Unsicherheit den sofortigen Einsatz aller therapeutischen Möglichkeiten der Intensivmedizin bei allen akut eingetretenen Vitalstörungen fordern, müssen wir auch bestimmte, teilweise bedrückende Folgen der modernen Intensivmedizin annehmen und vertreten.
Bei der extrathorakalen Herzmassage, bei der das unter dem Brustbein gelegene flimmernde Herz manuell gegen die Wirbelsäule ausgepreßt wird, um für die Zeitspanne bis zum Einsatz der apparativen Therapie eine eben ausreichende Minimalperfusion des Gehirns zu erreichen, müssen zum Beispiel Rippenbrüche in Kauf genommen werden. Solche Rippenbrüche sind nicht vermeidbar, sie können bei starrem Brustkorb älterer Menschen sogar eine Voraussetzung für eine wirksame Herzmassage sein. Es kann schwierig werden, den Kranken, die für die Zeit des Kammerflimmerns eine retrograde Amnesie[8] haben, nach erfolgreicher Reanimation klarzumachen, daß die schmerzhaften Rippenbrüche der Preis für das Überleben sind. Noch schwieriger ist es gelegentlich, diesen Tatbestand den Angehörigen oder Juristen plausibel zu machen.
Wenn eine Reanimation bei einem Patienten begonnen und durchgeführt wurde, bei dem sich aus dem Verlauf später herausstellt, daß bereits zu Beginn der Behandlung irreversible, schwere zerebrale Schäden bestanden haben müssen, bleibt das tragische Ergebnis unserer Entscheidung zum Handeln unauflösbar.
Ich hatte darauf hingewiesen, daß eine schwere Hirnschädigung durchaus mit der späteren Wiederkehr spontaner Atmungs- und Kreislauftätigkeit vereinbar sein kann. Ein legalisiertes Abstellen technischer Geräte führt – wie der Krankheitsverlauf des jungen Mädchens Karen Ann Quinlan aus New Jersey gezeigt hat – zu keiner Lösung der menschlichen Probleme. Für die Angehörigen solcher Kranken entstehen im Gegenteil besondere Schwierigkeiten, die medizinisch erklärbar, für diese jedoch über Wochen und Monate immer wieder Ursache für enttäuschte Hoffnungen darstellen. Beim Coma vigile treten

nämlich wieder primitive Reflexschablonen auf [...], die aus der frühen Entwicklungsphase von Mensch und Tier bekannt sind, zum Beispiel der Sperreflex der Jungvögel beim Anfliegen der Eltern an das Nest oder der Klammerreflex des Säuglings bei flächenhaftem Hautkontakt. Sogar beim Totalinfarkt des Gehirns können reflektorische spinale[9] Mechanismen in Form von bizarren Bewegungsabläufen ausgelöst werden [...].
Ist es verwunderlich, daß die gleichen Bewegungsabläufe, die der Arzt aufgrund seiner Kenntnisse als Beweis für die prognostische Hoffnungslosigkeit wertet, von den Angehörigen hoffnungsvoll als Zeichen des wiederkehrenden Kontaktes des Kranken mit seiner Umgebung aufgefaßt werden?
Einfacher, aber nicht leichter ist die Entscheidung zwischen Beginn und Unterlassen von Reanimationsmaßnahmen bei solchen Kranken zu treffen, bei denen das Endstadium einer unheilbaren Erkrankung *sicher* feststeht und bei denen die akut aufgetretene vitale Bedrohung im Verlauf der Krankheit erwartet wurde. Hier kann es nicht Aufgabe der Intensivmedizin sein, lebens-, das heißt leidensverlängernd wirksam zu werden. Der Arzt muß dann – auch gegenüber uneinsichtigen Angehörigen als Anwalt seines Kranken – auf die Einleitung einer solchen Behandlung verzichten. Der »nicht abwendbare Tod« ist kein Feld für die Intensivmedizin, aber die Aufforderung zum Beistehen und Trösten.
Ich möchte hier abbrechen, obwohl wichtige Aspekte des Themas noch unerwähnt geblieben sind.
Die Intensivmedizin erfordert neben dem selbstverständlichen Spezialwissen von allen dort Tätigen: Selbstdisziplin, Mut und die Bereitschaft, gerade im Umfeld technischer Verfahren den Dienst am einzelnen Kranken auf sich zu nehmen.
Die Probleme des Hospitalismus auf Intensivstationen, ebenso die Formen des Umgangs und der Zuwendung den Schwerkranken und seinen Angehörigen gegenüber verlangen *Selbstdisziplin.* Jedes Fehlverhalten kann eine unabsehbare Kette von Folgen nach sich ziehen, die um so schwerwiegender dort sein können, wo wir am wenigsten daran denken.
Ärztliche Tätigkeit im Bereich der Intensivmedizin erfordert *Mut* für die immer wieder anstehenden Entscheidungen. Ich meine hiermit nicht den Mut zum Handeln oder Unterlassen in einer bestimmten Situation – das ist ärztlicher Alltag –, sondern den Mut, immer wieder die menschlichen Folgen unseres medizinisch begründeten Handelns zu ertragen – und dennoch weiterzumachen.
Lassen Sie mich mit einem Zitat von Nicolai Hartmann aus der

Einleitung seiner »Ethik« schließen [...]: »Vor der Frage, ›was sollen wir tun‹ stehen wir in jedem Augenblick. Jede neue Situation gibt sie uns neu auf, von Schritt zu Schritt im Leben müssen wir sie neu beantworten, unausweichlich und ohne daß irgendeine Macht uns dabei entlasten, über die Notwendigkeit hinwegheben könnte. Und auf die immer neue Frage ist unser Tun, unser wirkliches Verhalten, die immer neue Antwort. Denn allemal enthält die Tat bereits die gefällte Entscheidung. Und wo sie uns nicht bewußt war, da können wir sie an unserem Tun doch nachträglich erkennen, vielleicht um sie zu bereuen. Denn ob wir in jenem Für oder Wider das Rechte treffen, das eben liegt nicht in der Frage, nicht in der Situation; dafür gibt es keine Notwendigkeit, keine Führung durch fremde Hand. Hier ist jeder auf sich selbst angewiesen, trifft allein und von sich die Entscheidung. Und er trägt hernach, wenn er irrte, allein Verantwortung und Schuld.«

Anmerkungen

1 »Entkeimung«.
2 Unterdrückung des körpereigenen Abwehrsystems.
3 Zunehmend resistente Keime.
4 Magen und Zwölffingerdarmbereich.
5 Röntgenologische Darstellung der Gehirngefäße nach Injektion von Kontrastmitteln.
6 Gefäßbedingtes, atmungsbedingtes, stoffwechselbedingtes Versagen.
7 Herzmuskelinfarkt.
8 Partieller Gedächtnisverlust in bezug auf Ereignisse vor dem Trauma.
9 Vom Rückenmark ausgelöste Mechanismen.

(Die Anmerkungen verfaßte Christoph Plumpe, cand. med.)

4. André Gorz
Die Klassengebundenheit der Medizin

Kliniken der Reichen und Krankenhäuser der Armen; vom gesellschaftlichen Rang und dem Vermögen abhängiger ungleicher Zugang zu den teuersten Apparaten, Medikamenten und Therapien; knappe künstliche Nieren, desinfizierte Räume, Kobaltbomben, Wiederbelebungshilfen; Untersuchungen am Fließband (drei Minuten pro Patient inklusive Anamnese bei den deutschen Kassenärzten) oder im Gegenteil »Einzelge-

spräche« von einer halben Stunde oder mehr bei den Ärzten der vornehmen Viertel.
Das versteht die institutionelle Linke *noch* unter »Klassenmedizin«. Ich werde davon nicht sprechen oder kaum. Nicht daß es keine Diskriminierungen nach Klasse, Rang, Vermögen gäbe: sofern sie bestehen, handelt es sich mehr um den Tatbestand *einzelner* Mediziner, als *der* Medizin als Institution und System. Zwar gibt es immer noch eine Medizin der Reichen und eine Medizin der Armen (wie im übrigen die Krankheiten der Reichen und die der Armen), aber nur in dem Maße, wie es *Ärzte* der Reichen gibt, und nicht auf Grund einer Dualität des Systems. Wenn die Armen zu den Spitzenleistungen der Medizin und den kostenmäßig extravaganten Medikamenten schwierigeren Zugang haben, dann nicht, weil das System sie ihnen verweigert: Nur weil sie aus sozialen und kulturellen Gründen der Autorität »ihres« Arztes stärker unterworfen sind, haben sie größere Hemmungen, ihm zu widersprechen und einen Spezialisten nach dem anderen aufzusuchen in der Hoffnung, den zu finden, der sie zu behandeln weiß oder es zu wissen vorgibt.
Sind nun die Behandlungen, die sich die Reichen auf diese Weise angedeihen lassen, wirklich um so besser geeignet und ihre Ärzte besser? Haben Sie Gründe, dies zu denken? Gibt es nicht ebenso viele Gründe, das Gegenteil anzunehmen? Hätte man nicht gerade bei den Ärzten der Reichen die meisten Chancen, auf Scharlatane zu stoßen? Lassen nicht gerade sie sich die Diagnose von Leiden bezahlen, die sich jeder Klassifizierung entziehen, und verschreiben teure Mittel, deren Wirkung (wenn man überhaupt von einer solchen sprechen kann) rein psychologischer Natur ist? Wenn das Privileg einer um zwei Tage oder Wochen verlängerten Agonie mittels technischer Verfahren, die tatsächlich diesen »wichtigen Leuten« vorbehalten sind, deren Familie der Chefarzt auf ihren ausdrücklichen oder stillschweigenden Wunsch überzeugen soll, daß »man das Unmögliche getan hat« – wenn dieses Privileg sowohl für die Pflegenden als auch die Sterbenden eine entwürdigende Tortur und nicht eine beneidenswerte Gunst war, wer sagt Ihnen dann, daß die Reichen, die sich eine längere und kostspieligere Behandlung ihrer tatsächlichen oder eingebildeten Leiden leisten, sich *deshalb* besserer Gesundheit erfreuen als die anderen? Wären Sie dann nicht Opfer der Illusion, daß das Teurere auch besser ist? Wissen Sie, welche – nach einer noch nicht abgeschlossenen Untersuchung Dr. Brunettis – die *einzige* soziale Klasse ist, deren körperliche und seelische

Gesundheit, soweit man sie messen kann, besser ist als die des Durchschnitts? Die der auf dem Lande lebenden Männer und Frauen.
Ja, ich weiß: die Ungelernten und die Facharbeiter sterben zehn Jahre früher als die Unternehmer in Industrie und Handel. Wer aber sagt Ihnen, daß die Medizin und die »Gesundheits«-Ausgaben Ursache der Langlebigkeit der Reichen ist? Nach einer beruflichen Gliederung leben Lehrer und Pfarrer am längsten. Und deren Langlebigkeit ist nicht der Medizin zu verdanken.
Immerhin ist eins gewiß: wir haben eine Klassenmedizin. Nur sind diese Klassenmerkmale nicht dieselben wie für die institutionelle Linke. Nehmen Sie den letzten angesprochenen Tatbestand: die unterschiedlichen Lebenserwartungen der verschiedenen »Berufe«. Hat sich die Medizin jemals systematisch dafür interessiert, diejenigen Faktoren auszuschalten, die die Arbeiter jünger sterben lassen, und die Bedingungen der Langlebigkeit von Lehrern und Pfarrern für alle zu schaffen? Wird es jetzt heißen, das sei nicht Aufgabe der Medizin? In diesem Falle muß man sich fragen, was denn eigentlich die Medizin *ist*. Die meisten Mediziner werden Ihnen antworten: »Die Medizin ist die Gesamtheit der Wissenschaften, die sich mit der menschlichen Biologie beschäftigen.« Ihr Erkenntnisgegenstand wären also die Faktoren der Gesundheit und der Krankheit; sie hätte die ersteren zu maximieren und die letzteren zu minimieren. Dieser Begriff von Medizin war bereits der des Hippokrates. Hält man sich an diese Definition, so kann man daraus die wichtige praktische Schlußfolgerung ziehen: die medizinische Wissenschaft, das heißt die Erkenntnis der Gesundheits- und Krankheitsfaktoren, erreicht nur dann ihre volle Leistungsfähigkeit, wenn die sie erarbeitenden Professionellen nicht die ausschließlichen Inhaber dieses Wissens bleiben. Das ist etwa so zu verstehen: Wenn der Mediziner derjenige ist, der auf Grund fortwährenden Studiums am besten die Krankheits- und Gesundheitsfaktoren kennt, werden die ersteren und die letzteren nur unter der Voraussetzung ausgeschaltet oder vermieden bzw. aufs beste geschaffen, daß jedermann über die Grundregeln des gesunden Lebens unterrichtet ist und daß diese Regeln – die im übrigen in gewissen Grenzen variieren können – in die Kultur und die Lebensweise des Volkes eingehen. Diese Integration des medizinischen Wissens in die Kultur (im angelsächsischen Sinne), das heißt in die Kunst zu leben – zu verstehen als die Kunst zu arbeiten, den Tagesrhythmus zu gestalten, zu kommunizieren, zu lieben, die

Kinder aufzuziehen, die Alten zu schützen, eine Wunde zu reinigen und zu verbinden, eine Magenverstimmung zu behandeln, sich zu ernähren, zu atmen, sich sauberzuhalten, den Müll zu beseitigen, über die Qualität des Wassers und der Luft zu wachen usw. –, das nannte man ursprüngliche »Hygiene«. Das Wissen um die Bedingungen der Gesundheit kann nur dann voll zum Tragen kommen, wenn es in »hygienische« Verhaltensweisen übersetzbar ist und übersetzt wird, welche die Leute *von sich aus* übernehmen, um die Gesundheit zu bewahren oder wiederzuerlangen.
Unter diesem Gesichtswinkel sind die markantesten Siege, die die abendländische Medizin seit hundertfünfzig Jahren errungen hat, in erster Linie Fortschritte der Hygiene. Wir haben die Mittel und die Gewohnheit erworben, eine immer vielfältigere und reichlichere Nahrung zu verbrauchen, wozu vor allem Milchprodukte, Obst und Gemüse zu jeder Jahreszeit gehören; wir haben es geschafft, Elendsviertel und Schmutzlöcher zu beseitigen; wir haben gelernt, uns von Ratten und Ungeziefer zu befreien, Ab- und Trinkwassernetze zu legen, die Wohn- und Arbeitsräume zu belüften, hygienisches Papier zu benutzen, uns häufig die Hände zu waschen usw. All diese Fortschritte in der Hygiene gingen auch mit einer Entwicklung des therapeutischen Apparats einher. Es ist jedenfalls weniger diesem zu verdanken als dem Fortschritt der Hygiene, wenn sich der Gesundheitszustand der Bevölkerung in spektakulärer Weise verbessert hat. Wenn die sehr konkreten Fortschritte des therapeutischen Apparats eine immer wirksamere Pflege der Menschen, die sich Infektionskrankheiten zugezogen haben, ermöglichen, dann haben sich Anzahl und Ausmaß der Epidemien keineswegs wegen der Therapie verringert, und es liegt auch nicht an ihr, daß bestimmte Krankheiten völlig verschwunden sind, während andere viel seltener und weniger gefährlich wurden. Das liegt nicht daran, daß die Medizin eine Krankheit wirksam behandeln kann, die sich immer weniger Menschen zuziehen. Vielmehr verhält es sich umgekehrt: eine wirksame Therapie kann in jedem Fall mit Erfolg angewandt werden, wenn die Krankheit ihren endemischen Charakter verliert. Und diesen verliert sie nicht dank der Heilbehandlungen, sondern dank der Ausschaltung sozialer, wirtschaftlicher, ökologischer, kultureller Krankheitsursachen. Dies gilt für alle Mangelkrankheiten, alle Parasitosen und die überwältigende Mehrheit der Infektionskrankheiten, die mit geringen Ausnahmen (wie die Kinderlähmung) zunächst solche Personen befallen, die geschwächt sind durch

Unterernährung, Überanstrengung, ungesunde Wohnbedingungen.
Diese größere Bedeutung der Hygiene gegenüber der Therapie war Gegenstand einer Schätzberechnung durch den amerikanischen Epidemiologen Charles Stewart: Auf der Basis statistischer Vergleiche seien die unterschiedlichen Lebenserwartungen in der Welt zu 85,8 Prozent auf zweierlei Faktoren zurückzuführen: die Einführung von Trinkwasser und die Alphabetisierung. Es liegt auf der Hand, daß diese beiden Faktoren niemals isoliert bestehen, sondern gleichzeitig Indikatoren eines allgemeinen Fortschritts der Hygiene und des »Wohlstands« sind. In Frankreich 1974 durchgeführte statistische Serienvergleiche ergaben folgende Faktoren besserer Gesundheit: Durch Erhöhung der Dichte ärztlicher Betreuung um 10 Prozent sinkt die Sterblichkeit um 0,3 Prozent; durch Senkung des Alkoholverbrauchs um 10 Prozent sinkt die Sterblichkeit um 1,8 Prozent; durch Senkung des Fettverbrauchs um 10 Prozent läßt sich die Sterblichkeit um 2,5 Prozent verringern.
Schlagender noch sind diese Ergebnisse bei einer Untersuchung über die Hauptgründe von Hospitalisation, die in einem Armenviertel Chicagos bei über 60 000 Einwohnern durchgeführt wurde. Diese Gründe sind in der Reihenfolge ihrer Bedeutung: Verkehrsunfälle, Anschläge und Gewalttaten, Geschlechtskrankheiten, nicht mit dem Straßenverkehr zusammenhängende Unfälle, Erkrankungen der Luftwege, Bisse durch streunende Hunde usw. Insgesamt sind 75 Prozent der Krankenhausaufenthalte auf soziale Ursachen zurückzuführen.
Die Epidemiologie und die Biologie der Populationen, die integrale Bestandteile der medizinischen Wissenschaft sind, belegen auf diese Weise mit größter Klarheit, wie bescheiden die Rolle der Heilmedizin und wie wichtig die Rolle des Milieus, der Lebensweise und der Hygiene ist (im obigen erweiterten Sinne im Kampf gegen die Morbidität und für eine bessere Gesundheit). Nun ist die westliche Medizin *als Institution* gegenüber den Lehren der Medizin *als Wissenschaft* nach wie vor unzugänglich. Überall im Westen hat sich die Heilmedizin unablässig unvergleichlich viel rascher entwickelt als dic Hygiene und die soziale Vorsorge, die ein kümmerliches Dasein führen. In diesem Widerspruch enthüllt sich meines Erachtens der Klassencharakter der Medizin. Nur wenige Beispiele illustrieren auf derart beredte Weise, daß die wissenschaftlichen Erkenntnisse immer noch vernachlässigt und gewissermaßen zensiert werden, wenn sie nicht in die Interessen und die

Ideologie der herrschenden Klasse passen. Noch schlimmer: Diejenigen, die die Lehren der Epidemiologie und der Populationsbiologie (in Frankreich nahezu inexistente Disziplinen) zensieren und vernachlässigen, sind genau dieselben, die die Aufgabe haben, die medizinische Wissenschaft in den Institutionen zu konkretisieren sowie das Monopol ihrer institutionellen Praxis. Keine Wissenschaft kann unabhängig von den Institutionen existieren, die die Weitergabe und den praktischen Einsatz in der etablierten Gesellschaft gewährleisten. Wenn ich von der »Medizin« ohne näheren Zusatz sprechen werde, dann meine ich damit auch in keiner Weise »die biologischen Wissenschaften vom Menschen«, sondern das, was die Medizin in Wirklichkeit ist: eine institutionelle Praxis, die die Auswahl der möglichen Anwendungen wissenschaftlicher Kenntnisse und dieser Kenntnisse selbst so vornimmt, daß sie in die sozialen Beziehungen integriert werden können und zur herrschenden Ideologie der industrialisierten kapitalistischen Gesellschaft passen.

Unsere Medizin ist also eine bürgerliche Medizin, und zwar aus drei Hauptgründen:

1. Sie »macht« Gesundheit und Krankheit der Individuen, indem sie auf natürliche oder Unfall-»Ursachen« abstellt und dabei deren soziale Dimension verschleiert.
2. Sie privilegiert den individuellen Konsum vermarkteter Güter und Dienstleistungen, die für die Gesundheit als förderlich gelten, wobei sie sämtliche anderen Faktoren, die sie nicht zu kennen vorgibt, vernachlässigt.
3. Sie privilegiert die 5 Prozent der seltenen Krankheiten, die sehr spezialisierte Pflege und kostspielige und komplizierte Geräte erfordern, im Verhältnis zu den 95 Prozent der am meisten verbreiteten Krankheiten und nimmt folglich eine Bewertung der medizinischen Kenntnisse vor: sofern sie sich auf seltene Krankheiten beziehen, nehmen sie die Spitze der hierarchischen Pyramide ein und bedeuten für ihre Inhaber den höchsten Status und das höchste Einkommen. Ich werde darauf zurückkommen.

1. Die wichtigsten Krankheitsfaktoren unserer Gesellschaft werden allmählich erkannt und erfaßt. Nur »die Medizin« selber ignoriert sie beharrlich. Wir wissen insbesondere, daß der Darmkrebs mit einer falschen Ernährung zusammenhängt; daß der Magenkrebs mit der Luftverschmutzung durch Ruß und Rauch zusammenhängt; daß der Brustkrebs mit einer fettreichen Ernährung zusammenhängt. Wir wissen, daß die

Erkrankungen der Herz(kranz)gefäße auf Überernährung, die sitzende Lebensweise und den Streß zurückzuführen sind. Andererseits wissen wir dank einer neueren amerikanischen Untersuchung, daß die Mitglieder bestimmter religiöser Sekten, die ein karges Leben führen, viele Übungen machen und integrierte stabile Gemeinschafts- und Familienstrukturen aufweisen, nur halb so viel Fälle an Krebs und Erkrankungen der Herz(kranz)gefäße aufweisen wie der Rest der Bevölkerung, in deren Mitte sie leben. Ohne genauere Meßmöglichkeiten kennen wir bereits die pathogenen Eigenschaften der Verschmutzung des Wassers und der Luft durch die Schwermetalle, der Schädigung der Nahrungsmittel durch Schädlingsbekämpfungsmittel, Antibiotika und Hormonzusätze. Wir wissen, daß die arbeitsbedingte Körperhaltung in Fabriken und Büros der Ursprung der meisten »rheumatischen« und Kreislaufkrankheiten ist; daß die Nachtarbeit, der Lärm, die Zwänge der Taktarbeit in der Industrie und der Leistungsdruck die Hauptursachen der Störungen des Nervensystems und der Verdauung sind. Wir wissen, daß bei der jährlichen *Erfassung* auf neun Millionen manuelle Arbeiter Frankreichs 1,1 Millionen Arbeitsunfälle entfallen mit einer mittleren Dauer der Arbeitsunfähigkeit von 26 Tagen. Wir wissen auch, daß bei Arbeitsunfällen, die durch Umwelt und Art der Arbeit hervorgerufen werden, in den Vereinigten Staaten (dem einzigen Land, in dem von den Behörden eine statistische Auswertung in dieser Hinsicht erfolgt) jährlich 100 000 Arbeiter ums Leben kommen und 390 000 Invaliden werden.

Die epidemiologische Wissenschaft und Forschung lehrt uns also, daß die Hauptursachen der Krankheiten sozialer Natur sind und daß sich die einzelnen zu ihrer Behebung zusammenschließen, sich informieren und die Lebens- und Arbeitsumwelt, die Wohn- und Verkehrsbedingungen, das, was sie konsumieren und was sie produzieren, ihrer gemeinschaftlichen Kontrolle unterstellen müssen. Die Medizin verkennt die Notwendigkeit dieses sozialen Ansatzes. Es läuft alles so ab, als wolle sie nur diejenigen Krankheitsfaktoren kennen, die sie bekämpfen kann, ohne das soziale System in Frage zu stellen: Sie macht einen Riesenwirbel um den chemischen Kampf gegen Mikrobeninfektionen, um chirurgische Großtaten, Dialysegeräte oder Einheiten zur Intensivpflege, die in bestimmten seltenen Fällen schwer Erkrankte retten können. In ihrem Kampf gegen die Krankheitsursachen will sie nur diejenigen kennen, die der Arzt auf der Ebene des individuellen Organismus erreichen kann, ohne sich um die so-

zialen, wirtschaftlichen, kulturellen Determinanten zu bemühen.
Auf diese Kritik antworten die Ärzte gewöhnlich, daß das Leiden zu dem Zeitpunkt, zu dem der Kranke sie aufsucht, bereits vorliegt: sie können ihn nur auf individueller Ebene mit technischen Mitteln behandeln; sie können weder den Beruf des Patienten ändern noch seine Arbeitsbedingungen, seine Unterkunft, seine Lebensweise. Ohne Zweifel. Aber das stimmt nur hinsichtlich der Beziehung zwischen dem *einzelnen* Arzt und dem *einzelnen* Kranken. Was ist denn das, wenn nicht die bürgerliche Ideologie und die bürgerlichen Sozialbeziehungen, die die *Medizin* und damit die Ärzte als Techniker im Kampf gegen die Krankheiten daran hindern, über die individuelle Beziehungsebene hinauszugelangen. Wie kommt es, daß – abgesehen von kleinen Untergruppen der Informationsgruppe Gesundheit (GIS) – sich die Ärzte nicht auf lokaler Ebene zusammenschließen, um die Beeinträchtigungen der Hygiene und der öffentlichen Gesundheit(spflege), die industrielle Umweltverschmutzung, die pathogenen Arbeitsbedingungen, deren Verwüstungen sie an ihren eigenen Patienten feststellen, zu bekämpfen oder die Bevölkerung dazu aufzufordern? Wie kommt es, daß die ärztlichen Verbände sich nicht stark machen als öffentliche Anwälte der Nahrungshygiene und als öffentliche Ankläger der mißbräuchlichen Chemisierung der Nahrung, des Ackerbaus und der Viehzucht? Wieso nimmt die *Medizin* den Tabakverbrauch und den Überverbrauch an Nahrungsmitteln gelassen als intangible Daten hin, wobei sich die Ärzte mit der Korrektur ihrer Wirkungen begnügen, indem sie ein Übel durch ein anderes bekämpfen, nämlich durch den Überverbrauch von Medikamenten?
Ganz einfach: weil die Praxis der Medizin ein Geschäft ist, weil die Beziehungen zwischen den Professionellen der Gesundheitspflege und der Öffentlichkeit Handelsbeziehungen sind: der Professionelle verkauft, was sie Patienten *jeder für sich* verlangen oder zu kaufen bereit sind; kein kollektiver Nachfrager medizinischer Technik wendet sich an medizinische Kollektive, um hinsichtlich der kollektiven Bedingungen etwas zu unternehmen. Die bürgerlichen Sozialbeziehungen und vor allem die Marktbeziehungen bestimmen so die Art und Weise, mit der die Ärzte ihre Rolle begreifen und mit der *die Medizin* das Problem der Krankheit, ihrer Gründe und ihrer Heilmöglichkeiten angeht. Und *die Medizin* – weit davon entfernt, sich gegen die Amputationen und die Verzerrungen zu erheben, welche die bürgerlichen Sozialbeziehungen den medizinischen

Techniken und Kenntnissen auferlegen – ist noch eine der solidesten Bastionen dieser Sozialbeziehungen. Weder die Ärztekammer noch die Leitung der Unversitätskrankenhäuser würden die Bildung ärztlicher Kollektive durch gewerkschaftliche Interessengruppen (gewerkschaftliche Instanzen, Zusammenschlüsse in Stadtvierteln, Verbrauchervereinigungen usw.) und deren Betrauung mit der Rolle des Staatsanwalts für öffentliche Hygiene oder des sachverständigen Zeugen für den Prozeß der Nachtarbeit, der Überstunden, der Verkehrsbedingungen, der Pharma- und Nahrungsindustrien usw. akzeptieren. *Die Medizin* hält ihre »Unparteilichkeit« für die Bedingung ihrer »wissenschaftlichen« Glaubwürdigkeit und begreift »Unparteilichkeit« – wie sämtliche Institutionen, die an der etablierten Ordnung teilhaben – als Akzeptierung der herrschenden Normen und der Macht der herrschenden Klasse.

Unter diesem Gesichtswinkel ist es nicht übertrieben, *die Medizin* als besonders wirksamen und fürchterlichen Apparat der sozialen Normierung der Individuen und damit der Unterdrückung der Abweichung und des Aufbegehrens zu sehen. Wenn sie behauptet, die am schwersten zu definierenden Leiden behandeln und heilen zu können, als handle es sich um *interne* Unregelmäßigkeiten des Organismus, dessen chemische Behandlung zum Ziel führt, erfüllt die Medizin in der Tat die Aufgabe einer Verteidigung der bestehenden Verhältnisse: Sie postuliert implizit, daß die Krankheit dem kranken (individuellen) Organismus zuzuschreiben ist und nicht seinem Lebens- und Arbeitsmilieu, und stellt damit die Lebens- und Arbeitsweise, gegen welche der Organismus rebelliert oder sich mit einer Art symbolischen Streik wehrt, völlig außer Frage. Ein großer Teil der Krankheiten bedeutet nämlich *auch* ein »ich kann nicht mehr« des Kranken, eine Unfähigkeit, sich anzupassen oder sich noch länger angesichts der Umstände zu behaupten, die auf die Dauer unerträgliche körperliche, nervöse, psychische Leiden *dieses* einzelnen bedingen – oder gar für *jedes gesunde Individuum.* Wenn eine Schweißerin der elektronischen Industrie beispielsweise unter Kopfschmerzen, Schwindelanfällen, Appetitlosigkeit, Depressionen usw. leidet, leidet sie dann unter einer Krankheit, von der man sie heilen soll? Ganz sicher nicht: Diese Arbeiterin (und die meisten ihrer Kollegen) *leidet unter ihrer Arbeit*, und genau diese Arbeit ist zu bekämpfen oder abzuschaffen – nicht die von ihr hervorgerufenen Krankheitssymptome. Diese sind ja lediglich die *gesunden Reaktionen*, mit denen sich der Organismus verteidigt gegen unerträgliche Aggressionen, die der Arbeitsprozeß auf ihn ausübt. Indem die Medizin es unternimmt, die durch eine pathogene Situation hervorgerufenen Leidenssymptome mittels Drogen zu unterdrücken oder zu mildern, erfüllt sie den Tatbestand einer repressiven Funktion: sie erstickt eine organische Protestaktion, um den »Kranken«, diesen Abweichler, diesen Unangepaßten, diesen »Anormalen« so rasch wie möglich wieder an den Stand der etablierten Verhältnisse anzupassen. Indem diese uneingestandene Logik medikamentöser Maßnahmen bis auf die Spitze getrieben wird, gelten alle Abweichungen, Leiden, Proteste, Revolten als pathologische Verhaltensweisen, gegen die die Medizin zum Einschreiten gerufen wird. Die Psychiatrisierung von Opponenten gibt es nicht nur in der UdSSR.

2. Die tiefe Logik dieses medizinierenden Vorgehens ist nur zu verstehen, wenn man ihn im Zusammenhang der Generalisierung kaufmännischer Beziehungen und – ganz besonders der Erweiterung der Arbeitnehmerschaft sieht. Die Hygiene, das heißt die Kunst, gesund zu leben, kann in das Verhalten und die täglichen Tätigkeiten nur in dem Maße integriert werden, in dem die einzelnen ihren Rhythmus und ihre Lebens- und Arbeitsumwelt selbst bestimmen können. Von dem Augenblick an, zu dem sie verstädtert und zur »entlohnten Zwangsarbeit« gezwungen werden, verlieren sie alle Gewalt über ihre Wohn-, Arbeits- und Lebensbedingungen: alle Möglichkeiten der »Hygiene« werden ihnen vorenthalten, ihre Gesundheit wird in ihren existentiellen und kulturellen Grundlagen angegriffen. Hier nun ersteht gleichzeitig mit der Industrie die Klinik, das heißt die Identifizierung und Klassifizierung der Krankheiten, die fortan als vom kranken Individuum unabhängige Größen behandelt werden und zur Spezialisierung der Heilberufe führen.

Die Entscheidung darüber, wann jemand krank und wann er arbeitsfähig ist, kann von dem Augenblick an nicht mehr dem einzelnen überlassen bleiben, zu dem er seine Arbeitskraft einem Unternehmer zur Verfügung stellt, der sie pauschal über das Gehalt oder den Lohn kauft und eine Einbuße der Leistung des Arbeitnehmers nur dann zuläßt, wenn dessen körperliche Widerstandskraft versagt. Die Bestimmung der Grenzen der Widerstandskraft kann ihm nicht überlassen werden, da er stets im Verdacht steht, »aus der Hüfte« zu schießen: Hier wird die medizinische Autorität damit beauftragt, eine Entscheidung nach vorgeblich rein wissenschaftlichen Gesichtspunkten zu fällen. Derselbe Prozeß, der die einzelnen ihrer Arbeitsmittel, ihrer Produkte und ihrer Arbeitskraft beraubt, beraubt sie gleichermaßen ihrer Gesundheit wie ihrer Krankheit: genauso wie sie auf die freie Verfügung über ihre Arbeitskraft zugunsten eines Unternehmers verzichten müssen, müssen sie auf ihre körperliche Souveränität verzichten, um ihren Körper einer medizinischen Autorität anvertrauen.

Die »Weisheit« des Facharztes wird hier zum ideologischen Deckmantel, der die Autorität des Arbeitgebers, die Macht der bürgerlichen Klasse, legitimiert. Wie Ivan Illich schreibt, ist »die medizinische Diagnose... eine bequeme Art und Weise, das Opfer zu schelten. Der Arzt, der selbst Mitglied der herrschenden Klasse ist, urteilt, daß das betreffende Individuum nicht mehr geeignet ist, sich in das Milieu einzufügen, das andere Professionelle verwalten, nachdem sie es hergestellt haben, anstatt diese anzuklagen wegen der Schaffung eines Milieus, dem sich der Organismus nicht anpassen kann.« Nachdem der Arbeitnehmer den fachlich kompetenteren Ingenieuren alle Befugnisse über den Gebrauch seiner Arbeitskraft hat übertragen müssen, muß er den Ärzten die volle Verfügung über seinen eigenen Körper anvertrauen: nur sie wissen, wer krank ist und wer nicht, wer Pflege nötig hat und wer nicht. Die Unterwerfung unter die »Weisheit« des Arztes bedeutet, daß sich die Individuen »jenen, die wissen« unterwerfen und sämtliche Befugnisse den Experten übertragen. John McKnight bemerkt dazu: »Je mehr sie an die Notwendigkeit ihrer ärztlichen Versorgung glauben, desto mehr verhalten sich die Leute als *Kunden* und desto weniger als *Bürger*. Das Kundschaftsverhältnis besteht tatsächlich in dem Glauben, daß alles besser gehen wird, wenn man sich jemand anders anheimgibt, der alles besser als man selbst weiß.« Die Unterwerfung unter die medizinische Autorität und die technokratische Autorität gehen Hand in Hand: Es gibt kein Land, in dem so viele obligatorischen Impfungen vorzunehmen sind wie Frankreich, und ebensowenig ein anderes Land, in dem die Macht der Zentralverwaltung über die »Bürger« derart ausgeprägt ist.

3. Die professionelle Organisation der westlichen Medizin ist strukturell elitistisch: Sie privilegiert seltene Krankheiten und kostspielige Techniken, die sich nur eine Minderheit leisten kann, und vernachlässigt die einfachen Pflege- und Hygienemaßnahmen zu niedrigen Kosten, die gegen die laufenden gesundheitlichen Störungen, welche 95 Prozent aller Krankheitsfälle ausmachen, eine gewisse Wirksamkeit hätten. Sie setzt unverhältnismäßig viel Mittel für die »schweren« Forschungsvorhaben und die heroischen Eingriffe ein und bleibt gegenüber den am meisten verbreiteten gesundheitlichen Be-

einträchtigungen (Rheuma, Grippe, Rheumatismus, Asthma) gelassen ohnmächtig, als wenn sie allein schon durch ihre Häufigkeit zu »banal« wären, um das Interesse des Berufsstands zu verdienen.

Und so ist das Vorgehen der Heilmedizin überhaupt nicht auf den Kampf gegen die häufigsten Krankheiten zugeschnitten. Diese können nur wirksam bekämpft werden, wenn vorbeugende und heilende Maßnahmen (in der Art wie die Geburtenverhütung, die Schwangerschaftstests, die »Hygiene«) derart »banalisiert« werden, daß jedermann und jede Gruppe sie sich leisten können. Aber in diesem Fall bringen sie die Hygiene voran, die eine Kultur des Volkes ist, zum Nachteil der Medizin, die eine Gelehrtenkultur ist, womit das Monopol der medizinischen Profession auf dem Gebiete der Gesundheit und der Krankheit gebrochen wird. Die Erfindungen auf dem Gebiete der Hygiene gewährleisten weder Macht noch Glanz oder Vermögen für die, die sie machen (und sie werden zweifellos deshalb viel häufiger von Biologen gemacht als von Medizinern), während die Heldenmedizin gut an die therapeutische Ideologie angepaßt ist, die einer abhängigen Bevölkerung eine immer umfassendere Versorgung durch »die Wissenden« verspricht.

Aber es geht noch weiter. Die interne Ideologie und Hierarchie billigt einen weitaus höheren Wert denjenigen Verfahren mit hoher technischer Kompliziertheit zu, die in außergewöhnlichen Fällen angewandt werden, als den Heilverfahren, die im Grunde gegen die am weitesten verbreiteten Krankheiten wirken. Alles geht so vor sich, als ob der dem Arzt durch die medizinische Profession zuerkannte Wert sich umgekehrt zu seinem sozialen Nutzen verhält. Dieselbe Feststellung trifft im übrigen für alle anderen wissenschaftlichen Berufe zu. Auch in der Landwirtschaft stammt das Wissen des traditionellen Bauern von der untersten Stufe einer Wertehierarchie, an deren Spitze die Spezialkenntnisse der Genetiker und der Chemiker angesiedelt sind (die auf Grund gerade ihrer Spezialisierung die auf lange Sicht verwüstenden Folgen ihrer Erfindungen schlecht beurteilen); ebenso befinden sich die Mechaniker, ohne die nichts funktionieren würde, ganz unten an einer Pyramide, bei der die Forschungsingenieure die Spitze einnehmen; genauso verhält es sich bei den Allgemeinmedizinern, den Sanitätern, dem »Arzt mit den nackten Füßen«, die mitten im Volk wirken und die besten Verteiler von Pflege und Hygiene sind (oder sein können) und also die wirksamsten Handwerker einer besseren Gesundheit: sie werden von ihrem Berufsstand

verachtet, der dafür die höchste Position dem überspezialisierten Mandarin zubilligt, welcher den nur einmal unter einer Million vorkommenden Ausnahmefall diagnostizieren kann.
Vom Standpunkt der Profession her scheinen die sozial nützlichsten medizinischen Arbeiter banal und austauschbar wegen ihrer Anzahl und dem so wenig außergewöhnlichen Charakter sowohl ihrer Fähigkeit als auch der von ihnen behandelten Krankheiten: *Sie bringen zwar einen Fortschritt der Gesundheit zuwege, nicht aber der Wissenschaft.* Der überspezialisierte »Mandarin« jedoch, Inhaber einer zwangsläufig deshalb seltenen Fähigkeit, weil die von ihm studierten Krankheiten Ausnahmen sind, *bringt die Wissenschaft voran und verewigt von daher das Machtmonopol der Profession.* Aus diesem Grunde rangiert er an der Spitze der Berufspyramide, selbst wenn er überhaupt nicht zur Verbesserung der Gesundheit des Volkes beiträgt.
Dieser Widerspruch zwischen der Werteskala des Berufs und dem Grad der sozialen Nützlichkeit liegt den Verzerrungen und der ungleichen Wissensentwicklung zugrunde. Jeder sich selbst überlassene Berufsstand tendiert dazu, sich mandarinenhafte Strukturen zu geben und die Reproduktion seiner selbst, die Verewigung seiner Privilegien und seiner Macht über jedes andere Ziel zu stellen.
Dieser Widerspruch ist bisher nur in Gesellschaften wie China, Vietnam und Tansania erkannt worden. Er wird dort so gut wie schlecht durch einen permanenten Kampf überwunden, und zwar nicht gegen die Spitzenforschung selbst, sondern gegen die Ideologie der Mandarine, die außer sozialen und materiellen Privilegien für die Inhaber seltenen Wissens für sich das Recht in Anspruch nehmen, sich ausschließlich gegenüber ihresgleichen verantwortlich zu fühlen, nicht aber gegenüber ihren Nächsten: dem Volk.

Literatur

Améry, C.: Natur als Politik. Die ökologische Chance des Menschen, Reinbek b. Hamburg 1978.

Böhme, G. u. a.: Zur gesellschaftlichen Orientierung des wissenschaftlichen Fortschritts, Frankfurt/M. 1978.

Cobb jr., J. B.: Der Preis des Fortschritts. Umweltschutz als Problem der Sozialethik, München 1972.

Deppe, H.-U.: Vernachlässigte Gesundheit. Zum Verhältnis von Gesundheit, Staat und Gesellschaft in der Bundesrepublik Deutschland, Köln 1980.

Gehlen, A.: Die Seele im technischen Zeitalter. Hamburg 1957.
Global 2000. Der Bericht an den Präsidenten, Frankfurt/M. 1980.
Gross, R. u. a. (Hg.): Ärztliche Ethik, Stuttgart/New York 1978.
Harich, W.: Kommunismus ohne Wachstum? Reinbek b. Hamburg 1975.
Heifetz, M. D.: Das Recht zu sterben, Frankfurt/M. 1976.
Höffe, O.: Biomedizinische Ethik, Forschungsethik. In: Ders.: Sittlich-politische Diskurse, Frankfurt/M. 1981.
Illich, I.: Die Enteignung der Gesundheit, Reinbek b. Hamburg 1975.
Krauß, P.: Medizinischer Fortschritt und ärztliche Ethik, München 1974.
Ringeling, H.: Die Verantwortung der Wissenschaft, Bern 1977.
Stern, H.: Tierversuche in der Pharma-Forschung, München 1979.
Veath, R. M./Branson, R. (Hg.): Ethics and Health Policy, Cambridge, Mass. 1976.
Weizsäcker, C. F. v.: Die Verantwortung der Wissenschaft im Atomzeitalter, Göttingen [4]1963.
Zimmer, W. C.: Technik oder: Wissen wir, was wir tun? Basel/Stuttgart 1976.

VIII. Theologie

Gerd Kadelbach
Einführung

Vernunft, so hatte Johann Georg Hamann, »Magus des Nordens« und Zeitgenosse Kants, gelehrt, sei das »Vernehmen der Stimme Gottes«. Damit hat er Philosophie und Theologie in einen engen Begründungszusammenhang gerückt, was mehr bedeutet, als daß die eine Disziplin die »Magd« der anderen sei. Doch die alte Frage nach dem Sinn des Vernommenen, auf das in eigener Betroffenheit zu antworten und das so auch zu verantworten ist, stellt sich immerfort. Die Frage des Philippus an den Kämmerer aus dem Mohrenland in der Apostelgeschichte: »Verstehst du auch, was du liesest?« und dessen Antwort: »Wie kann ich, so mich nicht jemand anleitet?« sind so aktuell wie eh und je und eröffnen der Hermeneutik jenes legitime Betätigungsfeld, ohne das Frage und Antwort sinnvoll nicht möglich sind. Die Auslegung von Texten aus dem Geist, in dem sie geschrieben oder gesprochen wurden, und aus der je eigenen Betroffenheit und Befindlichkeit des Auslegenden verbinden Theologie und Philosophie, grenzen sie aber auch gegeneinander ab: Während die Philosophie sich vom Beweis und der Begründung ihrer Lehrsätze her versteht, führen in der Theologie nicht Gottesbeweise und rationale Begründungen zum Glauben, der im Zentrum jeder Theologie steht. Der Grund des Glaubens ist einzig Gott selbst, aber das Glaubenswissen fordert reflektierte Aufarbeitung.[1] Ein Christ reflektiert dabei methodisch-kritisch seine Grundsituation in ihren Grunderfahrungen (»Einen anderen Grund kann niemand legen als den, der gelegt ist, Christus«) und ist sich dabei seiner Bestimmtheit durch sein Christsein bewußt, und zwar ebenso wie anderer Bestimmtheiten seines Denkens in ethischen, historischen, sozialen und politischen Bereichen. Nur hat er zu allen diesen Bereichen eine klare Alternative, die in seinem christlichen Glauben und in seinem christlichen Gewissen begründet ist. In religiöser Sprache, von Sokrates vor seinen Richtern wie

von den Aposteln vor dem Hohen Rat formuliert: »Man muß Gott mehr gehorchen als den Menschen.« Christlich bedeutet dann, sich als »Person« zu verstehen und anzunehmen. »Person« aber wird der Christ weder durch seine Vernunft noch durch seine Freiheit, sondern durch den Anruf Gottes.
Helmut Thielicke, emeritierter Professor für systematische Theologie in Hamburg, und der evangelische Theologe und Publizist *Heinz Zahrnt* äußern sich in ihren Arbeiten zur christlichen und philosophischen Hermeneutik, wobei es bei Zahrnt um eine meisterhafte Interpretation des Ansatzes von Rudolf Bultmann geht, während Thielicke in die Analyse des Verstehens in der Deutung Wilhelm Diltheys Schleiermacher und Goethe, Claudel und Berdiajew einbezieht und dabei zu der Einsicht gelangt: »Wir begreifen die Unbegreiflichkeit des menschlichen Wesens.«

Anmerkung

1 Jörg Splett, Christliche Philosophie? In: Stimmen der Zeit, 10/1980, S. 712.

1. Helmut Thielicke
Das menschliche Wesen kann nicht »begriffen«, sondern nur »verstanden« werden

[...] Wenn Freiheit eine wesentliche Signatur menschlicher Existenz ist, dann läßt sich deren Wesen nicht in objektivierender Weise erfassen, so wie das bei den Dingen möglich ist und wie Physik oder Biologie das in ihren Bereichen mit Recht betreiben. Freiheit gehört nicht zu den möglichen »Gegenständen« des Erkennens. Sie wird mir vielmehr nur ungegenständlich gewiß. Sie wird mir in unmittelbarer Selbsterfahrung zugesprochen. Und nur weil ich dieser Selbsterfahrung vertraue, kann ich auch meiner Vernunfttätigkeit trauen, die mich erkennend auf die Gegenstände der Erfahrung zugehen läßt.
Seit *Dilthey* sagt man deshalb mit Recht, daß man den Menschen und damit auch die Geschichte nicht »erklären«, sondern nur »verstehen« könne. Etwas »erklären« würde ja bedeuten, es kausal abzuleiten. Dem widersetzt sich aber gerade die nicht erklärbare Freiheit und damit das maßgebliche Element

menschlichen Wesens. »Verstehen« meint demgegenüber etwas anderes als »Erklären«:
Der Begriff Verstehen besagt nämlich im Sprachgebrauch *Diltheys,* daß ich fremdes personales Leben nur unter einer ganz bestimmten Bedingung erkennen kann: ich muß für meine Person dieselbe personale Daseinsstruktur haben wie jenes andere personale Leben. Nur weil ich selber ein verantwortliches Verhältnis zum praktischen Logos und zum Sinn meines Daseins habe, kann ich den andern in seinem entsprechenden Verhältnis verstehen. Allein deshalb rühren mich zum Beispiel seine Langeweile und Leere, seine Seinsverfehlung oder auch seine Seinserfüllung an. Darum verstehe ich, daß dieses andere Dasein in derselben Weise wie ich selbst dazu aufgerufen ist, seine Bestimmungen zu ergreifen, und daß es unter dem gleichen Risiko der Seinsverfehlung steht. So kommt gerade durch Solidarität, die mich zusammen mit dem andern unter der gleichen Daseinsthematik stehen läßt, die Möglichkeit des Verstehens zustande. In einem seiner frühen Bücher über das alte unbekannte Innere Chinas gibt *Paul Claudel* zu diesem Problem einen hübschen Kommentar, wenn er den Begriff »Connaissance« (-Kenntnis, Wissen) interpretiert, indem er ihn zerlegt: »Con-naissance«, das heiße Zusammen-geborensein, auf der gleichen Erde, als der gleiche Mensch. So ergibt sich die zum Verstehen nötige *Analogie.*
In seiner Schrift über die Entstehung der Hermeneutik beschreibt *Dilthey* diese Solidarität in psychologischer Manier: als die Kraft kongenialer Einfühlung und damit als das, was *Schleiermacher* zum Vermögen des »divinatorischen Verstehens« rechnet. Die Fähigkeit des Verstehens beruht also auf der Verwandtschaft, der Analogie zwischen dem Verstehen und dem zu Verstehenden, zwischen dem Ausleger und dem Autor, »gesteigert durch eingehendes Leben mit dem Autor, durch beständiges Studium«.
Der Begriff der Kongenialität ist nun bei *Dilthey* zweifellos so etwas wie der psychologische Überbau eines anthropologischen Grundtatbestandes: daß nämlich beide – Autor *und* Ausleger – solidarisch als Träger von personalem Leben sind; sie begegnen einander als Menschen, die sich selbst ergreifen oder verfehlen können, die vor der Alternative der Selbstverwirklichung oder der Entfremdung stehen und in beidem durch die Gabe und den Schrecken der Freiheit charakterisiert sind. »Wär' nicht das Auge sonnenhaft, die Sonne könnt' es nie erblicken«: mit diesem Wort rührt *Goethe* an dieses Gesetz der Analogie, das jeder Möglichkeit des Verstehens zugrunde liegt.

Der Mensch kann nicht erklärt, sondern nur verstanden werden – das ist der erste Hauptsatz jeder Anthropologie. Dieser Satz aber schließt ein, daß ich zum Verstehen eines *andern* zunächst des Verstehens meiner *selbst* bedarf. Kann ich denn ernsthaft von der Schuld eines andern Menschen reden (und ihn also als Schuldigen verstehen), wenn ich nicht um die Problematik und Anfälligkeit meiner selbst weiß? Hat Jesus nicht eben dies im Blick, wenn er davon spricht, daß ich zunächst einmal an den Balken im eigenen Auge denken solle, ehe ich mich mit dem Splitter in dem meines Nächsten befasse?

Wie aber komme ich zum Verstehen meiner selbst?

Ganz sicher nicht so, daß ich mit Hilfe einer Selbstanalyse in mich hineinstarre und einer Nabelbeschau fröne. »Der Mensch kennt nur sich selbst«, sagt *Goethe* einmal in seinen autobiographischen Schriften, »insofern er die Welt kennt, die er nur in sich und sich nur in ihr gewahr wird. Jeder Gegenstand, wohl beschaut, schließt ein neues Organ in uns auf.« In der Begegnung mit andern werden mir »Spiegel« zur Verfügung gestellt, damit ich mir »über mich selbst und über mein Inneres deutlicher werden könnte«. Darum lerne ich mich nur durch »Tätigkeit« kennen, so gewiß ich im Handeln nach außen trete, auf die Welt einwirke und sie auch auf mich einwirken lasse. So heißt es in »Wilhelm Meisters Lehrjahren« einmal: »Wenn ich einen Menschen kennen lerne, frage ich sogleich, womit beschäftigt er sich? und wie? und in welcher Folge? und mit der Beantwortung der Frage ist auch mein Interesse an ihm zeitlebens entschieden.« Im gleichen Sinne äußert *Goethe* sich in den Sprüchen in Prosa, wenn er sagt: »Wie kann man sich selbst kennenlernen? Durch (Selbst-) Betrachten niemals, wohl aber durch Handeln. Versuche deine Pflicht zu tun, und du weißt gleich, was an dir ist.« Er kann geradezu seinen Spott ausgießen über den sterilen Versuch, durch Autoanalyse hinter die Kulissen des eigenen Wesens zu blicken:

Autochthonisch, autodidaktisch,
Lebst du so hin, verblendete Seele.
Komm nur heran, versuche dich! Praktisch
Merkst du verdrießlich, wie's überall fehle.

Und im »Tasso« meint Antonio, daß es wohl angenehm sei, »sich mit sich selbst beschäftgen, wenn es nur so nützlich wäre«. Es ist aber nicht nützlich, denn

Der Mensch erkennt sich nur im Menschen, nur
Das Leben lehret jeden, was es sei.

Auf der gleichen Linie liegt es, wenn *Dilthey* meint, der Mensch erkenne sich selbst niemals unmittelbar, sondern nur in der Begegnung mit der *Geschichte.* Sie ist ja gleichsam die *Sphäre* des Menschen, sie ist sein Analogon, dem er sich verstehend nähern kann, um darin zugleich sich selbst zu verstehen: »Der Mensch erkennt sich nur in der Geschichte, nie durch Introspektion. Im Grunde suchen wir ihn alle in der Geschichte.«
Wesentlicher freilich als die Feststellung, *wo* der Mensch sich selber findet, wenn er sich verstehen will, ist der negative Hinweis, wo er sich *nicht* und auf *keinen* Fall finden kann: nämlich in der unmittelbaren Introspektion, also in der Haltung des Hineingekrümmt-Seins in sich selbst (incurvatus in se ipsum). Daß dieser Weg der Nabelbeschau absurd und steril sei, ist nicht nur ein Erfahrungssatz. Vielmehr hängt diese Blockierung unseres Selbstverständnisses mit dem Sinngrund menschlichen Daseins zusammen.
Diesen Zusammenhang hat ausgerechnet ein ursprünglich von *Freud* ausgegangener Tiefenpsychologe, der Logotherapeut *V. E. Frankl,* mit aller wünschenswerten Deutlichkeit formuliert, wenn er sagt: »Der Mensch ist nicht da, um sich zu beobachten...; sondern er ist da, um sich auszuliefern,... erkennend und liebend sich hinzugeben.« Wenn wir zur Hingabe, zu einer Bestimmung für... berufen sind, können wir uns in der Tat nur dann verstehen, wenn wir diese intentionale Bewegung mitmachen, uns also im Lieben, in der Hingabe, im Suchen nach Sinn, in der »Tätigkeit«, auch im »Immer-strebenden-Bemühn« selbst erfahren. Das nur introspektive Hineingekrümmtsein in uns selbst hat nur ein verzerrtes Menschenbild zum Ziel.
Wir fassen zusammen: Selbsterkenntnis kommt also nicht durch den kontemplativen Akt einer Selbstversenkung in das eigene Ich zustande, sondern nur durch ein Nach-außen-Treten, durch tätiges Handeln an der Welt und durch die Begegnung mit der Geschichte. Selbsterkenntnis ergibt sich so niemals unmittelbar, indem man sich mit seinem Selbst beschäftigt, sondern nur mittelbar und auf Umwegen. Sie fällt dann wie nebenbei mit ab. Daß und warum das so ist, erklärt sich daraus, daß der Mensch niemals als »Gegenstand« der Erkenntnis auftaucht, *auch* nicht als Gegenstand der Selbsterkenntnis. Wenn wir deshalb sagten, er könne nicht »erklärt«, sondern nur »verstanden« werden, so heißt das, daß er als freiheitliches Wesen nur seinesgleichen verstehen kann. Aber weil es darin eben um seines-gleichen geht, versteht er so nicht nur den andern, sondern auch sich selbst. Diese dialektische

Beziehung von Welt- und Selbsterkenntnis bringt das zitierte *Goethe*-Wort ja in eminenter Prägnanz zum Ausdruck, wenn es sagt, daß der Mensch die Welt »nur in sich und sich nur in ihr gewahr wird«. Die Welt ist mein makrokosmisches Abbild, und ich bin ein Mikrokosmos der Welt. Darum sind Innen und Außen einander analog. Insofern empfange ich dann mein Selbstbewußtsein aus dem Umgang mit der Welt. Und umgekehrt: ich weiß um die Welt nur, indem ich um mich selber weiß. Das gilt in besonderem Maße von der *geschichtlichen* Welt, weil sie als Sphäre des Menschen mein unmittelbares Analogon repräsentiert.

Geschichte und Mythos als Verstehenshilfen

Damit empfangen wir einen weiteren bedeutsamen Hinweis für die Methode, deren sich eine Anthropologie befleißigen muß:
Die Feststellung nämlich, daß der Mensch nicht erklärt, sondern nur verstanden werden könne, bezieht sich genauso auf die Geschichte als jenen Raum, den wir die »Sphäre« des Menschen nannten. *Auch der Geschichte gegenüber kann ich mich nicht objektiv registrierend verhalten.* Ich bin vielmehr als geschichtliches Wesen stets in mein Verstehen von Geschichte eingeschlossen. Und wenn wir soeben sagten, ich erführe mich selbst nur auf dem Umweg über die Begegnung mit der Geschichte, so gilt auch das Umgekehrte: Ich erfahre die Geschichte nur auf dem Umweg über das Verständnis meiner selbst. In dieser Dialektik meldet sich das, was man den hermeneutischen Zirkel zu nennen pflegt: Die Art, wie ich mich selbst verstehe – als Geistwesen wie bei *Hegel* oder als materialökonomisch bedingt wie bei *Marx* –, ist sicher unter dem Eindruck des Geschichtsverlaufs zustande gekommen, entweder angesichts der Universalgeschichte (*Hegel*) oder auch der Gegenwart in Gestalt des frühkapitalistischen Klassenkampfes (*Marx*). Das so vom geschichtlichen Eindruck provozierte und geprägte Selbstverständnis gewinnt sodann in Gestalt einer Rückkopplung den Rang einer Kategorie, die den erneuten und nunmehr methodisch geschärften Blick in die Geschichte leitet, die die Perspektive bestimmt und als Kriterium für Auswahl und Bewertung geschichtlicher Stoffe dient. Das so wirksame und vom Selbstverständnis diktierte Vorurteil läßt sich in keinem Fall ausschalten, so daß geschichtliches Verstehen prinzipiell niemals »voraussetzungslos« werden kann.

Daß das so ist, bedeutet durchaus keine Hypothek, die den Historiker neidvoll auf die exakten Naturwissenschaften blikken ließe, weil diese es mit dem Postulat wissenschaftlicher Voraussetzungslosigkeit eben leichter hätten. Denn wenn sich der Historiker gewaltsam von jenen Voraussetzungen seines Selbstbewußtseins befreien wollte, würde er nicht mehr menschliche Geschichte, sondern eine zur Pseudo-Natur degenerierte Un-Geschichte zu sehen bekommen. Nein: daß der Historiker nicht von den Voraussetzungen seines Selbstbewußtseins und seines Vorverständnisses loskommt, ist in der *Sache* begründet, um die es hier geht: *Nur als Träger von Freiheit kann der Mensch die Geschichte als Sphäre der Freiheit verstehen.* Freiheit aber gibt es ja nicht als abstrakte Beliebigkeit, sondern nur als Entschlossenheit zu etwas. Indem der Mensch sich als frei bezeichnet, bekennt er sich zum Beispiel in seinem Vermögen, ein Ziel anzugehen, sich selbst zu verwirklichen, seine Bestimmung zu ergreifen. Das, was ihm so als Ziel und Wesen gewiß wird, kann nicht ohne Wirkung auf die Art bleiben, wie er nun den andern und wie er die Geschichte insgesamt sieht und interpretiert.

Indem wir so auf die Tatsache stoßen, daß der Mensch als geschichtliches Wesen sich immer in sein Verstehen von Geschichte mit einbringt, meldet sich aufs neue jenes ungegenständliche, objektiv nicht greifbare Moment, auf das wir beim Durchdenken des Freiheitsproblems stießen.

Aus diesem Grund läßt *Nicolai Berdiajew* in seinem Buch über den Sinn der Geschichte den *Mythos* als eine tiefere Rekonstruktion des Lebens erscheinen. Der Mythos erfaßt eine Dimension menschlichen Lebens, die einer nur objektiven Zurkenntnisnahme unzugänglich bleiben muß. Daß wir »eine ausschließlich objektive Geschichte nicht zu begreifen« vermögen, hat seinen Grund nicht in einem Mystifikationsbedürfnis, in einer Sehnsucht nach irgendwelchen Hinterwelten, die in verborgener Steuerung tätig wäre. Der sehr elementare Grund dafür ist vielmehr der, daß das Subjekt selbst ja der zu erkennenden Geschichte einbeschlossen ist und insofern auch »in sich selber das Geschichtliche empfinden und erschließen muß«. Wie hatte doch *Goethe* gesagt? –: Der Mensch werde der Welt nur in sich und er werde seiner nur in der Welt gewahr. Genau das meint auch *Berdiajew,* wenn er an anderer Stelle sagt: »In die Tiefe der Zeiten einzugehen«, bedeute immer und zugleich, »in die Tiefe seiner selbst einzugehen.« Schon aus diesem Grunde könne »die Geschichte uns nicht von außen gegeben (sein), sondern von innen«, und das heißt

dann: durch Anamnesis an Grund, Ziel und Sinn der eigenen Existenz.
So gewiß der Mythos die Tiefendimension der Geschichte aussprechen will, bildet er ein Element aller Verstehens-Aussagen über Geschichte. Im Mythos, so meint *Leopold Ziegler,* gehe es nicht einfach um erfundene, sondern um gedeutete Geschichte. Es sei deshalb eine fatale »Denkgewöhnung«, von »zwei Dingen grundsätzlich nur das eine für statthaft zu halten: entweder mythisch zu dichten oder historisch zu berichten«. – Daß diese Alternative irreführend ist, liegt eben daran, daß in jedem geschichtlichen Verstehen das verstehende Subjekt in seiner Ungegenständlichkeit beteiligt ist. Da dieses Subjekt als Mensch auf Sinnverwirklichung hin angelegt ist und Sinn stets auf die Ganzheit des Seins bezogen ist, wird in jedem geschichtlichen Verstehen von Einzelnem ein Vorgriff auf das Ganze der Geschichte, eben auf ihren Sinn, wirksam sein. Dieser Vorgriff ergibt sich aber unmöglich aus einer objektiven Registrierung von Tatsachen, deren prozessualer Ablauf den Trend auf irgendein Endziel verriete, sondern die Annahme dieses Endziels gründet in Entscheidungen, die sich im Rahmen der Sinnsuche und Sinnannahmen des *Subjekts* begeben.
Daß es so keine Erforschung des menschlichen Wesens und seiner Geschichte im Sinne objektiver Wissenschaftlichkeit gibt (trotz alles Einzelnen, was *am* Menschen in diesem Sinne konstatiert werden mag), daß dieses Wesen vielmehr als Ganzes dem hermeneutischen Gesetz des Verstehens unterliegt, braucht den philosophischen oder theologischen Anthropologen nicht zu dem Minderwertigkeitsgefühl zu veranlassen, er werde im Kreis seiner wissenschaftlichen Kollegen nicht ganz für voll genommen. Er kann ja immerhin in erkenntnistheoretischer Strenge – also wissenschaftlich! – begründen, *warum* dem menschlichen Wesen nicht der Erschließungsmodus des *Erklärens,* sondern der des *Verstehens* angemessen ist. *Wir begreifen die Unbegreiflichkeit des menschlichen Wesens.*
Dieser Satz bildet gleichsam die Tangente, in der die Anthropologie den Kreis der Wissenschaft berührt. Aus einem ähnlichen Grunde braucht der Mathematiker nicht in schmerzlicher Resignation zu kapitulieren, wenn er feststellt, daß die Quadratur des Zirkels mit geometrischen Mitteln nicht möglich ist. Denn er kann ja beweisen, *warum* sie unmöglich ist. Insofern wahrt er die Souveränität seiner Wissenschaft selbst in Bereichen, wo er sein »Non possumus« sprechen muß. Prägnanter würde man

statt dessen sogar sagen müssen: Wir haben Gründe dafür, daß wir es nicht einmal *wollen* dürfen.

In genau demselben Sinne äußert sich übrigens *Kant*, wenn er die Unbegreiflichkeit des Menschen an der Unbegreiflichkeit der ihn konstituierenden Grundeigenschaft verdeutlicht: an seiner Freiheit. So kann er in der »Grundlegung zur Metaphysik der Sitten« sagen: »...so begreifen wir zwar nicht die praktische unbedingte Notwendigkeit des moralischen Imperativs, wir begreifen aber doch seine *Unbegreiflichkeit*, welches alles ist, was billigerweise von einer Philosophie, die bis zur Grenze der menschlichen Vernunft in Prinzipien strebt, gefordert werden kann.«

So stoßen wir in jeder Richtung, in die wir uns wenden mögen, auf den ungegenständlichen Bereich, der sich objektivem Begreifen versagt. *Wir können den Menschen und seine Geschichte nur im Wagnis verstehen.* Den Mut, uns diesem Wagnis zu stellen, nehmen wir aus dem Wissen, daß »der« Mensch das gleiche Geheimnis ist, das wir selbst sind, und daß uns diese Gleichheit zum Fragen drängt. Wir werden die Voraussetzungen, die diese unsere Frage leiten, nicht los – wir selber *sind* ja diese Voraussetzung! –, doch können wir fragen, *welche* Prämissen uns bestimmen.

2. Helmut Thielicke
Mensch und Norm

Wenn der Mensch ein Wesen ist, das sich auf etwas hin entwerfen muß, das also nicht – wie das Tier – Objekt prozessualer Abläufe ist, dann wird damit ausgesagt, daß er ein »Beziehungswesen« sei, eine Spinne gleichsam, die durch zahlreiche Fäden mit dem Außerhalb-ihrer verbunden ist. Was ist damit gemeint?

Die Grundbefindlichkeit des Menschen, daß er erst »werden *soll*, was er ist«, daß er sich folglich nicht als potentiell fertige Gegebenheit von der Natur empfängt, nötigt ihn zu der Frage nach seinem Woher und Wohin. Damit stehen Grund, Ziel und Sinn seines Daseins zur Diskussion. Eine Antwort auf diese Grundfragen muß er auf *jeden* Fall geben, selbst dann, wenn er das nicht in bewußter oder reflexiver Form, sondern nur durch seine De-facto-Lebensvollzüge tut. Er gibt sie auch dann, wenn er sie verdrängt und in die Indifferenz ausweicht. Auch wenn er

»sich gehen läßt«, wenn er Entscheidungen ausweicht, *ist* das eine Entscheidung.

Diese den Grund der Menschlichkeit bildende Frage, wer ich sei und was ich werden solle, kann nun unmöglich durch Introspektion, durch eine Nabelbeschau meines Ich beantwortet werden. Darüber haben wir schon anhand von *Goethe* und *Dilthey* gesprochen. Beide sagen, der Mensch könne sich nur so erkennen, daß er aus sich heraustritt und der Geschichte begegnet (so *Dilthey*) oder daß er »tätig« ist und bei seinem Wirken am Draußen, bei der Bewältigung von Widerständen und bei schöpferischem Gestalten dann merkt, »was an ihm sei« (so *Goethe*).

Selbst dort, wo es um das Thema der Selbstentfaltung geht, um die »geprägte Form, die lebend sich entwickelt«, ist es so. In »Urworte. Orphisch« spricht *Goethe* zwar den »Dämon« des Menschen als das an, was »die notwendige, bei der Geburt unmittelbar ausgesprochene, begrenzte Individualität« und damit das Einmalige und Besondere des Menschen ausmacht. Und doch entfaltet sich dieser Dämon nicht aus sich selbst. Er kann sich deshalb in seinem Woher und Wohin auch nicht so erkennen lassen, daß man nur in ihn hineinsieht und seine evolutionären Potenzen beobachtet. Nein: Er kommt nur so zu sich selbst und kann darum auch nur so erkannt werden, daß er in Kontakt mit dem Außerhalb-seiner-Selbst tritt, daß er sich Begegnungen erschließt und sich so in das Gewebe vieler Bezüge begibt: Er setzt sich dem »Zufälligen« (Tyche), der »Liebe« und damit dem andern (Eros) und schließlich der »Nötigung« (Anangke) aus. Erst indem der Dämon sich inmitten dieser Kraftfelder durchhält, also »im Bezuge« besteht, kommt das Ich zu sich selbst.

Daß es so ist, liegt daran, daß mein Ich im Schnittpunkt zahlreicher Bezüge steht und daß diese Bezüge entscheidend *mit* zu seiner Identität gehören. Sie sind also nicht ein bloßes Draußen, von dem abgesehen das menschliche Selbst noch etwas wäre. Im Gegenteil: Ließe man diese Bezüge außer Betracht, wäre das Ich ungreifbar. Es würde zu einem gespenstischen Gebilde, ebenso wesenlos und unwirklich, wie es in *Stirners* abenteuerlicher Vision des »Einzigen und seines Eigentums« denn auch erscheint. Wir brauchen uns nur einige dieser Grundbezüge vor Augen zu halten, um diesen Eindruck sofort bestätigt zu sehen:

Ich bin ein Kind bestimmter Eltern. Dadurch ist meine erste Grundbeziehung markiert. Pädagogik und Soziologie sprechen in diesem Sinne sogar ausdrücklich von »Bezugspersonen«, im

Verhältnis zu denen das Kleinkind lebt und webt. Als Vater oder Mutter stehe ich in Beziehung zu meinem Kinde. Ich habe Nachbarn, Feinde und Freunde, Kollegen und Konkurrenten, zu denen ich mich in wechselseitiger Prägung verhalte. Ich bin ein Geschlechtswesen, das als Mann oder Weib auf die Ergänzung durch ein anderes Wesen angelegt ist. Ich sehe mich in Ordnungen, gesellschaftliche Strukturen, geschichtliche Prozesse und Überlieferungen eingegliedert, zu denen ich mich »verhalten« muß, denen ich willfährig zu sein oder wider die ich mich zu behaupten habe.

Nie kann ich mich so aus meiner isolierten Vereinzelung begreifen --- einfach deshalb nicht, weil meine Identität dieses Einzelner-Sein überragt. Was wir unter Individualität verstehen – und was *Goethe* unter »Dämon« und »Entelechie« versteht –, ist deshalb nie ein geschlossenes, sondern ein offenes, in ein Beziehungssystem eingelassenes und dadurch geprägtes Gebilde. *»Ich lebe, webe und bin« im Sein zum Du und im Sein zur Welt mit ihrem unendlich differenzierten Gefüge.* Selbst jene »letzte« Daseinsorientierung, die wir mit Grund, Ziel und Sinn unseres Lebens umschrieben, kann ich nur so gewinnen, daß ich auch entsprechend »letzte« Grundbezüge meines Daseins bestimme, die mich umhüllen und tragen. Wir sind darauf schon in anderm Zusammenhang zu sprechen gekommen, als wir die Sicht jener Grundbezüge bei *Kierkegaard* behandelten: Wir können unser Dasein entweder durch unser Verhältnis zum Tier bestimmen und uns als dessen Überbietung verstehen. Oder wir können uns an Gott orientieren, der »über« uns ist und den Sinngrund unseres Daseins ausmacht; vielleicht auch nur – meint *Kierkegaard* – am Staat, der wenigstens bedingt noch über den Menschen hinausweist und ihn einem höheren, jedenfalls sinnhaften Gefüge einordnet.

Gerade hier wird nun deutlich, daß je nach dem Bezuge, aus dem ich den Menschen so verstehe, ein völlig *anderes* Bild erscheint:

Wähle ich nämlich die Relation »nach unten«, zum Tier hin, so habe ich zwar die Relation zu einem Außerhalb gewählt, aber zu einem solchen, das die Selbsttranszendierung meiner Existenz auf Sinn nicht mehr ermöglicht, sondern den Menschen nur zu einem höheren Tier macht oder ihn gar – wegen seines Instinktverlustes – unter das Niveau des Tieres reduziert sieht.

Das eindrucksvollste Beispiel dafür ist mir immer *Nietzsches Verständnis des Gewissens*: Im allgemeinen versteht man das

Gewissen ja als eine humane Qualität, als die eigentliche Signatur des Humanum. Denn in ihm erfahre ich doch den Anruf des Sollens, die Aufforderung, mich zu entscheiden und meine Bestimmung zu ergreifen. Insofern legt sich auch die theologische Interpretation des Gewissens nahe: daß ich in ihm den Anruf Gottes vernähme, daß es gleichsam dessen Brückenkopf in meinem Bewußtsein sei, auf den er dann mit der Macht seines Wortes zugehen und mit dem er sich vereinen kann. In diesem Fall wäre das Gewissen also aus seiner Relation »nach oben« interpretiert. – *Nietzsche* aber versteht das Gewissen aus seiner Relation zur Tierheit, sieht es also gerade »von unten her«: Solange der Mensch noch in seinen animalischen Stadien auf freier Wildbahn lebte, waren seine Kampf- und Jagd-Instinkte nach außen gekehrt. Sie halfen ihm, sich zu behaupten. Sobald aber die Zäsur zur vermeintlich »höheren« Menschwerdung überschritten ist und er sich in »den Bann der Gesellschaft und des Friedens eingeschlossen« findet, sind die alten Raubtierinstinkte gleichsam arbeitslos und überfällig geworden. Er ist nun gebändigt und damit auch depotenziert. So also erging es »diesen der Wildnis, dem Kriege, dem Herumschweifen, dem Abenteuer glücklich angepaßten Halbtieren«. Alle spontanen und unmittelbaren Antriebe, wie sie der Instinkt und der elementare Wille zur Selbstbehauptung vermittelten, müssen abgebaut werden, weil sie im bergenden Gehäuse der Zivilisation keine Angriffsflächen mehr haben und funktionslos werden. An die Stelle des so abgebauten Instinktes tritt nunmehr die Reflexion.

Was *Nietzsche* hier meint, könnte man sich gut mit Begriffen aus *Freuds* Psychoanalyse deutlich machen: Die Kampfinstinkte des wilden Steppentieres oder auch noch des »Halbtieres« können nicht einfach ins Nichts zerfließen, wenn sie nicht mehr gebraucht werden. Sie können höchstens »verdrängt«, ihre energetische Kraft kann nur in andere Energien transformiert werden (so wie das etwa beim Vorgang des Sublimierens geschieht). In diesem Falle ist es so, daß die vorher nach außen gewendeten Kampf- und Beute-Instinkte nun nach *innen* schlagen: Sie werden jetzt die Triebkräfte in einem Kampf des Menschen mit sich selbst, im Kampf zwischen Wille und Trieb, Fleisch und Geist, (vermeintlich) Gutem und (vermeintlich) Bösem. Das Gewissen – und insbesondere das *schlechte* Gewissen – ist für *Nietzsche* der Kampfplatz, auf dem diese Auseinandersetzung stattfindet. Sie ist die Selbstzerfleischung des mit sich zerfallenen und aufgespaltenen Menschen.

Kein Wunder, daß *Nietzsche* hierin eine Entartungserscheinung gegenüber der Tierheit sieht, daß er in der »Genealogie der Moral« von einer »tiefen Erkrankung« spricht: »Der Mensch, der sich aus Mangel an äußeren Feinden und Widerständen, eingezwängt in eine drückende Enge und Regelmäßigkeit der Sitte, ungeduldig selbst zerriß, verfolgte, annagte, aufstörte, mißhandelte, dies an den Gitterstäben seines Käfigs sich wundstoßende Tier ..., dieser ... vom Heimweh der Wüste Verzehrte, ... dieser verzweifelte Gefangene wurde der Erfinder des ›schlechten Gewissens‹.«

An diesem Beispiel *Nietzsches* scheint mir besonders eindrücklich klarzuwerden, was ich zu sagen wünschte: Einmal, daß in *jedem* Falle – selbst in dieser etwas abenteuerlich-einlinigen Genealogie *Nietzsches – menschliches Dasein immer nur erschlossen werden kann, indem man die es tragende Grundrelation erschließt, in diesem Falle die Relation zu tierischen Vorstadien der Menschlichkeit. Ferner wird hier sichtbar, daß je nach der Relation, die man nun wählt, das herausspringende Menschenbild fundamental anders wird.*

Das gilt auch von den innerweltlichen – also nicht bloß jenen »letzten« – Relationen. Hier kann es ebenfalls zu zwei völlig verschiedenen Menschenbildern kommen: Ich kann den Menschen zum Beispiel bei seiner *Relation zur Gesellschaft* in purer Abhängigkeit von deren Struktur und ihren Zwängen sehen; ich kann ihn als ein Wesen verstehen, das in diese Relation eingeschlossen ist und sie nicht überragt, so daß er als ein nur gesellschaftliches Wesen erscheint. In einem bestimmten Vulgärmarxismus, auch bei bestimmten Linksextremisten, ist es sicher so geschehen; aber auch bei ideologischen Lobrednern eines totalen Staates – also auf der »rechten« Seite – steht es ähnlich. Alle diese Richtungen sehen sich zwar ebenfalls genötigt, menschliches Wesen durch eine Relation zum Außerhalb-Seiner zu bestimmen, doch wählen sie hier einen Bezug, und zwar den totaler funktionaler Abhängigkeit, der die Selbstbestimmung des Menschen, das verantwortliche Ergreifen seiner selbst, von vorneherein blockiert.

Andererseits ist es möglich, daß jemand die Relation zu Gesellschaft und Staat zwar für ein Konstitutivum menschlicher Existenz hält, diese aber nicht darin aufgehen, sondern sie aus jener Relation gleichsam »hinausstehen« sieht. Diese Haltung kommt z. B. in der Art zum Ausdruck, wie *Luther* im Namen seines Gewissens auf dem Reichstag zu Worms den Repräsentanten der Staats- und Kirchenordnung gegenüber- und entgegentrat, und zwar mit dem (ihm möglicherweise in den Mund

gelegten) Wort: »Hier stehe ich, ich kann nicht anderst...« *Luther*, dessen Haltung hier für uns symbolische Bedeutung haben kann, akzeptiert ganz gewiß seine Relation zu »Kaiser und Reich«, zu den Institutionen von Staat, Kirche und Gesellschaft; er sieht in ihnen ein von Gott gestiftetes Gefüge. Aber er läßt sich nicht durch diese Relation definieren, sondern er definiert umgekehrt, bis wohin die Kompetenz jener Autoritäten reicht, daß sie seine Gewissensentscheidung keineswegs mit umschließt und damit ausschaltet.
Wie aber wird es *möglich,* daß *Luthers* Selbst, daß sein Gewissen so aus der Relation zu den Weltordnungen »heraussteht« und sie transzendiert? Diese Relativierung des weltlichen Gefüges, dieses Sich-nicht-von-ihm-gefangennehmen-Lassen ist nur dadurch möglich, daß er einen Punkt außerhalb der Welt im Blick hat, von dem aus diese Welt aus den Angeln gehoben werden kann. Er spricht ja im Namen seines an Gott gebundenen Gewissens. Nur von dieser letzten Instanz aus werden die vorletzten Instanzen, werden Kaiser und Reich relativiert. (Philosophisch ausgedrückt könnte man sagen: Im Namen der norma normans kann ich die normae normatae in ihre Schranken weisen.) *Luther* räumt nur der »letzten« Relation, nämlich der Bindung an Gott und sein Wort, völlige Verfügungsgewalt über sich ein. Und gerade deshalb verfügt er über die »vorletzten« Relationen. Sie dürfen ihn nicht mehr gefangennehmen. Er kann ihnen nun »gegenüber«-treten, er – transzendiert sie.

Damit haben wir uns die Bedeutung der Relationen – der letzten sowohl wie der vorletzten – für das Zustandekommen des Menschenbildes klargemacht. *Eine Anthropologie, das ist das Ergebnis, kann nur so angelegt werden, daß sie den Menschen innerhalb eines Systems von Bezügen aufzeigt.* Blicken wir auf unsere bisherigen Überlegungen zurück, stellen wir fest, daß wir auch immer so vorgegangen sind. Ob wir nun das Thema der Identität, das menschliche Vermögen des Verstehens oder den Wandel des Wirklichkeitsverständnisses in der Neuzeit besprachen: Ausgesprochen oder unausgesprochen wurde immer der »Mensch im Bezug« deutlich. Was bisher bloß »nebenbei« geäußert wurde, was dem Verfasser gleichsam nur mit in die Feder floß (um Heuchelei zu vermeiden: ganz so zufällig war es denn doch nicht!), das soll nunmehr auch ausdrücklich behandelt und zu einem eigenständigen Thema werden. Wir wollen uns das Gewebe der Relationen genauer ansehen.
Wenn der Leser die folgenden Relationen überblickt, wird es

ihm vielleicht bedenklich erscheinen, daß die entscheidende Grundrelation, die Beziehung zu Gott, in unserm Aufriß fehlt. Diese Auslassung geschieht bewußt: Die Beziehung zu Gott kann nicht als *ein* Faden neben andern aufgefaßt werden. Sie taucht nicht als ein Gewebe-»Stück« auf, sondern an ihr ist das ganze Netz aufgehängt. So wird sie in der Darstellung *aller* Relationen präsent sein.

Der mit der jüngeren philosophischen Landschaft vertraute Leser mag sich durch unsern Gedanken des Relationsgefüges, von dem aus der Mensch allein zu verstehen sei, an die von *Ferdinand de Saussure* begründete und von der »Prager Schule« der Linguistik ausgebaute Bewegung des sogenannten *»Strukturalismus«* erinnert fühlen. Trotz mancher formaler Analogien würde der Verfasser sich damit aber nicht zutreffend geortet sehen. Ein kurzer Hinweis auf das Unterscheidende kann vielleicht dazu helfen, die Konturen unserer Konzeption noch deutlicher zu markieren:

Der Strukturalismus ist ursprünglich eine Sprachphilosophie (»Linguistik«). Die Ausgangsbeobachtung, die zu deren Entfaltung treibt, kommt in der These zum Ausdruck, daß eine Sprache nicht aus ihren physikalisch beschreibbaren Lautelementen (den »Phonemen«) oder Wort-Einheiten zu verstehen sei, sondern ein in sich zusammenhängendes System von Beziehungen, eben eine »Struktur« sei. *De Saussure* macht das am Beispiel des Schachspiels deutlich: Ein König, ein Bauer oder ein Läufer hat sein Charakteristikum nicht darin, daß er als Figur so und so aussieht und von dem und dem Material gefertigt ist, sondern daß er im System des Schachspiels eine bestimmte Funktion ausübt, die nur aus dem Gesamtgefüge des Spiels, aus seiner »Struktur«, zu verstehen ist. Das relationale Gefüge ist also im Sinne des Strukturalismus das Eigentliche der Wörter und der Dinge; ihre »Substanz« (mit der *de Saussure* die aristotelische Hyle, die Materie, meint) ist dagegen das noch Ungeformte, in seinem Wesen noch nicht zu sich Gekommene und darum auch nicht Erkennbare. Die Grundthese des Strukturalismus ist deshalb, wie es *Günther Patzig* formuliert, »der Satz vom prinzipiellen Übergewicht der Relation über die Beziehungsfundamente, der Struktur gegenüber ihren Elementen«, während diese für *Aristoteles* umgekehrt nur ein »Anhängsel«, ein bloßer »Seitensproß« des Seienden ist.

Sobald diese strukturalistische These nun auf den Menschen angewendet wird, zeigt sich, daß das formalistisch verstandene Gefüge von Relationen nicht zureicht. Das läßt sich an *Aristoteles* verdeutlichen, auf den sich – trotz der genannten Differenz –

de Saussure gerne beruft. Für ihn ist der Mensch als solcher nicht relational, sondern als Substanz zu verstehen, als für sich seiendes Seins-Element. Relational ist nur der konkrete Mensch zu verstehen, zum Beispiel der Sklave, der auf seinen Herrn bezogen ist.
Hier entsteht die entscheidende und kritische Frage: Ist der Mensch nur hinsichtlich seiner Funktionen strukturell bedingt und insofern dann auch einem Relationsgefüge einbeschlossen, während er »an sich« eine Entelechie ohne Außenbeziehungen ist? Sind seine Beziehungen also nur etwas, das er erst nachträglich eingeht und sich als »Anhängsel« angliedert, ohne daß sie sein Wesen selbst bestimmten? Wenn man es so sähe: könnte man diese Konstruktion auf die Dauer aufrechterhalten? Oder müßte es nicht dahin kommen, daß man schließlich auch das *Wesen* des Menschen (das also, was *Aristoteles* – nach *de Saussure* – seine »Substanz« nennt) in Funktionen auflöst und es so doch wieder in das Gefüge relationaler Bedingungen eingliedert? Ist es nicht so bei *Marx* tatsächlich eingetreten, wenn der Mensch hier nur als Beziehungselement innerhalb eines sozialen Systems gesehen wird? Muß der Strukturalismus nicht notwendig auf diese Integration des Menschen in ein System immanenter Bezüge drängen – muß er nicht »weltanschaulich« werden, worauf sein Suffix »-ismus« ja auch tatsächlich deutet? Das würde dann aber die Verneinung unserer anthropologischen Grundthese implizieren, daß der Mensch ein Wesen sei, das sich selbst transzendiere und deshalb nach Grund und Sinn seines Daseins fragen müsse. Das Koordinatensystem, innerhalb dessen er hier zu orten und auf das er bezogen wäre, könnte niemals ein Gefüge sein, innerhalb dessen die Sinnfrage auch nur legitim zu stellen, geschweige denn zu lösen wäre. Hier käme es im besten Falle zu immanenten Teleologien, das heißt in diesem Falle: zu Zweckbezogenheiten. Daß der Mensch sich selbst transzendiere, kann ja nicht nur heißen, daß er auf ein ihn umgreifendes Funktionssystem bezogen ist – wie die Schachfigur auf das Spiel-Gefüge –, sondern daß er zugleich die Frage stellen muß, welchen Sinn dieses System, die »Struktur«, nun *ihrerseits* wieder habe. Diese Frage wäre insofern keine Grenzüberschreitung ins Metaphysische, als sie mit der in ihm angelegten Nötigung verbunden ist, sich selbst ergreifen und über den thematischen Sinn seines Daseins klarwerden zu müssen. Die Stellungnahme zu dieser Grundfrage greift dann tief in seine immanenten Bezüge ein. Er wird entweder in ihnen »aufgehen«, er wird sich zum Beispiel in seiner Eigenschaft, gesellschaftliches Funktionswesen zu sein,

erschöpfen. Oder er wird auch *abgesehen* von diesen Funktionen in einem »letzten« Bezuge stehen, der sein Eigentliches – etwa seine fremde Würde – ausmacht.
Die Frage, die wir an den Strukturalismus und seine anthropologischen Konsequenzen zu stellen hätten, müßte also lauten, ob die nur formalistisch bestimmten Bezüge imstande sind, eine Wesensbestimmung menschlichen Daseins zu tragen, ob nicht vielmehr alles darauf ankommt, die leeren Formen inhaltlich zu füllen und so die Frage zu stellen, um *welche* vorletzten und letzten Bezüge es schließlich geht.

3. Heinz Zahrnt
Die hermeneutische Methode

Die Methode des Verstehens wird in jeder Wissenschaft jeweils durch ihren Gegenstand bestimmt. Das gilt auch für die Theologie: »Die Interpretation der biblischen Schriften unterliegt nicht anderen Bedingungen des Verstehens als jede andere Literatur.«
Der Gegenstand der Theologie sind die biblischen Zeugnisse von der Offenbarung Gottes. Da die christliche Offenbarung ausdrücklich den Anspruch erhebt, daß sie in einem Ereignis der Geschichte stattgefunden hat, können die Zeugnisse von diesem Ereignis nicht auf andere Weise interpretiert werden als andere historische Zeugnisse auch. Es gibt keine sakrale Spezialmethode für die Auslegung des Neuen Testaments. Alles Reden von einer besonderen »theologischen« oder »pneumatischen« Exegese ist unsachgemäß: »Theologisch ist dabei zunächst gar nichts. Theologisch wird die Arbeit des Exegeten nicht durch seine Voraussetzungen und seine Methode, sondern durch ihren Gegenstand, das Neue Testament... Sein Hören als Forscher ist profan, heilig ist nur das Wort, das geschrieben steht.«
Wer die Bibel interpretieren will, braucht wie jeder Interpret ein entsprechendes geistiges Handwerkszeug, das heißt eine seinem Text angemessene Begrifflichkeit. Da die Bibel Aussagen über Gott und damit über die menschliche Existenz macht, muß es eine Begrifflichkeit sein, in der von der menschlichen Existenz sachgemäß und methodisch geredet wird. Diese die Interpretation leitende Begrifflichkeit zu gewinnen, ist nicht die Aufgabe der Theologie, sondern der Philosophie. Damit taucht

die Frage nach der »richtigen« Philosophie auf. Für Bultmanns theologische Absicht stellt sie sich so: »Welche heutige Philosophie bietet die angemessensten Vorstellungen zum Verständnis der menschlichen Existenz?« Die »richtige« Philosophie ist für Bultmann ganz einfach »diejenige philosophische Arbeit, die sich bemüht, das mit der menschlichen Existenz gegebene Existenzverständnis in angemessener Begrifflichkeit zu entwikkeln.«

Eben diese »richtige« Philosophie meint Bultmann bei Martin Heidegger gefunden zu haben. Zu seinen Füßen hat er sich, obgleich selbst schon Professor, noch einmal als Hörer gesetzt, als dieser zwei Jahre nach ihm nach Marburg berufen worden war. Über seiner Arbeit als Interpret des Neuen Testaments ist Bultmann zum Schüler Heideggers geworden. Er hat Heideggers Philosophie nicht etwa deshalb gewählt, weil sie die besten Anknüpfungsmöglichkeiten für die Theologie bot oder eine besondere Nähe zum christlichen Glauben aufwies, sondern weil sie nach seiner Ansicht die menschliche Existenz sachlich und begrifflich am angemessensten auslegte – und von der menschlichen Existenz ist ja im Neuen Testament die Rede. Bultmann hat gegenüber Heidegger gleichsam den Ratschlag des Apostels Paulus befolgt: »Was wahrhaftig ist, was ehrbar, was gerecht ist, dem denket nach!« (Philipper 4,8)

Aber nur die Klärung der Begriffe will Bultmann von Heidegger übernehmen, keinerlei Inhalte. Die Existenzphilosophie spielt für ihn die Rolle einer rein *formalen* Disziplin; sie deckt nur die Strukturen menschlichen Daseins auf, völlig neutral gegenüber jedem Material und jeglichem Inhalt, weder gläubig noch ungläubig, weder christlich noch atheistisch. Sie beschreibt rein phänomenologisch, was es an Existenz*strukturen* gibt, aber sie verkündet kein materiales Existenz*ideal*. Sie schreibt dem Menschen nicht vor: »*So* sollst du existieren!«, sie sagt ihm nur: »Du sollst *existieren!*« – »wenn nicht das schon zuviel gesagt ist und es besser heißen müßte: sie zeigt ihm, was Existieren heißt«. Die konkreten Begegnungen und Ereignisse des persönlichen Lebens werden dabei ebensowenig in Betracht gezogen wie die Beziehung zwischen Mensch und Gott. Aber gerade wegen dieser völligen Neutralität scheint Bultmann die Existenzphilosophie die angemessene Begrifflichkeit für die Auslegung der Bibel zu bieten: »Indem die Existenzphilosophie die Frage nach meiner eigenen Existenz nicht beantwortet, legt sie meine eigene Existenz in meine persönliche Verantwortung, und indem sie das tut, macht sie mich offen für das Wort der Bibel.«

Die Existenzphilosophie zeigt, daß das Sein des Menschen im Unterschied zu allem anderen Sein nicht einfach den Charakter von Vorhandensein hat, sondern, sofern es wahres menschliches Sein ist, im Vollzug des Existierens besteht. Sie ruft den Menschen aus seiner »Uneigentlichkeit«, in der er sich mit Hilfe fremder Mittel und Mächte zu sichern sucht und sich dadurch zu verlieren droht, heraus und fordert ihn auf, seine Existenz verantwortlich zu übernehmen und so im Existieren zu seiner »Eigentlichkeit« zu gelangen, indem er sich jeweils im konkreten Hier und Jetzt verwirklicht. Damit hat Heidegger ein vertieftes Verständnis der Geschichte gewonnen, und eben dieses vertiefte Geschichtsverständnis Heideggers ist Bultmann für seine Interpretation der Bibel wichtig geworden.
Um das Neue, Besondere des Heideggerschen Geschichtsverständnisses zu begreifen, müssen wir es abheben von dem positivistischen Geschichtsverständnis des sogenannten »Historismus«. Das Kennzeichen des positivistischen Historismus besteht darin, daß es die Texte und Denkmäler der Geschichte als »Quellen« benutzt und aus ihnen ein Bild der Vergangenheit zu rekonstruieren sucht. Er »befindet« und »stellt fest«; ihm ist an den Fakten und Daten, an dem objektiven Geschehensein eines historischen Ereignisses und seiner möglichst genauen protokollarischen Erfassung gelegen. Fast könnte man sagen: er gibt eine Photographie von der Geschichte. Damit aber bleibt das beschriebene Ereignis in der historischen Distanz, und seine Bedeutung für unsere gegenwärtige Existenz wird nicht erkennbar. Hegels bekanntes Wort über die Philosophie auf die Historie übertragend, könnte man sagen: »Wenn die Historie ihr Grau in Grau malt, dann ist eine Gestalt des Lebens alt geworden, und mit Grau in Grau läßt sie sich nicht verjüngen, sondern nur erkennen.« Zu diesem Wort hat der Göttinger Historiker Reinhard Wittram einen anschaulichen Kommentar geliefert, wenn er schreibt: »Mir erscheinen die großen geschichtlichen Begebenheiten der Vergangenheit immer als gefrorene Katarakte: in der Kälte des entflohenen Lebens erstarrte Bilder, die uns in Distanz halten ... Wir frieren im Anschauen der Größe gefallener Reiche, untergegangener Kulturen, ausgebrannter Leidenschaften, toter Gehirne ... Wenn wir das ernstnehmen, kann es uns durchfahren, daß wir Historiker ein sonderbares Geschäft treiben: wir hausen in den Totenstädten, umfangen die Schatten, zensieren die Abgeschiedenen.« Das gilt auch von dem Umgang mit den Zeugnissen der Bibel, wenn sie nur in der Weise des »Historismus« betrachtet werden!

Hinter dem »Historismus« steht ein bestimmtes Verhältnis des Menschen zur Welt: er ist ein Spezialfall der allgemeinen Herrschaft des *Subjekt-Objekt-Schemas* in der Neuzeit. Seit der Renaissance, spätestens aber seit Descartes, also seit etwa dreihundert Jahren, bewegt sich unser Denken, zumal das der Geschichtswissenschaft, in diesem Schema. Das Wesen der Neuzeit und ihres Denkens besteht darin, daß ihr die Welt zum Bilde wird. Heidegger hat dies auf den knappen Satz gebracht: »Der Grundvorgang der Neuzeit ist die Eroberung der Welt als Bild.« Damit hat sich eine tiefe Wandlung im Verhältnis des Menschen zur Welt angebahnt: der Mensch wird zum Subjekt und die Welt zu seinem Objekt. Statt sich von der Wirklichkeit *er*greifen zu lassen, sucht der Mensch sie zu *be*greifen. Er befindet sich im »Angriff« auf die Welt, und entsprechend wird die Welt für ihn zum »Gegenstand«. Damit aber ist der Mensch aus seiner Existenz herausgesprungen. Ob er die Welt als Gegenstand so oder so beschreibt, ob sein »Weltbild« idealistisch oder materialistisch ausfällt, ist ziemlich gleichgültig – auf jeden Fall hat er es unter Absehen von seiner eigenen Existenz entworfen.

Heideggers entscheidende Leistung für das geschichtliche Verstehen besteht darin, daß er es aus dem traditionellen Schema des Subjekt-Objekt-Denkens befreit hat. Wenn das Sein des Menschen im Unterschied zu allem anderen Sein nicht einfach den Charakter von Vorhandensein hat, sondern im Vollzug des Existierens besteht, dann bedeutet dies, daß eine historische Quelle nicht nur Vorhandenes, sogenannte »Tatsachen«, überliefert, sondern daß sich in ihr jeweils eine Möglichkeit menschlicher Existenz ausspricht: »Das zentrale Thema der Historie ist je die *Möglichkeit* der dagewesenen Existenz.« Demzufolge heißt »geschichtlich verstehen« nicht nur Vorhandenes feststellen: wie es einmal gewesen ist, sondern es heißt, eben jene Möglichkeiten vergangenen menschlichen Seins zum Bewußtsein bringen und sie als Möglichkeiten eigenen Sein-Könnens vergegenwärtigen. Der letzte Grund für die Beschäftigung mit der Geschichte ist nicht der, vergangene Ereignisse zu rekonstruieren, sondern sich der Möglichkeiten menschlicher Existenz bewußt zu werden. Damit aber steht der Mensch nicht mehr als das Subjekt in distanzierendem Denken der Geschichte als dem Objekt gegenüber und *be*greift sie, sondern er läßt sich von ihr *er*greifen und in sie hineinziehen als ein Teil von ihr. Sein Verstehen der Geschichte vollzieht sich in einer Begegnung mit der Geschichte, bei der seine eigene Existenz auf dem Spiel steht. Er erfährt die Geschichte als sein Geschick. So

deckt die Existenzphilosophie dem Menschen die Geschichte als die *Geschichtlichkeit* seines eigenen Daseins auf: Indem der Mensch sich verstehend zur Geschichte verhält, verhält er sich zugleich verstehend zu sich selbst. Das Maß des Verstehens einer geschichtlichen Tatsache oder Quelle hängt mithin an dem Maß der Erschlossenheit für die eigene Existenz. Geschichtsauslegung und Selbstauslegung müssen einander korrespondieren.
Bultmann hat dieses Geschichtsverständnis keineswegs erst in seinem Entmythologisierungsaufsatz auf die Interpretation der Bibel angewandt. Die erste zusammenfassende Darstellung der Art, wie er Geschichte verstanden wissen will, hat er schon 1926 in dem Einleitungskapitel seines Jesus-Buches gegeben, wo er von der »Art der Betrachtung« spricht. Hier finden sich bereits die wichtigsten Grundgedanken seiner ganzen Hermeneutik: Der Mensch kann die Geschichte, wenn er ihr Wesentliches erfassen will, nicht einfach als etwas Vorhandenes betrachten wie seine Umwelt oder die Natur. Er ist selbst ein Stück Geschichte, und daher wendet er sich, wenn er sich der Geschichte zukehrt, einem Zusammenhang zu, in den er selbst mit seinem Sein verflochten ist. Mit jedem Wort über die Geschichte sagt er in gewisser Weise zugleich etwas über sich selbst aus. Der rechte Umgang mit der Geschichte ist daher ein *»Dialog«* mit der Geschichte. Diesen Dialog führt der Mensch nicht als neutraler Beobachter, sondern als einer, der sich selbst bewegt weiß von den geschichtlichen Mächten und darum bereit ist, den »Anspruch« der Geschichte zu hören: Er möchte durch »Befragen« der Geschichte etwas darüber erfahren, wie er selbst seine Existenz auffassen soll. Dann aber führt die Beschäftigung mit der Geschichte nicht »zur Bereicherung eines zeitlosen Wissens«, sondern »zu einer Begegnung mit der Geschichte«, welche selbst wieder ein geschichtlicher Vorgang ist. Und der Ertrag besteht dann nicht in einem Kennenlernen von bisher unbekannten Tatsachen, sondern in einem Verstehen, das eine persönliche Entscheidung verlangt.
Was Bultmann in der Einleitung zu seinem Jesus-Buch über die »Art der Betrachtung« der Geschichte und Botschaft Jesu schreibt, erinnert in frappanter Weise an das, was Barth im Vorwort zur zweiten Auflage seines *Römerbriefes* über den Umgang mit dem Bibeltext sagt: Er will dem Text der Bibel *nach*denken und sich so lange mit ihm auseinandersetzen, »bis die Mauer ... transparent wird, bis Paulus dort *redet* und der Mensch ... hier *hört*, bis das Gespräch zwischen Urkunde und Leser ganz auf die *Sache* konzentriert ist«. Ganz ähnliche

Gedanken hat Barth auch in der Einleitung zu seiner *Protestantischen Theologie im 19. Jahrhundert* geäußert. Er warnt hier ausdrücklich vor der Haltung des bloßen Zuschauers, der die Geschichte wie ein Naturwissenschaftler betrachtet und sich mit der reinen Beobachtung und Feststellung objektiver Tatsachen, mit der reinen Schau begnügt: er sieht von der Geschichte als solcher gar nichts. Wirkliches Verstehen der Geschichte vollzieht sich nur in einem »begegnenden Handeln«, bei dem »wir selbst in bestimmter Bewegung begriffen sind«: »Geschichte erkennen wir überall nur, wenn und indem etwas an uns und für uns geschieht, vielleicht auch gegen uns geschieht, nur wenn und indem uns ein Geschehen... so angeht, daß wir dabei sind, daß wir an ihm beteiligt sind... Wir erkennen Geschichte, indem uns ein fremdes Handeln irgendwie zur Frage wird, auf die unser eigenes Handeln irgendwie Antwort zu geben hat.« Besser läßt sich nicht beschreiben, was existentiale Interpretation der Geschichte heißt. Schade nur, daß Barth all dies vergessen zu haben schien, als er sich mit Bultmanns existentialer Interpretation des Neuen Testaments auseinandersetzte! Da bezeichnet er das schwere Problem des geschichtlichen Verstehens leichthin als eine »cura posterior« und bagatellisiert es zu der Frage: »Wie sage ich's meinem Kinde?«

Daß es sich bei dem geschichtlichen Verstehen nicht nur um eine Frage der Technik und Methode handelt, sondern daß dabei die Existenz des Menschen mit im Spiele ist, ja auf dem Spiel steht, macht Bultmann an einigen Beispielen der zwischenmenschlichen Beziehungen deutlich: »Es kann mir mitgeteilt werden, daß sich meine Mutter heimlich ein Opfer auferlegt hat, um mir eine Freude zu verschaffen oder mir meinen Beruf zu ermöglichen. Ich habe das nicht verstanden im bloßen Konstatieren, sondern nur, wenn ich auf Grund der Mitteilung mein Verhältnis zu meiner Mutter, mich selbst also, neu erfasse.« Oder: »Ein junger Mann, der seine (künftige) Braut durch die Auskunft eines Detektivbüros kennenlernen wollte, wird sie in ihrem personalen Sein überhaupt nicht kennenlernen, weil sich dieses nicht dem objektivierenden Sehen, sondern nur der existentiellen Begegnung erschließt.«

Wohl handelt es sich bei der Begegnung mit der Geschichte um Texte und Quellen und also um Fakten und Ereignisse der Vergangenheit. Aber ich kann diese Texte und Quellen, diese Fakten und Ereignisse der Vergangenheit nicht so verstehen, daß ich sie im Schema des Subjekt-Objekt-Denkens unter Aussparung meiner eigenen Existenz betrachte, sondern nur

so, daß ich mich ihnen unter Preisgabe meiner eigenen Existenz erschließe und sie als meine Möglichkeiten übernehme. Immer handelt es sich bei der Begegnung mit der Geschichte und geschichtlichen Texten um Lebensvollzug und Entscheidung.
Das gilt auch von den Texten der Bibel und von den Ereignissen, Personen und Dingen, von denen sie berichten: »Man kann nicht jemandem sagen, was Tod und Leben, was Sünde und Gnade ist, wie man ihm mitteilen kann, daß es fleischfressende Pflanzen gibt oder Fischsorten, die lebendige Junge zur Welt bringen. Vielmehr: reden wir zu jemandem über Tod und Leben, Sünde und Gnade, so reden wir zu ihm von seinem eigenen Leben, zu dem dies alles gehört, so gut wie Licht und Dunkel, Liebe und Freundschaft zu ihm gehören ... Im Text werden mir dann nicht vorfindliche und bis dahin unbekannte Dinge bekannt gemacht, sondern es werden mir Möglichkeiten meiner selbst erschlossen, die ich nur verstehen kann, soweit ich für meine Möglichkeiten erschlossen bin und mich erschließen lassen will. Ich kann das Gesagte nicht einfach als Mitteilung akzeptieren, sondern ich verstehe nur bejahend oder verneinend ... Verstehen ist also immer zugleich Entschluß, Entscheidung.« In alldem steckt weder etwas Irrationales noch etwas Unwissenschaftliches.
Aber nun ist der Mensch, der der Geschichte in einem Text begegnet, keine tabula rasa, keine unbelichtete photographische Platte, auf der sich noch keinerlei Eindrücke abgebildet haben. Er tritt vielmehr immer schon mit bestimmten Fragen an den jeweiligen Text heran. Um aber fragen zu können, muß er immer schon von einem »Woraufhin«, von einem bestimmten Interesse geleitet sein. Die Interpretation setzt ein »Lebensverhältnis« zu der Sache voraus, die im Text – direkt oder indirekt – zu Wort kommt. Wer zum Beispiel philosophische Texte interpretieren will, muß selbst von der Frage nach der Wahrheit bewegt sein: »Platon versteht nur, wer mit ihm philosophiert.« Die Subjektivität des Historikers ist also nicht auszulöschen, sie bildet vielmehr einen notwendigen Faktor objektiver historischer Erkenntnis, so daß man paradoxerweise sagen muß: »Die subjektivste Interpretation ist zugleich die objektivste.«
Das vorgängige Lebensverhältnis zu der Sache, die im Text – direkt oder indirekt – zu Wort kommt, schließt immer schon ein bestimmtes Vorwissen in sich, und dieses Vorwissen ist nie neutral, sondern immer nur in einer bestimmten »Ausgelegtheit« da. Bultmann bezeichnet es als »*Vorverständnis*«. Ohne solches Vorverständnis gibt es keine Kommunikation zwischen Text und Ausleger, sondern bleiben die Texte stumm. Ich muß

zum Beispiel ein Vorverständnis für Dank und Pflicht, Haß und Liebe, Sünde und Vergebung, und zwar als meine eigensten Möglichkeiten, haben, wenn ich verstehen soll, was zu mir davon gesagt wird. Das gilt selbst für den Tod: »Ich weiß nicht eigentlich, was Tod und Leben sind; denn eigentlich könnte es nur gewußt werden, wenn das Leben an seinem Ende ist... Aber doch haben wir ein eigentümliches Vorwissen darum, daß der Tod nicht ein bloßer Naturvorgang ist, ein einfaches Aufhören, sondern daß er die Probe unseres Lebens ist... Wir wissen darum, wie man von Liebe und Freundschaft wissen kann, auch wenn man nicht Liebe gefunden hat, keinem Freund begegnet ist; wir wissen darum, wie auch der Blinde vom Licht und der Taube vom Ton weiß. Wir wissen darum – und wir wissen es doch erst eigentlich, wenn die Liebe geschenkt wird, wenn der Freund begegnet. Aber um es eigentlich wissen zu können, ist vorausgesetzt, daß es von vornherein eine Möglichkeit des Lebens ist.«

Gilt dies nun aber auch für Gott und die Bibel? Kann der Mensch auch zur *Bibel* schon im voraus in einem Lebensbezug stehen? Kann er auch von *Gott* schon ein Vorverständnis haben? Kann er schon *vor* der Offenbarung Gottes wissen, wer Gott ist? Darauf antwortet Bultmann: »Der Mensch kann sehr wohl wissen, wer Gott ist, nämlich in der Frage nach ihm.« In seinem Fragen und Suchen drückt sich bereits, bewußt oder unbewußt, eine Beziehung des Menschen zu Gott aus. Bultmann beruft sich in diesem Zusammenhang auf den bekannten Augustinischen Satz: »Tu nos fecisti ad te, et cor nostrum inquietum est, donec requiescat in te« – Du hast uns auf dich hin geschaffen, und unser Herz ist unruhig, bis es Ruhe findet in dir. Dieses Wort Augustins bildet für Bultmann den »klassischen Ausdruck« für die Tatsache, daß der Mensch auch vor der Offenbarung Gottes schon in einer Beziehung zu Gott steht: Wäre es anders, wäre der Mensch nicht schon in dieser Weise von der Gottesfrage bewegt, so würde er in keiner Offenbarung Gottes Gott als Gott erkennen.

Die bereits vor der Offenbarung Gottes bestehende Beziehung des Menschen zu Gott kann sich in verschiedener Gestalt ausdrücken. Sie braucht keineswegs nur in der direkten, wörtlich ausgesprochenen Frage des Menschen nach Gott zu bestehen, sondern kann auch als Frage nach dem »Glück«, nach dem »Heil«, nach dem »Sinn« der Welt und der Geschichte erscheinen. In jedem Fall aber ist es immer die Frage des Menschen nach sich selbst, nach der *Eigentlichkeit* seines Daseins. Der Mensch weiß, daß er in allem Jetzigen und Augenblicklichen noch nicht eigentlich er selbst ist, daß er noch nicht ist und hat, was er sein und haben möchte. Und darum ist er immer auf die Zukunft gerichtet, immer unterwegs zu seiner vor ihm liegenden Eigentlichkeit. Indem das Leben des Menschen so, bewußt oder unbewußt, von der Frage nach seiner eigenen Existenz bewegt wird, wird es, bewußt oder unbewußt, von der Frage nach Gott bewegt: »Die Frage nach Gott und die Frage nach mir selbst sind identisch.«

Damit hat Bultmann zugleich die Frage nach dem sogenannten »Anknüpfungspunkt« der Offenbarung Gottes beantwortet. Dieser besteht nicht in einem »religiösen« Organ oder in irgendeiner sonstigen besonderen Fähigkeit und Empfänglichkeit des Menschen für das Wort Gottes, sondern: »Der Mensch in seiner Existenz, als ganzer, ist der Anknüpfungspunkt.« Die Existenz des Menschen als ganze aber ist zusammengefaßt in der Frage nach seiner Eigentlichkeit. Die Frage nach der Eigentlichkeit des Menschen bildet für Bultmann somit den Anknüpfungspunkt für die göttliche Offenbarung.

Nun aber ist auch die Frage nach der Eigentlichkeit des Menschen nie in reiner Form da, sondern immer schon in einer bestimmten Gestalt, in irgendeiner »Ausgelegtheit«: in einem Gottesbegriff, in einer Religion, in einer Weltanschauung, Ethik oder Philosophie. Damit aber hat der Mensch die Frage nach sich selbst und damit nach Gott bereits selbst beantwortet, aber eben darum sind auch alle seine Antworten auf die Frage nach Gott und nach sich selbst »Illusionen«. Er setzt sich mit ihnen in Widerspruch zu Gott. Und deshalb kann Bultmann auch sagen: Der Anknüpfungspunkt der Offenbarung Gottes ist der Widerspruch des Menschen gegen Gott. Aber gerade daß der Mensch im Widerspruch zu Gott steht, weist darauf hin, daß er bereits in einem Verhältnis zu Gott steht; denn auch ein verkehrtes Verhältnis ist ein Verhältnis.

Der Begriff des »Vorverständnisses« macht es Bultmann möglich, an dem total transzendentalen Charakter der Offenbarung Gottes, an ihrer radikalen Jenseitigkeit und Unverfügbarkeit festzuhalten und dennoch nicht die Kontinuität der geschichtlichen Existenz des Menschen durch die göttliche Offenbarung wie durch ein Naturereignis zerreißen zu lassen. Das Kontinuum dabei bildet das Selbst des Menschen, richtiger, seine Bestimmung zum Selbst, die sich in der Frage nach seiner Eigentlichkeit ausdrückt und die selbst noch in seiner Verirrung, ja Verlorenheit wirksam ist. In der Begegnung mit der Offenbarung in Jesus Christus wird das Vorverständnis des Menschen von Gott ins Bewußtsein gehoben, kritisch aufs Spiel

gesetzt, negativ seiner Verkehrtheit überführt und positiv zur Erfüllung gebracht.
[...]

Bultmann setzt, wenn er die Botschaft des Neuen Testaments entfaltet – seinem Geschichtsverständnis entsprechend – nicht beim Christusgeschehen ein und schildert dies als ein objektiv konstatierbares Heilsdrama, um aus ihm dann bestimmte Folgerungen für das Geschick des Menschen und der Welt zu ziehen, sondern er nimmt seinen Ausgangspunkt beim *Existenzverständnis* des Neuen Testaments. Da die Bibel ein geschichtliches Dokument ist, geht er an sie, wie an andere geschichtliche Texte, mit der Frage heran: »Wie wird die menschliche Existenz in der Bibel verstanden?»
Das Neue Testament kennt zwei verschiedene Existenzweisen des Menschen: die ungläubige, nichterlöste und die glaubende, erlöste Existenz. Beide Existenzweisen sind dadurch bestimmt, daß der Mensch stets auf die Zukunft gerichtet ist, daß er gewinnen will, was er eigentlich ist. Und er will seine Eigentlichkeit nicht nur gewinnen, er *soll* sie auch gewinnen! Eben darin besteht seine Geschichtlichkeit. Die Frage ist nur, auf welche Weise der Mensch zu seiner Eigentlichkeit zu gelangen sucht und ob er sie damit gewinnt oder verfehlt.
[...]
Der Glaubende lebt in kritischer Distanz zur Welt. Hingegeben an Gott, ist er frei und gelöst von allem weltlich Verfügbaren. Diese Haltung bezeichnet Bultmann als »*Entweltlichung*«. Damit ist keine innerweltliche Askese gemeint, auch kein pietistischer Rückzug aus der Welt, sondern jene paradoxe Freiheit von der Welt, kraft deren der Mensch in der Welt bleibt, sich aber in der Welt als ein Empfangender versteht und also die Dinge der Welt so hat, als hätte er sie nicht.
Aber wie vollzieht sich nun der Übergang von der einen Existenz zur anderen? Das Neue Testament behauptet, daß der Glaube an Gottes Gnade Glaube an Christus sei und daß das neue Existenzverständnis daher erst infolge eines bestimmten Ereignisses in der Geschichte, nämlich des Christusgeschehens, möglich sei. Aber hier erhebt sich nun die Frage, ob nicht eben diese Behauptung des Neuen Testaments ein »mythologischer Rest« sei, der eliminiert werden müsse. Ist das christliche Existenzverständnis nicht auch ohne Christus vollziehbar? Hat das Neue Testament nicht nur ein Seinsverständnis, eben das allgemeine natürliche Seinsverständnis des Menschen, zum

erstenmal entdeckt, zwar noch unklar und verhüllt im Gewande der Mythologie, und hat dann die Philosophie nicht nur dieses Seinsverständnis, indem sie seine mythologische Hülle abstreifte, klarer und konsequenter herausgearbeitet und so die Theologie ein für allemal überholt? Sagt nicht vor allem Martin Heidegger, nur in profaner philosophischer Gestalt, dasselbe über den Menschen, was das Neue Testament in theologischer Form über ihn sagt? Darauf antwortet Bultmann unerschrokken: »Wenn man gelegentlich beanstandet hat, daß ich das Neue Testament mit Kategorien der Heideggerschen Existenzphilosophie interpretiere, so macht man sich – fürchte ich – blind für das faktisch bestehende Problem. Ich meine, man sollte lieber darüber erschrecken, daß die Philosophie von sich aus schon sieht, was das Neue Testament sagt.«

Die Frage, ob Theologie und Philosophie nicht im Grunde dasselbe über die Existenz des Menschen sagen, wird von Bultmann mit »Ja und Nein!« beantwortet. Theologie und Philosophie stimmen überein und gehen auseinander. Sie stimmen darin überein, daß es beiden um die wahre »Natur« des Menschen geht, das heißt, daß der Mensch immer nur das werden kann und soll, was er schon ist. Auch der christliche Glaube ist nicht eine »mysteriöse supranaturale Qualität«, sondern »die Haltung echter Menschlichkeit«, und die christliche Liebe ist keine »mysteriöse supranaturale Praktik«, sondern »das natürliche Verhalten des Menschen«. Wenn das Neue Testament die Existenz des Menschen in Glaube und Liebe als »neue Schöpfung« versteht, dann meint es damit nicht eine übernatürliche, sondern nur die wieder zu sich selbst gebrachte schöpfungsgemäße eigentliche Existenz des Menschen: »Es ist nicht ein anderes Licht in Jesus erschienen, als es in der Schöpfung immer schon leuchtete. Der Mensch lernt sich im Lichte der Erlösungsoffenbarung nicht anders verstehen, als er sich immer schon verstehen sollte angesichts der Offenbarung in Schöpfung und Gesetz, nämlich als Gottes Geschöpf.«

Die Frage aber ist nun, wie diese natürliche eigentliche Existenz des Menschen verwirklicht werden kann. Und erst an diesem Punkt gehen Philosophie und Theologie auseinander.

Die *Philosophie* meint, daß es zur Freilegung der »natürlichen« Haltung des Menschen keiner göttlichen Offenbarung, sondern nur menschlicher Besinnung bedürfe. Auch sie setzt voraus, daß der Mensch sich in irgendeinem Grade verloren und verirrt hat, aber sie vertritt die Meinung, daß das Wissen um seine Eigentlichkeit den Menschen ihrer auch schon mächtig mache, nach der Weise: Du kannst, denn du sollst! Sie hält eine »prinzipielle«

Möglichkeit schon für eine »faktische« und sieht die Situation des Menschen daher nicht als verzweifelt an. Die Verfallenheit des Menschen erstreckt sich nicht bis auf sein Selbst, und so bleibt der Mensch fähig, seine Situation zu durchschauen und sich ihr durch Besinnung und Entschluß zu entziehen.

Das *Neue Testament* behauptet dagegen, daß dem Menschen seine wahre Natur nicht zur Verfügung stehe, selbst wenn er um sie wisse. Jede Bewegung des Menschen ist eine Bewegung in der Verfallenheit, weil sie bestimmt ist durch seine Eigenmächtigkeit. Der Mensch ist nicht nur dann eigenmächtig, wenn er statt aus der Hingabe seiner selbst aus dem Verfügen über das Verfügbare lebt; er ist es auch, wenn er die Hingabe seiner selbst als eine Möglichkeit seiner Existenz erkannt hat und sie nun als ein verfügbares Ziel verwirklichen zu können meint. Auch in solchem Streben, ja selbst in seinem Wissen um seine Verfallenheit, bleibt er der Alte, der durch seine eigene Vergangenheit, das heißt der durch sich selbst und seinen Willen Bestimmte. Gerade das Wissen um seine Geschichtlichkeit, und das heißt um seine Verantwortlichkeit für die Zukunft, weckt in ihm den Wahn, über die Zukunft verfügen zu können, und endet so in einem Selbstwiderspruch. In dem Aufweis dieser Verstrickung des Menschen erreicht das Reden des Neuen Testaments von der Sünde seine eigentliche Zuspitzung. Wer dieses Reden des Neuen Testaments von der Sünde des Menschen für eine mythologische Rede hält, beweist damit nur seine Blindheit gegenüber der Sünde und also seine eigene radikale Verfallenheit.

So gipfelt die Einsicht in die wahre Situation des Menschen in der Frage, wie der Mensch von sich selbst befreit werden kann. Anders ist das wahre Leben für ihn keine faktische Möglichkeit. Aber solche Befreiung des Menschen kann nicht durch ihn selbst, sondern nur von außen her geschehen. Nur die Liebe Gottes vermag den Menschen von sich selbst zu befreien und ihn zu einem Leben im Glauben und in der Liebe zu führen. Aber die Liebe Gottes darf nicht ein Wunschbild, nicht eine Idee des Menschen sein, denn das würde ja wieder nur bedeuten, daß sie aus seinem Eigenen, aus seinem Verfügenwollen stamme, sondern sie muß als *Tat Gottes* offenbar werden. »Nur wer schon geliebt ist, kann lieben; nur wem Vertrauen geschenkt ist, kann vertrauen; nur wer Hingabe erfahren hat, kann sich hingeben.« Und eben das ist der Sinn des neutestamentlichen Christusgeschehens: »Es besagt, daß da, wo der Mensch nicht handeln kann, Gott für ihn handelt, für ihn gehandelt hat.« Das in Christus sich ereignende Geschehen ist

die Offenbarung der Liebe Gottes, die dem Menschen ein Leben der Hingabe im Glauben und in der Liebe ermöglicht und ihn so von sich selbst zu sich selbst befreit.
Damit ist der entscheidende Punkt bezeichnet, an dem sich das Neue Testament von der Philosophie, der christliche Glaube vom »natürlichen« Seinsverständnis unterscheidet: »Das Neue Testament redet und der christliche Glaube weiß von einer Tat Gottes, welche die Hingabe, welche den Glauben, welche die Liebe, welche das eigentliche Leben des Menschen erst möglich macht.« Was Bultmann mit Hilfe der existentialen Interpretation als Botschaft des Neuen Testaments gewinnt, ist gute paulinisch-lutherische Rechtfertigungslehre, ausgelegt für den Menschen der Gegenwart. Wenn in unserer Zeit ein Theologe das reformatorische Rechtfertigungsbekenntnis durchgehalten hat, dann ist es Rudolf Bultmann gewesen.
[...]
An die Auferstehung Christi glauben heißt für Bultmann nichts anderes als an das Wort glauben, das mir hier und jetzt verkündigt wird: »Der verstehende Glaube an das Wort der Verkündigung ist der echte Osterglaube.«
Bultmanns Kritiker haben seine Interpretation der Auferstehung Christi so gedeutet, daß Christus bei ihm in den Glauben und in die Verkündigung seiner Jünger, das heißt in das Kerygma auferstanden sei. Bultmann ist auch bereit, diese Deutung zu akzeptieren, vorausgesetzt, daß sie richtig verstanden wird, nämlich »daß Jesus im Kerygma wirklich gegenwärtig ist, daß es *sein* Wort ist, das den Hörer im Kerygma trifft«. Damit werden alle Spekulationen über die Seinsweise des Auferstandenen gegenstandslos: Christus ist im Kerygma präsent – das genügt als Antwort auf die Frage nach dem Wie, Wo und Wohin seiner Auferstehung. »An den im Kerygma präsenten Christus glauben, ist der Sinn des Osterglaubens.«
Der Begriff »*Kerygma*«, schon vorher aus dem Neuen Testament und auch in der Theologie bekannt, wird bei Bultmann zum Inbegriff seines theologischen Denkens. Kerygma heißt übersetzt »Heroldsruf«, »Botschaft«, »Proklamation«, »Zeugnis«, »Predigt« – das Wort soll ausdrücken, daß die neutestamentliche Verkündigung durch die gegenwärtige Predigt zur persönlichen Anrede Gottes an mich wird, die mich hier und heute in meinem Gewissen als Entscheidungsruf trifft. Dabei sind Inhalt und Vollzug des Kerygmas identisch: Der Inhalt des Kerygmas ist das Christusereignis, und eben dieses Christusereignis vollzieht sich hier und jetzt in der Predigt. Wo das Wort von Christus verkündigt wird, dort ist das Christusgeschehen

gegenwärtig, nicht als zeitlose Wahrheit, sondern als hier und jetzt sich ereignend. Damit wird die Predigt selbst zum eschatologischen Ereignis: »Die Predigt ist selbst Offenbarung und redet nicht nur von ihr.«
Das ganze Offenbarungsgeschehen ist bei Bultmann auf das Kerygma konzentriert. Was in der Bibel eine Kette von Ereignissen bildet, eine lange Linie aus Vergangenheit, Gegenwart und Zukunft, von der Schöpfung der Welt über die Erwählung Israels bis zum Geborenwerden, Leben, Sterben und Auferstehen Christi und von dort an wiederum über Himmelfahrt und Pfingsten bis zum Jüngsten Tag – das alles ist bei Bultmann in dem einen Punkt des Jetzt, das heißt in dem in diesem Augenblick erklingenden Wort der Predigt komprimiert. Bei Bultmann fallen nicht nur Karfreitag und Ostern, sondern dazu auch Advent, Weihnachten, Himmelfahrt, Pfingsten und Totensonntag auf einen Tag. Und dieser eine Tag ist das Heute der Verkündigung. Der ganze Ereignischarakter der Offenbarung geht bei Bultmann in dem Ereignis der Predigt auf. Die Predigt gehört zum Heilsgeschehen hinzu, sie selbst *ist* das Heilsgeschehen. Hinter sie gibt es keinen Weg zurück zu einem von ihr ablösbaren Heilsfaktum, sei es zu einem sogenannten »historischen Jesus« oder zu einem apokalyptischen Weltdrama. Bultmanns Theologie ist ganz und gar Worttheologie. Nicht zu Unrecht hat man sie als »Kerygma-Theologie« charakterisiert.
Dem Begriff des »Kerygmas« korrespondiert bei Bultmann der Begriff des »*Selbstverständnisses*«. Das Offenbarungshandeln Gottes, das uns im Kerygma begegnet, verleiht uns ein neues Verständnis unser selbst. Das bedeutet nicht, daß die Verkündigung eine magische Verwandlung unseres Lebens bewirkt oder die Beziehung zu Gott unserer Existenz in den anderen Lebensbezügen gleichsam als etwas Angestücktes, Aufgesetztes hinzufügt, sondern das bedeutet, daß die Verkündigung uns über uns selbst die Augen öffnet und wir uns im Licht des göttlichen Offenbarungshandelns in unseren konkreten existentiellen Lebensbeziehungen neu verstehen. Darum bezeichnet Bultmann den Glauben als ein neues »Existenz-« oder »Selbstverständnis«.
Hier erst zeigt sich, was die existentiale Interpretation zu leisten vermag. Sie ist ein Weg, der einzig mögliche Weg, auf dem sich die Wahrheit der christlichen Glaubensaussagen erweisen läßt. Auch die Theologie kann ja nicht nach Belieben irgendwelche Sätze in die Luft stellen, sondern sie muß ihre Wahrheit als sinnvoll erweisen. Das kann sie jedoch nicht, wie etwa die

Naturwissenschaft, tun, indem sie ihre Wahrheiten der objektiven Nachprüfbarkeit unterzieht, sondern nur, indem sie ihren Bezug zur Wirklichkeit und ihre Bedeutsamkeit für die Existenz aufdeckt. Die Theologie muß zeigen, inwiefern der Mensch durch den Glauben realiter ein neues Verständnis seiner selbst in der Welt gewinnt.

Das aber hat entscheidende Konsequenzen für die Redeweise der Theologie. Der Gegenstand der Theologie ist Gott. Von Gott aber kann man nicht »direkt« reden, das heißt in allgemeinen Sätzen und Wahrheiten, die von der konkreten existentiellen Situation des Redenden oder Angeredeten absehen, sondern immer nur »indirekt«, das heißt in Sätzen und Wahrheiten, die zur konkreten existentiellen Situation des Redenden oder Angeredeten in Bezug stehen. Alle theologischen Aussagen sind wahr und gültig nur als existentielle Aussagen; alle Mitteilungen über Gott und seine Offenbarung wollen »in die Existenz gefaßt« sein. Der Mensch ist immer der Durchgangspunkt der göttlichen Wahrheit. Darum wird Bultmann nicht müde zu betonen, daß man von Gott und seinem Handeln nur reden könne, wenn man zugleich vom Menschen und seiner Existenz rede: »Will man von Gott reden, so muß man offenbar von sich selbst reden.« In diesem Sinne ist Bultmann bereit, die Behauptung seiner Kritiker, er verwandle die Theologie in Anthropologie, zu übernehmen: »Ich stelle die Theologie als Anthropologie dar – was nichts anderes meint, als daß ich die theologischen Aussagen als Aussagen über die Existenz beziehungsweise in die Existenz fasse.«

Aber wird das Handeln Gottes auf diese Weise nicht jeder objektiven Wirklichkeit entkleidet und in die Sphäre der Subjektivität hineingezogen? Werden Gott und der Glaube an ihn damit nicht zu einem bloßen inneren Erlebnis, zu einem inneren seelischen Vorgang? Das ist der übliche theologische Einwand, den man gegen Bultmanns existentiale Interpretation erhebt. Helmut Thielicke spricht nur für viele andere, wenn er schreibt: »Es ereignet sich keine außermenschliche Wirklichkeit, sondern es ereignet sich ›Bewußtsein‹.« Mit diesem Satz werden die Schatten Schleiermachers, ja Feuerbachs beschworen.

Aber in dieses theologisch-philosophische Geschlechtsregister gehört Bultmann nicht hinein. Die Behauptung, daß er mit der existentialen Interpretation die Transzendenz Gottes und die Objektivität seiner Offenbarung auflöse, greift zu kurz. Bultmann will Offenbarungstheologe im strengsten Sinne des Wortes sein. Auch als existentialer Interpret des Neuen Testaments

hält er unbedingt an der Transzendenz Gottes fest: der Gottesglaube »versteht Welt und Leben von einer jenseits ihrer liegenden Realität aus«. Auch für die existentiale Interpretation bleibt das Handeln Gottes unverrückbar der menschlichen Existenz vorgegeben: Jesus Christus ist nicht eine zeitlose Idee oder ein ewiges Kultsymbol, sondern Ereignis, Faktum, Person, Geschehen, eben das Ereignis, in dem das entscheidende Heilshandeln Gottes ein für allemal stattgefunden hat. Zwar schreibt Bultmann: »Jesus Christus begegnet dem Menschen nirgends anders als im Kerygma«, aber er fährt dann fort: »Das Kerygma verkündigt nicht allgemeine Wahrheiten, eine zeitlose Idee, sei es eine Gottes- oder eine Erlöser-Idee, sondern ein geschichtliches Faktum.« Klar und eindeutig erklärt er: »Die Offenbarung besteht in nichts anderem als in dem Faktum Jesus Christus.« So zäh hält Bultmann an dem Ereignischarakter der Offenbarung als einer »Tat Gottes« fest, daß er sogar den Verdacht, damit einen »mythologischen Rest« stehen zu lassen, auf sich nimmt.
Der Auffassung von der Offenbarung als einer einmaligen vorgegebenen Tat Gottes entspricht Bultmanns Auffassung vom Glauben des Menschen. Hartnäckig beharrt er darauf, daß der Glaube nicht in einer menschlichen Haltung oder Eigenschaft gründet, sondern auf einen außerhalb seiner selbst liegenden Gegenstand gerichtet ist; nur in diesem hat er seinen Grund und Halt: »Der Glaube *ist* gar nicht Glaube als menschliche Haltung, als geistige Funktion, als frommer Gemütszustand, als numinoses Gefühl und dergleichen. Er ist *Glaube* nur als Glaube *an*, nämlich an seinen Gegenstand, an Gott in der Offenbarung.« Der Glaube entsteht nicht durch eine Art Selbstentzündung, sondern durch eine Begegnung, durch die Begegnung mit einem geschichtlichen Ereignis, dem Christusgeschehen. Darum ist er »nichts als einfaches Hören«, als »Antwort auf einen Anruf«, »Antwort auf die in einer bestimmten Offenbarung Gottes erklingende Frage an den Menschen«, und deshalb: »Kein Ergebnis der Entwicklung auf dem Felde der Religionsgeschichte, keine Blüte im Garten des menschlichen Geistes, sondern eine fremde Pflanze, von jenseits her in die menschliche Welt gebracht, und nur so und nur deshalb eine Haltung, die mit der jenseitigen Welt verbindet.«
In alledem verrät sich Bultmanns lebenslange Verbundenheit mit der dialektischen Theologie. Schleiermacher ist nicht der große Schatten, den er beschwört, sondern den er bekämpft. Von Feuerbachs Verdacht aber ist Bultmann nicht mehr bedroht als jeder andere Theologe.

Bultmann behauptet nicht, daß Gott außerhalb des Glaubens nicht *wirklich* sei, sondern daß er außerhalb des Glaubens nicht *erkennbar* sei. Aber eben darauf richtet sich nun freilich sein ganzes Interesse. Mit Nachdruck betont er, daß allein der Glaube Gottes Handeln zu erkennen vermöge und daß darum vom Handeln Gottes allein in Beziehung auf die menschliche Existenz geredet werden könne. Eben diese Beziehung des Handelns Gottes auf die Existenz des Menschen zum Ausdruck zu bringen und so die Offenbarung Gottes aus der Vergangenheit in die Gegenwart zu holen, ist das Ziel von Bultmanns Entmythologisierung respektive existentialer Interpretation. Sie will ausdrücklich nach dem Wort Melanchthons verfahren: »Christus erkennen, heißt seine Wohltaten erkennen, nicht seine Naturen und die Weisen seiner Inkarnation betrachten.« Oder nach dem Worte Wilhelm Herrmanns: »Von Gott können wir nicht sagen, wie er an sich ist, sondern nur, was er an uns tut.« Aber Bultmann kann sich noch höheren Ortes berufen. Der johanneische Christus spricht: »Lasse dich ein auf den Willen dessen, der mich gesandt hat, alsdann wirst du innewerden, ob diese Lehre von Gott sei oder ob ich von mir selbst rede«. (Johannes 7,17) Luther hat denselben Sachverhalt in immer neuen Wendungen so ausgedrückt: Glaubst du, so hast du; glaubst du nicht so hast du nicht – jeder hat immer gerade so viel von Gott, wie er glaubt! Das heißt nicht, daß Gott und seine Offenbarung für Bultmann oder gar für die Bibel und die Reformatoren nicht auch außerhalb des Glaubensaktes wirklich seien, aber daß sie für mich nur wirklich und wirksam werden durch die Verkündigung und den Glauben.
Ein alter Satz lautet: Gott erkennen, heißt Gott erleiden. Leiden bedeutet verändert, verwandelt werden. Und eben darum geht es, wenn Bultmann den Glauben ein »neues Selbstverständnis« nennt: nicht um die Änderung einer Meinung, nicht um einen Bewußtseinsakt, sondern um »eine Bewegung der Existenz«, bewirkt durch die Begegnung mit dem Handeln Gottes in der Verkündigung der Kirche.
Aber das neue Selbstverständnis ist nicht, nachdem es einmal erschlossen und angeeignet ist, ein immerwährender Besitz des Menschen, vielmehr muß es in der ständig neuen Begegnung mit dem Worte Gottes ständig neu vollzogen werden: »›Gottes Güte ist alle Morgen neu‹ – gewiß, aber ich weiß von ihr nur – nämlich im echten Sinne –, wenn ich sie jeden Morgen neu erkenne; denn als zeitlose Wahrheit hat der Satz keinen Sinn. Das bedeutet aber auch, daß ich selbst nur als jeden Morgen

Neuer – durch sie mich erneuern Lassender – von ihr wissen kann.«

Die existentiale Interpretation wirft das ganze Gewicht der Offenbarung Gottes in die gegenwärtige Verkündigung hinein. Das Wort der Verkündigung ist der Grund des Glaubens, es ist sein einziger Grund. Der Hörer des Wortes darf sich nicht umschauen nach irgendeiner anderen Begründung für die Wahrheit der göttlichen Offenbarung, sei es nach einem historischen Jesus, nach einem kosmischen Vorgang, nach irgendwelchen bestätigenden Mirakeln oder seelischen Erlebnissen. Der Glaube ist an das Wort und die Verkündigung gewiesen, an sie allein. Für das Wort aber gibt es keine andere Legitimation und keine andere Basis als eben das Wort selbst.

Bultmann wiederholt deshalb immer aufs neue, daß der Glaube nicht hinter das Kerygma zurückfragen dürfe, um sich auf diese Weise der historischen Zuverlässigkeit und damit der Legitimation seines Anspruches zu versichern. Es scheint, als ob er gar nicht genug Worte finden könne, um die Verkehrtheit dieses Versuches zu geißeln: »Es wäre eine Verirrung, wollte man zurückfragen nach dem historischen Ursprung der Verkündigung, als ob dieser ihr Recht erweisen könnte. Das würde bedeuten: den Glauben an Gottes Wort durch historische Untersuchung begründen zu wollen. Das Wort der Verkündigung begegnet als Gottes Wort, demgegenüber wir nicht die Legitimationsfrage stellen können, sondern das uns nur fragt, ob wir es glauben wollen oder nicht.« Oder: »Die etwaige Rückfrage nach der Berechtigung des Anspruchs der Verkündigung ist schon ihre Ablehnung; sie muß verwandelt werden in die Frage, die der Fragende an sich selbst zu richten hat, ob er die Herrschaft Christi anerkennen will, die seinem Selbstverständnis die Entscheidungsfrage stellt.«

Literatur

Frör, K.: Biblische Hermeneutik, München 1961.
Gogarten, F.: Verhängnis und Hoffnung der Neuzeit, Stuttgart 1953.
Lanzkowski, G.: Begegnungen und Wandel der Religionen, Düsseldorf 1971.
Splett, J.: Der Mensch ist Person, Frankfurt 1978.
Thielicke, H.: Der evangelische Glaube, 3 Bde., Tübingen 1978.

Biobibliographische Notizen zu den Autoren

ARENDT, Hannah, geb. 1906, Philosophin und Politikwissenschaftlerin
Wichtigste Veröffentlichungen: Elemente und Ursprünge totaler Herrschaft (^{2}1958); Vita activa oder Vom tätigen Leben (1960); Eichmann in Jerusalem (1964).

BOULDING, Kenneth E., geb. 1910, Wirtschaftswissenschaftler
Wichtigste Veröffentlichungen: Beyond Economics (1968); Ökonomie als Wissenschaft (1976).

BUBER, Martin, 1878–1965, Dr. phil., Religionsphilosoph
Wichtigste Veröffentlichungen: Die Geschichte des Rabbi Nachmann (1925); Die Legende des Baalschem (1919); Reden über das Judentum (1947); Die Frage an den Einzelnen (1951); Schriften über das dialogische Prinzip (1930–1953); Schriften zur Philosophie (1942).

DAHRENDORF, Ralf, geb. 1929, Sozialwissenschaftler
Wichtigste Veröffentlichungen: Bildung ist Bürgerrecht (^{2}1966); Gesellschaft und Demokratie in Deutschland (1968); Lebenschancen (1979).

EIBL-EIBESFELDT, Irenäus, geb. 1928, Zoologe und Humanethologe
Wichtigste Veröffentlichungen: Grundriß der vergleichenden Verhaltensforschung (1967); Der vorprogrammierte Mensch (1973); Krieg und Frieden (1975).

FROMM, Erich, 1900–1980, Psychoanalytiker, Sozialphilosoph
Wichtigste Veröffentlichungen: Die Furcht vor der Freiheit (1945); Psychoanalyse und Ethik (1947); Der moderne Mensch und seine Zukunft (1955); Haben oder Sein (1976); Die Herausforderung Gottes und des Menschen (1961); Psychoanalyse und Religion (1950); Die Revolution der Hoffnung (1966).

GÄFGEN, Gérard, geb. 1923, Wirtschaftswissenschaftler
Wichtigste Veröffentlichung: Theorie der wirtschaftlichen Entscheidung (^{3}1974).

GEHLEN, Arnold, 1904–1976, Anthropologe und Sozialphilosoph
Wichtigste Veröffentlichungen: Der Mensch (1940); Urmensch und Spätkultur (1956); Moral und Hypermoral (1969).

GORZ, André, geb. 1924, Philosoph
Wichtigste Veröffentlichungen: Die Aktualität der Revolution (1970); Kritik der Arbeitsteilung (1974); Fondements pour une morale (1977); Ökologie und Politik (1977); Abschied vom Proletariat (1980).

HART, Herbert L. A., geb. 1907, Rechtsphilosoph
Wichtigste Veröffentlichungen: Recht und Moral (1971); Der Begriff des Rechts (1973).

HÖFFE, Otfried, geb. 1943, Philosoph
Wichtigste Veröffentlichungen: Strategien der Humanität (1975); Ethik und Politik (1979); Lexikon der Ethik (^{2}1980); Sittlich-politische Diskurse (1981).

JONAS, Hans, geb. 1903, Philosoph
Wichtigste Veröffentlichungen: Gnosis und spätantiker Geist (1964/1966); Organisation und Freiheit (1973); The Phenomenon of Life: Towards a Philosophical Biology (1968); Das Prinzip Verantwortung (1979).

KLAFKI, Wolfgang, geb. 1927, Dr. phil., o. Professor für Erziehungswissenschaften
Wichtigste Veröffentlichungen: Studien zur Bildungstheorie und Didaktik (1967); Aspekte kritisch-konstruktiver Erziehungswissenschaft (1976); Funk-Kolleg Erziehungswissenschaft, 3 Bde. (1970).

KRIELE, Martin, geb. 1931, Rechts- und Staatswissenschaftler
Wichtigste Veröffentlichungen: Einführung in die Staatslehre (1975); Legitimitätsprobleme der Bundesrepublik (1977); Recht und praktische Vernunft (1979).

LEVI-STRAUSS, Claude, geb. 1908, Anthropologe
Wichtigste Veröffentlichungen: Strukturale Anthropologie, 2 Bde. (1967/1975); Das wilde Denken (1968); Mythologica, 4 Bde. (1971–1975).

LÜBBE, Hermann, geb. 1926, Philosoph
Wichtigste Veröffentlichungen: Politische Philosophie in Deutschland (1963); Theorie und Entscheidung (1971); Geschichtsbegriff und Geschichtsinteresse (1977).

McLUHAN, Marshall, 1911–1980, Kommunikationswissenschaftler, Professor für Humanwissenschaften
Wichtigste Veröffentlichungen: Die Magischen Kanäle (1964); Das Medium ist Massage (1967).

LUHMANN, Niklas, geb. 1927, Sozialwissenschaftler
Wichtigste Veröffentlichungen: Zweckbegriff und Systemrationalität (1968); Funktion der Religion (1977); Gesellschaftsstruktur und Semantik (1980).

NEUHAUS, Günther Alexander, geb. 1922, Internist
Zahlreiche Abhandlungen in Sammelbänden und Fachzeitschriften.

RAWLS, John, geb. 1921, Philosoph
Wichtigste Veröffentlichungen: Eine Theorie der Gerechtigkeit (1975); Gerechtigkeit als Fairneß (1977).

SCHMIDBAUER, Wolfgang, geb. 1941, Sozialpsychologe
Wichtigste Veröffentlichungen: Mythos und Psychologie (1970); Die sogenannte Aggression (1972); Biologie und Ideologie (1973); Alles oder Nichts (1980).

THIELICKE, Helmut, geb. 1908, Dr. theol., Dr. phil., o. Professor für System. Theologie
Wichtigste Veröffentlichungen: Das Verhältnis zwischen dem Ethischen und dem Ästhetischen (1936); Der evangelische Glaube, 3 Bde. (1968–1978); Leben mit dem Tod (1980); Mensch sein – Mensch werden (1976).

WEIZSÄCKER, Carl Friedrich von, geb. 1912, Physiker und Philosoph
Wichtigste Veröffentlichungen: Zum Weltbild der Physik (1943); Die Tragweite der Wissenschaft (1964); Die Einheit der Natur (1971); Der Garten des Menschlichen (1977).

ZAHRNT, Heinz, geb. 1915, Dr. theol., Theologe, Schriftsteller
Wichtigste Veröffentlichungen: Mensch an der Grenze (1960); Der Mensch zwischen Vergangenheit und Zukunft (1965); Wider die falschen Alternativen in Theologie und Gesellschaft (1966); Gespräch über Gott (1968); Meine Sache mit Gott (1977).

Kurzbiographien der Herausgeber

HÖFFE, Otfried, geb. 1943, 1970 Promotion in Philosophie, Geschichte und Soziologie (München); 1970/71 Visiting Scholar der Columbia University in New York; 1974/75 Habilitation (München); 1976–78 Professor für Philosophie in Duisburg; seit 1978 Professor für Ethik, Sozialphilosophie und Rechtsphilosophie sowie Direktor des Internationalen Instituts für Sozialphilosophie und Politik in Freiburg (Schweiz). Wichtigste Veröffentlichungen: Praktische Philosophie – Das Modell des Aristoteles (1971); Strategien der Humanität. Zur Ethik öffentlicher Entscheidungsprozesse (1975); Naturrecht (Vernunftrecht) ohne naturalistischen Fehlschluß: ein rechtsphilosophisches Programm (1980); Sittlich-politische Diskurse. Philosophische Grundlagen – politische Ethik – biomedizinische Ethik (1981); Hg.: Einführung in die utilitaristische Ethik (1975); Theorie-Diskussion: Über John Rawls' Theorie der Gerechtigkeit (1977); Lexikon der Ethik (^{2}1980); Thomas Hobbes: Anthropologie und Staatsphilosophie (1981); Klassiker der Philosophie, 2 Bände (1981).

KADELBACH, Gerd, geb. 1919, Dr. phil., Professor für Mediendidaktik an der Johann Wolfgang Goethe-Universität in Frankfurt am Main; Leiter der Hauptabteilung »Bildung und Erziehung« beim Hessischen Rundfunk. Wichtigste Veröffentlichungen: Erlebte Geschichte (1958); Wissenschaft und Gesellschaft (1965); Didaktische Montage (1968); Forschungsreport Funk-Kolleg (1972); Bildungsfragen der Gegenwart (1974); Leben heißt lernen (1975).

PLUMPE, Gerhard, geb. 1946, Studium der Literaturwissenschaft und Philosophie. Promotion 1975. Wissenschaftlicher Angestellter an der Ruhr-Universität Bochum. Wichtigste Veröffentlichungen: Arbeitsfeld: Materialistische Literaturtheorie (1975); Alfred Schuler. Zur Funktion des Mythos in der Moderne (1978); Hg.: Sozialgeschichte der Literatur, Bd. 6: Realismus und Gründerzeit 1850–1890 (in Vorb.). Aufsätze in Fachzeitschriften und Sammelbänden.

KRIELE, Martin, Legitimität und Widerstand. In: Ders., Recht und praktische Vernunft, Göttingen 1979, S. 111–134
Mit freundlicher Genehmigung des Verlages Vandenhoeck & Ruprecht, Göttingen

LEVI-STRAUSS, Claude, Ethnozentrismus und »falscher Evolutionismus«. In: Ders., Strukturelle Anthropologie, Frankfurt am Main 1967, S. 365–366 und S. 368–373
Mit freundlicher Genehmigung des Suhrkamp Verlages, Frankfurt am Main

LÜBBE, Hermann, Dezisionismus – eine kompromittierte politische Theorie. In: Schweizer Monatshefte, 55, Zürich 1975, S. 949–960
Mit freundlicher Genehmigung der Schulthess Polygraphischer Verlag AG, Zürich

LUHMANN, Niklas, Funktion der Moral. In: Ders./S. H. Pfürtner (Hg.), Theorietechnik und Moral, Frankfurt am Main 1978, S. 43–63
Mit freundlicher Genehmigung des Suhrkamp Verlages, Frankfurt am Main

McLUHAN, Marshall, Wohin steuert die Welt? Wien 1978, S. 144–147
Mit freundlicher Genehmigung der Europa-Verlagsgesellschaft mbH, Wien/Zürich/München

NEUHAUS, Günther Alexander, Die Ethik in der Intensivtherapie. In: R. Gross u. a. (Hg.), Ärztliche Ethik, Symposium Köln 1. 10. 1977, Stuttgart/New York 1978, S. 113–126
Mit freundlicher Genehmigung des Verlages F. K. Schattauer, Stuttgart

RAWLS, John, Über Wirtschaftssysteme und Verteilungsgerechtigkeit. In: Ders., Eine Theorie der Gerechtigkeit, Abs. 42 und 43, Frankfurt am Main 1979, S. 298–318
Mit freundlicher Genehmigung des Suhrkamp Verlages, Frankfurt am Main

SCHMIDBAUER, Wolfgang, Biologische und kulturelle Evolution. In: Ders., Biologie und Ideologie, Hamburg 1973, S. 72–88
Mit freundlicher Genehmigung des Verlages Hoffmann und Campe, Hamburg

THIELICKE, Helmut, Mensch sein – Mensch werden, München/Zürich 1976, S. 32–38 und S. 225–231
Mit freundlicher Genehmigung des Verlages R. Piper & Co., München

VON WEIZSÄCKER, Carl Friedrich, Friedliche Nutzung der Kernenergie – Chancen und Risiken. In: Bulletin des Presse- und Informationsamtes der Bundesregierung, Nr. 26, Bonn 1978, S. 241–248
Mit freundlicher Genehmigung des Deutschen Bundes-Verlages, Bonn

ZAHRNT, Heinz, Die Sache mit Gott, München 1966, S. 284–308
Mit freundlicher Genehmigung des Verlages R. Piper & Co., München

Quellenverzeichnis

ARENDT, Hannah, Es gibt nur ein einziges Menschenrecht. In: D. Sternberger (Hg.), Die Wandlung, Jg. IV, Heidelberg 1949, S. 754–770
Mit freundlicher Genehmigung des Verlages R. Piper & Co., München

BOULDING, Kenneth E., Ökonomie als eine Moralwissenschaft. In: W. Vogt (Hg.), Seminar Politische Ökonomie, Frankfurt am Main 1973, S. 103–125
Mit freundlicher Genehmigung des Suhrkamp Verlages, Frankfurt am Main

BUBER, Martin, Das dialogische Prinzip, Heidelberg [4]1979, S. 12–27
Mit freundlicher Genehmigung des Verlages Lambert Schneider, Heidelberg

DAHRENDORF, Ralf, Über den Ursprung der Ungleichheit unter den Menschen. In: Recht und Staat in Geschichte und Gegenwart, Heft 232, Tübingen [2]1966, S. 5–37
Mit freundlicher Genehmigung des Verlages J.C.B. Mohr (Paul Siebeck), Tübingen

EIBL-EIBESFELDT, Irenäus, Aggression und Aggressionskontrolle beim Menschen. In: Ders., Der vorprogrammierte Mensch, Wien/München/Zürich 1973, S. 89–104
Mit freundlicher Genehmigung des Verlages Fritz Molden, Wien/München/Zürich

FROMM, Erich, Jenseits der Illusionen – Die Bedeutung von Marx und Freud, Stuttgart 1981
Mit freundlicher Genehmigung der Deutschen Verlags-Anstalt, Stuttgart

GÄFGEN, Gérard, Wirtschaftsordnung und Marktversagen. In: Ders. (Hg.), Soziale Herausforderung der Marktwirtschaft, Limburg 1976, S. 9–37
Mit freundlicher Genehmigung des Lahn Verlages, Limburg

GEHLEN, Arnold, Die ethische Tragweite der Verhaltensforschung. In: Philosophische Anthropologie heute, München [2]1974, S. 103–114
Mit freundlicher Genehmigung der C.H. Beck'schen Verlagsbuchhandlung, München

GORZ, André, Die Klassengebundenheit der Medizin. In: Ders., Ökologie und Politik, Reinbek b. Hamburg 1977, S. 97–108
Mit freundlicher Genehmigung des Rowohlt Taschenbuch Verlages, Reinbek b. Hamburg

HART, Herbert, Eine empirische Version der Naturrechtslehre. In: N. Hoerster (Hg.), Recht und Moral, Texte zur Rechtsphilosophie, Frankfurt am Main 1977, S. 94–121
Mit freundlicher Genehmigung des Suhrkamp Verlages, Frankfurt am Main

HÖFFE, Otfried, Moral und Recht. In: Stimmen der Zeit, 198, Freiburg i. Br. 1980, S. 111–121
Mit freundlicher Genehmigung des Autors.

JONAS, Hans, Zukunft des Menschen und Zukunft der Natur. In: Ders., Das Prinzip Verantwortung, Frankfurt am Main 1979, S. 245–254
Mit freundlicher Genehmigung des Insel Verlages, Frankfurt am Main

KLAFKI, Wolfgang, Das Problem der Erziehungsziele. In: Funk-Kolleg Erziehungswissenschaft, Band 2, Fischer Taschenbuch 6107, Frankfurt am Main 1970, S. 23–37